中国古代文学专题

（第三版）

杨立群 主编

对外经济贸易大学出版社
中国·北京

图书在版编目（CIP）数据

中国古代文学专题 / 杨立群著. —3 版. —北京：对外经济贸易大学出版社，2015（2024.1重印）

ISBN 978-7-5663-1305-8

Ⅰ. ①中… Ⅱ. ①杨… Ⅲ. ①中国文学-古典文学研究 Ⅳ. ①I206. 2

中国版本图书馆 CIP 数据核字（2015）第 047501 号

中国古代文学专题（第三版）

杨立群 **主编**

责任编辑：强晓洁

对外经济贸易大学出版社

北京市朝阳区惠新东街 10 号 邮政编码：100029

邮购电话：010-64492338 发行部电话：010-64492342

网址：http://www.uibep.com E-mail：uibep@126.com

北京九州迅驰传媒文化有限公司印装 新华书店经销

成品尺寸：170mm×230mm 23. 5 印张 434 千字

2015 年 5 月北京第 3 版 2024 年 1 月第 6 次印刷

ISBN 978-7-5663-1305-8

印数：6 201-7 200 册 定价：39. 00 元

前　言

传统经典是民族文化的重要载体，是民族的精神家园。在敞开胸怀与世界接轨，深入改革开放的今天，我们更应注重传统经典教育，主动从传统文化中吸取前进的力量，夯实大国崛起的文化基础。为适应新时代的需求，我们在 2006 年二版的基础上修订了《中国古代文学专题》，这本教材选题重点突出，涵盖面广，所选中国古典文学史上的名家名作，是数千年中华民族生活方式、道德规范、审美情操的集中反映。通过学习，不仅能够满足非中文专业学生学习中国古代文学的要求，而且能够让学生深深体会到古代先贤传承下来的人生态度、政治理想及生活信念，在潜移默化中完善人格，沁润心灵，树立民族文化自信。

《中国古代文学专题》（第三版）基本保持了第二版的风貌，但在编写过程中，一方面尽可能地吸取近十年学术界的研究成果，一方面着重总结了笔者在教学与科研中的体会。最大的变化是根据课时的需要减少了一些作品和讲析，使内容更加集中。我们期待在使用过程中能收到较好的效果。

《中国古代文学专题》（第三版）由杨立群主编。各专题编写者如下："诗经专题"、"楚辞专题"、"唐诗专题"、"唐宋散文专题"、"明清小说专题"为杨立群；"先秦散文专题""唐五代词专题"、"元曲专题"为赵文君；"魏晋南北朝诗赋专题"、"魏晋南北朝志怪志人小说专题"为罗陈霞。编写过程中，得到了对外经济贸易大学出版社的大力支持和真诚帮助，在此表示感谢。限于编者水平，书中疏漏之处敬请读者批评指正。

杨立群

2015 年 4 月

目 录

第一专题
《诗经》

第一节　《诗经》概述

一、《诗经》的名称、作者、创作年代和产生地区

《诗经》是我国古代现存的第一部诗歌总集，也是世界上现存最早、最完整的诗集之一。它收入了我国古代自西周初年至春秋中期约六百年间的305首诗歌。

《诗经》最初被称为《诗》或《诗三百》，到了汉代，由于统治者推崇儒学，《诗经》被奉为儒家经典，始称之为《诗经》。《诗经》的作者包括从贵族到平民社会各个阶层人士，绝大部分已不可考。因为《国风》的全部和《小雅》的一部分都属于民歌，带有口耳相传、集体创作的特点，所以很难知道作者的姓名。其余作品为贵族所作，大多也未留下姓名。《诗经》中个别篇目虽提到作者，但据考证，不大可信。《诗经》的具体创作年代今天很难一一

考证，但大体上可以确定：《周颂》的全部和《大雅》的大部分作品产生于西周初年；《大雅》的小部分和《小雅》的大部分写于西周末年；《国风》的大部分和《鲁颂》、《商颂》为东周前期所作。《诗经》十五国风都标明了所在封国的名称。除《周南》、《召南》产生于江、汉、汝水一带外，其余均产生于黄河流域。《大雅》全部和《小雅》大部是士大夫的作品，因此多产生于西周和东周的首都地区，即镐京（今陕西西安附近）和洛邑（今河南洛阳附近）。周颂产生于镐京；《鲁颂》作于鲁国都城，即今山东曲阜；《商颂》是宋国作品，产生于宋都即今河南商丘。《诗经》产生的地域大约相当于今陕西、山西、河南、河北、山东及湖北北部一带，主要集中在黄河流域。

二、《诗经》的采集与成书

《诗经》约成书于公元前6世纪，至今约两千五百多年了。《诗经》中的作品，创作年代跨越了五六百年，产生的地域自王都到各诸侯国极为广阔，作者从王公贵族到佚名百姓，十分复杂，而且三百多篇诗歌的韵部系统和用韵规律基本一致，诗歌形式也主要是整齐的四言诗，显然是经过有目的的搜集、整理加工才得以成书的。关于《诗经》的产生，在先秦古籍中虽没有明确记载，但历史上很有影响的“采诗”、“献诗”、“删诗”之说，反映了《诗经》作品来源和编定的一些情况。

1. 采诗说

传说周王朝有采诗制度，统治者为了解民风、体察民情、考检自己在政治上举措是否合理，专门派人深入民间采集歌谣谚语，由负责音乐的官员加以整理、编辑，配上音乐在宫廷里演唱。《汉书·食货志》说：“孟春之月，群居者将散，行人振木铎徇于路以采诗，献之太师，比其音律，以闻于天子。”何休《公羊传》注中说得更为详尽：“五谷毕，人民皆居宅，相从夜绩。从十月尽正月止，男女有所怨恨，相从而歌，饥者歌其食，劳者歌其事，男年六十、女年五十无子者，官衣食之，使之民间求诗，乡移于邑，邑移于国，国以闻于天子。故王者不出牖户，尽知天下所苦，不下堂而知四方。”《诗经》中那些流传于各地的民谣俗曲可能就是这样被搜集编制的。

2. 献诗说

据《国语·周语》记载：“天子听政，使公卿至于列士献诗，瞽献曲，史献书……”古代君主为了考察时政，令各地的诸侯、官员和宫廷的公卿在拜见君主的时候，将采集的地方民歌或亲自创作的议论时政的诗歌献给君主，后由专人加以编辑整理。《诗经》中的一些作品如《大雅·民劳》、《小雅·节南山》也记载了献诗之事。

3. 删诗说

《史记·孔子世家》记载："古者诗三千余篇，及至孔子去其重，取可施于礼义；上采契、后稷，中述殷周之盛，至幽厉之缺，始于衽席。……三百五篇，孔子皆弦歌之，以求合韶武雅颂之音。"说孔子为了教育弟子，从官方收集的三千多首诗中选编了三百零五首思想内容符合其政治理想、格调高雅的作品汇编成集，作为学生学习的教材，删除了其余诗歌。删诗说影响很大，但据《左传》记载，公元前544年，吴公子季札到鲁国观乐，乐工演唱的诗，其分类名目、次序就和今天的《诗经》大体一致，那时孔子才八岁，因此在孔子之前，《诗经》就已经大致定型了。《论语·子罕》中记载："吾自卫返鲁，然后乐正，雅、颂各得其所。"可知孔子只是为三百篇校正乐调，并未删诗。

上述哪种说法更接近事实，今天虽无法确知，但我们可以比较清楚地知道《诗经》是在一个漫长的历史时期内，人们口耳相传的成果，是集体的创作，其中相当数量的作品来自于民间。《诗经》主要是由周王朝的乐师、乐工删汰、编定的，孔子曾对《诗经》作过整理和校订工作。

三、《诗经》的组织编排

《诗经》中的诗篇，原本是配合音乐歌唱的歌词。《墨子·公孟》说："颂诗三百，弦诗三百，歌诗三百，舞诗三百。"可见《诗经》在古代与音乐和舞蹈关系十分密切，《诗》三百，均可用于演奏、歌唱、伴舞。因此《诗经》依据音乐的不同分为《风》、《雅》、《颂》三部分。其中《风》属于地方之乐，《雅》属于朝廷之乐，《颂》属于宗庙之乐。虽然今天已不知它们的乐调，但我们仍能从《风》、《雅》、《颂》三种诗歌在语言形式上的差别了解到《诗经》与音乐的密切关系。

《风》是相对于"王畿"——周王朝直接统治地区而言的、带有地方色彩的音乐。所谓国风，就是某一个区域（国）流行的音乐曲调以及与之相对应的民间歌谣。朱熹说："凡诗之所谓风者，多出于里巷歌谣之作，所谓男女相与咏歌各言其情者也。"由于《国风》中的大多数作品来自民间，在一定意义上可以起到让统治者观察民俗、了解时政的作用，所以，汉代学者认为《风》具有批评、讽谏的含义，《毛诗序》说："《风》，风（讽）也，教也。风以动之，教以化之。""上以风化下，下以风刺上，主文而谲谏，言之者无以罪，闻之者足以戒，故曰风。”十五《国风》就是十五个地方的土风歌谣，共有160篇作品，是《诗经》中的精华。《风》诗题材广泛，从各个方面反映了社会生活。《风》诗的章法和语言近似于现在的流行歌曲的歌词，最常见的是每首诗分成几段，每一段的句子数量都在三五句之间，结尾和开头常出现重章叠唱的模式，这种章法结构和语言形式，正是在通俗歌唱发展过程中形成的。

《雅》是“王畿”之乐，雅又有“正”的意思，当时把王畿之乐看作是正声——典范的音乐。《左传·昭公二十年》载：“天子之乐为雅。”梁启超认为：“雅者，正也；为周代通行之正乐。”《雅》大部分来自公卿士大夫之手，收入的多是当时官方或主流诗歌的作品。由于《雅》诗作为朝廷的正乐，被认为代表了正统的观念。它或者述部族之历史，或者记国家之大事，或者谈政教之得失，或者写朝廷之典仪，篇幅宏大，语言典雅，章法整齐，是雅乐对于诗歌语言的基本要求。所以，《雅》诗几乎都由多章构成，每一章的句子都很完整，篇幅都比较长。《雅》又有《大雅》、《小雅》之分。《毛诗序》认为：“雅者，正也，言王政所由兴废也。政有小大，故有《大雅》焉，有《小雅》焉。”其音乐特点和应用场合都有些区别，一般认为，《大雅》是朝会时所奏的音乐，《小雅》是一般宴飨时使用的音乐。雅共有105篇作品，其中《大雅》31篇，《小雅》74篇。

《颂》是专门用于宗庙祭祀的音乐，许多都是舞曲。其中的大部分作品赞美了国家兴盛的历史和先王的功德，被用于重大的典礼和活动，代表了王室和诸侯的创作，其创作应在宫廷庙堂之内。《毛诗序》说：“颂者美盛德之形容，以其成功告于神明者也。”这是颂的含义和用途。王国维说：“颂之声较风、雅为缓。”（《说周颂》）这是其音乐的特点。颂包括《商颂》、《周颂》和《鲁颂》，共有40篇作品。

四、《诗经》的应用与流传

在今天看来，《诗经》是一部用来阅读欣赏的诗歌总集，但在周代，它的作用很广，从一开始就享有很高的地位。它不仅用于宫廷的祭祀、庆典、讽谏和宫廷娱乐等，是周代礼乐文化的重要组成部分，而且也是施行教化的重要工具。《周礼·春宫》有“太师教六诗”的记载，《诗三百》可能正是乐官太师为教授国子而选定的课本。《礼记·经解》说：“孔子曰：入其国，其教可知也。其为人也，温柔敦厚，《诗》教也。”因而，编辑成书后，广泛流行于诸侯各国，运用于朝聘、祭祀、宴饮等各种场合，对当时社会产生了重大影响。春秋以后，周室衰微，诗乐分家，第一个教授私学的大教育家孔子，更把“诗三百”作为他对学生进行政治伦理教育、美育以及博物学的课本。孔子曾总结《诗经》的作用说："《诗》可以兴，可以观，可以群，可以怨。迩之事父，远之事君，多识于鸟兽草木之名。"可见《诗经》在当时主要包括以下几个方面的作用：

1. 政治讽谏

"诗可以怨"，"怨"即"怨刺上政"，人民可以通过诗歌反映他们对社会，特别是对统治者的批评意见；而统治者也希望利用诗歌来教化百姓，化解他们内心的积怨，缓和社会矛盾。后世白居易"唯歌生民病，愿得天子知"，"文章合为时而著，歌诗合为事而作"皆源于此。

2. 教育娱乐

《诗经》不仅可供统治者在宴会庆典时享用，同时也是普通百姓和一般士大夫抒发和交流感情、品味人生的重要工具，能够给人们带来极大的精神愉悦。读诗可以培养人的联想力，可以提高观察社会与自然的能力，可以起到团结人心的作用。大可以学到报效君王、侍奉父母的道理，小可以认识鸟兽草木的名称，了解自然，亲近自然。

3. 美化语言

由于《诗经》的语言含蓄凝练，所以还经常被用在外交场合。所谓"赋诗言志"，就是把《诗经》作为表达情谊、美化辞令的工具。或在重大的外交事务中引用《诗经》，委婉含蓄地表达自己的意思；或称引《诗经》，以讽谏劝诫，评论抒情，这些在《左传》中多有记载。诸子百家在著述中也常引用《诗经》。在当时能否熟练和贴切地引用《诗经》成了评价人的能力和学养的重要标准。所以，孔子甚至说："不学诗，无以言。"

《诗经》是当时人们用来教育子弟的重要教科书，从中认识社会，感受人生。经孔子倡导后，更是成为儒家子弟的入门必读教材。由于对《诗经》的解释融入了儒家学派对社会和人生的理解，《诗经》实际上成了儒家学派传播自己的政治主张、道德规范、审美观念、人生态度的重要载体。

秦始皇统一中国后，《诗经》也遭到焚毁。但因其口耳相传、易于记诵，西汉初，一些儒生凭记忆把《诗经》记录整理出来，又得以流传。由于汉人讲授《诗经》采用的文本不同，形成了"今文诗"和"古文诗"两大门派。"今文诗"是指依据用汉代流行的隶书抄写的《诗经》文本进行讲授的《诗经》教学、研究流派，以齐国人辕固生、鲁国人申培、燕国人韩婴为代表，简称"齐鲁韩"三家诗；"古文诗"则是指依据用先秦籀文抄写的《诗经》文本进行讲授的《诗经》教学、研究流派，以鲁国人毛亨、赵国人毛苌为代表，简称"毛诗"。"今文诗”和“古文诗”的争论对于丰富《诗经》的研究成果、深入挖掘《诗经》的思想内涵产生了积极的作用。

西汉时，“今文诗”已立于“学官”，学者被立为博士，地位很高。东汉时，经学家郑玄，给《毛诗》作笺注，并大力提倡，“古文诗”被立为“学官”，后来居上，影响日益扩大，“今文诗”则日趋式微。晋以后，“今文诗”传授的文本亡佚了，只有“古文诗”文本比较完善地保留下来。今天我们看到的《诗经》文本就是出自“古文诗”系统的“毛诗”。现存的“三家诗”，较完整的只有《韩诗外传》。我们现在读到的《诗经》，则是毛亨等传下来的，因此又称《诗经》为《毛诗》。《毛诗》是我国现存最早最完善的诗集，人们常提到的《毛诗序》就是《毛诗》的“序言”。前人把冠于全书的序言称《大序》，把每一首诗前类似题解性质的短文称《小序》。关于“诗序”的作者说法不一，据传为汉人所作。《小序》解诗常牵强附会，不足为据；但《诗大序》对《诗经》的总体内容、风格、价值和作用作了全面的论述，可谓是汉以前儒家诗论的总结，提出了一些文学理论上的问题，对后世文学思想的发展影响很大，是我们学习、研究《诗经》的重要参考文献。

第二节 《诗经》的主要内容

《诗经》所收作品历时悠远、跨域广阔，反映了中华民族自西周到春秋，自长江流域到黄河流域的社会状况，表达了自王公贵族到普通百姓等社会各阶层的思想情感，展现了广阔的时代画面，形象生动地体现了当时社会的政治、军事、文化以及世态人情，为我们古代文学、文化、语言、宗教和社会历史等诸方面的研究提供了宝贵而具体的资料。

《诗经》的思想内容，主要表现在以下几个方面：

一、丰富多彩的婚姻爱情生活

以恋爱和婚姻为题材的作品在《诗经》中占有很大的比重，主要集中在“国风”中。这些作品表现了当时人们对爱情、婚姻的理解以及对美好爱情生活的向往。这是《诗经》的重要组成部分，也是最精彩动人的篇章。《诗经》中的爱情作品内容相当丰富，几乎涉及婚姻恋爱生活的各个方面，其中比较重要的有以下几类：

第一，青年男女自由轻松的爱情婚姻生活。这类作品以《静女》、《野有死麋》、《溱洧》、《桃夭》等为代表，其基本特点是气氛轻松活泼，语调幽默诙谐，感情真挚热烈，表达大胆直率，使人能够感受到上古时代封建礼教对婚恋的严格束缚尚未形成之前爱情生活环境的宽松。如《郑风·野有蔓草》表现了青年男女不期而遇、一见钟情、无拘无束的情态：

野有蔓草，零露漙（tuán）兮。有美一人，清扬婉兮。邂逅相遇，适我愿兮。

野有蔓草，零露瀼瀼。有美一人，婉如清扬。邂逅相遇，与子偕臧。

诗写得很大胆，也很率真，传情的景物描写和传神的人物描写，自然地流露出小伙子久萦于怀的一片深情，爱情的力量驱使语言像喷泉一样喷涌而出。全诗充溢着沉浸于爱情之中的欢快气氛。

《诗经》中反映结婚和夫妻家庭生活的诗，虽不如情诗丰富，但也很有特色，如《周南·桃夭》：

桃之夭夭，灼灼其华，之子于归，宜其室家。
桃之夭夭，有蕡其实，之子于归，宜其家室。
桃之夭夭，其叶蓁蓁，之子于归，宜其家人。

如桃花绽放的女子从恋爱结婚、生儿育女，到家和人宜。形象是如此质朴，意思是这样的简单，这是人类最基本的欲望和欢乐。诗人由柔嫩的桃枝、鲜艳耀眼的桃花，联想到新娘的年轻美貌，祝愿她出嫁后要善于处理与家人的关系，写出了人生最基本的欢乐。

第二，表现男女相思的焦灼、失恋的痛苦以及感情受阻时的反抗。这一类作品以《周南·关雎》、《周南·汉广》、《王风·君子于役》、《秦风·蒹葭》、《郑风·将仲子》等为代表，其基本特点是感情比较深沉凝重，意味深长，表现了人们对美好的爱情生活的向往和对感情忠贞不渝的执著。《周南·关雎》写的是男子对女子的爱慕之情，前三章表现这个青年男子对淑女的追求，和他“求之不得”的痛苦心情。最后二章，想象若能和她在一起，将要“琴瑟友之”、“钟鼓乐之”。《郑风·子衿》则写女子对男子的思念，这个女子在城阙等待情人，终未见来，便独自踟躇徘徊，“一日不见，如三秋兮”的咏叹，把相思之苦表现得如怨如诉，深挚缠绵。正是由于《诗经》中抒情主人公对爱情如此热烈执著，因而一旦爱情遇到挫折，就感到特别痛苦。在《诗经》时代，男女爱情虽还不像后代那样深受封建礼教的压制束缚，但礼教的桎梏正在形成，已是“娶妻如之何，必告父母”、“娶妻如之何，匪媒不得”（《齐风·南山》）了。对婚姻自由的追求，有时也会受到父母兄弟的干涉、社会舆论的影响。“岂敢爱之？畏我父母。仲可怀也，父母之言亦可畏也。”“岂敢爱之？畏我诸兄。仲可怀也，诸兄之言亦可畏也。”“岂敢爱之？畏人之多言。仲可怀也，人之多言亦可畏也。”写出了一个女子在爱情受阻时的痛苦和无奈。《鄘风·柏舟》则写出了一个大胆女子对父母的反抗：“髧彼两髦，实维我仪。之死矢靡它。母也天只，不谅人只。”呼母喊天的激烈情感，表现出她在爱情受阻时的极端痛苦和要求自主婚姻的强烈愿望，这种大胆、泼辣的个性即使在后世的诗作中也是罕见的。

第三，表现妇女在爱情生活中的弱势地位和被压迫的状况。这一类作品以《邶风·谷风》、《卫风·氓》等为代表，其基本特点是以倾诉、表达女性遭弃的哀怨和郁闷为主，从一个侧面反映了女性在当时的弱势地位和被欺凌、压迫的命运。《氓》以一个普通妇女的口吻叙述自己从恋爱、结婚到被弃的过程。全篇叙事和抒情相结合，巧妙地将事件过程和弃妇的思想情感融为一体，在女主人公悔恨地叙述自己恋爱、结婚和婚后被虐、被弃的遭遇中，表现出刚强自爱、果断坚决的性格。这类诗歌真实地反映了夫权制度建立后，广大劳动妇女受压迫被遗弃的悲惨命运。

二、强烈的社会批判意识和反抗精神

《诗经》中的作品，特别是“国风”和“大雅”、“小雅”，体现出比较强烈的社会批判意识和反抗精神，有许多作品揭示了当时深刻的社会矛盾，揭露了统治阶级的丑恶行径并对其进行了痛斥和鞭挞。这种批判意识和批判精神就是后人所推崇的“风雅”传统。

首先，《诗经》表达了劳动人民对当时不公正、不平等的社会现实的不满和痛恨。如《魏风·伐檀》、《魏风·硕鼠》、《鄘风·相鼠》，都是相当深刻尖锐的政治讽刺诗。前者借伐木者之口，义正词严地质问那些贵族老爷“不稼不穑”、“不狩不猎”，凭什么掠夺劳动者粮食和猎物；后者把统治者比作贪得无厌的大老鼠，甚至连老鼠都不如，对他们发出了严厉的诅咒：

相鼠有皮，人而无仪。人而无仪，不死何为！
相鼠有齿，人而无止。人而无止，不死何俟！
相鼠有体，人而无礼。人而无礼，胡不遄死！

另外，《诗经》大雅小雅中也有许多来自于正直的士大夫阶层的怨刺诗，表现了他们对黑暗的社会现实的不满和内心的忧患意识。如大雅中的《民劳》、《桑柔》、《召旻》、《荡》，小雅中的《正月》、《节南山》、《雨无正》、《十月之交》、《北山》等许多诗篇，反映了厉王、幽王时赋税苛重，政治黑暗腐朽，社会弊端丛生，民不聊生的现实，深刻地揭露、讽刺了统治者残暴凶虐、淫秽肮脏的丑恶行径。一般来说，大雅作者身份地位比较高，小雅中的作者处于较低的或受压抑的地位。但他们面对国家前途黯淡的现实，针砭朝政，情绪愤激，试图力挽狂澜，反映了社会大动乱前夕，有识之士对混乱颓败的社会现状的恐惧忧虑。尤其是《小雅》中的怨刺诗，不仅指斥政治的黑暗，忧国哀民，而且感叹自身遭遇。如《北山》抒发其被繁重差役压迫的不平和愤慨。四、五、六章连用十二个“或”字起头的对比句，揭露大夫分配差役不均，以及士在当时的处境和地位。言词激烈，情绪激愤，批判揭露的力度很大。这种直吐怒骂的作品，被后人称为“变风”、“变雅”，是政治腐败和社会黑暗的产物，冲破了“温柔敦厚”的诗教束缚，既有强烈的感染作用，又有深刻的教育意义，对后人的怨刺诗影响很大。

其次，《诗经》中有不少作品反映了战争、兵役、劳役给人民带来的不幸和苦难。《豳风·东山》表现了将士厌恶战争、思念亲人的感情。出征三年后的士兵，在归家的途中悲喜交加，想象着家乡的景况和回家后的心情。这里既有对归家后与亲人团聚的幸福憧憬，也有对前途未卜的担忧，整首诗把现实和诗人的想象、回忆结合在一起，极为细腻地抒写了“我”的兴奋、伤感、欢欣、忧虑等心理活动。诗人对战争的厌倦，对和平生活的向往，得到了充分的体现。《卫风·伯兮》以战争、徭役为背景，写夫妻离散的思妇哀歌，其第二章云：“自伯之东，首如飞蓬。岂无膏沐，谁适为容?”女为悦己者容，所爱的人不在面前，梳妆打扮还有什么意义呢？率真质朴地写出了思妇内心的相思哀痛。

三、对理想社会、美好生活的向往追求

《诗经》多方面地表现了中华民族热爱劳动、热爱和平，勤劳、善良、朴实的优秀品格，表现了他们对理想社会、对美好生活的积极追求。首先，《诗经》以史诗般的笔法塑造了本部族先辈们的伟大形象，赞美他们克服大自然和周围部族带来的苦难和袭扰，历尽千辛万苦，创建自己的部族国家的英雄业绩。如《大雅》中被认为是周部族史诗的《生民》、《公刘》、《绵》、《皇矣》、《大明》五篇作品，赞颂了后稷、公刘、太王、王季、文王、武王的业绩，反映了西周开

国的历史，对周部族的兴起、发展、艰苦成长的历程作了清晰的描绘。《生民》写周族开国的始祖后稷的神异诞生和他对农业的贡献。《公刘》写公刘率领周人从有邰（今陕西武功）迁徙到豳（今陕西彬县、旬邑一带），开始了定居生活的史实。《绵》写古公亶父率周部族再次由豳迁至岐（今陕西岐山县）之周原，划定土地疆界，开沟筑垄，设置官司、宗庙，建立城郭，创业立国的事迹。《皇矣》先写太王、王季的德业，再写文王伐崇伐密胜利的经过。《大明》先叙王季娶太任生文王，文王娶太姒生武王，然后写武王在牧野大战。从《生民》到《大明》，周人由产生到逐步强大，最后灭商建立统一王朝的历史过程，得到了完整的表现。五篇史诗，反映了周人征服大自然的伟大业绩；社会制度由原始公社向奴隶制国家的转化，以及推翻商人统治的斗争，是他们壮大发展的历史写照，也是今天研究我国上古历史的重要资料。此外，《小雅》中也有史诗性的叙事诗。如《出车》记周宣王时南仲的征伐猃狁，《采芑》、《六月》记周宣王时同蛮荆和猃狁的战争等等。这些史诗，生动形象地再现了中华民族的历史，塑造了一系列著名的英雄形象，虽不能同西方荷马史诗那样规模宏大、叙事详尽成熟的叙事文学相比，但也说明我们的先人不仅能够写出那样众多精湛的抒情诗，而且也能创造出这样简明而有条理的叙事之作，这些史诗充满了民族自豪感。

第二，《诗经》赞美了劳动、狩猎、卫国战争等部族赖以生存发展的重大活动，表现了中华民族的性格特征和价值取向。

我国农业有悠久的历史，《诗经》时代，农业生产已占有重要地位。《诗经》中的许多作品，不仅在道德观念和审美情趣上打上了农业文明的烙印，而且是现存最早的直接描写农业生产、生活和相关的政治、宗教活动的农事诗。如《国风》中的《七月》，《小雅》中的《甫田》、《大田》，《颂》中的《载芟》、《良耜》等篇。《诗经》中的这类作品，真实地记录了与周人农业生产相关的宗教活动和风俗礼制，反映了周初的生产方式、生产规模，周初农业经济繁荣，以及生产力发展的水平。其中长达 8 章 88 句 380 字的《七月》无论在内容上还是在艺术上，都是《诗经》农事诗中最优秀的作品。诗中叙述了农夫一年间的艰苦劳动过程和生活情况。全诗以时令为序，顺应农事活动的季节性，把风俗景物和农夫生活结合起来，全面深刻、生动逼真地反映了西周农人的生活状况。诗中客观反映出农夫生活和贵族生活的悬殊，在对当时农业生产、农夫生活的平铺直叙中抒发了哀怨和不满，千百年后的读者，不仅能了解到当时的农业生产和农夫的生活状况，而且能真切感受到他们的不幸和痛苦，是我国文学史上最早的现实主义诗篇。

《诗经》中有些战争诗，从正面描写了天子、诸侯的武功，表现同仇敌忾、共御外侮的昂扬斗志，充满了强烈的自豪感和乐观精神，如《大雅》中的《江汉》、《常武》，《小雅》中的《出车》、《六月》、《采芑》，《秦风》中的《小戎》、《无衣》等。这类从正面歌颂角度所写的战争诗，不注重直接具体描写战斗场面，而是集中表现军威声势，是我国古代崇德尚义，注重文德教化，使敌人不战而服的政治理想的体现，它确认了温柔敦厚之仁远胜于骄傲刚强之勇，充分反映了中华民族自古就是一个尊崇圣贤而非尊崇英雄尤其是军事英雄的文化特点，表现出与世界其他民族古代战争诗截然不同的风格。那些揭露战争给人民带来的灾难的诗篇，刻意描绘的不是少数将领的勇武骄傲，而是众多士兵在战争中"靡室靡家"、"不遑启居"的痛苦，在"慆慆不归"中"曰归曰归"的渴望，以及家中的"妇叹于室"、"首如飞蓬"、"愿言思伯，甘心首疾"的痛苦，这充分说明中国文学从《诗经》时代起即是民众的文学，中国文化基本是以日常的家居生活为理想的文化。所以英雄将领的战功似乎比不上"有敦瓜苦，烝在栗薪"的家里一个苦匏令人感动。这种以百姓家居为理想、以温柔抒情为主调的文学精神，成为中国文学后来发展的基础。

《诗经》的《雅》、《颂》中还有不少以君臣、亲朋欢聚宴享为主要内容的燕飨诗，周代上层社会，很多场合都有宴饮，燕飨诗正是这种社会生活的真实反映。如《小雅·南有嘉鱼》、《小雅·南山有台》等都是燕飨时所用的乐章。对后代影响最大的要算周王宴乐群臣嘉宾的诗《小雅·鹿鸣》，诗云："呦呦鹿鸣，食野之苹。我有嘉宾，鼓瑟吹笙。吹笙鼓簧，承筐是将。人之好我，示我周行。"燕飨诗赞美守礼有序、宾主融洽的关系；而对不能循礼自制、纵酒失德的宴饮，则是否定的，如《小雅·宾之初筵》就是写统治阶级以酒败德的诗。礼乐文化是周代文化的重要组成部分，《诗经》在很大程度上是周代礼乐文化的载体。燕飨诗以文学的形式，表现了周代礼乐文化的一些侧面。

周代是农业宗法制社会，宗族间相亲相爱的关系是维系社会的重要纽带。在宴饮中，发挥亲亲之道，宗法之义，也是《诗经》中许多燕飨诗的内容。如《小雅·伐木》、《小雅·鹤鸣》等表现诗人对友情的赞美。《小雅·棠棣》以"棠棣之花"起兴，歌颂兄弟手足之情，寓意深切恳挚，十分感人，"棠棣"一词也成为兄弟之谊、手足深情的象征和代词，诗中"兄弟阋于墙，外御其务"具有极高的概括性，在国难当头之时，常用这一诗句来号召各族人民捐弃前嫌，共同对外。这些诗篇都表现出浓厚的宗法观念和亲族间的脉脉温情。我们从中不仅可以看到我国古代燕飨的仪式和风貌，而且了解了两千五百多年前中华民族对亲情和友谊的重视，他们的道德标准和价值取向。

总之，正如胡先媛在《先民的歌唱——〈诗经〉》中所总结的：“《诗经》所反映的内容十分丰富，它包括天文地理，政治经济，祭祀典礼，战争徭役，定国建都，燕飨欢聚，狩猎耕耘，采摘渔牧，君王贵族，将军大夫，君子淑女，农妇商贾，思妇弃妇，游子隐逸，宠姬佞臣，初恋思慕，闺怨春情，幽期密会，洞房花烛，迎亲送葬，怀人悼亡，草木虫鱼，飞禽走兽，莺啼马鸣，风萧雨晦，波光山影，火山地震，祈祷住院，占卜圆梦等等，其信息量之大，文献价值之高，令人惊叹。可以说，一部《诗经》立体地再现了当时生存环境、世态人情，是当时社会生活的多方位、多角度的反映，其内容在世界古代诗歌作品中是独一无二的，比印度的《吠陀》与基督教《圣经》中的诗篇要广泛得多。它的主题已不限于宗教性的，或仅仅表达一种虔诚的感情，它也不像荷马史诗只谈论战争与冒险，它歌唱的是人的生活，人的情感，用英国诗人华兹华斯的诗说：‘卑俗的山歌俚曲，现今日常熟悉的事情，天然的悲苦和伤逝，过去有过，以后还会有。’在如此自然，如此朴素，如此亲切地表现普通人民的心声和感情方面，很少有别的诗集堪与《诗经》相提并论。”《诗经》是中国古代社会民风民情的百科全书，作为中国诗歌的源头，从其所反映、表现之对象与其审美所观照的社会、人生、自然万物的宽广领域来看，可以说奠定了中国诗歌甚至中国文化的特质。后来诗歌的种类，如山水诗、田园诗、边塞诗、爱情诗、讽喻诗、咏史诗等等几乎都可以从《诗经》中找到其源头。《诗经》是我们民族的骄傲。

第三节　《诗经》的艺术特色

《诗经》不仅关注现实，题材广泛，内容丰富，而且在艺术上也取得了很高的成就，无论在诗歌的结构章法方面，还是在语言形象方面，《诗经》都表现出鲜明的特色，显示出我国最早的诗歌作品在艺术上的巨大成就，并为我国诗歌传统艺术特色的形成奠定了基础，是我国诗歌艺术的光辉起点。

首先，《诗经》开创了我国现实主义诗歌的传统，采用了现实主义的表现手法，表现了当时人们对现实生活的理解和感受，是我国现实主义文学的源头。

《诗经》中的现实主义指的是它反映现实的人间世界和日常生活、日常经验，真实地表现了人们的生活和思想感情，以及社会生活的各个方面。“饥者歌其食，劳者歌其事”是其现实主义创作精神的核心。它立足于社会现实生活，没有虚妄与怪诞，极少超自然的神话；祭祀、宴饮、农事是周代社会经济和礼乐文化的产物；其他诗对时政世风、战争徭役、婚姻爱情的叙写，是一幅展现当时政治状况、社会生活、风俗民情的形象画卷。《诗经》中，不仅描述了周代丰富多彩的社会生活、特殊的文化形态，而且揭示了周人的精神风貌和情感世界。可以说，《诗经》是我国最早的富于现实精神的诗歌，奠定了我国诗歌面向现实的传统。

《诗经》中的诗篇，除了极少数几篇，大多反映的是现实世界，日常生活。它取材直接，语言朴素自然，形象典型，能够揭示生活中的本质问题。如《大雅》中的史诗，真实地再现了周部族的发展史。大小《雅》中的怨刺诗真实地记录了当时黑暗腐败、危机四伏的社会现实，表现出诗人对现实的深切关注和忧患意识。《国风》为我们展开了一幅幅细腻生动的生活画面，在对这些生活侧面的具体描述中，我们清晰地了解到先民的婚姻恋爱，耕种劳作，他们的喜怒哀乐。如从《七月》中我们看到了农人一年四季的生产、生活情况；从《溱洧》中我们听到了青年男女欢快的嬉笑声；从《桃夭》中见到的是新嫁娘如桃花般的笑脸；从《氓》中传来的是弃妇悠长的叹息。这些诗篇使我们仿佛走进约三千年前的社会生活之中，那样真切，那样具体。《诗经》的现实精神决定了它主要采取的写作手法是如实地叙述描写，极少荒诞离奇的夸张想象，取自于自己的生活现实，即使是创造意境，所取之物也都是身边常见的鸟兽草木，充满了浓厚的生活气息。《诗经》中多数作品是抒情诗，诗人常常抓住一个生活场景加以生动、准确的刻画，来表达自己的思想感情；通过对话和动作刻画人物，具有极高的概括性。如《邶风·静女》通过描写约会中一个常见的爱情游戏："爱而不见，搔首踟蹰"，写出了这对恋人之间的炽热情感。《周南·关雎》的"悠哉悠哉，辗转反侧"写出了小伙子的痴情与痛苦。

《诗经》表现出的关注现实的热情、强烈的政治和道德意识、真诚积极的人生态度，被后人概括为"风雅"精神，直接影响了后世诗人的创作。后来的中国诗歌乃至其他文学样式，其内容也是以日常性、现实性为基本特征；日常生活、日常事件、日常人物，是中国文学的中心素材。

其次，《诗经》赋、比、兴表现手法的创造和成功运用，极大地加强了诗歌的形象性，使中国文学从一起步就注意到了文学以形象反映社会生活的基本特征。赋、比、兴的表现手法不仅是《诗经》艺术特征的重要标志，而且成为我国古代诗歌创作的基本手法，从而奠定了中国古典诗歌情景交融、贵在含蓄的艺术特质。

赋、比、兴的说法最早见于《周礼》，它们与风、雅、颂合称为"六诗"，

《诗经·大序》又称之为“六义”。其实，风、雅、颂是按音乐的不同而分成的三种诗歌类型，而赋、比、兴则是三种艺术表现手法，把它们归结到一起并不科学。

“赋比兴”是古人对《诗经》的艺术手法的总结和归纳。所谓“赋比兴”，古人有关的论述非常多，南宋朱熹的定义是：“兴者，先言他物以引起所咏之词也。”“比者，以彼物比此物也。”“赋者，敷陈其事而直言之也。”（朱熹《诗集传》）由于他对赋、比、兴的主要艺术特征作出了比较简洁明了的总结和概括，因此得到了后人普遍的认同和广泛的应用，影响最大。

赋，指在叙事或表达感情时采取铺陈直叙的方法，这是文学创作最基本的表现手法。在《诗经》中，赋运用得十分普遍，用来叙述事物，抒写感情。相对而言，赋这种手法在《雅》、《颂》中用得最多，《国风》中用得也不少。古人曾为《诗经》中的赋、比、兴作过统计，谢榛《四溟诗话》说：“予尝考之《三百篇》：赋，七百二十；兴，三百七十；比，一百一十。”他的统计虽然不一定准确无误，但就《诗经》的实际情况看，赋句确实占多数。孔颖达说：“赋直而兴微。”赋比较直接明显，不像兴那样复杂隐约，使读者不易区别，因此后人对它的研究也比较少。但赋对后世的影响并不亚于比兴。刘勰说：“赋也者，受命于诗人，拓宇于《楚辞》也。”（《文心雕龙·诠赋》）赋盛行于汉代，发展成为中国散文史上一种独立的文体，出现了许多脍炙人口的佳作，可见其影响之大。《诗经》中运用赋的形式是多种多样的。有全诗均用赋法者，《雅》、《颂》中不胜枚举，仅《国风》中就有许多。如《七月》这首长诗，诗人自始至终用赋的手法，叙述了农夫一年十二个月的生活，写得翔实、朴质、浑厚，堪称诗人运用赋法的典型。赋可以叙事描写，也可以议论抒情。如《卫风·木瓜》：“投我以木瓜，报之以琼琚。匪报也，永以为好也。投我以木桃，报之以琼瑶。匪报也，永以为好也。投我以木李，报之以琼玖。匪报也，永以为好也。”三章反复抒写恋人互赠礼物以表永远相爱之意。赋中用比，或者起兴后再用赋，在《诗经》中更是很常见的。赋、比、兴三种手法可以并用，但以赋为基础。比兴常能从形象上、感情上、思想上联系全篇，起着塑造形象、突出主题的作用，但都是为表达本事和抒发情感服务的。

比，就是打比方，指在叙事或表达感情时采用比喻使之形象化的方法。《诗经》中比的运用非常广泛。明喻、暗喻、借喻、博喻、对喻等形式都有，手法也富于变化。有整首都以拟物手法表达感情的比体诗，如《豳风·鸱鸮》、《魏风·硕鼠》、《小雅·鹤鸣》，独具特色；而一首诗中部分运用比的手法，更是丰富多彩。如《卫风·硕人》，描绘庄姜之美："手如柔荑，肤如凝脂，领如蝤蛴，齿如瓠犀，螓首蛾眉。"分别以柔嫩的白茅芽、冻结的油脂、白色长身的天牛幼虫、白而整齐的瓠子、宽额的螓虫、蚕蛾的触须来比喻美人的手指、肌肤、脖颈、牙齿、额头、眉毛，形象细致地画出了一幅美人工笔画。又用"巧笑倩兮，美目盼兮"的动态描写，把这幅美人图画得栩栩如生，呼之欲出。《诗经》中所采用的喻体，多是人们日常生活中熟悉的东西，如"有女如玉"（《召南·野有死麇》），"彼其之子，美如玉"（《魏风·汾沮洳》），"言念君子，温其如玉"（《秦风·小戎》），都是以玉作比，用美玉的洁白、温润的属性刻画诗中人物的美貌温柔。以具体的动作和事物来比拟难言的情感和独具特征的事物，在《诗经》中也很常见。如"中心如醉"、"中心如噎"（《王风·黍离》），"一日不见，如三秋兮"（《王风·采葛》），以"醉"、"噎"、"三年"比喻难以形容的忧思之深、相思之苦；又如"巧言如簧"（《小雅·巧言》），"其甘如荠"（《邶风·谷风》），"有匪君子，如切如磋，如琢如磨"（《卫风·淇奥》），以"巧言"、"甘"这些不易描摹的情态，表现形象具体的"簧"、"荠"，以切磋琢磨比喻君子的精益求精。总之，《诗经》中大量用比，表明诗人具有丰富的联想和想象，能够以异彩纷呈的物象，来表达思想感情。这些取自生活的比喻使作品大为增色，加强了诗的艺术感染力。

兴，兼有启发和发端二义。当周围景物触动激发了诗人的思想感情时，便从周围景物写起，并联接内心的感受。兴的写法指的是在每一首诗的开始部分用来引出下文的意象或场景。兴是《诗经》乃至中国诗歌中比较独特的表现手法，在《诗经》中的运用也比较复杂。《诗经》中的许多作品以身边的景物或所处的场所开头，这是民歌常用的方法。有的只是在开头起调节韵律、唤起情绪的作用，兴句与下文在内容上的联系并不明显。如"扬之水"，是当时诗歌的民间习语，《郑风》、《唐风》都用这一习语作为诗的发端，但和后面的内容并无关联。这种仅起开头作用的兴句在《诗经》并不多见。《诗经》中更多的兴句，与下文有着委婉隐约的内在联系。或者起比喻衬托作用，比附象征中心题旨，如"关关雎鸠，在河之洲"（《关雎》）用成双成对欢快和鸣的水鸟起兴，触动了诗人对所爱女子的思念。或者渲染烘托某种气氛，为下文创造意境，如"蒹葭苍苍，白露为霜"用深秋萧瑟凄凉的景色衬托主人公求之不得的惆怅和伤感，起到了以景写情，以物写人的效果。或者对下文所写的人物事物起比喻作用，加强作品的形象性，如"桃之夭夭，灼灼其华"（《周南·桃夭》）用盛开的桃花来比喻新嫁娘的光彩照人，又如"桃之夭夭，有蕡其实"、"桃之夭夭，其叶蓁蓁"，用桃的枝繁叶茂、果实丰硕表达对新娘出嫁后多子多孙、家庭幸福的良好祝愿，写出男女婚姻种族绵延的欣喜和快乐。这些兴句能够在诗人和读者之间建立一座桥梁，沟通他们心灵间的交流和理解，构成诗歌艺术境界不可或缺的部分。比和兴都是以间接的形象表达感情的方式，故后世往往比兴合称，用来指《诗经》中通过联想、想象寄寓思想感情于形象之中的创作手法。在诗歌创作中，比兴往往交相使用，共同创造诗歌的艺术形象，抒发诗人的情感。

“赋、兴、比”三种表现手法，揭示了诗对人的三种感发作用，由物及心是兴，由心及物是比，而赋是直接说，及物及心。特别是《诗经》多种多样的比兴手法，为后代世人广泛采用，成为古典诗歌中的传统艺术手法，形成了中国诗歌特有的讲究兴象，追求意境，语言简洁、凝练，表达含蓄曲折的风格。研究分析我国自《诗经》以来古典诗歌中的比兴手法，在含义上、用法上、作用上的发展，并进一步批判地继承这种手法，对我们今天的诗歌创作来说，具有相当重要的意义。

第三，《诗经》独特的章法结构体现了民歌特有的体式，对于加强作品的抒情色彩，增强艺术感染力起到了重要作用。《诗经》的基本句式是四言，四字诗由二节拍构成，带有很强的节奏感。以四言为主，四句独立成章，是《诗经》的主要句法结构。雅、颂多数篇章运用严整的四言句，极少杂言。国风中杂言比较多，从一言到九言的句子都存在，如：“缁衣之宜兮，敝，予又改为兮。”（《郑风·缁衣》）出现了一字句；而《周颂·昊天有成命》中“二后受之成王不敢康”则是长达九个字的句子。“式微，式微，胡不归？微君之故，胡为乎中露。”（《邶风·式微》）杂用了二言、三言、五言的句式；《魏风·伐檀》中包括了四言、五言、六言、七言、八言的句式。《诗经》中有不少篇章是短句与长句交错构成，反映了在文学史初期诗歌与散文互寓互含的关系，这样读起来疾徐顿挫，节奏自然，增添了诗歌的音乐性，显示出灵活多变的特点，也更有利于诗歌内容的表达。

《诗经》在章法上的主要特点是重章叠句，反复吟咏，以加深诗中思想感情的表达。这种复沓结构，产生于《诗经》的乐歌性质，反映了乐舞同源、载歌载舞的血缘关系，不仅便于围绕同一旋律反复咏唱，而且在意义表达和修辞上，也具有很好的音乐效果。由于二节拍的四言句是构成《诗经》整齐韵律的基本单位，因此节奏鲜明而略显短促；重章叠句和双声叠韵读来又显得回环往复，节奏舒卷徐缓。《诗经》重章叠句的这种结构以其独特的双音节节奏、悠远缠绵的韵律反复震荡读者的心灵，不断更新他们的印象和体验，直至被引领到诗人的世界中，身临其境地体验他们当时的思想和感情。

《诗经》中的重章叠句，形式多样。有的是整篇中同一诗章重叠，只更换几个词，来表现动作的进程或情感的变化，造成一唱三叹的音乐效果。这显然是民歌的显著特点，所以在《国风》和《小雅》中使用很普遍。如《周南·芣苢》：

采采芣苢，薄言采之。采采芣苢，薄言有之。采采芣苢，薄言掇之。采采芣苢，薄言捋之。采采芣苢，薄言袺之。采采芣苢，薄言襭之。

全诗三章只换了六个动词，不但描述了采芣苢的整个过程，而且通过不断重复的韵律，表现出生动活泼的气氛和浓郁的生活气息。清人方玉润《诗经原始》中说："读者试平心静气，涵咏此诗，恍听田家妇女，三三五五，于平原绣野、风和日丽中，群歌互答，馀音袅袅，若远若近，若断若续，不知其情之何以移而神之何以旷。则此诗可不必细绎而自得其妙焉。"可见其动人的艺术魅力。《秦风·蒹葭》中也是三章内容基本一致，只是变换了几个词，而变换的词语写出了随着时间的推移和空间的转换，使人更加执著和更加伤感的心情。

第四，《诗经》的语言简练深厚，音韵优美，不仅意味深长，而且充满了音乐特有的艺术感染力和建筑的匀称和谐。《诗经》中充分利用汉语声韵配合的特点，大量运用象声词、连绵词、双声叠韵词来状物拟声，进一步增强了诗歌生动形象、清新自然的特点，收到了极好的艺术效果。刘勰《文心雕龙·物色》云："'灼灼'状桃花之鲜，'依依'尽杨柳之貌，'杲杲'为日出之容，'瀌瀌'拟雨雪之状，'喈喈'逐黄鸟之声，'喓喓'学草虫之韵。"如"伐木丁丁，鸟鸣嘤嘤"这些都是叠字，又称为重言，《诗经》中兴句的语言多半运用摹声状物的叠词来刻画景物，所以唱起来特别觉得音节铿锵，和谐悦耳，使人如闻其声，如见其形。《诗经》中双声叠韵运用很多，双声如"参差"、"踊跃"、"黾勉"、"栗烈"等等，叠韵如"崔嵬"、"鞅掌"、"绸缪"、"窈窕"等等，使诗歌在演唱或吟咏时，章节舒缓悠扬，语言极富音乐美。《诗经》的押韵方式多种多样，常见的是一章之中只用一个韵部，隔句押韵，韵脚在偶句上，这是我国后世诗歌最常见的押韵方式。还有后世诗歌中不常见的句句用韵。《诗经》中也有不是一韵到底的，也有一诗之中换用两韵以上的，甚至还有极少数无韵之作。

《诗经》的语言不仅具有音乐美，而且在表意和修辞上也具有很好的效果。《诗经》时代，汉语已有丰富的词汇和修辞手段，为诗人创作提供了很好的条件。如果说赋、比、兴是《诗经》最基本的艺术手法，构成了一幅纯美的锦绣的话，那么众多修辞手法的成功运用就如同锦上添花，把这幅锦绣点缀得更加光彩动人。除了字、词、句、章复叠手法的大量运用外，后世常用的修辞手段，在《诗经》中几乎都能找到。对偶如“縠则异室，死则同穴”（《王风·大车》）是常见的上下对的形式；“绿衣黄裳”（《邶风·绿衣》）、“螓首蛾眉”（《卫风·硕人》）是当句对，形式多样，朴实自然。夸张如“一日不见，如三月兮”（《郑风·子衿》）、“万寿无疆”（《豳风·七月》），对比如“女也不爽，士贰其行”（《卫风·氓》），《小雅·北山》中连用六个对比，把士子与大夫之间苦乐不等、劳逸不均的现实充分揭示出来。排比如“知子之来之，杂佩以赠之。知子之顺之，杂佩以问之。知子之好之，杂佩以报之。”（《郑风·女曰鸡鸣》）连用三组排比句，把夫妇和睦、相敬相爱之情表达得更加浓郁、鲜明。此外，像顶真、设问、呼告、衬托、示现、反诘等修辞方法在《诗经》中都已出现，而且运用得很完美，为后代文学提供了典范新奇的先例。

总之，《诗经》的语言形式形象生动，丰富多彩，往往能“以少总多”、“情貌无遗”（《文心雕龙·物色》）。它有许多不同意义的字，组成了丰富生动的词。三国时陆机的《诗草木鸟兽虫鱼疏》把有关草木鸟兽虫鱼的名词，分门别类地罗列。关于衣、住、礼乐制度、战具、日常用品，清人曾作《诗经传说汇纂》一书，由此可见《诗经》名词的丰富，显示出诗人对客观事物认识的深度与广度。动词方面，据后人统计，仅表示手部动作的，就有五十多字。《周南·关雎》、《周南·芣苢》中对动作描绘的具体准确，即可表明诗人具体细致的观察力和驾驭语言的能力。形容词更是绘声绘色，“窈窕”、“参差”（《周南·关雎》）、“涟涟”、“沃若”（《周南·汉广》）等不胜枚举。《诗经》中的许多词语至今还在使用，如“中央”、“休息”、“秋水伊人”、“夙兴夜寐”等，这说明《诗经》丰富凝练的语言宝库，不但具有长久的生命力，而且对我国民族语言的发展作出了极大的贡献。

第四节　《诗经》在文学史上的地位和影响

《诗经》是我国文学的光辉起点，它那丰富深刻的现实内容和高超的艺术成就奠定了我国诗歌的优良传统，《诗经》不仅在当时发挥了巨大作用，而且对我国文学的发展产生了极其深远的影响，在中国和世界文学史上占有极高的地位。

《诗经》奠定了中国文学以抒情传统为主的发展方向。《诗经》除了《大雅》中的史诗和《小雅》、《国风》中的个别篇章外，几乎完全是抒情诗。《诗经》可以说主要是一部抒情诗集，而且，从诗歌艺术的成熟程度来看，其抒情诗所达到的水准，也明显高于叙事诗，从《诗经》开始，就显示出我国抒情诗特别发达的民族文学特色。从此以后，我国诗歌沿着《诗经》开辟的抒情言志的道路前进，抒情诗成为中国古典诗歌的主要形式。而与《诗经》大体属于同时代的古希腊的荷马史诗，却完全是叙事诗。正如荷马史诗奠定了西方文学以叙事传统为主的发展方向，《诗经》奠定了中国文学以抒情传统为主的发展方向。

《诗经》是我国现实主义文学源头。《诗经》中那些优秀的民歌，表达了劳动人民在现实生活中的真情实感，反映了广阔而生动的社会现实，从一开始就为我国文学开创了一条现实主义的创作道路。《国风》和《小雅》中的优秀民歌如实地反映了当时的社会生活，歌颂了人间的爱情、友谊、互助等人类的美好感情，揭露和抨击了统治者对劳动人民的剥削、压迫以及他们残暴的行为、荒淫的生活。大小雅中的那些政治讽喻诗，表现出积极地面对现实、关心国家民族命运、同情人民疾苦的强烈的政治和道德意识，这对昭示后世诗人、作家把文学当作揭示人生、反映现实的工具有直接的启发。尽管自《诗经》在汉代被经学化后，以汉儒为代表的儒家的“诗教说”在某种程度上对文学的多样化发展、情感的自由表达有所束缚，但《诗经》中大胆反映社会现实和积极干预社会现实和政治生活的特点对我国后来的现实主义诗歌产生了巨大影响，为我国文学的健康发展奠定了坚实的基础，提供了现实主义诗歌的范例。从汉魏乐府到近代民歌，从“建安七子”到杜甫、白居易，所有以反映社会现实生活为宗旨的诗歌、诗人，无不奉《诗经》为圭臬，为最高的思想和艺术追求。每当形式主义诗风兴起的时候，《诗经》以及它所代表的“风雅”传统，就成为诗人们最有效的精神支柱和武器。

《诗经》的伟大成就确立了民间文学在文学史上的崇高地位，奠定了文人向民间文学学习的优良传统。它向人们证明了劳动人民具有无限创造力和创作才能，它吸引了历代许多优秀的诗人虚心向民歌学习，从中吸取丰富的素材和艺术营养，而这种学习又往往是推动我国诗歌发展的最强大的动力。例如，屈原对楚歌的学习促使伟大的楚辞诞生，汉魏时代文人对乐府的学习，带来了五言诗的繁荣和发展，唐朝诗人通过对南北朝民歌的学习创造了一个空前绝后的诗歌高峰，唐宋诗人在民间歌谣的基础上创造出千年不衰的曲子词，元明诗人在街头演唱的基础上开创了中国戏曲发展的新局面。总之，以民歌为主体的《诗经》为中国诗歌开创了一条健康宽广的诗歌发展之路。在中国文学史上，文人向民间文学学习，从而促进文学的前进，成为一条重要的发展规律。

《诗经》在艺术表现上的突出成就对后世的艺术创作也产生了巨大的影响。它创建了我国诗歌以现实主义创作手法为主的诗歌艺术表现传统，以比兴手法为代表的注重意象创造、注重情景交融、情理合一的艺术表现特征对我国诗歌含蓄凝练的艺术风格的形成具有决定性的作用；它朴素优美、清新自然的语言风格，对抵制一切语言华丽却空洞无物的形式主义诗风的发展功勋至伟。可以说，《诗经》的艺术特征，无不在后来的优秀诗歌创作中得到充分的展现。我们相信，即使在我们今天的文学创作中，《诗经》所建立的向生活学习、从生活中获得真实体验的创作方法以及重视意象、境界创造的艺术追求仍产生着深远而巨大的影响。

总之，《诗经》从多方面表现了那个时代丰富多采的现实生活，反映了各个阶层人们的喜怒哀乐，以其清醒的现实性，特有的比兴手法，区别于其他民族的早期诗歌，开辟了中国诗歌的独特道路，成为中国诗歌，乃至整个中国文学的光辉起点。今天我们在惊叹《诗经》所取得的巨大成就的同时，却要避免像古人那样把处于中国文学滥觞时期的《诗经》推到诗歌的顶峰，认为后人只能高山仰止，不可超越。应该说，从《诗经》开始，中国古典诗歌是不断完善、日臻完美的。

《诗经》是中国诗歌文学不可动摇的基础，它巨大的影响绝不限于中国，早在中世纪，《诗经》就已传入日本、朝鲜和越南等国。从 18 世纪开始，相继出现了法文、德文、英文、俄文等《诗经》译本，为这些国家的诗人和学者所喜爱，《诗经》也成为宝贵的世界文学遗产。

两千多年来对《诗经》的研究已形成了专门的“诗经学”，历代关于《诗经》的论述、考证、注释等，为我们今天的学习和研究提供了丰富的资料，我们为拥有这笔丰厚而宝贵的文学遗产而骄傲，更应更好地为继承发扬《诗经》开创的优良文学传统而努力。

【思考题】

1. 试述《诗经》名称的变化。

2. 何谓“风、雅、颂、赋、比、兴”？

3. 试析“兴、观、群、怨”的内涵。

4. 为什么说《诗经》是中国古代社会民风民情的百科全书？体现在哪些方面？

5.《诗三百》在中国诗歌史上的主要意义何在?

【参考书目】

1.《毛诗正义》,(汉)毛公传,郑玄笺,(唐)孔颖达正义,上海古籍出版社 1990 年影印本。

2.《诗经集传》,(宋)朱熹,中华书局 1962 年排印本。

3.《毛诗传笺通释》,(清)马瑞辰通释,中华书局 1989 年排印本。

4. 朱自清:《诗言志辨》,北京古籍出版社 1956 年版。

5. 余冠英:《诗经选》,人民文学出版社 1963 年版。

6. 赵浩如:《诗经选译》,上海古籍出版社 1980 年版。

7. 程俊英:《诗经漫话》,上海文艺出版社 1983 年版。

8. 陈铁镔:《诗经解说》,书目文献出版社 1985 年版。

9. 金性尧:《闲坐说诗经》,江苏古籍出版社、中华书局(香港)1991 版。

10. 周满江:《诗经》,上海古籍出版社 1980 年 5 月版。

《诗经》作品选

周南·汉广

南有乔木,不可休思[1];汉有游女,不可求思[2]。
汉之广矣,不可泳思[3];江之永矣,不可方思[4]。
翘翘错薪,言刈其楚[5];之子于归,言秣其马[6]。
汉之广矣,不可泳思;江之永矣,不可方思。
翘翘错薪,言刈其蒌[7];之子于归,言秣其驹[8]。
汉之广矣,不可泳思;江之永矣,不可方思。

【注释】

[1] 乔木:高大的树木。休:休息。指高木无荫,不能休息。思:语助词。[2] 汉:汉水,长江支流之一。游女:汉水之神。[3] 广:宽阔。泳:渡水。[4] 江:江水,即长江。永:水流长也。方:桴,筏,即小舟。[5] 翘翘:本指鸟尾上的长羽,此处比喻杂草丛生,高大的样子。错薪:杂乱的草木。古代嫁

娶必以燎炬为烛，故《诗经》嫁娶多以折薪、刈楚为兴。刈（yì）：割。楚：灌木名，即牡荆。［6］之子：这个女子，指游女。于归：出嫁。秣（mò）：喂马。［7］蒌（lóu）：蒌蒿，嫩时可食，老则为薪。［8］驹：小马。

【提示】

这是一首江汉地区的民歌，长歌浩叹，深切表达了一个青年对所爱姑娘欲求不得的心情。

全诗共三章，全部采用比兴手法。首章开篇连用四个比喻表达自己所思念的姑娘无法得到，只能面对那浩淼无垠的江水发出深深的叹息。第二、三章写小伙子在得知所思念的女子将要出嫁了，他还痴情地想着为她喂饱驾车的马儿，来表达自己对她的爱恋。然而，这只能是自己的一种幻想罢了，他能做的只是望着那一泓宽广的汉水，悲叹："汉之广矣，不可泳思；江之永矣，不可方思。"由于这首诗每章的后四句都是一字不易的重复，使各章紧密连成一个整体，一唱三叹，层层递进，把那种可望而不可求的遗恨和与江水一样无穷无尽刻骨铭心的情思渲染到了无以复加的程度，千百年来震撼着历代读者的心灵。

情景交融，音节和谐，语言朴素，是这首诗的主要特色。小伙子神魂颠倒的情思和汉水烟水茫茫的景色融为一体，构成了幽渺苍茫的意境，突出表达了咏唱者深沉的情感，又采取一唱三叹的民歌形式，使人倍觉音长意浓，回味无穷，得到了前人极高的评价："终篇忽叠咏江汉，觉烟水茫茫，浩淼无际，广不可泳，长更无方，唯有徘徊瞻望，长歌浩叹而已。故取之以况游女不可求意也。"（方玉润《诗经原始》）闻一多先生说它："借女神之不可求以喻彼人之不可得，以开《洛神赋》之先声。"可见这首诗在文学史上的深远影响。

【思考题】

1. 这首诗通篇采用比兴手法，产生了怎样的艺术效果？

2. 《诗经》善于抒发忧伤之情，含蓄蕴藉的特点在这首诗中是如何体现的？

3. 和《秦风·蒹葭》对读，试析中国古典诗歌推崇的这种烟水迷离之境的特点。

郑风·溱洧

溱与洧，方涣涣兮。士与女，方秉蕑兮[1]。
女曰观乎？士曰既且[2]。
且往观乎[3]？
洧之外，洵訏且乐[4]。
维士与女，伊其相谑，赠之以勺药[5]。

溱与洧，浏其清矣。士与女，殷其盈兮[6]。
女曰观乎？士曰既且，且往观乎？
洧之外，洵訏且乐。
维士与女，伊其将谑，赠之以勺药[7]。

【注释】

［1］溱水与洧水，河水涨满。小伙子与姑娘，手持兰花漫步河边。溱，洧，郑国两条河流的名称。涣涣，河水弥漫的样子。蕑（jiān），兰草。［2］且，同徂，前往。既，已经。［3］再去看看吧。且，将，打算。［4］洵（xún）：的确。訏（xū），开阔。［5］维：语气词。伊，他们，指小伙子与姑娘；或说“伊其”都是语气词。谑，开玩笑。勺药，同芍药。［6］浏：水深而清。殷，众多。盈，满。［7］将：互相。

【提示】

这首诗表现了初春三月上巳日（夏历三月十五日）郑国青年男女按习俗到河边沐浴以祓除不祥、祈求幸福的情景。诗中为我们展现了一幅生动的风土人情图画：仲春三月的溱洧河畔，成双成对的青年男女嬉戏相乐，谈情说爱。它相当真实地反映了当时劳动青年之间比较自由古朴的恋爱生活。

全诗两章，采用民歌习见的叠咏形式，每章只变换个别字句，意思和章法都基本相同，但在描绘人物、表达思想方面显示了民歌灵活多变的特点。在写法上主要以铺叙为主，这也就是传统上所说的“赋”的手法。每章首两句采用铺叙手法，概述自然风光和青年男女春游的盛况。作者以画家的彩笔紧紧抓住春水的特质和意态，“方涣涣”、“浏其清”展现了大地回春阳光普照下溱水、洧水水势浩漫，两岸开阔，踏青、沐浴的游人络绎不绝，青年人手持鲜花、追逐心上人的热闹景象，在这样一个碧波荡漾、笑语朗朗的节日气氛中，作者采用了类似戏剧的表现手法，通过轻松、诙谐的对话表现了男女主人公之间的关系，形成了小小的戏剧性波澜：姑娘对小伙子颇为钟情，一而再，再而三地邀请小伙子一同踏青，而小伙子从起初的推辞，到最终被感动而俯首称臣，这三言两语的问答，不仅表现了这对情侣相遇时的欢愉心情，而且刻画了他们热情开朗大方的性格。他们是许多青年男女的典型代表。结局以议论语气说明他们互赠鲜花终成盟约，在诗的字里行间洋溢着追求爱情幸福的喜庆气氛。

这首诗气氛轻松，语调诙谐，充满了兴奋与激动、热情和欲望。全诗构思新颖，情节曲折，形象生动，既交代了时间地点，又描绘了景物状况，既描摹了人物动作，又表现了人物性格，自然景色和节日气氛与人物活动辉映一体，构成了极美的意境。这首诗的语言也很有特点。它不是整齐的四言诗，而是三四五言结合，近似口语，语调轻松，语气自然，较多保留了民歌的原始风貌，真实地展现了古老纯朴的民俗风情和人们对美好生活的憧憬和期待。

【思考题】

1. 这首诗描绘了怎样的生活画面？我们从中可以了解什么？

2. 这种欢乐的情诗在《诗经》中你还知道哪些？为什么这类诗后世越来越少了？

3. 这首诗在艺术上对后世有何启迪？

邶风·击鼓

击鼓其镗[1]，踊跃用兵[2]。土国城漕[3]，我独南行[4]。
从孙子仲[5]，平陈与宋[6]。不我以归[7]，忧心有忡[8]。
爰居爰处[9]？爰丧其马？于以求之[10]？于林之下。
死生契阔[11]，与子成说[12]。执子之手，与子偕老。
于嗟阔兮，不我活兮[13]。于嗟洵兮[14]，不我信兮[15]。

【注释】

［1］其镗（táng）：同“镗镗”，击鼓声。［2］兵：兵器。［3］土国：在国都内建筑房屋、城防工事等。城漕：在漕地筑城。“土”、“城”均作动词用。漕，卫国地名，在今河南省滑县东南。［4］南行：指下章说的伐陈与宋的战役。这两国在卫国之南。［5］孙子仲：卫国元帅。［6］平：平定、讨伐。陈：都城

在今河南淮阳。宋：都城在今河南商丘。［7］不我以归：不以我归，即不让我回去。以，语助词。［8］有忡：同“忡忡”，心中不安的样子。［9］爰：（yuán），句首语气词。“居”、“处”同义，都是停下来的意思。［10］于以：于何，在哪里。［11］契阔：聚散。契，团聚。阔，离别。［12］子：你，指妻子。成说：成言，盟誓。［13］不我活：不让我活。［14］洵：久远。［15］信：信用。

【提示】

春秋时代，诸侯国之间的兼并战争日益频繁。这首诗反映的就是一个远征异国、长期不得归家的卫国士兵的哀怨和控诉，揭露了统治者无休止的战争给广大人民带来的深重灾难。

全诗共分五章，每章四句，首章写自己不幸被迫远征南方；次章写自己不得归家的痛苦；第三章写行军途中的情形，长期征战使士兵军心涣散，毫无斗志；第四章追叙自己与妻子离别时的情景；第五章悲叹自己从军日久，却无归期，可能会有负对妻子的承诺。本诗全用赋体，情景逼真，委婉有致。尤其是“执子之手，与子偕老”，这简单而朴实的文字揭示了爱情最本质的内涵，这种对爱情的执着与浪漫，在两千年后的今天仍然会让我们感动。虽然这种愿望在我们的时代里变得越来越奢侈，也变得越来越理想，但哪个人的心中没有这种渴望呢？

【思考题】

1. 这首诗反映了怎样的社会内容？和《小雅·采薇》、《豳风·东山》比较，在表现手法上有何不同？

2. 《诗经》描写战争、行役的诗篇中表现的价值观和西方描绘战争的诗篇有何不同？

3. “执子之手，与子偕老。”为何会成为千古名句？

秦风·蒹葭

蒹葭苍苍，白露为霜[1]；所谓伊人，在水一方[2]。
溯洄从之，道阻且长[3]；溯游从之，宛在水中央[4]。
蒹葭凄凄，白露未晞[5]；所谓伊人，在水之湄[6]。
溯洄从之，道阻且跻[7]；溯游从之，宛在水中坻[8]。
蒹葭采采，白露未已[9]；所谓伊人，在水之涘[10]。
溯洄从之，道阻且右[11]；溯游从之，宛在水中沚[12]。

【注释】

［1］蒹（jiān）：没长穗的芦苇。葭（jiā）：初生的芦苇。苍苍：茂盛的样子。后两章“凄凄”、“采采”义同。［2］伊人：这个人。即诗人所追寻的人。一方：那一边。［3］溯洄：逆流而上。从之：追寻她。［4］溯游：顺流而下。宛：好像。［5］晞（xī）：干。［6］湄：岸边，水与草交接之处。［7］跻（jī）：升，高。［8］坻（chí）：水中小洲。［9］已：止，了。［10］涘（sì）：水边。［11］右：不直，弯曲。［12］沚（zhǐ）：水中的小沙滩。

【提示】

这是国风中非常著名的一首怀人诗。抒写思慕、追求意中人而不得的失望和惆怅心情。全诗分三章，每章前两句采用了赋中见兴的手法，借深秋萧瑟苍茫的景色，衬托诗人凄婉和惆怅的心境，造成一种缥缈空灵的抒情意境，笼罩全篇。三四句交代了诗人所追慕的人和他所在的地方，点明主题：隔河遥望，追寻伊人。后四句描写诗人不顾艰难险阻，顽强而执著的追求历程，但以可望而不可即为终结。写得情致悠长，婉转奇妙，全诗不着一个思字、愁字，但读者却能从那悲凉和寂寥的景色中，从那上下左右不懈的求索中体会到诗人那深深的企慕和惆怅。

意境朦胧，含蕴不尽是这首诗最突出的特点。过去关于这首诗所怀何人之所以有很多理解，正是由于“所谓伊人，在水一方”具有极高的概括性，它象征了人世间各种可望而不可即的人生境遇，一切有过美好理想、愿望、追求而陷于人生困境的心灵都可以从中找到共鸣。此外，诗篇采用了重章叠句形式，三章句式、意境相同，只变换了暗示时间推移、空间转换的个别字词，不仅起到了深化诗歌意境的作用，而且通过这种叠唱的形式，表达出含蓄深长的意味，耐人咀嚼。在艺术上对后世诗歌有着明显的启迪作用。

【思考题】

1. 为什么说“所谓伊人，在水一方”具有极高的概括性？谈谈你的理解。

2. 指出诗中景象的时间、空间变幻的词语，并说明它们对表现主题有何作用？

3. 以秋景起兴，在诗中有何作用，对后人有何影响？试举例分析。

豳风·七月

七月流火，九月授衣[1]。一之日觱发，二之日栗烈[2]。无衣无褐，何以卒岁[3]？三之日于耜，四之日举趾[4]。同我妇子，馌彼南亩，田畯至喜[5]！

七月流火，九月授衣。春日载阳，有鸣仓庚[6]。女执懿筐，遵彼微行，爰求柔桑[7]？春日迟迟，采蘩祁祁[8]。女心伤悲，殆及公子同归[9]。

七月流火，八月萑苇[10]。蚕月条桑，取彼斧斨[11]，以伐远扬，猗彼女桑[12]。七月鸣鵙，八月载绩[13]载玄载黄，我朱孔阳，为公子裳[14]。

四月秀葽，五月鸣蜩[15]。八月其获，十月陨箨[16]一之日于貉，取彼狐狸，为公子裘[17]。二之日其同，载缵武功[18]。言私其豵，献豜于公[19]。

五月斯螽动股，六月莎鸡振羽[20]。七月在野，八月在宇，九月在户，十月蟋蟀入我床下[21]。穹窒熏鼠，塞向墐户[22]。嗟我妇子，曰为改岁，入此室处[23]。

六月食郁及薁，七月亨葵及菽[24]。八月剥枣，十月获稻。为此春酒，以介眉寿[25]。七月食瓜，八月断壶，九月叔苴[26]，采荼薪樗，食我农夫[27]。

九月筑场圃，十月纳禾稼[28]。黍稷重穋，禾麻菽麦[29]。嗟我农夫，我稼既同，上入执宫功[30]。昼尔于茅，宵尔索绹[31]。亟其乘屋，其始播百谷[32]。

二之日凿冰冲冲，三之日纳于凌阴[33]。四之日其蚤，献羔祭韭[34]。九月肃霜，十月涤场[35]。朋酒斯飨，曰杀羔羊[36]。跻彼公堂，称彼兕觥：万寿无疆[37]！

【注释】

[1] 七月：指夏历七月，以下月份均指夏历。流火：大火星向西移动。流，向下移动。火，星名，又叫大火。此星于夏历五六月间在正南方，随着时令的改变逐渐向西下移，说明天气渐冷。授衣：奴隶主把制作冬衣的工作交给妇女们去做。[2] 一之日：一月的日子。“一之日”、“二之日”、“三之日”、“四之日”分别指周历的正月、二月、三月、四月，即夏历的十一月至二月。觱发（bì bā）象声词。寒风吹物发出的响声。栗烈：同“凛冽”，天气寒冷。[3] 褐：粗麻或粗毛制短衣，穷人所穿。卒岁：度过年终。[4] 于耜（sì）：修治农具。于，修理。耜，耕田翻土的农具。举趾：抬脚，指出去春耕。[5] 同我妇子：集合全家人。同，聚。馌（yè）：送饭。南亩：南北向的田地。田畯（jùn）：管理和监督农奴劳动的田官。至喜：特别高兴。[6] 载：开始。阳：暖和。仓庚：鸟名，即黄莺。[7] 执：提，挎。懿：深。遵：沿着。微行（háng）：小路。爰求：于

是去寻找、采摘。爰，于是。柔桑：嫩桑叶。［8］迟迟：舒缓的样子，指春日天长。蘩：白蒿。可用来垫蚕筐或做蚕山以便结茧。祁祁：人众多的样子。［9］殆：惧怕。及：与。公子：奴隶主贵族子弟。［10］萑（huán）苇：芦苇一类的草，可以制蚕箔。［11］蚕月：养蚕之月，即夏历三月。条桑：修剪桑条。条，动词，剪。斧斨（qiāng）：两种斧子。斧的柄孔是椭圆形，斨的柄孔是方形的。［12］远扬：指伸向高远处的枝条。猗（yì）：捋采。［13］鵙（jú）：鸟名。又名伯劳。体态华丽，嘴大锐利，鸣声洪亮。绩：纺麻。［14］玄：黑红色。朱：正红色。孔：非常。阳：鲜艳漂亮。［15］秀：植物抽穗结实。葽（yāo）：草名，即远志。蜩（tiáo）：蝉。［16］其获：就收割庄稼。其，乃，就。陨：坠落。萚（tùo）：草木的落叶。［17］于：猎取。貉（hé）：兽名，形似狐，毛皮可制作高级御寒衣服。［18］其同：会集狩猎的人群。载：就。缵（zuǎn）：继续。武功：指田猎。［19］言私其豵（zōng）：猎取小兽归自己用。言，语助词。豵，一岁的猪，泛指小兽。献豜（jiān）于公：把大兽献给农奴主。豜，三岁的猪，泛指大兽。［20］斯螽（zhōng）动股：斯螽弹腿震动发出声音。斯螽，蝗虫类，即蚱蜢。莎（sūo）鸡：昆虫名，即纺织娘。振羽：鼓翅作响。［21］“七月在野”四句，主语都是蟋蟀，前三句省略。野：田野。宇：屋檐。户：屋门口。［22］穹（qióng）窒：堵好墙洞。穹，空，洞穴。窒，堵。塞：堵。向：北窗。墐（jìn）：用泥涂抹。［23］曰：语助词。改岁：除岁。［24］郁：野果名，山李子。薁（yù）：野果名，野葡萄。亨：同“烹”。葵：菜名。菽：豆类。［25］剥：扑，打。春酒：用枣和稻酿的酒，冬酿春用。介（gài）：祈求。眉寿：人老眉长，表示寿长。［26］断壶：摘葫芦。壶借为“瓠”，葫芦类。叔：拾取。苴（jū）：麻子。［27］荼：苦菜。薪：动词，砍柴。樗（chū）：木名，臭椿树。食（sì）：养活。［28］场圃：圃本指菜园，春天种菜，秋天平整后用来打谷，所以叫场圃。纳：入，收。禾稼：泛指粮食。［29］黍：小米。稷：高粱。重（tóng）：同“穜”，早种晚熟作物。穋（lù）：晚种早熟的谷类。禾：泛指谷物。麻：芝麻。菽：豆类。［30］稼：指打好的粮食。既同：已经装入仓内。上：同“尚”，还。入：去，到。执：担任，从事。宫：宫室，指农奴主的庭堂。功：事，劳役。［31］尔：语助词。于茅：割茅草织苫子。索绹（táo）：搓绳子。绹，绳子。［32］亟：急，赶快。乘：登上。屋：房顶。［33］凿冰：敲打冰块。冲冲（tōng tōng）：打冰的声音。凌阴：冰窖。［34］蚤：同“早”。指贵族统治者每年夏历二月朔日（初一）所举行的祭祖仪式。羔：小羊。韭：韭菜。羔羊韭菜都是祭品。［35］肃霜：下霜。一说天高气爽。涤场：打扫谷场。[36] 朋酒：两樽酒。斯：语助词。飨：同“享”，宴享。[37] 跻（jī）：登上。公堂：古代农村的公共场所。称：举。兕觥（sì gōng）：用犀牛角制成的酒具。兕，顶上有角的犀牛。

【提示】

这是《诗经》中最长的一首叙事诗，全诗运用赋的手法，根据时间顺序结构全篇，详实地记叙了西周豳地（金陕西省郇县一带）的生产状况和风土人情，是《诗经》农事诗的代表作。不仅再现了农奴们一年到头的劳动和生活状况，而且真实地反映了三千年前的农业生产状况和生产力发展水平，对研究西周时代的社会生活具有极高的史诗的价值。

全诗共八章，结构十分严谨。前四章从上一年的岁末写到下一年的岁末，再现了农奴从事农桑田猎劳动的情景。第一章，从暑将寒的“七月流火”写到第二年春耕开始，总括了劳动的艰辛和生活的悲惨。第二章写女奴采桑养蚕，同时还时时担心被“公子”欺侮的悲哀，揭示了女奴比男奴受压迫更深的的悲惨命运。第三章描写众多女奴从采桑养蚕到纺织做衣的劳动过程。第四章写冬猎。第五章是全诗前后两大部分的过渡。描写一年将尽，农奴为自己过冬修房的情形，表现了奴隶一无所有的惨状。诗的后半部分，描写农奴在农桑田猎之外还要为农奴主服各种劳役。第六章，写他们为农奴主采藏蔬果粮食酿酒。第七章写给主子割茅草织苫修理房屋。第八章写农奴们凿收冰块，为奴隶主准备祭祀和年终宴会。非常可贵的是诗人在叙述这一切的时候，始终采用对比手法，把农奴主和农奴的生活作了具体鲜明的比较，从而真实地反映了当时的阶级矛盾，揭露了农奴主的罪恶，抒发了奴隶们的怨怒的心声。

这首优秀的现实主义诗篇，以时间变化结构全篇，用白描手法质朴而亲切地描写了一年到头奴隶们的劳动和衣食住行，逐次展示了奴隶们劳动和生活的场所：田野、桑林、谷场、酒房等，纵横交织成一幅生动形象的奴隶社会历史图画，全面而具体地表现了当时的社会生活。为“饥者歌其食，劳者歌其事”的现实主义诗歌开辟了先河，影响极其深远。

【思考题】

1. 这首诗作为《诗经》农事诗的代表，价值何在？
2. 这首诗在艺术上有何创造性？
3. “饥者歌其食，劳者歌其事”的现实主义传统在这首诗中是如何体现的？

小雅·采薇

采薇采薇，薇亦作止[1]。曰归曰归，岁亦莫止[2]。靡室靡家，猃狁之故[3]。不遑启居，猃狁之故[4]。

采薇采薇，薇亦柔止[5]。曰归曰归，心亦忧止。忧心烈烈，载饥载渴[6]。我戍未定，靡使归聘[7]。

采薇采薇，薇亦刚止[8]。曰归曰归，岁亦阳止[9]。王事靡盬，不遑启处[10]。忧心孔疚，我行不来[11]。

彼尔维何，维常之华[12]。彼路斯何，君子之车[13]。戎车既驾，四牡业业[14]。岂敢定居，一月三捷[15]。

驾彼四牡，四牡骙骙[16]。君子所依，小人所腓[17]。四牡翼翼，象弭鱼服[18]。岂不日戒，猃狁孔棘[19]。

昔我往矣，杨柳依依[20]。今我来思，雨雪霏霏[21]。行道迟迟，载渴载饥[22]。我心伤悲，莫知我哀。

【注释】

［1］薇：野豌豆，可食。亦：语助词。作：初生。止：语助词。［2］曰：说。莫：同“暮”。［3］靡（mí）：没有。猃狁（xiǎn xǔn）：我国古代种族名。春秋时称戎狄。一说秦汉时为匈奴，隋唐时为突厥。此处指侵略者。［4］遑：闲暇。启：跪。居：同“踞”，安坐。［5］柔：嫩。比喻进一步的生长。［6］烈烈：形容忧心如焚的样子。载：语助词。［7］戍：戍守、驻防。使：委托。这句是说不能让人捎信问候家里人。聘：问，问候。［8］刚：粗硬（长老了）。［9］阳：阴历十月。［10］王事：这里指国家的差役。盬（gǔ）：止息。［11］孔：很，非常。疚：心忧成病。来：归（指回家）。［12］尔：通“苶”，花盛开的样子。维：是。常：常棣，即棠棣，一种木本植物。华：花。［13］路：通“辂”，大车。斯：语助词。君子：这里指将帅。［14］戎车：兵车，战车。牡：雄马。业业：高大强壮的样子。［15］定居：固定驻扎在一处。这句的意思是必须出击。捷：打胜仗。［16］骙骙（kuí）：马强壮威武的样子。［17］依：乘坐。小人：指士兵。腓（féi）：庇护，掩蔽。［18］翼翼：整齐的样子。指马训练有素。象弭（音米）：弓两端系弦的地方叫弭，镶上象牙就叫象弭。鱼服：用鲨鱼皮制的箭袋。服：通“箙”，箭袋。［19］日戒：天天警戒。棘：急。这句是说猃狁来势凶猛。［20］依依：杨柳枝叶茂盛，迎风摆动的样子。［21］

思：语助词。雨雪：飘雪，雨作动词。霏霏：雪下得很密的样子。[22] 迟迟：悠远，形容道路漫长。

【提示】

这首诗产生在周懿王时代，是一位戍边士兵在返乡途中做的诗。它描写了戍卒饱尝生活艰辛和思念家乡的心情，反映了西周时期与北方猃狁族的连年征战给人民造成的苦难。诗中虽蕴含着士兵卫国戍边的爱国热情，表现了他们英勇抗敌的爱国思想，但诗人着重描写了他们久离家园的哀怨，因而诗的风格和“国风”中同类作品没有多大差别，是“小雅”中一首十分优秀的作品。

全诗共分六章。第一章开宗明义地点明了士兵久戍不归、不能安居乐业是由于猃狁的侵扰。首四句，以薇菜渐次生长和时间的推移起兴，表达战士久役于外不得归的怨敌、思家与盼归的复杂心情。二、三章紧承第一章，写军旅生活之劳苦。第四、五章写战士们英勇抗敌的情况。作者铺写渲染了王师的气势，也透露了当时军中将帅、士兵的对立。用两个反问句“岂敢定居”，“岂不日戒”着重表现了征人在爱国恋家、服役思归的矛盾中，始终先国后家的精神。第六章写戍卒归途中的悲伤痛苦心情。清人方玉润说：“此诗之佳全在末章，真情实景，感时伤事，别有深情，非可言喻，故曰‘莫知我哀’。”

情景交融是本诗很显著的一个特点。末章四句，历来传诵不已，被前人视为《诗经》中最好的妙句。王夫之说：“昔我往矣，杨柳依依。今我来思，雨雪霏霏。以乐景写哀，以哀景写乐，倍增其哀乐。”另外诗里采用了不少对偶句、设问句、反问句，把叙事、抒情融为一体，显示出诗人极为高超的艺术表现力。

【思考题】

1. 这首诗的内容涉及哪些方面？对后人有何影响？

2. 这首诗在艺术上的突出特点是什么？

3. “昔我往矣，杨柳依依。今我来思，雨雪霏霏”妙在何处？谈谈你的理解。

小雅·北山

陟彼北山，言采其杞[1]。偕偕士子，朝夕从事[2]。王事靡盬，忧我父母[3]。

溥天之下，莫非王土[4]。率土之滨，莫非王臣[5]。大夫不均，我从事独贤[6]。

四牡彭彭，王事傍傍[7]。嘉我未老，鲜我方将[8]。旅力方刚，经营四方[9]。
或燕燕居息，或尽瘁事国[10]。或息偃在床，或不已于行[11]。
或不知叫号，或惨惨劬劳[12]。或栖迟偃仰，或王事鞅掌[13]。
或湛乐饮酒，或惨惨畏咎[14]。或出入风议，或靡事不为[15]。

【注释】

［1］陟（zhì）：登上。言：语助词。杞：即枸杞，植物名，结小果，可入药。［2］偕偕：强壮的样子。士子：等级较低的官吏。本诗作者自称。从事：指给王事服差役。［3］盬（gǔ）：止息，闲暇。［4］溥（pǔ）：同“普”，遍。［5］率：循，沿着。滨：涯，水边。率土之滨：即四海之内。［6］大夫：古代“卿”以下的官称，此处指执政的大臣。独：唯独。贤：艰苦。［7］牡：雄马。彭（bāng）彭：形容马不停蹄的样子。傍（páng）傍：无穷无尽的样子。［8］嘉：夸奖，赞赏。鲜：珍，指珍视，重视。方：正在。将：强壮。［9］旅力：同“膂”（lǚ）力。体力，筋力。经营：奔走劳作。［10］或：有的人。燕燕：形容安闲的样子。居息：在家休息。尽瘁：筋疲力尽。瘁，劳苦，累乏。［11］偃：仰卧。不已于行（háng）：在道路上奔走不停。［12］叫号：呼叫号哭，形容人民生活痛苦。惨惨：忧愁的样子。劬（qú）：劳累，辛勤。［13］栖迟：安闲地呆着。偃仰：安居。鞅（yāng）掌：身不离鞍马的意思。形容劳累奔波的样子。鞅，套在马脖子上的皮带。［14］湛（dān）：同“耽”，沉溺。咎：过失，灾祸。［15］风议：放言空论，即吹牛，说大话。

【提示】

这是一位士子所作的诗。士属于统治阶级的下层，上受天子、诸侯、大夫等的压迫，承担着繁重的徭役。诗中描写了一个下级小官吏为王事朝夕奔走、劳累不堪的痛苦和不平，揭露了等级森严、劳逸悬殊、苦乐不均的社会现实，反映了周王朝统治阶级内部的尖锐矛盾，表现了下层小吏对上层统治者的不满和怨刺。

诗首章以登山采杞的劳苦形象起兴，对突出主题起了烘托作用。然后直赋其事，写出自己长期为王事辛劳、父母家室不能顾及的忧伤。第二章就直接把矛头指向以“大夫”为代表的执政者，指出士大夫的官差劳役不均。第三章是对自己劳苦从事却得不到公正待遇的进一步申诉。诗的最后三章，诗人怀着极大的愤慨，连用六个对比句，十二个“或”字，把士子与大夫两种人劳役不均、苦乐不等的情状加以对比，画出了两幅色调各异的生活画面，有力地揭示了主题。

这是一首怨诗，可诗中无一怨字，自始至终却渗透着强烈的怨愤情绪，诗人采用大量排比句和对比手法，进行事实对比，虽未作任何评论，但读者自能看清不平等的社会现实，体会到诗人心中的牢骚愤懑，极大地增强了艺术表达效果。

【思考题】

1. 这首诗反映了怎样的社会现实？
2. 作为一首怨诗，本诗有何特点？
3. 诗中连用了六个对比句，有何艺术效果？

大雅·生民

厥初生民，时维姜嫄[1]。生民如何？克禋克祀[2]。以弗无子，履帝武敏歆[3]。攸介攸止，载震载夙[4]。载生载育，时维后稷[5]。

诞弥厥月，先生如达[6]。不坼不副，无菑无害[7]。以赫厥灵，上帝不宁[8]，不康禋祀，居然生子[9]。

诞寘之隘巷，牛羊腓字之[10]。诞寘之平林，会伐平林[11]。诞寘之寒冰，鸟覆翼之[12]。鸟乃去矣，后稷呱矣[13]。实覃实訏，厥声载路[14]。

诞实匍匐，克岐克嶷[15]。以就口食，蓺之荏菽[16]。荏菽旆旆，禾役穟穟[17]。麻麦幪幪，瓜瓞唪唪[18]。

诞后稷之穑，有相之道[19]。茀厥丰草，种之黄茂[20]。实方实苞，实种实褎[21]。实发实秀，实坚实好[22]。实颖实栗，即有邰家室[23]。

诞降嘉种，维秬维秠[24]。维穈维芑，恒之秬秠[25]。是获是亩。恒之[26]，是任是负，以归肇祀[27]。

诞我祀如何？或舂或揄[28]，或簸或蹂。释之叟叟[29]，烝之浮浮。载谋载惟[30]，取萧祭脂、取羝以軷[31]。载燔载烈，以兴嗣岁[32]。

卬盛于豆，于豆于登[33]。其香始升。上帝居歆[34]，胡臭亶时。后稷肇祀[35]，庶无罪悔，以迄于今[36]。

【注释】

[1] 厥：其。初：始。民：人，这里指周人祖先。时：是，此。维：语助词。姜嫄（yuán）：传说中周人始祖后稷的母亲。[2] 克：能，善于（第二个“克”字是衬字）。禋（yīn）：先烧柴升烟，再加牲体及玉帛于柴上焚烧以祭祀天神，古代祭天的典礼。祀：指一般祭祀。[3] 弗：通“祓”，用祭祀来除掉灾

难。姜嫄没有儿子，祭祀天神祈祷有子。履：踩，踏。帝：上帝。武：足迹。敏：拇，脚拇指。歆：欣然有感。[4] 攸：语助词。介：同“界”，分开。止：别居而独处。载：语助词。震：通“娠”，怀孕。夙：同“肃”，严肃，指生活上不再同男子交往。[5] 后稷：传说中姜嫄的儿子，姓姬，名弃。发明耕种五谷，领导周族部落从事农业生产，成为周人的始祖，也被尊之为谷神。[6] 诞：语助词。弥：满。指怀胎足月。先生：头胎。达：滑利，顺畅。[7] 坼（chè）：分裂。副（pì）：分离。菑：灾的古字。[8] 赫：显示。灵：指后稷的灵异。[9] 康：安。这几句是说姜嫄的心理活动：她踩了上帝的足迹而生子，而且生的时候又特别顺利，所以她感到不安，以为是上帝不领受她的祭祀的缘故。所以下文有她将婴儿弃置的举动。居然：徒然。[10] 置：弃置。隘巷：狭窄的小巷。腓（fēi）：庇护。字：哺乳。[11] 平林：平原上的树林。会：适值，恰好碰上。[12] 覆翼：用羽翼覆盖。[13] 呱（gū）：婴儿哭声。[14] 实：是。覃（tán）：长。訏（xū）：大。厥：其，指后稷。载：充满。[15] 匍匐：爬行。岐嶷（nì）：聪明懂事。[16] 就：往，趋。蓺（yì）：同“艺”，种植。荏（rěn）菽（shū）：大豆。[17] 旆（pèi）旆：茂盛的样子。役：通“颖”，谷穗。穟（suì）穟：禾穗丰硕下垂的样子。[18] 幪（méng）幪：庄稼茂盛的样子。瓞：（dié）：小瓜。唪（běng）唪：果实累累的样子。[19] 穑（sè）：收割庄稼，这里指耕种。有相（xiàng）之道：观地择土有办法。相，帮助。道，方法。[20] 茀（fú）：拔除。丰：茂盛。黄茂：金黄的优良谷种。[21] 方：谷种开始出苗。苞：长得茂盛。种（zhǒng）：指苗长得粗壮。褎（yòu）：指禾苗渐渐长高了。[22] 发：禾苗发棵舒展。秀：扬花出穗。坚：谷粒灌浆饱满充实。[23] 颖：禾穗丰硕下垂。栗：形容谷粒很多。即：就，往。有邰（tái）：地名，在今陕西武功县西南。传说帝尧因后稷对农业生产有贡献而封他于邰地。[24] 降：赐予。指后稷将良种赐给人民。维：是。秬（jù）：黑黍。秠（pī）：黑黍的一种，一壳中有两粒子。[25] 穈（mén）：谷子的一种，苗茎色红。芑（qǐ）：谷子的一种，苗茎白色。恒：同“亘”，遍地，满处。[26] 是：语助词。[27] 任：抱。负：背。肇：开始。[28] 揄（yóu）：通“舀”，舀取，指从臼中舀出舂好的米。[29] 簸：用簸箕扬糠。蹂：通“揉”，用手搓米。释：淘米。叟叟：淘米声。[30] 烝：同“蒸”。浮浮：蒸饭的气上升的样子。载：语助词。谋：计划。惟：考虑。[31] 萧：香蒿，今名“艾”。脂：牛肠脂。古时祭祀以牛油涂艾点燃，取其香气。羝（dī）：公羊。軷（bō）：古代祭路神的仪式。[32] 燔（fán）：将肉放在火里烧烤。烈：把肉穿起来架在火上烤。兴：兴旺。

嗣岁：新岁，来年。［33］卬（áng）：我。豆、登：古代食器名。木制的碗叫豆，瓦制的碗曰登。［34］其：那，指祭祀的食物。居：语助词。歆（xīn）：享受。［35］胡：大。臭（xiù）：香气。亶（dǎn）：确实。时：善，好。［36］庶：幸而。悔：过失。迄：直至。陈述始祖后稷诞生经过及播种五谷的成就。

【提示】

这是一首古老的民族史诗，它取材于周部族的始祖后稷的神话传说，成诗约在西周初年。后稷领导周部族定居在中国西部从事耕耘，使农业生产得到很大发展。周部族后代为此遵奉他为农神，加以歌颂赞美。这首诗就借用优美的神话传说，追述了后稷的事迹。全诗共分八章，先叙后稷的母亲姜嫄受孕，后稷诞生和被弃不死的灵异，次叙后稷的农艺天才和发明耕种的伟大业绩，末叙后稷始创祭祀上帝的典礼。诗歌将神话传说和历史事实结合在一起，加以文学的描绘，生动而有趣。诗人着力塑造和歌颂的后稷，具有明显的神人合一的特征。但透过其神奇的外衣，反映了我国上古时代母系社会的的一些特征和古代农业生产的发展情况，具有极高的史料价值。

这首诗在写作上的突出特点是浪漫主义手法的运用。诗人通过想象和幻想，成功地塑造了后稷这位农业之神，具有浓厚的浪漫主义色彩。这在《诗经》这部以写实为主的诗集中是很罕见的。宏大的结构、清晰的层次和丰富多变的词汇给读者展示了一幅周部族初期的生活画卷，显示了诗人极高的语言驾驭能力。那种强烈的民族自豪感至今仍能引起我们的共鸣。

【思考题】

1. 这首史诗在《诗经》中的独特价值何在？和西方史诗相比，有何不同？
2. 分析这首诗的艺术特点。
3. 和《氓》这样的民间叙事诗相比，二者有何不同？

周颂·良耜

畟畟良耜，俶载南亩[1]。播厥百谷，实函斯活[2]。或来瞻女，载筐及筥[3]。其饟伊黍，其笠伊纠[4]。其镈斯赵，以薅荼蓼[5]。荼蓼朽止，黍稷茂止[6]。获之挃挃，积之栗栗[7]。其崇如墉，其比如栉[8]。以开百室，百室盈止[9]。妇子宁止，杀时犉牡[10]。有捄其角，以似以续，续古之人[11]。

【注释】

［1］畟畟（cè）：耜头锋利的样子。耜（sì）：古代农具，类似现在的铧。俶（chù）：开始。载：从事，此处指翻草。南亩：南边的田中，泛指田地。［2］厥：其，那。实：种籽。函：包含，蕴藏。斯：语助词，下同。活：有生气。［3］或：有的人。瞻：通“赡”，供给，送饭。女：同“汝”，你，你们，指田夫。载：装着，满载。筐：方竹篮。筥（jǔ）：圆竹篮。［4］饟（xiǎng）：同“饷”，用食物款待。伊：是。黍：小米，这里泛指饭食。笠：斗笠。纠：结起帽带。这句诗说把笠带系于颈下又要开始干活了。［5］镈（bó）：古代锄草农具。赵（xiāo）：锋利。薅（hāo）锄草。荼：地上的乱草。蓼：水中的杂草。［6］朽：腐烂。止：语助词，下同。［7］挃（zhì）挃：收割作物的声音。栗栗：众多的样子。［8］崇：高。墉（yōng）：城墙。比：整齐。一说并列。栉（zhì）：梳子、篦子的统称。［9］室：仓房。［10］妇子：妇女和小孩。宁：安宁。时：是，这。犉（rún）：黄毛黑嘴的牛。牡：公牛。［11］捄（qiú）：兽角弯曲的样子。似：同“嗣”，与“续”同义，意为不断地祭祀。古之人：祖先，一说指社稷之神。

【提示】

这首乐歌是周王在秋收以后祭祀社稷（土神与谷神），表示感谢神佑时唱颂的歌辞。全诗二十三句，不分章，这是《周颂》的特点。诗中夸张而形象地记录了一年的农事，前十二句叙述农业耕作的情况；“获之挃挃”以下七句写收获的场面；最后四句写贵族在丰收后杀牛祭神的场面。全诗主要用“赋”的表现手法，按照农事的顺序，逐层进行叙写，相当具体地叙述了农业生产由种到收的全过程，真实地反映出当时的农作水平。其中描写粮仓高大时用了形象的比喻和热情的夸张，增强了诗歌的表达效果。铺叙的生动有序，比喻的贴切形象，在《颂》诗中属上乘之作。虽不能与《国风》中的佳作相提并论，但因其成诗于西周前期，所以对研究西周社会的生产方式，具有极高的史料价值。

【思考题】

1. 这是一首祭歌，反映了怎样的社会生活？价值何在？
2. 在艺术上本诗有何特点？
3. 以这首诗为例，总结一下“颂”诗的特点。

第二专题
先秦散文

第一节　先秦散文概述

先秦是中国文化发生和初创的时期，中国文学、哲学、史学、思想发展等均在这一时期经历了萌芽至成熟的历程。它对中国文化的奠基作用就如同希腊文化对西方文明的奠基作用一样，其文化精神对后世，以及东方文明具有极其深远的影响。

先秦时期文化呈现为一种综合的形态，文、史、哲不分。先秦时期的文学作品有些既是史学著作也是哲学著作，史学和哲学著作也富有文学意味。因此，诗、乐、舞三位一体，文、史、哲交相融汇是先秦文学的一个突出特征。

先秦散文是指与诗歌形式相对的所有的先秦时期的文字，它与诗歌的区分点主要在于是否有韵，和我们今天的散文概念不尽相同，它还包括政论文、公文、历史记叙文等。先秦散文大致可分成历史散文和诸子散文两大类，每一类中又有不同的体例，如历史散文的记事与记言、编年体与国别体，诸子散文的语录体与说理文体等。

一、先秦散文概述

我国是一个散文非常发达的国家，且源远流长。从殷商、西周，到春秋、战国时期，我国散文由萌芽而至成熟：文章由简到繁，由质而文，由简单记事到尖锐论辩，由代表官方到表现个人，产生了飞跃性的发展。

夏商时期散文是巫史文化的一部分，与原始宗教紧密联系在一起。西周春秋时期礼乐文化成为主流，它从巫文化中发展分化出来，表现出明显的理性文化的色彩。理性精神的确立使周文化表现出关注历史、关注现实的倾向，加之社会巨大变革的影响，史学随之获得空前的发展，出现了代表先秦历史散文最高成就的《春秋》和《左传》。除了历史著作外，表现孔子、老子等一些文化巨匠现实关怀的说理散文也在此时发展起来，出现了影响文学、文化发展的《论语》、《老子》等。先秦散文发展真正的黄金时代是战国时期。此时，礼乐制度随王室的式微而趋于崩溃，诸侯争霸，为其服务的文化阶层的各个代表纷纷著书立说，阐述自己的见解、批评时政，形成了诸子“百家争鸣”的局面。诸子散文带有强烈的个性和激情，并以丰富多彩的面貌带动了散文的大发展。战国时期受诸子百家争鸣的影响，史学也呈现出丰富的发展面貌，并由此带来一系列的变化，《国语》、《战国策》的出现就是其代表。特别是《战国策》，其思想情趣已带有明显的“士”的个性色彩，官方色彩逐渐减弱，文学成分也显著增加。春秋战国时期由《春秋》、《左传》、《国语》、《战国策》等构成的历史散文和诸子散文，共同打造了中国散文史上第一个黄金时代。这一时期的散文融文史哲于一体，其文结构严谨、文笔生动、风格多样、光彩流溢，对后世散文产生了极为深远的影响。

二、中国散文的起源

散文的产生始于记事。从现有的文献材料看，远在殷商时期，我国就已经产生了散体的文章。最初散文的产生主要受客观条件的制约：发生在文字产生以后，并表现为一种极为简约的形式。

商代的甲骨卜辞是我国最早的散文雏形，它也是今天所能见到的中国最早的文字。殷商时期巫风盛行，迷信占卜，事无巨细都要占卜问吉凶，并将它作为行动的指南。其后，巫史将占卜日期、占卜人、所占之事，有的还包括日后吉凶应验情况刻在占卜用的甲骨上，这些就是殷墟中的甲骨卜辞。殷商时期可考的史事主要见于甲骨卜辞、金文，《周易》中的卦、爻辞，《尚书》中的殷商文告。但就可信度而言，甲骨卜辞和金文最有价值。甲骨卜辞的记事年代约从盘庚至纣，属商代后期的文献资料；内容包括祭祀、天时、年成、战争、统治者的生活等内容；它的文风质朴，除记事外，尚无议论和说教，真实地反映了殷商时期社会生活各方面的状况。从文字上看，卜辞大都是片断性的，既不成篇也不成章，还不具备文章形式；从体例上看，它既记言（问卜内容）又记事（应验情况）；这对记言记事体例的发展有重要影响。

甲骨文之后是金文，是铸在铜器上面的铭文，也称铜器铭文、彝器铭文。金文有长有短，较之甲骨卜辞更广泛地记述了社会生活的内容。作为文物出土的商周铜器上的铭文一般未经后人加工，真实地反映了我国早期记事记言文字由简至繁的发展过程。殷商时期，金文的文字也像甲骨卜辞一样简短，但到周代，铭文篇幅明显变长了，内容也复杂了，叙事成分明显增多。此外，除了简单的记言记事，铭文还多了对历史经验的总结，增加了很多说教成分，形式上，也开始重视文采。这种变化和周代敬德保民的思想有关，也和周代重礼的传统有关，同时和作者的身份变化有关（从巫史到史官、到贵族）。这些对古代散文形式和写作的影响至关重要。从某种意义上说，出现在殷商和周代的金文可视为古代最早的史家记事文字。

真正具有文章意义的散文出自《尚书》。《尚书》在时间跨度上与甲骨卜辞和金文相近，但因经过后人的加工和润色，加之书写较易（著于竹帛），表现出的文采辞令要丰富得多。《尚书》是商周记言史料的汇编，纯为政令之文，其文字古奥艰深，语言技巧远远超过了甲骨卜辞和铜器铭文，而且这些文诰政令单独成篇，有完整的结构，有成熟的议论，标志先秦历史叙事散文的形成。

春秋时期，各个诸侯国对史更为重视，统治者要以史为鉴，寻求治国兴邦的经验教训，史学至此进入了自觉发展的时期。经过孔子编定的《春秋》记事系统，笔法严谨、文辞简约，是先秦散文划时代进步的标志。

《春秋》之后，标志先秦历史散文最高成就的《左传》、《战国策》和说理性散文——诸子散文纷纷面世，至此，中国散文发展进入了第一个黄金时代。它们的出现也表明：散文作为一种文学样式已经成熟。

三、文体的演进

从文字产生伊始到战国后期，我国的散体文学经历了全方位的发展。从文体的角度看，先秦时期的发展也是极为突出的。清人章学诚说：“盖至战国而文章之变尽，至战国而著述之事专，至战国而后世之文体备。”（《文史通义》内篇《诗教上》）。虽然这种说法未免有夸大之嫌，但“文体备”一说也确是文体演进成就的概括总结。

由于我国古代史官文化十分发达，记载历史事件的叙事散文在散文史上首先成立。甲骨卜辞和殷商铜器铭文是我国最早的记事文字，已经具备最初的记事记言形态。至《尚书》和《春秋》，记言、记事的不同书写体例得以确立。春秋以后，散文空前发展，既有杰出的历史散文，又产生了卓越的诸子散文。历史著作有记言体，有记事体，有编年体，有国别体，体裁形式多样。如《左传》属于记事体和编年体，《国语》属于记言体和国别体。诸子散文有语录体、寓言体和说理文体。而且至战国末年，它们均已从片言只语发展成长篇大论，从简单记事发展为近于纪传的史籍。这其中说理文体的成熟最有典范意义：我国古代说理文体制的逐步形成，跟百家争鸣以及诸子散文的出现和发展相一致。《尚书》中的记言文字，已初具说理文的论说因素。《论语》创立的语录体，在《墨子》中得到发展，进而形成了《孟子》的对话式论辩文。而后发展而来的寓言体《庄子》以丰富的寓言和奇崛的想象，成为先秦散文的瑰宝。至《荀子》、《韩非子》，论辩文发展成熟，则标志着我国古代说理文体制的完全成熟。

第二节　历史散文

在世界文明史上，中国史学之发达是首屈一指的。春秋时期，史学得到空前发展，其中尤以经孔子删定的《春秋》和解释《春秋》的《左传》最为著名。战国时期，主要史籍是《国语》和《战国策》。

一、《尚书》

《尚书》是我国最早的散文总集，本是记言的古史，其内容是战国以前流传下来的一批历史记录，原称为《书》，因其所录多为上古帝王之事，后被称为《尚书》，“尚”通“上”。《尚书》包括《虞书》、《夏书》、《商书》、《周书》四部分，虞、夏之书多是后人的追述，很难看作真正的史料。《尚书》中的《商书》是殷商史官所记的誓、命、训、诰，其中《商书·盘庚》是可靠的殷代作品，也是我国记言文之祖。《周书》包括周初到春秋前期的散文，主要是诰与誓两种文体。《尚书》到汉代被定为五经之一，称为“书经”。

从今天的角度看，《尚书》多为政令，类似于今天的行政公文，史官所撰的内容还非常有限，但政令经过史官的记录、润色，文字技巧已经大大超过甲骨卜辞和金文。特别是在某些篇目中表现出的成熟的议论，透彻的说理，完整的结构，为后世散文的发展奠定了一个良好的发展基础。

二、《春秋》

在《尚书》政令汇编后，出现了真正具有史学意义的史学著作《春秋》。“春秋”原是周王朝和各诸侯国历史的通称，后来仅有鲁国的《春秋》传世，便成为专称。这里的《春秋》是指经过孔子整理修订的鲁国的编年史。它原出自鲁国史官之手，后经过孔子整理、修订而成。《春秋》是我国第一部编年体史书，也是我国第一部由私人编定的史书。它采用了编年体形式，极其简括地记录了上起鲁隐公元年，下讫鲁哀公十四年（前722—前481）共242年间发生在周王朝、鲁国及其他各国的主要历史事件。

《春秋》按时间顺序编排历史事件，对历史事件只作纲目式的记载，长的不过四十多字，短的仅有一字。《春秋》辞简文约，严格按史家的笔法客观地记事，几乎没有描写的成分，也无直露的褒贬。这种写作方法虽然少了文学作品的生动形象，但却保持了史家对历史的忠实。《春秋》的语言高度凝练、严谨、深刻，极见功力。其体例和写作方法都对后世史传文学和说理散文产生了不可估量的影响。

《春秋》至汉代被奉为儒家经典。经学中的今文学派独尊孔子，认为由他整理删定的经书中有“微言大义”。于是，其后的很多经师硕儒毕生致力于对“微言大义”的研究，穷经皓首，孜孜不倦，而《春秋》作为史书书写史实的本来目的却常常被人忽略。目前，较通行的说法是：孔子作《春秋》目的是要“正名分”、“制法度”；《春秋》最突出的特点就是寓褒贬于记事的“春秋笔法”。“春秋笔法”指的首先是孔子借史事的简略记述排比表现对一些历史事件和人物的评价，其次是用恰当的字眼一字寓褒贬，在谨严的措词中表现出他的爱憎，比如“诛”与“杀”、“弑”，“侵”与“伐”，“薨”与“卒”等。“春秋笔法”历代为人推崇，也为后代史传文学所继承。

三、《左传》

《左传》是《春秋左氏传》的简称，又名《左氏春秋》，是配合《春秋》的编年史，记事至鲁哀公二十七年，比《春秋》多十余年。由于《春秋》记载史实非常简单，语焉不详，后人为了弥补这一缺陷，纷纷为它作传。解释《春秋》

的主要有《左传》、《公羊传》和《谷梁传》，合称“春秋三传”。其中以《左传》最为著名，成就最高。

《左传》的作者和成书时间历来众说纷纭，比较通行的说法是为鲁太史左丘明所作，成书于春秋末年至战国初年。《左传》按年月次序叙述了春秋二百四十多年的历史。内容丰富多彩。与《春秋》的纲目式的记载方式不同，《左传》相当系统而具体地记述了春秋时期各诸侯国的政治、军事、外交等方面的重大事件、代表人物及有关言论。

《左传》体例上继承了《春秋》的编年体例，以时间为纲，但它以事件为中心，叙述历史事件有始有终，有因有果；以记事为主，兼记言，同时由史而论，借“君子曰”的形式夹叙夹议，直接表现作者的思想倾向。

比较而言，《左传》的思想倾向非常突出。它的政治与道德倾向较接近于儒家，强调礼仪观念、等级秩序等，但总体看来《左传》最为突出的是它的“民本”思想。这一点较之《春秋》已表现出明显的进步性。

《左传》虽是历史著作，文学色彩却很浓，表现出极高的艺术成就。它的文学性表现在：

1. 叙事方面

《左传》叙事兼记言，但它的叙事已经远远不是《春秋》辞简文约的史家风格，而是富于故事性、戏剧性，有紧张动人的情节，甚至大量描写细节。《左传》叙事抓重点和典型，叙述有详有略、有张有弛，其中关于战争的描写，尤其为后人称道。如：城濮之战、崤之战、邲之战、鄢陵之战等，既精彩生动又各具特色，不仅写交战过程，而且写战争起因、酝酿过程、战略战术及其结果。《左传》的战争描写，全面反映了《左传》的叙事特点和对叙事的把握能力。

2. 记言方面

《左传》的辞令之美历来被人称道。《左传》兼记言，但与《尚书》乃至《国语》所记言辞相比，又有明显的差别。《左传》中的记言文字，主要是行人应答和大夫辞令，包括出使他国外交辞令和向国君谏说之辞等。这类记言文字洗练精彩，机敏睿智。同时，又因事因人不同而具有不同的个性特点，有的委婉谦恭，不卑不亢；有的词锋犀利，刚柔相济……并直接作用于对史事的表现和人物刻画，暗示和影响事态发展结果，如《烛之武退秦师》、《子产相郑伯如晋》等。

《左传》叙述语言洗练含蕴，词约义丰。如宣公十二年晋楚邲之战中，写晋师溃败时的狼狈之状，云：“中军、下军争舟，舟中之指可掬也。”简练的一句话，写尽晋师争先恐后、仓皇逃命的紧张混乱场面。

3. 人物刻画方面

《左传》在记叙历史事件的同时刻画了众多人物，如：郑庄公、晋文公、楚灵王等。和后来《史记》等纪传体历史著作以列传等形式记叙历史人物生平事迹的方法不同，《左传》是在叙述历史事件中表现人物的。它通过人物在重大历史事件中的言行举止，去展现人物性格，塑造人物形象。行动、对话、细节构成了表现人物的主要手段，并借此给读者留下极为深刻且生动的印象。

四、《国语》

《国语》是战国时代出现的一种国别史，分为周语、鲁语、齐语、晋语、郑语、楚语、吴语、越语等，共二十一篇，记载了起于周穆王，终于鲁悼公（前1000—前440）计五百多年的周王朝和诸侯各国的大事。因其主要在记言，故名为《国语》。但它的体例前后并不十分统一，史事记载的详略、用语风格也多有不同。《国语》相传为左丘明所作，因此又称《春秋外传》，但这一说法未能被大多数人接受。从它的内容和所记历史的起讫时间看，它的作者可能是战国初期的史官。又因其风格、体例不甚统一，后人推想它的作者可能不是一个人。

《国语》的思想性和艺术性远不及《左传》，然而它保存了丰富的史料，特别是春秋史料，可同《左传》互相印证。再有，它们的侧重不同，《左传》重于记事、《国语》重于记言，它们以不同的角度记载史实，分别具有各自的价值。

《国语》是我国第一部国别史，主要记言兼记事。除了历史价值外，在文学史上，它也具有重要地位。《国语》偏重于记言，且长于语言表现，其言辞典雅、精练，利用人物语言交代情节和刻画人物形象已表现得相当成熟。另外，它表现在某些篇目中的叙事技巧、情节构思、人物刻画也能代表春秋战国时代叙事文学发展的水平。《召公谏厉王弭谤》是《国语》中最具代表性且最为著名的篇章。

五、《战国策》

《战国策》是汇编而成的历史著作，其中所包含的资料，主要出于战国时代，包括策士的著作和史臣的记载。《战国策》原无定名，后经西汉刘向考订整理，定名为《战国策》。《战国策》记述的基本上是战国时期谋臣策士纵横捭阖的谋略和辞说，还有一部分是传闻记事，总共三十三篇，按国别记述。记事年代大致为战国时期，计二百多年。《战国策》虽然习惯上仍被视为历史著作，但与《左传》、《国语》等已有很大的不同，书中出于想像和虚构的成分明显增加。后人收录此书或入史部或入子部，而且从对后人的影响看，它的文学价值远远超过了它的史学价值。

《战国策》的思想观念比较复杂，所记人物不同，价值观念不同。就其主流来说，《战国策》反映的是纵横家的人生观和道德观。这种“乱世之学”和以往史学著作反映儒家观念截然不同，其中的谋臣策士既不崇德也不守信，朝秦暮楚，尔虞我诈，贪图功名利禄……刘向序说：“战国之时，君德浅薄，为之谋策者，不得不因势而为资，据时而为画。故其谋扶急持倾，为一切之权，虽不可以临教化，兵革救急之势也。”刘向所言一语中的，这可能就是战国时代造成“士”价值取向改变的重要原因。但从另一个角度看，对“士”的个人尊严和个人作用的肯定，突破了以往的思想观念的束缚，又有极为突出的积极意义。“总而言之，《战国策》既体现了时代思想观念的变化，也体现出战国游士、侠士这一类处于统治集团与庶民之间的特殊而较为自由的社会人物的思想特征”。（章培恒等主编：《中国文学史》）

先秦历史散文中，除《左传》外，《战国策》的文学性是最值得注意的。它的文风犀利雄辩、气势充沛；辞采华丽、铺排夸张；人物刻画生动、细致；情节曲折多变，特别是身为纵横家辩士的作者们，还擅长运用寓言来增强说理效果，像“狐假虎威”、“画蛇添足”、“南辕北辙”等成语故事，均出自《战国策》。

六、先秦历史散文对后世的影响

先秦的历史散文以《左传》、《国语》、《战国策》成就最高、影响最大。对后世的影响一在文学、一在史学。主要表现在叙事传统、表现方法、语言艺术、体例等方面。

首先是史学方面：先秦叙事散文的体例、思想、写作艺术等对后世史传文学的创作有直接启发。写法上，《春秋》内含褒贬，《左传》直书无隐，这已成为后世史家写史的准则。先秦以后，很多史学著作依旧保持文史合一的形态，在记载历史事件中使用了很多文学技巧，特别是涉及写人时，文学手段运用得更为广泛。这一点明显是从《左传》和《战国策》继承而来的。体例上的继承表现更为明显，比如《史记》体例，是作者借鉴了先秦编年史、国别史的体例形式，并进一步发展和创新而成。而荀悦的《汉纪》、司马光的《资治通鉴》等，则是《春秋》、《左传》编年体史的直接继承。写作上，《左传》的人物刻画、细节描写、气氛渲染明显影响了司马迁的列传、世家的写作。

其次是文学方面：《左传》、《国语》、《战国策》等先秦叙事散文，对后代的文学创作产生了深远的影响。如《战国策》的语言风格直接影响汉赋，显示其铺张扬厉的特征。赋的对话形式也是从先秦散文的语录体和记言形式中发展而来的。至于对后世文学家写作的影响更是极其显著，如汉初政论家贾谊、晁错之文带有明显的战国纵横余习，唐宋以来著名的古文家和历史家更鲜明地提倡学习先秦的历史散文。至于《战国策》一书对苏洵、苏轼父子的议论文的影响尤为显著。苏洵的史论，苏轼的《策略》、《策别》、《策断》诸论及其他策论都在学习《战国策》中获得丰富的有益的经验。

此外，先秦历史散文的叙事技巧、人物塑造、对细节或人物心理活动的想像、虚构及其表现，对后代叙事作品、小说戏剧等，都有不可估量的影响。

第三节 诸子散文

诸子散文指的是春秋中期以后，代表不同社会集团利益的士为了宣传自己的主张观点，设馆授徒，著书立说留下的各种著述。百家争鸣中的诸子号称百家，其中较有影响的实际不过十家，分别是：儒、墨、道、法、阴阳、纵横、名、农、杂、小说家。这些学派各自从不同的出发点，分别探讨了自然、社会、人生、政治、学理等问题。他们的作品就其本质而言是为议论时政，阐述哲理的，还不属文学范畴。但它们都不同程度地含有文学因素，在当时和后来的文学发展中产生过重要的影响，在文学史上占有极其重要的地位。

先秦诸子的出现是和私学的出现互为因果的。春秋以前，学在官府，文化及创作由贵族垄断。春秋战国之际，随着贵族阶级的衰落，官学出现危机，民间聚众讲学渐成气候，文化知识也由贵族转移到士的手里，士阶层兴起。到战国时期，私家讲学已成时尚。士阶层迅速扩大，地位上升，社会作用也日益重要。

士的出现和队伍的扩大，不断涌现出一些出类拔萃的人物。首先是孔子，其次是老子、墨子、孟子、申不害、商鞅、庄子、荀子、韩非子等。他们代表不同阶级、集团的利益，主张各异、面貌各异。或议论时政，或探讨人生，或阐述哲理，于是形成了我国古代史无前例的“百家争鸣”的盛况。“百家争鸣”局面的出现极大地推动了学术文化的发展，带动了哲理散文的繁荣。

在诸子百家中，就文学方面的成就和对后世的影响而言，以道家的老子、庄子，儒家的孔子、孟子与荀子，法家的韩非以及纵横家最为重要。

一、孔子和《论语》

孔子（前551—前479），字仲尼，名丘，春秋时鲁国人，伟大的思想家、教育家，儒家学派的创始人。孔子的思想核心是“仁”，政治上主张“仁者爱人”，要求各人以自我克制和礼让的态度调和社会矛盾，反对残暴的政治；提倡“克己复礼”，希望借助周礼重新建立井然有序的统治制度。教育上，孔子主张“有教无类”、“因材施教”。孔子整理编纂过许多重要的文化典籍，在民族文化的发展史上，占有极其重要的地位。

《论语》是记载孔子及其弟子的言行的语录体散文集。由孔子弟子及再传弟子纂录而成。成书大约在战国初年。《论语》共20篇，每篇标题均取自第一章头两个字或三个字，全书没有系统的组织和严格的编纂体例，每一条就是一章，集章为篇，篇、章之间并无紧密联系，只是大致归类，并有重复章节出现。

《论语》虽然是语录体，多片言只语，不是完整问题的论述，但集中表现了孔子的思想体系，涉及哲学、政治、经济、教育、文艺等诸多方面，内容非常丰富，是儒学最主要的经典。《论语》语言精炼而形象生动，是语录体散文的典范，含有极深的哲理，蕴含着一个伟大的思想家、哲学家的人生阅历、人生感悟和认识，深刻而凝练。如：“岁寒，然后知松柏之后凋也”（《子罕》）、“子在川上曰：‘逝着如斯夫，不舍昼夜’”（《子罕》）、“子曰‘饭疏食，饮水，曲肱而枕之，乐亦在其中矣。不义而富且贵，于我如浮云’”（《述而》）等。《论语》的文学性还体现在：借简短的对话或神态描写，表现了孔子及其弟子的形象、性格以及思想等等，如《子路、曾皙、冉有、公西华侍坐》生动刻画了孔子及其弟子的形象，表达了仁者的理想。在文学批评史上，《论语》也有极其重要的地位。如孔子在《阳货》篇中提出诗歌的兴、观、群、怨说，对《诗经》“思无邪”的概括等。

二、《墨子》

《墨子》是墨子及其墨家学派的言论汇编。墨子的主要思想和墨家学派的基本主张集中反映在此书中。

墨子（约前468—前376），名翟，先秦的重要思想家之一，墨家学派的创始人。墨家学派有严密的组织、共同的主张、艰苦的活动，提倡兼爱、非攻、节用、节葬，反对奢华的生活方式以及礼乐制度等。这些思想多是与儒家思想针锋相对、背道而驰的。从其主张看，墨家代表的是中下劳动者阶层的利益。墨家学派战国时一度兴盛，和儒家一起，成为战国时期的显学。此后，由于其思想主张和统治者的要求相距过远，逐渐衰落。

《墨子》也是语录体散文，但从篇章上看，这些语录已不再是三言两语的独白或对话，而是有内在逻辑的论文。如《尚贤》、《尚同》、《兼爱》、《非攻》等，已有完整结构，而且论述围绕同一个论题展开，这说明说理文体制在《墨子》中业已形成。

《墨子》文章质朴无华，但逻辑严谨，凡所立论，必言根据，曰“三表”或“三法”。所谓“三表”或“三法”就是论证采用三方面的依据：古代文献、百姓见闻和政治实践的效验。虽然立论不一定正确，论证也非无懈可击，但逻辑上却显得非常严谨。

《墨子》文章重质而轻文，文学意味不浓。它对文学的贡献主要表现在对论说文体例的发展上。

三、《孟子》

孟子（前372—前289），名轲，字子舆，战国中期邹国（今山东邹县）人。他继承和发展了孔子的学说，是孔子之后儒家学派的主要代表人物。主张人性本善，并以此为基础提出一系列主张。政治上，孟子主张行王道、施仁政，提出“民为贵，君为轻，社稷次之”、“得道多助，失道寡助”；个人品行上，提倡“富贵不能淫，贫贱不能移，威武不能屈”；他提出的“穷则独善其身，达则兼善天下”成为古代知识分子处事之道。

《孟子》存文七篇。主要记载了孟子的言行和与弟子的对话，由孟子和其弟子共同编撰而成。虽为语录体，但较之《论语》已有明显发展，一方面是篇幅显著加长，另一方面是既述且论，结构完整，条理清晰，已有后期成熟议论文的明显特征。

在先秦诸子中，孟子和庄子散文的文学性是最强的。《孟子》散文最主要的特征是富于雄辩。这是时代的特征（在百家争鸣的时代，要阐明自己的观点，维护自己的立场，批评其他学派，不雄辩难以立足），也由士的身份地位决定（不为父为君，不能“命”、“训”）。富于雄辩也和孟子的品性有关：孟子个性刚直、品格高尚、感情丰沛，且自负自傲、争强好胜、锋芒毕露，表现在文中，即为其风格：咄咄逼人、感情激越、气势浩然。

孟子散文极具艺术的表现力，主要表现在：

1. 长于譬喻，喜欢把抽象的道理用具体生动的形象表现出来，甚至有时通篇采用寓言故事来说理论事，如“齐人有一妻一妾”（《离娄下》）。

2. 语言通俗浅近，但词语丰富，连篇累牍、铺张生势，且笔锋犀利，论人说事酣畅淋漓，由此形成了孟子散文气势磅礴、感情奔放，极具雄辩性和说服力的突出特征。

四、《老子》

《老子》是我国古代道家学派的经典著作，约五千言。从汉代开始，被分为八十一章，前三十七章称《道经》，后四十四章称《德经》，故也称《道德经》。《老子》内容丰富，思想深邃，在中国古代思想发展史上占有非常重要的地位，对中华民族优秀文化传统的形成和发展产生过深远的影响。

关于《道德经》的作者和成书年代问题，历来众说纷纭。一般的看法是，它的作者为春秋晚期曾任周王室史官的楚人老聃，姓李，名耳，字伯阳，谥曰聃，楚国苦县（今鹿邑县）人。约生活于前 571 年至前 471 年之间。成书年代较通行的说法是战国初期。

老子的哲学思想对后世的影响最大。他的“道”说，物极必反的矛盾转化观念，他的辩证思想，对中国哲学、美学和文化观念中的中庸之道的形成具有不可估量的作用。目前西方学者对东方哲学研究也主要集中在老子哲学上。从某种角度说，老子就是古老、神秘、玄奥，且无所不包的东方哲学的代名词。它从一个全新的角度为人类对自然和物质的认知提供着启迪。但在人生观、政治思想方面，老子主张的绝圣弃智、忘情寡欲、无为而治等，却显得比较消极。

《老子》虽然是一部哲学著作，但在文学史上也富有独特的艺术魅力。它形式上是韵文，三言、四言、五言，短促错落，语言精练，且多排比对偶之句，如“祸兮，福之所倚；福兮，祸之所伏”（58 章），极富诗歌体裁的节奏之美。《老子》言约意丰，语言简朴，但说理透彻。它善于将深奥的理论形象化，通过比喻等方法直接阐述，首尾常贯穿一个精炼的论证过程，雄辩且生动。

五、《庄子》

《庄子》是道家学派的重要著作，现存三十三篇。后人以《逍遥游》至《应帝王》七篇为内篇，《骈拇》至《知北游》十五篇为外篇，《庚桑楚》至《天下》十一篇为杂篇。现在通行的说法，认为内篇是庄子的作品，外篇和杂篇则是庄子的门徒或后学的作品。书中激烈地抨击了当时的礼法仁义制度，主张无为，返归自然，追求一种绝对的精神自由，对后世特别是知识分子有着巨大的影响。

庄子名周，宋之蒙（今河南商丘县东北）人，是先秦道家学派的代表人物。庄子生卒年不详（约前 360－前 280），约与梁惠王、齐宣王同时；生平事迹不详，据说家境贫寒，尝为漆园吏。从其文章看，庄子不求闻达、敝屣富贵、淡泊利禄，一派为后人敬仰的隐士作风。

庄子的哲学思想基本上继承并发展了老子的消极面，他将老子的“无为而治”的思想推到了极致，主张回到人类原始的、与禽兽同居杂处的社会状况中去，并认为世间所有事物都是相对的，如死生、是非、得失等。但他主要目的是寻求个人的绝对自由，这与老子的出发点是极不相同的。庄子的思想和哲学丰富且复杂，其中既有合理因素又有消极成分，他的“全性保真”的追求、顺应自然的主张、对礼法制度及道德实质（维护统治的工具）的认识都迥异于前代的文人智士，给后人很多启迪。庄子是老子之后道家的主要代表，后世并称“老庄”。

庄子的散文在先秦诸子中具有独特风格，最有文学价值。《庄子》一书多采用以寓言为主的创作方法，把抽象的哲理化为具体的形象，来表现其思想和观点，完全避开逻辑推理，也不平铺直叙。如用庖丁解牛喻养生之理等。《庄子》内篇及外、杂篇中的许多篇目，都以寓言为文章的主干。如《逍遥游》前半部分，不惜笔墨，用大量寓言、重言铺张渲染，从鲲鹏展翅到列子御风而行的内容，并非作品的主旨，只是为了用他们的有待逍遥来陪衬、烘托至人的无待逍遥。大量运用充满“谬悠之说、荒唐之言、无端崖之辞”（《天下》）的寓言，使《庄子》的章法散漫断续，变化无穷，难以捉摸。庄子的寓言中蕴含其超常的想象力，往往使思理意出言外，恢诡谲怪，变化万千。《庄子》散文的另一特点是善用譬喻，而且连篇累牍，运用灵活，令人叹为观止。例如《逍遥游》将要论证超越时空的绝对自由，先从开篇的鲲鹏说起，一系列事物都是比喻，因为这些无非是借以衬托游于无穷的至人神人而已。至于下文鷦鷯、偃鼠、庖人、尸祝等喻，或明或暗，随物赋形，将其思想融入故事之中。再有，《庄子》语言也极为生动，如行云流水，汪洋恣肆，跌宕跳跃，节奏鲜明，音调和谐，它使庄子哲学充满了诗意。

六、《荀子》

荀子（前 330？—前 230？)，名况，字卿，战国后期儒家学派的代表人物。曾游学于齐，后至楚，春申君以为兰陵令。春申君死，荀卿废，后居于兰陵著书立说。

荀子与孟子的思想同出于孔子，但各人主张显著不同。荀子主张人性恶，认为人天然有各种欲望，如果任其自由发展，则必然导致暴乱争夺，因此“明礼义以化之，起法正以治之，重刑罚以禁之”，借此达到善的境界。荀子还强调个人的修养，强调个人品质的重要，有《劝学》、《修身》等一系列言论。荀子思想最进步的是他不信天命鬼神，重人事，提出人定胜天，表现出朴素的唯物主义的精神。荀子学问广博，学说范围很广，包括政治、哲学、经济、文学等各方面，是集大成的思想家。

《荀子》32篇，大多是说理性散文。说理性散文发展到荀子已经颇具规模，颇为成熟。他的文章不仅独立成篇，而且具有谨严的结构，谋篇布局也颇多讲究。他生于战国纵横之世，像其他诸子一样长于论辩，但他的论辩往往长篇大论、思理严整、见解深刻。最显其功力的是：他在淋漓尽致和畅所欲言之外，还追求行文缜密、条理清晰、论证严密；再加上语言表达辞采缤纷、借喻论道、贴切自然，使得其文在强词夺理、高谈阔论、诡辩成风的战国时代别具一格。也正是由于这些，荀子在纵横家横行天下的时代，以其儒雅、浑厚、凝重的学者风范，深得后人敬仰。

七、《韩非子》

韩非（约前280—前233），出身于韩国贵族，曾与李斯同学于荀卿。他的文章深受秦始皇赏识，后到秦国，因受李斯妒忌，被逼自杀，死在秦国监狱。

韩非对战国末期的诸家思想都有深入的研究，是集诸子学说之大成的思想家。韩非师承荀子，他将荀子性恶说和“起法正以治之，重刑罚以禁之”等思想进一步发展成为刑名法术之学；他推崇老子，借鉴了老子的哲学思想，对“道”赋予法术的内涵；他还研究了前期法家的法、术、势说，扬长避短，将三者融为一体，形成了自己完整的思想体系。韩非主张君主以法术威势制人，严刑峻法治国，有一套完整的法治理论，是战国后期法家思想的代表。

韩非著作收集在《韩非子》中，现存55篇，内容丰富，体裁多样。其中谈法论政的政论文数量最多，也最能代表其写作风格。名篇有反映韩非社会政治观点的《五蠹》、研究游说之术的《说难》、写法术之士和权贵矛盾的《孤愤》等。

韩非身贵自傲、思想丰富深刻，而不重文采，不讲文辞，但他又善文，且能博采众长，最终成为先秦说理散文论辩艺术的集大成者。《韩非子》以论辩透彻，逻辑严密，同荀子文章一样见称于世。但他又和荀子的学者文风不同，其文峻峭犀利，锋芒毕露，分析鞭辟入里，毫不拘泥，毫无隐讳，也是千古绝唱。他还善于利用大量的寓言故事和丰富的历史知识作为论证资料，说明问题。

八、先秦诸子散文的影响

先秦诸子散文在中国文化史上具有崇高的地位，是我国散文创作的典范。先秦诸子散文对后世政治思想、哲学、文学及其他艺术门类的发展，都有不可估量的影响。

首先，先秦诸子散文以其思想的深邃，成为中国传统文化的重要源泉。诸子散文发展至战国晚期，已达到相当成熟的阶段，各种各样的社会政治主张、经济和伦理学说出现在他们的作品中，它们都或多或少地影响着后代文人学者思想观念的形成和发展，然后又以反映在作品中的丰富多彩的内容为中华文化的博大精深提供特别的注脚。在诸子百家中，对后世影响最大的当推儒、道两家，其深厚的思想内涵和文化意蕴，经其后的作家作品传承并发扬光大，成为中国古代文学的基石之一。

其次，先秦诸子说理对中国文学产生了深远的影响。它以成熟的说理文的体制、形象化的说理方式、丰富多彩的创作风格和语言艺术影响了后世的创作。

总之，在中国文学发展史上，先秦诸子散文一开始就以成熟的面貌，精彩纷呈的思想意蕴，带给我们无限惊喜。它以一批不同风格的作家和典范作品，以创制的众多的体裁形式，以多种多样的诸如记叙、抒情、描写、论证、分析、虚构等等较为成熟的艺术表现方法，为后代文学的发展奠定了坚实基础。在数千年的传统文学中，哺育滋养了后代作家的创作。

【思考题】

1. 先秦散文有什么突出的特征？它包括哪些文体？有哪些类型？
2. 简述先秦散文的起源和发展。
3. 简析清人章学诚“至战国而后世之文体备”的内涵。
4. 先秦历史散文著作主要有哪些？它们各有哪些特点和贡献？
5. 《左传》的文学性表现在哪些方面？
6. 简述先秦历史散文对后世的影响。
7. 简介诸子百家产生的历史渊源。

8. 简介先秦诸子思想和他们的著作。
9.《庄子》一书表现了怎样的思想？庄子思想与其散文风格有何联系？
10. 简述先秦诸子散文对后世的影响。

【参考书目】

1. 袁行霈主编：《中国文学史》（第一卷），高等教育出版社。
2. 章培恒、骆玉明：《中国文学史》（上），复旦大学出版社。
3. 褚斌杰、谭家健：《先秦文学史》，人民文学出版社。
4.《左传选》，朱东润选注，古典文学出版社。
5.《国语国策故事选译》，杨宏文选译，中华书局。
6. 杨伯峻：《论语译注》，中华书局。
7. 杨伯峻：《孟子译注》，中华书局。
8. 陈鼓应：《庄子今注今译》，中华书局。
9.《韩非子集释》，陈奇猷校注，上海人民出版社。
10. 罗根泽：《先秦散文选》，人民文学出版社。

先秦散文作品选

冯谖客孟尝君[1]

——《战国策·齐策四》

齐人有冯谖者，贫乏不能自存，使人属孟尝君[2]，愿寄食门下。孟尝君曰："客何好？"曰："客无好也。"曰："客何能？"曰："客无能也。"孟尝君笑而受之，曰："诺。"左右以君贱之也，食以草具[3]。

居有顷，倚柱弹其剑，歌曰："长铗归来乎[4]？食无鱼！"左右以告。孟尝君曰："食之，比门下之客[5]！"居有顷，复弹其铗，歌曰："长铗归来乎，出无车！"左右皆笑之，以告。孟尝君曰："为之驾，比门下之车客！"于是乘其车，揭[6]其剑，过[7]其友曰："孟尝君客我！"后有顷，复弹其剑铗，歌曰："长铗归来乎，无以为家！"左右皆恶之，以为贪而不知足。孟尝君问："冯公有亲乎？"对曰："有老母。"孟尝君使人给其食用，无使乏。于是冯谖不复歌。

后孟尝君出记[8]，问门下诸客："谁习计会[9]，能为文收责于薛者乎[10]？"冯谖署[11]曰："能。"孟尝君怪之，曰："此谁也？"左右曰："乃歌夫'长铗归来'者也！"孟尝君笑曰："客果有能也！吾负之[12]，未尝见也。"请而见之，谢曰："文倦于事，愦于忧，而性[13]愚，沉于国家之事，开罪于先生。先生不羞，乃有意欲为收责于薛乎？"冯谖曰："愿之！"于是约车治装[14]，载券契而行。辞曰："责毕收，以何市而反[15]？"孟尝君曰："视吾家所寡有者。"驱而之薛，使吏召诸民当偿者，悉来合券[16]。券遍合，起矫命[17]，以责赐诸民，因烧其券，民称万岁。长驱到齐，晨而求见。孟尝君怪其疾也，衣冠而见之，曰："责毕收乎？来何疾也？"曰："收毕矣。""以何市而反？"冯谖曰："君云：'视吾家所寡有者。'臣窃计，君宫中积珍宝，狗马实外厩[18]，美人充下陈[19]。君家所寡有者以义耳。窃以为君市义。"孟尝君曰："市义奈何？"曰："今君有区区之薛，不拊爱子其民[20]，因而贾利之[21]；臣窃矫君命，以责赐诸民，因烧其券，民称万岁，乃臣所以为君市义也。"孟尝君不说，曰："诺，先生休矣！"

后期年，齐王谓孟尝君曰[22]："寡人不敢以先王之臣为臣！"孟尝君就国于薛，未至百里，民扶老携幼，迎君道中。孟尝君顾谓冯谖："先生所为文市义者，乃今日见之！"

冯谖曰："狡兔有三窟，仅得免其死耳。今有一窟，未得高枕而卧也。请为君复凿二窟。"孟尝君予车五十乘，金五百斤。西游于梁[23]，谓惠王曰："齐放其大臣孟尝君于诸侯，先迎之者，富而兵强。"于是，梁王虚上位[24]，以故相为上将军，遣使者，黄金千斤，车百乘，往聘孟尝君。冯谖先驱，诫孟尝君曰："千金，重币也；百乘，显使也[25]。齐其闻之矣。"梁使三反，孟尝君固辞不往也。

齐王闻之，君臣恐惧，遣太傅赍黄金千斤[26]，文车二驷[27]，服剑一，封书谢孟尝君曰："寡人不祥[28]，被于宗庙之祟[29]，沉于谄谀之臣，开罪于君！寡人不足为也[30]！愿君顾先王之宗庙，姑反国统万人乎！"冯谖诫孟尝君曰："愿请先王之祭器，立宗庙于薛[31]。"庙成，还报孟尝君曰："三窟已就，君姑高枕为乐矣。"孟尝君为相数十年，无纤介之祸者[32]，冯谖之计也。

【注释】

[1] 本文选自《战国策·齐策》。冯谖（xuān）：战国时孟尝君门客。孟尝君：战国时齐相，姓田，名文。袭其父爵封于薛（今山东滕县东南），号孟尝君。[2] 属（zhǔ）：同"嘱"，嘱托。[3] 草具：装有粗劣饮食的食具。

［4］铗（jiá）：剑把。此处借指剑。［5］比：比照。据说，孟尝君分门客为三等，上客食鱼、乘车，中客食鱼，下客食菜。［6］揭：高举。［7］过：拜访。［8］记：文告。［9］计会（kuài）：管理和计算财务。［10］文：孟尝君自称。责：同“债”。薛：孟尝君封地。［11］署：签名。［12］负：对不起。［13］愦（kuì）：昏乱。懧：同“懦”。［14］约：环束，此指准备。［15］市：买。［16］合券：验对债券。古时的契约是由借贷双方各持其半以为凭信，验证时，将两券合一，谓之契合。［17］矫命：假托孟尝君的命令。［18］实：充实。外厩：宫外的牲口棚。［19］下陈：台阶下面。［20］拊：同“抚”，抚爱。子：爱之如子。［21］贾（gǔ）利：以商人手段谋利。［22］齐王：此指齐湣王田地，齐宣王之子。［23］梁：即魏国，魏国国都原在安邑（今山西运城东），后迁都大梁（今河南开封），故称梁国。梁王：指梁惠王。［24］虚：空出。上位：相位。［25］显使：显赫的使者。［26］赍（jī）：送物给人。［27］文车：绘有花纹的车子。驷：四匹马拉的车。［28］不祥：不吉祥，此指倒霉。［29］被：遭受。祟：祸灾。［30］不足为：不值得扶助。［31］立宗庙于薛：在薛邑建立齐国先王的宗庙。［32］纤介：一点点。“介”同“芥”，小草。

【提示】

冯谖是《战国策》中人物刻画极为成功的一个。本文描绘了众多的人物，其中除薛地居民和梁齐君臣是出于叙事需要外，作者集中刻画的则是冯谖、孟尝君和孟尝君的左右仆从，而中心人物则是冯谖，集中体现了《战国策》人物刻画生动、细致，情节曲折多变的写作特点。

本文采用先抑后扬、欲扬故抑的手法来刻画人物、展开情节和结构全篇。文章开始，语冯谖“贫乏不能自存”，且当他以“无好”、“无能”被孟尝君收归门下后，虽无作为却三次弹铗而歌、索求不相称的待遇，表现得狡黠、无理。但当孟尝君真的需要人为他“收责于薛者”时，冯谖则毛遂自荐。至此，文章开始正面表现他作为“奇士”的那一面。其后，作者通过“冯谖署记”、“矫命焚券”、“市义复命”、“复谋相位”、“请立宗庙”、“营造三窟”等一系列波澜起伏的情节，将这位有胆识、有策略、有手段，同时也是恃才傲物、多辞善辩的“奇士”风采，作了最充分的表现。在他的谋划下，孟尝君“三窟已就”，并能“为相数十年”，终“无纤介之祸”。至此，先前的铺垫和后文的结果构成鲜明的反差，形成出奇的效果。

本文致力于一个“奇”字，来塑造冯谖的“奇士”形象。从描绘冯谖的非常言行开始，到他奇特的“矫命焚券”行为举止，始终给人不同凡响而又故弄玄虚的感觉。但正是在这种人物的非常言行中，冯谖宽容大度的性格和出众的眼光、智谋终得以细致的表现。

【思考题】

1. 简析本文人物刻画的特点。
2. 本文是通过哪些情节来刻画人物形象的？

《论语》选

子曰：“不患人之不己知[1]，患其不能也。”（《论语·宪问》）

子曰：“富与贵，是人之所欲也，不以其道得之，不处也[2]；贫与贱，是人之所恶也，不以其道得之，不去也[3]。君子去仁，恶乎成名[4]？君子无终食之间违仁[5]，造次必于是[6]，颠沛必于是[7]。”（《论语·里仁》）

子曰：“质胜文则野[8]，文胜质则史[9]。文质彬彬[10]，然后君子。”（《论语·雍也》）

子曰：“知[11]者乐水，仁者乐山。知者动，仁者静。知者乐，仁者寿。”（《论语·雍也》）

子曰：“饭疏食[12]，饮水，曲肱而枕之[13]，乐亦在其中矣。不义而富且贵，于我如浮云。”（《论语·述而》）

曾子曰：“士不可以不弘毅[14]，任重而道远。仁以为己任，不亦重乎？死而后已，不亦远乎？”（《论语·泰伯》）

子曰：“笃信好学，守死善道[15]。危邦不入，乱邦不居。天下有道则见[16]，无道则隐。邦有道，贫且贱焉，耻也；邦无道，富且贵焉，耻也。”（《论语·泰伯》）

子曰：“朝闻道，夕死可矣。”（《论语·里仁》）

子曰：“君子成人之美，不成人之恶。小人反是。”（《论语·颜渊》）

子贡问曰：“有一言可以终身行之者乎？”子曰：“其恕乎[17]！己所不欲，勿施于人。”（《论语·卫灵公》）

曾子曰：“吾日三省吾身[18]：为人谋而不忠乎？与朋友交而不信[19]乎？传[20]不习乎？”（《论语·学而》）

子曰：“君子不重[21]，则不威；学则不固[22]。主忠信。无友不如己者。过，则勿惮改[23]。”（《论语·学而》）

子曰："知之者不如好之者，好之者不如乐之者。"（《论语·雍也》）

子曰："不怨天，不尤人[24]，下学而上达[25]。知我者其天乎！"（《论语·宪问》）

【注释】

[1] 患：忧虑，怨恨。不己知："不知己"的倒装，即不理解自己。[2] 处：接受。[3] 去：摆脱。[4] 恶（wù）乎：哪里，怎么。[5] 终食：指吃完一顿饭的短暂时间。[6] 造次：匆忙，仓促。[7] 颠沛：穷困，受挫折。这两句是说仓促匆忙的时候是这样，颠沛流离的时候也是这样。[8] 质：本质、内容等。文：文采、形式等。野：粗俗。"文"与"质"在此可以有多种理解。[9] 史：浮华。[10] 彬彬：融合适中。[11] 知：通"智"。[12] 饭：这里作动词用，指吃饭。疏食：粗粮。[13] 水：古代以"汤"和"水"对举。"汤"指热水，"水"就是冷水。肱（gōng）：上臂，这用泛指胳膊。[14] 弘毅：弘，大；毅，坚毅。指志向远大，意志坚毅。[15] 守死：固守。善道：正确的学说，引申为真理。[16] 见：同"现"，和"隐"相对。[17] 其：语气词，大概，或许。恕：恕道，以仁爱宽容之心待人。[18] 日：每天。省：（xǐng），反省。[19] 信：诚实。[20] 传：指老师传授的学业。[21] 重：庄重。[22] 固：闭塞。[23] 惮（dàn）：害怕。[24] 尤人：责怪别人。[25] 下学而上达：学了基本的知识却能参悟高深的道理。

【提示】

以上选文主要是孔子论修身的内容。《论语》中这种格言、箴言式的语句言简意赅、言约意丰、含蓄隽永，极富哲理性和启发性。它为我们民族一代一代人的成长提供了丰富的精神养分，并影响着我们对人生、社会、美的认识和人格修养的完成。

在一切知行中，孔子最重视人的社会认识和社会实践。而完善人们认识、实践的最重要也是最有效的途径就是修身。孔子穷其毕生精力所探讨的就是怎样提高人的素养、培养人们的道德情操。为此，他提出了许多行为规范，其中也包括一些常常引起后人非议的繁琐的礼仪。

尽管孔子提出的行为规范特别是礼仪有一些过时的甚至是陈腐的内容，但大部分至今仍被认为是中国人的传统美德，为我们所提倡而奉行。

【思考题】

1. 请选择十条你最喜欢的孔子语录背诵。
2. 结合有关的语录，谈谈你对人格修养的看法。
3. 试述孔子语录给了你哪些人生启迪。

《孟子》选

（一）人皆有不忍人之心[1]

孟子曰："人皆有不忍人之心[2]。先王[3]有不忍人之心，斯有不忍人之政矣。以不忍人之心，行不忍人之政，治天下可运之掌上。所以谓人皆有不忍人之心者，今人乍[4]见孺子将入于井，皆有怵惕恻隐之心[5]；非所以内交[6]于孺子之父母也，非所以要誉[7]于乡党朋友也，非恶其声[8]而然也。由是观之，无恻隐之心，非人也；无羞恶[9]之心，非人也；无辞让之心，非人也；无是非之心，非人也。恻隐之心，仁之端[10]也；羞恶之心，义之端也；辞让之心，礼之端也；是非之心，智之端也。人之有是四端也，犹其有四体也。有是四端而自谓不能者[11]，自贼者[12]也；谓其君不能者，贼[13]其君者也。凡有四端于我[14]者，知皆扩而充之矣，若火之始然[15]泉之始达。苟能充之，足以保四海；苟不充之，不足以事父母。"

【注释】

［1］本文出自《孟子·公孙丑上》。《孟子》，儒家经典之一。关于孟子和《孟子》的有关内容，请参阅通论部分。［2］人皆有不忍人之心：每个人都有不忍看他人处于痛苦之中的同情心。不忍人之心：怜悯心，同情心。［3］先王：指古代的有德之王。［4］乍：突然，忽然。［5］怵惕（chù tì）：恐惧，惊惧。恻隐：哀痛，同情。［6］内交：内交即结交，内同"纳"。［7］要（yāo）誉：博取名誉。要同"邀"，求。［8］恶其声：讨厌他的哭声。［9］羞恶：羞耻。［10］端：开端，起源，源头。［11］自谓不能：指自己以为不能达到仁义礼智。［12］自贼：自暴自弃。［13］贼：伤害。［14］我：同"己"。［15］然，同"燃"。

（二）妾妇之道与大丈夫之道[1]

景春[2]曰："公孙衍、张仪[3]岂不诚大丈夫哉？一怒而诸侯惧，安居而天下熄[4]。”

孟子曰：“是焉得为大丈夫乎？子未学礼乎？丈夫之冠也，父命之[5]；女子之嫁也，母命之，往送之门，戒之曰：‘往之女家，必敬必戒，无违夫子！’以顺为正者，妾妇之道也。居天下之广居，立天下之正位，行天下之大道[6]；得志，与民由之；不得志，独行其道。富贵不能淫，贫贱不能移，威武不能屈，此之谓大丈夫。”

【注释】

［1］本文出自《孟子·滕文公下》。［2］景春：人名，纵横家的信徒。［3］公孙衍：著名的说客。张仪：魏国人，与苏秦同为纵横家的主要代表。［4］熄：指战火熄灭，天下太平。［5］丈夫之冠也，父命之：古代男子到二十岁叫做成年，行加冠礼，父亲开导他。［6］广居、正位、大道：朱熹注释为：广居，仁也；正 位，礼也；大道，义也。

【提示】

以上两篇是集中反映孟子思想和理论的著名篇章。孟子政治理想是施仁政、行王道。他曾带着一腔消除世乱、救民于水火的热忱奔走在列国间，试图游说诸侯施行他的仁政主张。孟子的“人皆有不忍人之心”的论述目的是为推导仁政，是为了推行他那毕生追求的“仁政”理想。孟子的为民父母、推善及人、得道多助而失道寡助、生于忧患而死于安乐、民贵君轻等思想，一直是“孔孟之道”中的精华，历来为人传诵。

儒家学说历来重视人格修养，并把它作为经世治国的精神基础和先决条件。孟子由“性善论”出发，认为“人皆有不忍人之心”，而“不忍人之心”包含四个方面，即“恻隐、羞恶、辞让、是非”之心，它是“仁义礼智”这四种道德范畴的发端，需要后天的“扩而充之”，即后天修习。“当今之世，舍我其谁也?”则以“以天下为己任”的社会责任感和使命感为底蕴，激励我们为理想和责任而献身。还有他的“富贵不能淫，贫贱不能移，威武不能屈”闪耀着思想和人格力量的耀眼光辉，鼓舞了很多仁人志士，成为他们不畏强暴、坚持正义的座右铭。直到今天，当我们读这段文字的时候，似乎仍然可以听到他的金声玉振之音。

【思考题】

1. 翻译《人皆有不忍人之心》和《妾妇之道与大丈夫之道》。
2. 试述孟子语录给了你哪些人生启迪。

《老子》选

（一）天下皆知美之为美[1]

天下皆知美之为美，斯恶矣[2]；皆知善之为善，斯不善矣。故有无相生，难易相成，长短相形[3]，高下相倾[4]，音声相和[5]，前后相随。是以圣人处无为之事[6]，行不言之教[7]，万物作焉而不为始[8]，生而不有[9]，为而不恃[10]，功成而弗居。夫唯不居[11]，是以不去[12]。

【注释】

［1］本段是《道德经》的第二章。本章按其内容，可以分为两个基本层次。前一层次主要阐述天地万物之间相互依存、对立统一的辩证关系，是老子朴素的辩证法思想的集中体现。第二个层次扼要论述了“无为”社会政治思想，鲜明地表明了老子顺应本性、反对好事有为的基本态度。［2］斯：如此，这样。恶：美的对立面，丑陋。此句是说：这样随之而来就有了丑。［3］形：显露、显示。［4］倾：斜、侧，这里是区别、区分的意思。［5］音声相和：指音与声两者依靠对立而得到协调、和谐。声：单个声音；音：是不同声的组合。《说文通训定声》：“单出曰声，杂比曰音。”［6］是以：所以、因此。处无为之事：指以无所作为、顺其自然的原则与态度处世接物。无为：指对万事万物不妄加干涉。［7］不言：不说话，引申为不发号施令。此句是说，用“不言”的方法去教导民众。［8］作：兴起，这里是生长变化的意思。不为始：不认为由自己始。［9］生而不有：创造了，但不据为己有。［10］为而不恃：指推动万物的发展却不自恃有恩。［11］夫：发语词，表示下文将发议论。［12］去：离开，此处是失去、丧失的意思。

（二）持而盈之[1]

持而盈之，不如其已[2]；揣而锐之[3]，不可长保；金玉满堂，莫之能守[4]；富贵而骄[5]，自遗其咎[6]。功遂身退，天之道。

【注释】

［1］本段是《道德经》的第九章。本章可以看成是老子纲领性的人生哲学，充满着富贵难保、荣辱无常的悲哀心理，反映了他对待社会、对待生活的消极淡泊态度。在春秋战国世事无常、风云变幻的严峻背景下，他希望通过以退为进、以屈求伸、以柔克刚的方式，应对变幻莫测的世局，于被动中争取主动。［2］已：停止，罢手不干。［3］揣而锐之：这里是盛气凌人、锋芒毕露、咄咄逼人的意思。锐：锋利，尖锐。［4］莫之能守："莫能守之"的倒装。之：指代满堂金玉。［5］富：指财产丰厚。贵：指身份尊贵。而：连接副词，并且、而且的意思。［6］自遗其咎：遗，留下，遗留；咎，灾祸，祸患。

（三）曲则全[1]

曲则全[2]，枉则直[3]，洼则盈[4]，敝则新[5]，少则得，多则惑[6]。是以圣人抱一[7]，为天下式[8]。不自见[9]，故明；不自是，故彰[10]；不自伐[11]，故有功；不自矜，故长[12]。夫唯不争，故天下莫能与之争。古之所谓"曲则全"者，岂虚言哉！诚全而归之[13]。

【注释】

［1］本段是《道德经》的第二十二章。本章比较集中地反映了老子"知雄守雌"、委曲求全、以退为进的思想，这种思想也是一种社会人生哲理。老子看到一切矛盾都会互相转化，弱的一方往往会转化为强的一方，所以他强调处柔守静是达到一定目的的正确途径。［2］曲则全：委曲反而能够保全。曲：委屈；全：保全。严复解："曲，一部分也。"全，完整、完全。［3］枉：弯曲、不直。此句是说弯曲反而能够伸直。［4］洼：低陷，凹。盈：充满。［5］敝：旧、陈旧。［6］惑：迷失、落空。［7］抱一：守道执一。抱：固守、坚持。一：指"道"，也即老子的虚静之道。［8］式：也作"栻"，古代占卜用的一种工具，这里引申为治理天下的法式、规范、纲领。［9］自见：自我炫耀，自我表现。见，通"现"。［10］自是：自以为是，自誉正确。是：正确，得当。彰：显明，彰明。［11］自伐：自我标榜，自我夸耀。［12］自矜：自高自大，目空一切。长（zhǎng）：长辈，这里用如动词，表示尊贵之意。［13］全而归之：全性葆真，善于保全。

（四）知人者智[1]

知人者智，自知者明[2]。胜人者有力，自胜者强。知足者富，强行者有志[3]。不失其所者久[4]，死而不亡者寿[5]。

【注释】

［1］本段是《道德经》的三十三章。人生修养是中国古代思想家普遍关注的一个重要问题。儒家讲求“修身”、“齐家”、“治国”、“平天下”，并把“修身”当做一切社会活动的起点和基础。老子也把自身修养放在极其重要的地位，本章正是这一理念的突出反映。在本章中，老子精辟地阐述了个人身心的自我完善问题，主张既要善于知人、胜人，更要做到自知、自胜。而能够战胜自我，超越自我，方才是真正拥有力量。［2］明：贤明。［3］强行：努力行动、身体力行的意思。［4］所：指“道”。［5］死而不亡者寿：身体虽殁但是大道却永远存在。寿，长生。全篇是说：能认知别人的算是明智，能认知自我的才算是真正的高明。能够战胜他人的可算是有力量，能够战胜自我的才算是真正拥有实力。能知道满足的就是富有，能身体力行的才算是真正有志向。不丢失大道根本的就可以长久，身体虽死精神永存的乃是真正的长寿。

【提示】

老子具有丰厚的文化素养，善于站在哲学与历史的高度，对自然规律进行探讨，对社会现象进行反思，对人生意义进行体认，对生存方式进行领悟。《道德经》全书虽仅五千言，却体大思精，胜义迭呈。它主要包括四方面的内容，以“道”为中心并派生天下万物的宇宙生成论；事物相互依存、相互对立、相互转化、循环往复的朴素辩证法；知雄守雌、以退为进、柔弱胜刚强的策略学说；“无为而治”、“小国寡民”的社会政治思想。它们互相关连，互为弥补，浑然一体，共同构成了博大精深、特色鲜明的老子哲学及政治思想体系。

概括而言，《道德经》是对历史和现实生活之中“成败存亡祸福”现象的哲学概括和理论总结。它所反映的某些思想，在一定历史条件下可产生积极的意义。它提出了“道”这一哲学范畴，将它视为天下万物的本源，这是对商周以来占据思想界统治地位的天命神学观念的极大冲击。其朴素辩证法思想在一定程度上反映了事物运动发展的某些本质属性，在思想认识史上不啻是一大飞跃。其

“无为而无不为”、“贵柔守雌” 的理论，在某种意义上为弱小一方转弱为强、争取胜利提供了思想武器。其社会政治学说则反映出强烈的现实批判精神，具有相当的人民性。

【思考题】

1. 找出并翻译所选《老子》中，反映老子人生哲学的章句。
2. 简述《道德经》与其他诸子散文在形式上有何不同？

《庄子》选

秋　水[1]

秋水时至[2]，百川灌河；泾流之大，两涘渚崖之间，不辩牛马[3]。于是焉河伯欣然自喜[4]，以天下之美为尽在己。顺流而东行，至于北海[5]；东面而视，不见水端。于是焉河伯始旋其面目[6]，望洋向若而叹曰[7]：“野语有之曰[8]，‘闻道百，以为莫己若’者[9]，我之谓也[10]。且夫我尝闻少仲尼之闻而轻伯夷之义者[11]，始吾弗信；今我睹子之难穷也，吾非至于子之门则殆矣[12]，吾长见笑于大方之家[13]。”

北海若曰：“井鼃不可以语于海者[14]，拘于虚也[15]；夏虫不可以语于冰者，笃于时也[16]；曲士不可以语于道者[17]，束于教也。今尔出于崖涘，观于大海，乃知尔丑[18]，尔将可与语大理矣[19]。天下之水，莫大于海，万川归之，不知何时止而不盈；尾闾泄之[20]，不知何时已而不虚；春秋不变，水旱不知。此其过江河之流，不可为量数[21]。而吾未尝以此自多者[22]，自以比形于天地而受气于阴阳[23]，吾在于天地之间，犹小石小木之在大山也。方存乎见少，又奚以自多[24]！计四海之在天地之间也，不似礨空之在大泽乎[25]？计中国之在海内，不似稊米之在大仓乎[26]？号物之数谓之万[27]，人处一焉；人卒九州[28]，谷食之所生，舟车之所通，人处一焉；此其比万物也，不似豪末之在于马体乎[29]？五帝之所连[30]，三王之所争，仁人之所忧，任士之所劳[31]，尽此矣[32]！伯夷辞之以为名，仲尼语之以为博，此其自多也；不似尔向之自多于水乎[33]？”

……

庄子钓于濮水[34]，楚王使大夫二人往先焉，曰：“愿以境内累矣[35]。”庄子持竿不顾，曰："吾闻楚有神龟，死已三千岁矣，王巾笥而藏之庙堂之上[36]。此龟者，宁其死为留骨而贵乎？宁其生而曳尾于涂中乎[37]？"二大夫曰："宁生而曳尾涂中。"庄子曰："往矣！吾将曳尾于涂中。"

惠子相梁[38]，庄子往见之。或谓惠子曰："庄子来，欲代子相。"于是惠子恐，搜于国中，三日三夜。

庄子往见之，曰："南方有鸟，其名为鹓雏[39]，子知之乎？夫鹓雏，发于南海而飞于北海，非梧桐不止，非练实不食[40]，非醴泉不饮[41]。于是鸱得腐鼠[42]，鹓雏过之，仰而视之曰：'吓[43]！'今子欲以子之梁国而吓我邪[44]？"

庄子与惠子游于濠梁[45]之上。庄子曰："儵鱼出游从容[46]，是鱼之乐也。"惠子曰："子非鱼，安知鱼之乐？"庄子曰："子非我，安知我不知鱼之乐？"惠子曰："我非子，固不知子矣；子固非鱼也，子之不知鱼之乐，全矣[47]。"庄子曰："请循其本[48]。子曰：'汝安知鱼乐'云者，既已知吾知之而问我[49]。我知之濠上也。"

【注释】

[1]《秋水》见《庄子·外篇》，是用篇首的两个字作为篇名，中心是讨论人应怎样去认识外物，强调了认识事物的复杂性，即事物本身的相对性和认知过程的变异性，是庄子思想的代表作之一。全篇由两大部分组成：前一部分写北海海神跟河神的谈话，后一部分分别写了六个寓言故事，每个寓言故事自成一体，无关联，跟前一部分海神与河神的对话也无结构上的联系，主题也不甚统一。本文是选了上下两部分中的部分段落。[2] 时：按照时令。[3] 涘（sì）：岸涯。渚（zhǔ）：水中陆地。辩：通"辨"。[4] 河伯：河神。[5] 北海：指今渤海。[6] 旋：掉转。[7] 若，海神的名字。[8] 野语：俗语。[9]"莫己若"是"莫若己"的倒装句，意思是"不如自己"。[10] 我之谓也：说的就是我这样的人。[11] 少：缺少、没有。闻，指学识。伯夷，商贵族孤竹君的长子，为了让出君位，与其弟叔齐逃至周。后因不满武王伐纣，推翻殷朝，隐于首阳山因不食周粟而死。整句是说：而且我曾听说没有孔子那样渊博学识的人就会轻视伯夷的义举。另解：认为"少"是意动词，全句的意思是：认为孔子见闻少、伯夷的举动也没什么了不起的。[12] 殆：危险。[13] 长：长久。大方之家：懂大道理、修养极高的人。[14] 鼃：同"蛙"，即指井里的青蛙。喻见识短浅者。[15] 拘：拘泥于，局限。虚：同"墟"，指所居之所。[16] 笃：固，限制。[17] 曲士：乡曲之士，指孤陋寡闻的人。[18] 丑：鄙漏。[19] 大理：大道。

[20] 尾闾，相传海水外泄之处。[21] 量数：用数量来计算。[22] 自多：自许、自鸣得意。多：赞美。[23] 句谓：自认为从天地那里承受到形体并且从阴和阳那里禀承到元气。[24] 奚：通“何”。此句是说，又拿什么来自命不凡呢！[25] 礨（léi）空：蚁穴、小孔。大泽：广阔的草泽。[26] 稊米：细碎的米粒。大仓：京城储粮的大粮仓。[27] 号物：命名事物。这里指计算数量。[28] 卒：聚集，终止。九州：指天下。[29] 豪末：豪毛的末端。豪：细毛。[30] 连：沿承、继任。此处指五帝禅让之事。[31] 任士，有能力的人。[32] 尽此矣：都属于此类。[33] 辞：辞让。向，以前。这几句是说：伯夷辞让天下而博取名声，孔丘谈论天下事物而显示渊博，这大概就是他们的自满与自傲；不就像你先前在河水暴涨时的洋洋自得吗？[34] 濮水，河名，在今河南濮阳。[35] 句谓：希望把治理国家的重任委托给你。[36] 巾笥（sì），布巾和箱子。这里名词作动词，指用巾笥包裹。[37] 曳：拖。涂：泥塘。[38] 惠子相梁：惠子在魏国当国相。惠子：惠施，战国时名家代表人物。梁：魏。[39] 鹓（yuān）雏，凤凰一类的鸟。[40] 练实：竹子的果实。[41] 醴泉：甘美的泉水。[42] 鸱：猫头鹰。[43] 嚇（hè）：叹词，表示感叹。[44] 嚇（hè）：怒斥之声。[45] 濠梁，濠水的桥。[46] 鯈（tiáo）鱼，一种小鱼。[47] 全矣：无需再说什么。[48] 请循其本：请回到开始的话题。[49] 此句是说：你对我说“你怎么知道鱼很快乐呢？”这种话时，是已经知道我知道鱼很快乐才问我的（因为你先对我的判断作了判断）。

【提示】

庄子的《秋水》借寓言和故事来讨论时空的相对性和人的认识局限性的哲学问题。本文通过寓言形式揭示：在广袤的世界上，人们对事物、对人的认识的准确程度总是要受自我认识能力、认识范围的局限。文中，他善意地嘲讽了偏狭、猥琐的人和事物，嘲讽了那种以己度人、以小测大的浅陋心态，表现了自己广阔、宽厚的胸怀和远大的人生追求。

《庄子》一书多采用以寓言为主的创作方法，把抽象的哲理化为具体的形象，来表现其思想和观点。这篇文章充分体现了庄子的写作风格。他把主旨寄寓在河伯海神的对话的寓言里。以寓言为文章的主干，重言铺张渲染，汪洋恣肆，境界空阔。它使文章的章法散漫断续，变化无穷，难以捉摸。在表达观点上，庄子完全避开逻辑推理，也不平铺直叙，以其超常的想象力，使思理意出尘外，恢诡谲怪，变化万千。在修辞上，使用了大量的排比句和反诘句，形成了文章的气势，层见叠出的比喻句又把抽象深刻的道理寓于形象的比喻中，增强了文章的诗意。

【思考题】

1. 本文揭示了什么道理？这一道理在客观上有何种意义？

2. 庄子善用譬喻，请以本文为例说明作者怎样把抽象的哲理化为具体的，形象的？

第三专题
屈原与楚辞

战国后期形成于楚国的楚辞，是《诗经》之后我国诗歌史上的又一个高峰。楚辞的奠基者和最优秀的代表作家屈原以其不同寻常的政治经历和卓异的个性品质，在南方楚国文化的基础上，造就了辉煌灿烂的楚辞文学，反映了迥异于《诗经》的独特美学特质，成为中国文学史上第一位伟大诗人。《楚辞》与《诗经》共同构成中国诗歌史的源头，开始了中国诗歌史上《诗经》之后第二个重要时期，对后世文学产生了极为深远的影响。

第一节　楚辞概述

一、楚辞的名称

“楚辞”就其名称本义来说，是指楚地的歌辞，它是一种具有浓厚地方色彩的新诗体。形成于战国后期的楚国，代表作家是屈原和宋玉。“楚辞”之名，首见于《史记·张汤传》。大约在汉武帝时期，“楚辞”已成为一种专门的学问，与“六经”并列。不过汉代人所说的楚辞，不仅指战国时代屈原、宋玉等楚人所写的诗歌，而且包括汉代人模拟屈、宋所写的作品。西汉末年，刘向辑录屈原、宋玉等人的作品，以及汉人模仿这种诗体的作品，编成《楚辞》一书。这是《诗经》以后，我国古代又一部具有深远影响的诗歌总集。从此，楚辞作品不仅有了专集，而且，“楚辞”这个名称也就一直流传下来。另外，由于屈原的《离骚》是楚辞的代表作，所以楚辞又被称为“骚”或“骚体”。以“风”“骚”并举来代表诗歌史上的两大源头，并且以“骚人”作为所有诗人的代称。汉代人还普遍把楚辞称为“赋”。《史记》中说屈原“作《怀沙》之赋”，《汉书·艺文志》中也列有“屈原赋”、“宋玉赋”等名目。因此文学史上便有了“屈赋”、“骚赋”、“楚赋”等名称。汉人把楚辞称为赋，是当时文体分类不够精确造成的混淆，他们只看到了辞和赋都属于“不歌而诵”不入乐的共同点，看到辞和汉代赋作之间的渊源关系，而忽视了它们之间的区别。从语言形式上看，楚辞是一种具有楚国强烈地方色彩的新诗体，而汉赋则是适应汉代宫廷需要发展起来的韵散相间的新型散文，两者是完全不同的文体。从艺术风格上看，楚辞以抒发个人感情为主，以悲怨惆怅为基调，汉赋则以铺陈词藻咏物说理为主，以雍容和顺为底蕴。早在六朝时，刘勰《文心雕龙》中既有《诠赋》，又有《辨骚》，把它们区别单列，萧统《昭明文选》中也把“骚”和“赋”分为两门，可见古人已认识到了辞赋是两类不同的文体，不能混为一谈。

二、楚辞的起源

北宋黄伯思《翼骚序》云：“屈宋诸骚，皆书楚语，作楚声，纪楚地，名楚物，故可谓之‘楚辞’。”鲁迅在《汉文学史纲要》中也说：“战国之世，……在韵言则有屈原起于楚，被谗放逐，乃作《离骚》。逸响伟辞，卓绝一世。后人惊其文采，相率仿效，以原楚产，故称‘楚辞’。”这就是说，“楚辞”是指以具有楚国地方特色的乐调、语言、名物而创作的诗赋，在形式上与北方诗歌有较明显的区别。楚辞的直接渊源应是以《九歌》为代表的楚地民歌。在春秋战国时代，被称为“南风”、“南音”的楚国的音乐和民歌与产生于中原地区的北方民歌在情调和形式上存在着明显的差异。如《孟子》中的《孺子歌》：“沧浪之水清兮，可以濯我缨；沧浪之水浊兮，可以濯我足。”刘向《说苑》所载《越人歌》：“今夕何夕兮，搴舟中流。今日何日兮，得与王子同舟。蒙羞被好兮，不訾诟耻。心几烦而不绝兮，得知王子。山有木兮木有枝，心悦君兮君不知。”这些都是楚辞产生以前的南方歌曲，不同于《诗经》中整齐的四言体，句式加长，而且几乎在每一句句尾都有个语助词“兮”字，而这正是屈原楚辞体诗歌的一个突出特点。因此，可以说楚地民歌是楚辞的直接源头，楚辞正是屈原吸取和借鉴了楚地民歌精华创造出来的。在现存屈原的作品中，《九歌》就是屈原在楚地民间祀神的乐歌基础上写成的；《招魂》也是根据民间招魂词的写法创作的。

其次，楚辞是在具有鲜明地方色彩和宗教色彩的灿烂的楚文化背景下孕育产生的。战国时期楚国在长江、汉水流域，这里到处分布着江湖山峦，物产丰茂。波涛汹涌的长江，雄伟险峻的三峡，深不可测的云梦大泽，一望无际的八百里洞庭，潮湿多变的气候，涵养了楚人好奇求异的艺术气质和个性。和中原文化相比，楚文化的一个重要特征是“信巫鬼，重淫祀”（《汉书·地理志下》），保存着很多的早期巫术文化成分。这种崇尚巫风的习气，自朝廷到民间，无处不在，尤其是在“南郢邑、沅湘之间”，巫风更是浓烈，“其俗信鬼而好祠，其祠，必作歌乐鼓舞以乐诸神。”（王逸《楚辞章句·九歌序》）这种流行在楚地民间的祭祀曲，带有丰富的幻想，富于浪漫情调，而且是歌、乐、舞结合在一起表演，除抒情外，还兼有一定的故事性情节，结构宏大，讲究起伏。这对于生活于这一文化氛围中的屈原创造楚辞有直接的影响。屈原不仅重新创作出祭神的组诗——《九歌》，根据民间招魂词创作了《招魂》，而且在表述情感时，也大量运用神话材料，驰骋想象，上天入地，飘游六合九州，给人以神秘的感受。甚至《离骚》这篇代表作的构架，由“卜名”、“陈辞”、“先戒”、“神游”，到“问卜”、“降神”，都借用了民间巫术的方式。这种浓郁的巫文化气氛培育了楚人好幻想、喜怪异、尚勇武的性格特点。楚国的音乐、舞蹈、绘画、书法，都呈现出一种勇武的精神、烂漫的风格、华丽的色彩。表现在诗歌创作中，就是富有浪漫主义精神。浪漫主义是一种主观情感重于客观事实，内心影像重于外界形象，敢于挣脱常规束缚的创作倾向。屈原的诗歌典型地体现了楚文化的这一特征，他以奇幻超绝的想象力，从神话传说和巫术宗教中吸取养分，创造了一系列光怪陆离的艺术幻境，以饱满的激情表现了他对理想的执著追求，成为我国诗歌史上浪漫主义的开山之祖。

但是，楚贵族集团毕竟源于中原，和中原有着广泛的文化交流，所以，楚辞在形成过程中不可避免地要受到中原文化的影响。屈原《九章》中的《橘颂》、《天问》基本形式都是采用四言句加以变化而成的。另外，纵横家奔走游说，“欲以唇吻奏功，遂竞为美辞，以动人主”，“余波流衍，渐及文苑，繁辞华句，固已非《诗》之朴质之体式所能载矣。”鲁迅《汉文学史纲要》中的这一论述，正确地指出了战国纵横家华丽铺张的文辞对《楚辞》形成的影响。无论是宏阔的篇章，汪洋恣肆的气势，自由灵活的句式，还是从接近口语的虚词的运用上，诸子散文对于屈原楚辞体作品的形成发展，都有着很大的启发和影响。

“不有屈原，岂见《离骚》?”（《文心雕龙·辨骚》）楚辞是楚文化的产物，但又离不开伟大诗人屈原的创造。屈原以自己天才的创造力，在吸取和借鉴楚国民间文学精华的基础上，创造了比四言诗更富有表现力和生命力的楚辞，并结束了诗歌集体歌咏的时代，开创了个人创作的先河。在这个意义上说，屈原是我国当之无愧的第一位诗人。

三、楚辞的基本特征

鲁迅在《汉文学史纲要》中把《诗经》与楚辞作了比较，从内容和形式上总结了楚辞对《诗经》在艺术上的开拓及其艺术特质，对楚辞的特征作了极为精辟的概括：“较之于《诗》，则其言甚长，其思甚幻，其文甚丽，其旨甚明，凭心而言，不遵矩度。……其影响于后来之文章，乃甚或在三百篇之上。”

第一，“其言甚长”——包括两个方面，一是指诗的篇幅增大，具有了更大的容量，更强的表现力。《诗经》中多为短章小品，以简洁凝炼见长，其中的长篇如《七月》、《氓》，也不过八十余句，而楚辞则多有长篇巨制，《天问》374句，1 553字，《离骚》则更是我国古代诗歌史上最长的抒情诗，全诗373句，近2 500字，篇幅之宏阔，后人难以匹敌。宋玉的《九辩》也长达255句，是诗歌史上少有的政治抒情诗。充分体现了诗人思想的广阔，感情的深刻与复杂以及在结构组织、韵律安排、表现技巧等方面高超的驾驭能力。二是指句式之长。从句式上看，《诗经》大多是四言体，以两个音步为一诵读句，四个音步为一完整句。每两句有一个动词，表达一个相对完整的意思；楚辞以五言加“兮”或六、七言加“兮”为主，以三音步（两音步加一间歇）为基本结构形式，每句有动词，可以表达相对完整的意思。《诗经》的每个音步多由双音节构成，而楚辞的音步则由单音节和双音节错综构成，从而构成了我国诗歌的主体五、七言诗歌结构的基础。楚辞的句式长短伸缩幅度大，舒卷自如，易于淋漓尽致地表达缠绵悱恻、哀婉凄清、郁闷悲愤、慷慨激昂、起伏跌宕、一波三折等种种复杂情感。参差错落、灵活自由的句式，增强了诗歌的表现力，扩大了诗歌的自由度，极大地开拓了诗歌的疆域，为后世诗人充分表达自己的思想感情，反映广阔的生活现实提供了更合适的载体。

第二，“其思甚幻”——指的是楚辞中奇特的想象、丰富的幻想构成的强烈的浪漫主义精神。《诗经》大多写实，很少借助想象的翅膀，而屈原为代表的楚辞却恰恰相反，他主要凭借天才的想象力，创造出色彩斑斓、瑰丽夺目的艺术境界；不再像《诗经》那样专注于真实细致地描绘现实世界和身边的日常生活，而是着力于抒情，表现诗人在现实社会中的主体感受。屈原从神话传说和巫术宗教中吸取养分，展开丰富的想象力，上天入地，八方飞腾，不论是天帝河伯、男神女鬼、奇物怪兽，都驱遣入诗。如代表作《离骚》中后半部分对神游天界的描写，风伯月神任其驱遣，上天入地，无所不能，用来表现他对理想的执著追求，宣泄他那情感的洪流。即使在一些写实性较强的作品中，也无不时时闪烁着幻想的光辉，如《九章》中的《涉江》：“吾方高驰而不顾，驾青虬兮骖白螭。吾与重华游兮瑶之圃，登昆仑兮食玉英。与天地兮同寿，与日月兮齐光。”若断章取义，抽取屈骚中展开幻想的只言片语，可能会觉得虚幻，不可思议。但若诵读全诗，情感就会跟着屈原起伏，就会被屈原带着上天入地，四处求索；就会感到非此不能酣畅淋漓地表达情感、遣散愁怀。顽强的表现欲望使楚辞的抒情诗特别富有个性特色，丰富的想象力使楚辞充满了奇幻的浪漫色彩，成为我国古代诗歌浪漫主义的源头。

第三，“其文甚丽”——指的不仅是楚辞语言的瑰丽，而且包括楚辞的语法修辞、锤字炼句、音韵节奏之精美，表现手法之丰富。和《诗经》朴素自然的语言风格不同，楚辞的语言以华美绚烂见长。屈原是一位爱美的诗人，如诗中对诗人自我形象的描绘：“扈江离与辟芷兮，纫秋兰以为佩。”“朝搴阰之木兰兮，夕揽洲之宿莽。”“制芰荷以为衣兮，集芙蓉以为裳。”“高余冠之岌岌兮，长余佩之陆离。”“佩缤纷其繁饰兮，芳菲菲其弥章。”他发展了《诗经》的比兴手法，把自己写成一位身上佩戴着五彩缤纷、鲜艳夺目的各种香草，散发着清远的芳香，内秀而外美的美女，并赋予草木、鱼虫、鸟兽、云霓等种种自然界的事物以人的意志和生命，以寄托自身的思想感情，又增加了诗歌的美质。他的诗篇，喜欢大量铺陈华美的、色泽艳丽的辞藻。如在《离骚》中，“江离”、“辟芷”、“秋兰”、“宿莽”、“申椒”、“菌桂”、“留夷”、“揭车”等各种芳草遍布诗中；“苍梧”、“县圃”、“崦嵫”、“阆风”、“咸池”、“扶桑”、“不周”、“昆仑”等神话境地矗立篇中；“望舒”、“飞廉”、“鸾皇”、“凤鸟”更是来来往往、上下飘飞。仅将这些富于神异色彩的名词措置诗中，就足以布置出一个花团锦簇的语言世界。屈辞善于运用连绵词、有意使用大量的对偶句，也是造成诗歌语言多彩的一个重要原因。“陆离”、“缤纷”、“婵媛”、“逍遥”、“容与”、“偃蹇”、“委蛇”连缀诗中，五色斑斓，自成一种高贵华丽的风格。佶屈与流利、凝练与铺张的协调，规整与参差的安排也是屈辞诗歌语言的重要特色。一篇之中，既有艰深拗口之语，又多明白如话之文。两种语风相间而行、相得益彰。在楚辞中对偶句的数量和工巧程度已远远超过《诗经》，不少对偶句已成为千古佳对，如“朝饮木兰之坠露兮，夕餐秋菊之落英。”“悲莫悲兮生别离，乐莫乐兮新相知。”既体现了巧妙精致的语言之美，又对后代起到了促生骈俪文风的作用。从这个意义上可以说，楚辞是我国文学史上华美的人为艺术的滥觞，中国古代文学中讲究文采、注意华美的流派，最终都可以溯源于屈原。

楚辞继承了《诗经》开创的赋比兴的艺术手法并予以极大的发展，创造了一系列新的意象，形成了“香草美人”的象征手法。《诗经》的比兴手法，多是一种不自觉的运用。比兴之物常常是取之身边的场景和道具，有时和情感主体并无内在联系。由于《诗经》是集体创作，各首诗之间所用以比喻的对象并无一致的、内在的联系，而楚辞是有主名的诗人之作，特别是在屈辞中，其比兴已具有一致性、连贯性，从而构成了整体象征性。如《橘颂》以橘的各个方面比喻守土不移的爱国志士，从橘树不能迁移的本性，橘树的枝叶、颜色、形状等，通过想象一一对应志士的某种品德、性格，从而使读者感受到爱国志士的崇高精神境界。尤其可贵的是诗人在原始的楚地民间文化中的文学意象基础上使全诗或使其全部作品构成了一个巨大的、完整的比兴、象征系统，即“香草美人”的象征体系。这个系统的每一层次（动物、植物、事物、人物）都分为对立的两面，都有美与丑、善和恶两种对立的象征形象，中性象征形象极少，充分体现了屈原于善恶是非决不苟合的处世态度。正如王逸所说，“善鸟香草，以配忠贞；恶禽臭物，以比谗佞；灵修美人，以媲于君；宓妃佚女，以譬贤臣；虬龙鸾凤，以托君子；飘风云霓，以为小人。”（《楚辞章句·离骚经序》）屈原精心选取的象征形象，赢得了后世文人的认同，并形成了一个源远流长的香草美人的文学传统，这也是构成楚辞精彩绝艳的一个重要原因。楚辞也极大地发展了“赋”的手法，提高了诗歌的叙事表意能力，并使之发展成为一种文学体裁。它不再满足于《诗经》朴素平实的白描手法，不仅描写叙述更加细致，而且使叙事与抒情得到了完美的结合，用奇丽的幻想，大量借助神话材料，创造了许多奇特绚烂的意象和意境，使诗歌的境界大为扩展，显示出恢宏瑰丽的风格。所以“赋”虽然自《诗经》始，主要发展成熟却始于楚辞。因此刘勰说：“赋也者，受命于诗人，拓宇于楚辞。”清人纪昀也说：“词赋之源出于骚，浮艳之根亦滥觞于骚。”把楚辞误称为赋也正揭示了楚辞与以“铺采摛文”见长的汉赋之间的渊源关系，六朝华美的文风正是滥觞于楚辞，经汉赋之媒介而蔚成风气的。

第四，“其旨甚明，凭心而言，不遵矩度。”——指的是楚辞中弥漫的悲剧色彩和表现出的悲剧美和悲剧精神。《诗经》中虽有一些感情强烈的爱情诗、怨刺诗，但总体上在表现个人感情时比较克制因而显得平和蕴藉，“《国风》好色而不淫，《小雅》怨诽而不乱”（《史记·屈原贾生列传》），抒发的多是有所克制的忧伤之情，体现了一种“哀而不伤，怨而不怒”的中和之美；而屈原代表的楚辞，继承了楚歌那种与生俱来的悲剧情调，多数诗篇都弥漫着一股哀、怨、愁的情绪，充满了忧患意识，突破了儒家“温柔敦厚”的“诗教”，使充沛的激情得到了毫无拘束的鲜明表现。它不同于《诗经》是由平凡的、不知名的男女在日常生活中唱出的歌，它是由屈原这个具有强烈个性的知识分子喷发的对社会环境的反抗，因而个人与社会的矛盾冲突就是楚辞最突出的主题。屈原一生“正道直行，竭尽忠智以事其君，谗人间之，可谓穷矣。信而见疑，忠而被谤，能无怨乎？”（《史记·屈原贾生列传》）他自沉汨罗，以身殉国，是中国文学史上第一个悲剧诗人。他的诗篇控诉了自身遭遇的不平，表达了对于真善美的向往和追求，揭示了对丑恶虚伪现实的憎恶和愤恨，是用激情、热血以至整个生命熔铸而成的。《离骚》、《九章》中他孤芳傲世、睥睨世人、赞美自我的人格，率性任情，真实袒露，凸显出一种顶天立地的伟大人格。《天问》中他责数君王、怀疑天命，表现出一种前所未有的狂人精神。《九歌》中他咏唱神灵的爱情，热情洋溢，淋漓尽致；颂扬烈士的英灵，激昂慷慨、悲凉豪壮。《招魂》中他呼唤怀王的魂灵，长歌当哭，悲愤欲绝。即使是宋玉的《九辩》中也继承了《离骚》的抒情传统，把个人的身世之悲和对国家命运的关怀联系在一起，以种种凄凉寂寞的秋景巧妙地宣泄自己的悲愤与失意，被鲁迅誉为“凄怨之情实为独绝”，开启了中国文学史上“悲秋”的主题。总之，屈原的创作在相当程度上显示了情感的解放，从而成就了全新的、富于生气和强大感染力的诗歌风格，楚辞可谓是中国诗歌史上悲剧精神的第一次集中体现，屈原可说是中国文学史上的悲剧之祖。后代个性和情感强烈的诗人如李白、李贺等，都从中受到极大的启发。楚辞弥补了《诗经》缺乏浪漫的幻想、缺乏飞扬的个性自由精神的不足，成为中国诗歌史上浪漫文学和个性文学的开端。

第二节　屈原的生平和作品

一、屈原的生平

有关屈原的生平，除去他自己的创作外，先秦典籍中并无关于屈原的记载。西汉初贾谊作《吊屈原赋》，才提到屈原自沉汨罗之事。武帝时淮南王刘安为《离骚》作过传。替屈原正式写传，始于司马迁。屈原，名平，字原。根据《离骚》“摄提贞于孟陬兮，惟庚寅吾以降”，可推定他生于楚威王元年（前 339）正月十四日。楚武王熊通儿子子瑕，封于屈，因以为氏，屈氏、昭氏、景氏，都是楚王同姓宗族，以上古帝王颛顼氏为其先祖，是楚国最尊贵的三个姓氏。春秋时期，屈氏是楚王族中最显赫的分支之一，占有极其重要的地位。屈氏人物屈瑕、屈重、屈到、屈建、屈完在史籍中频繁出现，楚国许多重大事件都有他们参与决策。而楚国特有的“莫敖”一职，见于史料的全都是屈氏担任，似乎成了这一氏的世职。战国时期，屈氏的权势地位虽有所削弱，但仍在宫中担任要职。如怀王时和屈原一起活跃在楚国政治舞台上的还有大将军屈匄、外交家屈盖、将军屈景，可见屈氏一族，仍是楚国重要的政治势力。显赫的出身，祖先辉煌的业绩，对于屈原政治理想和责任感的形成，有着不可忽视的影响。据《史记·屈原贾生列传》，屈原二十多岁时曾任楚怀王左徒，“博闻强志，明于治乱，娴于辞令”，“入则与王图议国事，以出号令；出则接遇宾客，应对诸侯”，对内主张举贤任能，对外主张联齐抗秦，深得楚怀王的信任，是楚国内政外交的核心人物。上官大夫靳尚出于妒忌，趁屈原为楚怀王拟订宪令之时，在怀王面前诬陷屈原，怀王于是“怒而疏屈平”。屈原被免去左徒之职后，转任三闾大夫，掌管王族昭、屈、景三姓事务，负责宗庙祭祀和贵族子弟的教育。

此后，楚国的内政外交发生一系列问题，一再见欺于秦。先是秦使张仪入楚，以财物贿赂佞臣靳尚和怀王宠妃郑袖等人，用欺骗手法破坏了楚齐联盟。怀王发现上当后，大举发兵攻秦。可是，丹阳、蓝田战役相继失败，并丧失汉中之地。此时屈原曾受命使齐修复旧盟，但秦又派张仪来楚。屈原曾谏楚怀王杀张仪，而怀王却听信郑袖、靳尚的谗言放了张仪，此后由于怀王外交上举措失当，楚国接连遭到秦、齐、韩、魏的围攻，陷入困境。大约在怀王二十五年左右，屈原第一次被放逐到汉北一带。怀王三十年，秦人诱骗怀王会于武关。屈原曾极力劝阻怀王，而怀王的小儿子子兰等却力主怀王入秦，结果怀王被扣不得返回，三年后死于秦。在怀王被扣后，顷襄王接位，子兰任令尹，楚秦邦交一度断绝。但顷襄王在接位的第七年，竟然与秦结为婚姻，以求暂时苟安。由于屈原反对他们的可耻立场，并指斥子兰对怀王的屈辱而死负有责任，子兰又指使上官大夫在顷襄王面前造谣诋毁屈原，导致屈原再次被流放到沅、湘一带，时间约为顷襄王十三年前后。唐代诗人杜牧曾写下《题武关》一诗“碧溪留我武关东，一笑怀王迹自穷。郑袖娇娆酣似醉，屈原憔悴去如蓬。”以讥讽怀王，悼念屈原。

公元前 278 年，秦将白起攻破楚都郢（今湖北江陵），楚国岌岌可危。白起曾总结他取胜的原因：“是时楚王恃其国大，不恤其政。而群臣相妒以功，谄谀用事，良臣斥疏，百姓心离。城池不修，既无良臣，又无守备，故起所以得引兵深入。”（《战国策·中山策》）可见当时楚国昏聩不堪的现状。次年，秦军又进一步深入占领了巫郡和黔中郡，亡国之日已屈指可数。屈原眼看国家已经无望，于悲愤交加之中，自沉于汨罗江。这一天可能是五月五日，后来人们就把端午节这一天作为纪念屈原的日子。划龙舟、吃粽子这些古已有之的习俗，都因纪念屈原意义发生了变化，延续至今，可见屈原的精神对我们民族影响之大。

屈原的一生是坚贞不屈的悲剧性的一生，他不仅有着深厚的爱国情感，还抱有进步的政治理想和政治主张，即诗中一再提出的“美政”理想。战国中期楚国已经成为当时领土最大的国家，当时有“横则秦帝，纵则楚王”之说，因此，屈原在外交上主张联齐抗秦，统一天下。在政治上主张举贤授能，修明法度。这不仅符合楚国的利益，同时也是符合当时的时代要求的。所以，屈原对自己的理想和行为充满了信心和希望，而对自己遭到的不公正待遇充满了哀怨、愤激之情。在理想破灭后，他与楚国种种黑暗势力进行了艰苦卓绝的斗争，最后以身殉国。他一生两度流放，大部分诗篇都与他的漂泊生涯密切相关，《九歌》、《离骚》、《天问》、《招魂》、《九章》等，都印记着他一生的心迹，是他悲剧一生的真实记录。

二、屈原的作品

屈原的作品，在《史记》本传中提到的有《离骚》、《天问》、《招魂》、《哀郢》、《怀沙》五篇。《汉书·艺文志》载屈原赋二十五篇，未列篇名。东汉王逸作《楚辞章句》，认为屈原所作有《离骚》、《九歌》（11 篇）、《天问》、《九章》（9 篇）、《远游》、《卜居》共 24 篇。至于《渔父》、《大招》，王逸“疑不能明”，持两可的态度；还有《招魂》一篇，司马迁在《屈原列传》中明确说为屈原所作，却被王逸归在宋玉名下。现在我们基本可以认定，王逸《楚辞章句》

目录中，除去《远游》、《卜居》、《渔父》、《大招》，屈原的作品共计23篇。正是这23篇作品奠定了屈原在文学史上的崇高地位。

1.《离骚》

屈原的代表作《离骚》是带有自传性质的一首长篇抒情诗。全诗共三百七十三句，近二千五百字。是我国诗歌史上少有的政治抒情诗。“离骚”二字，古来有数种解释。司马迁在《史记·屈原贾生列传》中说：“《离骚》者，犹离忧也。”认为是遭受忧患的意思，汉代班固在《离骚赞序》里也说：“离，犹遭也，骚，忧也。明己遭忧作辞也。”王逸在《楚辞章句·离骚经序》说：“离，别也；骚，愁也；经，径也；言己放逐离别，中心愁思，犹依道径，以风谏君也。”解释为离别的愁思。现代有研究者认为，“离骚”是“劳商”二字的异写，是古代楚地的一种歌曲名。和《楚辞》中《九歌》、《九辩》一样，都是以古歌曲为篇名的。《离骚》这个曲名就是牢骚的意思，表示要发泄一种抑郁不平的情感。我们认为，司马迁距屈原的年代未久，且楚辞中多有“离尤”或“离忧”之语，所以司马迁的说法最为可信。《离骚》的写作年代，也有两种意见，一种看法认为是在怀王当朝时，屈原离开郢都往汉北第一次外放时所作。《史记·屈原贾生列传》：“屈平疾王听之不聪也，谗谄之蔽明也，邪曲之害公也，方正之不容也，故忧愁幽思而作《离骚》”；另一种观点认为是顷襄王时屈原再放江南时的作品。总之，《离骚》是屈原在政治上遭受严重挫折以后，面临个人的厄运与国家的厄运，对于过去和未来的思考，是一个崇高而痛苦的灵魂的自传，是屈原用激情、热血以至整个生命熔铸的伟大诗作。

《离骚》是一首才气纵横、感情强烈的抒情长诗。反映了屈原对楚国黑暗腐朽政治的愤慨，和他热爱祖国愿为之效力而不可得的悲痛心情，抒发了自己遭到不公平待遇的哀怨。表达了诗人无比深厚的爱国主义思想感情，以及围绕着这一爱国主义思想感情而展示的执著的奋斗和求索精神。诗人为实现“举贤而授能兮，循绳墨而不颇”的“美政”理想，为了挽救祖国的危亡，与楚国腐朽的贵族统治集团进行了艰苦卓绝的斗争，表现了他对楚王的昏庸及其周围的奸佞小人的不满和怨恨，以及他在希望破灭后不甘沉沦、不愿随俗的不妥协的斗争精神。正是这种执著的求索和不屈的奋斗精神贯穿全诗，从而谱写了一曲动人的爱国主义诗篇。

作为一首伟大的爱国主义诗篇，《离骚》表现了诗人的崇高政治理想和为国献身的伟大精神，表现了诗人崇尚高洁、坚持操守的伟大人格和“九死不悔”的伟大精神。它不仅在思想意义上达到了前所未有的深度，而且在艺术上也有着极高的造诣和独特的风格。首先，《离骚》在文学史上第一次塑造了一个纯洁高大的抒情主人公形象。何其芳曾在《屈原和他的作品》中说："《诗经》中也有许多优美动人的作品，不能说那些作品没有作者的个性的闪耀，然而像屈原这样用他的理想、遭遇、痛苦、热情以至整个生命在他的作品上打上了鲜明的个性的烙印的，却还没有。"《离骚》中我们看到了一个充满爱国激情，具有崇高理想和峻洁人格的伟大诗人形象。其次，《离骚》开创了我国诗歌的浪漫主义之源。《离骚》前半部分基本上采用写实手法，着重于对自己经历和遭遇的描述，后半部分则完全采用幻想的形式，虚构的境界，写出了他复杂痛苦的内心世界。屈原将种种上古神话融入诗歌，通过自己奔放不羁的想像，构成了层出不穷的生动情节和五彩缤纷的美丽画面，诗中用上天入地的描写，希望与失望的回环反复，尽情倾吐了自己的苦闷，表现了周围环境的黑暗和冷酷，表现了卓绝的斗争精神。全诗或人或神、或奇或幻，呈现出汪洋恣肆的气势和波谲云诡的色彩，具有奇妙的令人目眩的艺术魅力。第三，《离骚》创立了香草美人的象征体系。《离骚》表现手法最突出特点是象征，全诗形成了一个较为完整的象征体系。诗中最引人注目的是两类意象：美人、香草。美人有时比喻君王，如"惟草木之零落兮，恐美人之迟暮"；有时用来自喻，如"众女嫉余之娥眉兮，谣诼谓余以善淫"。在诗中，屈原常常是通过自拟弃妇而抒情的，所以全诗在情感上哀婉缠绵，如泣如诉。以夫妇喻君臣不仅形象生动，深契当时的情境，而且也符合中国传统的思维习惯，早在西周春秋时代发展起来的阴阳五行观念里，就把君和夫、臣和妇放在同样的位置。《离骚》中充满了种类繁多的香草，这些香草作为装饰，支持并丰富了美人意象。同时，香草作为一种独立的象征物，它一方面指品德和人格的高洁；另一方面和恶草相对，象征着政治斗争的双方。《离骚》中的香草美人意象构成了一个复杂而巧妙的象征比喻系统，不仅使诗歌含蓄生动，而且也成为中国诗歌固定的传统的象征。第四，《离骚》在诗歌形式和诗歌语言上也极富创造性，形成了新鲜、生动、自由、长短不一的"骚体"。《离骚》吸取和借鉴了楚地的民间歌曲形式，又吸收了诸子散文的笔法，把诗句加长，结构扩大，既增加了内容的容量，又增强了表现力。全诗语言优美富于变化，采用了大量的方言口语入诗，如"兮"字的多次使用，促成了句式的变化，这些句式和委婉轻灵的楚声相结合，很适合于各种不同情绪和语气的表达，而且还使《离骚》带有浓郁的地方色彩，增加了生活气息。另外，丰富的比喻和大量的对偶句，以及双声叠韵词和独创的三字状语（如"纷总总"、"芳菲菲"等）的频繁出现不仅增加了抒情的力度，也增强了诗歌的音韵美，使全诗文采绚烂，瑰丽多姿，艺术感染力极强。

2.《九歌》

《九歌》是屈原吸取楚地民间神话故事，并利用民间祭歌的形式写成的一组风格清新优美的抒情诗。

《九歌》的名称，见于《左传》、《离骚》、《天问》和《山海经》，可见这是一种古老而著名的乐曲。“九”表示由多篇歌词组成，不是指实际篇数。屈原的《九歌》共十一篇，是一组祭神所用的乐歌。《楚辞章句·九歌》曰：“《九歌》者，屈原之所作也。昔楚国南郢之邑，沅、湘之间，其俗信鬼而好祠，其祠必作歌乐，鼓舞以乐诸神。屈原放逐，窜伏其域，怀忧苦毒，愁思沸郁。出见俗人祭祀之礼，歌舞之乐，其词鄙陋。因为作《九歌》之曲，上陈事神之敬，下见己之冤结，托之以风谏。”认为是屈原根据民间的祭神乐歌改写而成的，因而它的民间文化色彩十分浓郁。诗人既保留了原来流传在楚地民间祭歌中的神话故事，又赋予了这些故事新的意义，并在艺术上大力加工和提高，是屈原著作中既洋溢着古老的神话色彩，又表现着诗人对人生的某种感受的一组重要作品。

《九歌》中，前十篇各祭一神，末篇《礼魂》，则是前十篇通用的送神曲。所祭神灵，可以分为三种类型：

（1）天神：《东皇太一》（天神中最尊贵者，即天帝）、《云中君》（云神）、《大司命》（主管寿命的神）、《少司命》（主管子嗣的神）、《东君》（太阳神）。

（2）地祇：《湘君》和《湘夫人》（湘水之神）、《河伯》（黄河之神）、《山鬼》（山神）。

（3）人鬼：《国殇》（祭阵亡将士之魂）。

从内容上说，《九歌》有一部分是写人们对天神的热烈礼赞，表达了对神灵的赞颂和祭者的虔敬之情，如《东皇太一》、《云中君》、《东君》等。这类诗在性质上与《诗经》中礼赞神明的《颂》诗相近，但蕴含的思想和艺术风格却迥然不同。《九歌》所赞颂的神明主要是自然神，在作品中表现了人们对于大自然的热爱和歌颂，表达了人们在现实生活中的美好愿望。不同于《诗经》中的祭祀乐歌，庄重而显得板滞，人与神之间，相隔遥远。《九歌》用富丽的语言，描绘出盛大、活泼而亲切的祭礼场面。神灵由巫师扮演，周围的人群伴随他（她）或歌或舞，在敬神娱神的同时，起到娱人的作用。那些神灵都被赋予了人类的品格和情感，他们对人保持善良友好态度，又同人很亲近，毫无可畏之处。这些都反映出在南方的民间信仰中人神共处的特点。如《东君》，“暾将出兮东方，照吾槛兮扶桑”，“青云衣兮白霓裳，举长矢兮射天狼”，诗人以无限敬仰之情描述了日神普照世界的壮丽气势，还写了它为人类祛除灾难的勇力，表达了祭者的美好愿望。在这些诗中，诗人借对神的颂扬，倾注了对光明、对正义、对英雄精神的礼赞。

《九歌》中更多的是一些描写神与神、人与神相恋的内容。在古代民间神话传说中，这种故事很多，屈原又根据民间恋歌的思想和艺术风格进行了加工创造，写出了一首首优美动人的爱情歌曲。这些恋情，在诗中又都呈现会合无缘、彷徨怅惘的状态，透出对生命的执着追求，和追求不得的忧伤怀疑。这里面也许包含着屈原自己人生失路、孤独凄凉的心情。如《湘君》、《湘夫人》写一对配偶神，他们彼此相爱，却终不能相遇，在希望和绝望的交织中，唱出缠绵哀婉的歌曲。从那些哀怨而又执著的倾诉之中，我们深切地体会到人间爱情的种种哀愁和悲伤。《大司命》、《少司命》具体诉说的是人神相恋的悲剧，刻画了人间天上的悲欢离合。其中《少司命》“悲莫悲兮生别离，乐莫乐兮新相知”，被王世贞推许为“千古情语之祖”（《艺苑卮言》卷二）。总之，《九歌》中就是这样生动地表现和刻画了“人天幽怨”的爱情悲剧，无论是人与神相恋，还是神与神相爱，不管是在水中还是在森林，幻象和现实巧妙地交织在一起，表现出的是无尽的柔情和幽怨，赞美的是对爱情的矢志不渝的坚贞和永不懈怠的追求。诗中所流露出的不可抑制的忧愁幽思，所抒发的贞洁自好、哀怨伤感之情绪，在某种程度上正契合了屈原的心态，是屈原长期放逐生活之心情的自然流露。

《国殇》是《九歌》中具有特殊风格的一篇，它是悼念阵亡将士的祭歌。诗中描绘了一场敌众我寡、以失败告终的战争悲剧。诗人以激越的感情，描绘了壮烈的战斗场面，歌颂了楚国将士们视死如归、不可凌辱的英雄气概和崇高品格。“诚既勇兮又以武，终刚强兮不可凌。身既死兮神以灵，子魂魄兮为鬼雄。”诗人的礼赞，既体现了楚人勇武、刚毅的精神气质，也寄托着他对祖国复兴的期望。这首篇幅不长的短诗，是中国文学中较早显示出雄浑悲壮之美的杰作。

《九歌》具有很高的艺术成就。它是先秦文学中少数几篇完全以神话为素材，又经过文学化的改造、以神的形象表现人类生活情感的作品，充满了浓郁的浪漫主义色彩。这是屈原吸取民间文学、文化精华加以天才创造的典型例证。诗中所写的各类日、云、山、水之神，他们的生活环境、容貌体态各不相同，各具特征。我们从中可以看出诗人对自然环境、自然属性的细致观察和极为丰富的想像力。诗人笔下的众神，虽具备神的特质，但都赋予了人的特征和性格，具有人间的生活气息，使人觉得这些神可亲、可敬、可同情，诗人借神表达的仍是人的思想感情和理想愿望。虽然没有《离骚》那样壮阔的场面，但诗人善于把景物、环境气氛与情感相互融合与衬托，构成某种情景交融的意境，别具神韵。如“帝子降兮北渚，目渺渺兮愁予。嫋嫋兮秋风，洞庭波兮木叶下。”（《湘夫人》）在这幅清秋候人的画面上，深秋的凉意和情感的寂寞不安融为一体，渲染出一派难以言说的凄迷惆怅之情，为全诗创造了悲凉的气氛，从而成为千古传诵的名句，被后人称为“千古言秋之祖”（明胡应麟《诗薮》内编卷一）。由于《九歌》是歌、乐、舞三者合一的，其中既有独唱，又有对唱，具有明显的表演性，包含一定的戏曲因素，是后世戏曲艺术的萌芽。《九歌》的语言自然清丽，优美而富有韵味，节奏舒缓深沉，不论是写情还是摹景，都能曲尽其态，具有极强的表现力。后人赞之曰：“激楚扬阿，声音凄楚，所以能动人而感神也。”（清陈本礼《屈辞精义·九歌》）是我国抒情艺术的精品。

3.《九章》

《九章》是屈原所作的一组抒情诗歌的总称，由《惜诵》、《涉江》、《哀郢》、《抽思》、《怀沙》、《思美人》、《惜往日》、《橘颂》、《悲回风》九篇作品组成。《九章》的内容与《离骚》基本接近，主要是叙述屈原的身世和遭遇。但篇幅较《离骚》短得多，所涉及的事实是生活中具体的片断，不像《离骚》是综合性的自叙；使用的手法以纪实为主，较少采用幻想的表现。

《九章》的写作年代如朱熹所说：“屈原既放，思君念国，随事感触，辄形于声。后人辑之，得其九章，合为一卷，非必出于一时之言也。”（《楚辞集注》卷四）在《九章》中，《橘颂》的内容和风格都比较特殊，当是屈原早期的作品，也是文学史上较早的咏物诗。诗人借咏物以述志，用拟人化的手法，细致描绘橘树的灿烂夺目的外表，和“独立不迁”、“深固难徙”、“苏世独立”的精神，以表现自我优异的才华、高尚的品格，和眷恋故土、热爱祖国的情怀。全篇比兴，四言体，受《诗经》的影响很明显。诗中既扣住橘树的基本特征，又不黏滞于橘树本身，以橘树全面表现出一位民族志士的高大形象，诗人通过橘树公开袒露了他的人格理想，可以说，《橘颂》是屈原人生理想的宣言书，是他崇高人格的定影照，对后世咏物诗的创作影响十分深远。

《九章》其余各篇都是屈原两次放逐期间所作，抒写自己忧国伤时的情怀。其中《哀郢》作于顷襄王二十一年（前 278）秦将白起率兵攻破郢都之后。当时楚王仓皇东迁，百姓四处逃亡，屈原悲愤交加，写下了这篇哀歌，哀叹郢都的失陷。《涉江》是屈原晚年在江南长期窜逐中所写的一首纪行诗。从诗中反映的内容看，时间应在《哀郢》一诗之后。着重记述了诗人被放逐江南的过程和心情。《怀沙》、《惜往日》流露死志，大约作于投江前不久，动人心弦。

诚挚的爱国思想，强烈的感情力量，与优美的语言表达相结合是《九章》这组诗歌的主要特色。《九章》的大部分反映了屈原流放生活的经历，是研究屈原生平活动的重要材料。这些诗篇除少数片断外，采用幻想夸张的手法较少，主要是纪实之辞，在艺术上主要采取直接倾诉、反复抒写的手法，表现其复杂的、激烈冲突的内心状态。善于把纪实、写景与抒情相结合，结构跌宕有致，语言生动形象，情味悠长，语气起伏变化很大，诗人感情的波涛形成了诗歌内在的节奏，深深打动着读者。

4.《天问》、《招魂》

《天问》是楚辞中一首非常奇特的诗歌，也是中国文学史上一篇空前绝后的千古奇文。所谓“天问”，就是问天，屈原以他渊博的学识、超人的睿智、切身的痛苦经历，就自然、历史、社会以及有关的神话传说，从头到尾一口气提出一百七十二个问题，向天问难。这些问题包括宇宙的形成、天地的开辟、日月的运行、大地的形状、河流的走向等各类自然现象；也包括人类远古的神话传说、朝代兴亡的历史等古往今来的各个方面。其中有很多问题在当时已经有了现存答案，但诗人并不因此满足，而提出严厉的追问，试图找到新的答案。如他批判了天帝一体，天定人间的传统观念，否定了上帝的尊贵地位，否定了女娲造人的传说，指出夏、商、周三代兴衰灭亡的原因正在人事，不在天命。诗人敢于鄙视社会压力，超越已被社会所肯定的思想习惯和思维模式，表现了中国历史上少有的大胆的怀疑精神和强大的独立人格力量。“怀疑自遂古之初，直至百物之琐末，放言无惮，为前人所不敢言”（鲁迅《摩罗诗力说》）。这种蔑视权威、不苟世俗、敢于思索的狂人精神，震撼了一代又一代知识分子的心灵。《天问》不仅是我国诗歌史上的一朵奇葩，而且也是我国思想史上的一部重要文献，其中有些是极有科学价值和思考价值的问题。

《天问》以一个“曰”字领起，全诗几乎都由问句组成，或两句一问，或四句一问，参差错落，灵活多变，不重复，不呆板。简短而一问到底的句式，节奏明快而强烈，能有效地宣泄积蓄已久的激情。全诗基本上以四言句为主，间以少量的五言、六言、七言；四句为一组，每组一韵，也有极少数两句一韵。全诗显得整齐而富有变化。构思的新颖，思想内容的奇特都表现了诗人天才的创造精神和高超的驾驭文字的能力。

《招魂》是屈原另一篇很有特色的诗作。关于《招魂》的主旨，有招怀王之魂和招自己之魂两说。《招魂》的结构由序言、招魂词、乱辞三部分组成，招魂词是全诗的主体，内容主要是“外陈四方之恶，内崇楚国之美”（王逸《楚辞章句》），以殷切深情的口吻，劝告魂灵不要到天上、地下、四方去。诗人笔下，各种吃人食魂的鬼怪，凶残狰狞的毒蛇猛兽，极端严酷的自然环境，组成一幅幅光怪陆离、诡异恐怖的图景，竭力渲染东南西北四方以及天上、幽都的可怕。然后再用楚国宏美的屋宇、奢华的服饰、艳丽的姬妾、精致的饮食以及繁盛的舞乐，招徕楚怀王的亡魂。采用铺陈手法，用非常华丽的笔调，对楚王的衣食住行、娱乐宴游和楚国的音乐舞蹈极尽夸饰之能事，排比铺陈，层层描摹，步步点染，把君王淫靡奢华的生活描写得绘声绘色，并和上下四方那样阴森恐怖、令人毛骨悚然的环境形成鲜明的对比，造成了特殊的美感效果，充分显示了屈原丰富的想象力和超人的语言文字功力。最后的乱辞从幻想境界回到现实，表达对楚王之死的哀悼惋惜之情，抒发了对祖国和自己命运的无限愁思，“湛湛江水兮上有枫，目极千里兮伤春心。魂兮归来哀江南！”

《招魂》吸取了许多古代神话材料，以奇异的想象构成了一篇极富浪漫主义色彩的奇文。诗中采用铺陈夸饰手法，根据地域方位特点，对恐怖和奢华两种景象作强烈而富于刺激性的描写，营造出险恶和奢华的意境，这种夸张铺叙的写法和华丽的文采，不仅直接影响了汉赋，而且在鲍照、韩愈、李贺等后世作家的创作中，也可以看到《招魂》这一特点的再现。

第三节　楚辞的流变与屈原在文学史上的地位和影响

一、宋玉及其《九辩》

屈原以后，重要的楚辞作家是宋玉。《史记·屈原贾生列传》云：“屈原既死之后，楚有宋玉、唐勒、景差之徒者，皆好辞而以赋见称；然皆祖屈原之从容辞令，终莫敢直谏。”唐勒、景差无作品流传下来，只有宋玉有作品传世。宋玉的生平记载很少，王逸说他是屈原的弟子，生平与屈原有相似之处，据《汉书·艺文志》载，有辞赋16篇。现在可以基本认定为宋玉所作的，有收入《楚辞》中的《九辩》，收入《昭明文选》中的《风赋》、《高唐赋》、《神女赋》、《登徒子好色赋》、《对楚王问》等。

《九辩》是一篇长篇政治抒情诗，全诗共255句，是宋玉的代表作。从作品中我们可以知道，宋玉是一个“失职的贫士”，受到朝廷群小的排挤，怀才不遇，过着贫苦孤凄的生活。《九辩》就是抒发他因不随流俗而被谗见疏、流离失所的悲哀的。从作品内容看，虽然也批判揭露了楚国黑暗的现实政治，表现了对国家兴亡的优虑，但缺乏屈原那种“存君兴国”的政治理想，也没有屈原那种同黑暗势力强烈抗争的斗争精神。作品更多地表现出来的是对自己怀才不遇的怨叹和悲愁，因此，在思想境界上，宋玉是难于同屈原相比的。但在艺术上，《九辩》有它的独创性。

作为一首抒情长诗，首先，《九辩》在抒情手法上有很大开拓。它不是直抒胸臆，而是通过自然景物的描绘，创造一种意境，来书写自己的情怀。全诗以秋景、秋色、秋声、秋容为衬托，把萧瑟凄凉的秋气和自己孤独幽怨的心境融合在一起，因情而写景，托景以抒情，情景交融，而且在景物和心理描写中，表现了作者敏锐的感受和细致的笔触，因而提高了诗歌的艺术表现力，增强了抒情效果。草木的摇落，燕子的辞归，寒蝉的寂寞，蟋蟀的哀鸣，无一不是诗人沉重落寞心境的写照。诗人通过环境气氛的渲染，烘托出了阴暗时代被压抑者的心理。风声、落叶声、鸟啼虫鸣声，与诗人的穷愁潦倒的感叹声交织成一片，大自然萧瑟的景象与诗人孤独的身影相互映衬，具有很强的感染力，我们仿佛看到了形容憔悴的诗人在苍茫凄凉的秋色中发出沉重的叹息。情因景而更加浓烈，景因情而倍增凄凉，含蓄而深刻地写出了抒情主人公的悲剧命运。

其次，《九辩》在语言上也很有创造性。《九辩》全诗多半是长句，《离骚》式的句式占大部分，少数是《九歌》式的。它继承了屈原开创的楚辞体的艺术特色，结构巨丽，文辞秀美，但句式变化比屈原更加灵活。诗中连用排句来描写景物抒发情感，用词之丰富，表达之细微，可以和屈骚比美。全诗句式多变，长短错落，语气词“兮”字的位置也不断调换，使得全篇的语言节奏相当灵活自由。同时，诗中又多用双声、叠韵、叠字等修辞手段，在散文化的不整齐句式中，保持音乐之美，读来音韵和谐，情味悠长。特别是诗的结尾一段，在十八句诗中，连用“抟抟”、“湛湛”、“习习”等十二组叠字，有力地渲染了诗人幻想游于空中时，雷师风伯前后簇拥的威武场面和热烈非凡的气氛，让人有身临其境之感。而节奏之鲜明，音响之复沓，凸现了诗人在驾驭文字上的高超本领。

《九辩》特出的艺术成就，使宋玉成为屈原之后最杰出的楚辞作家，与之并称“屈宋”，为后人所尊崇。杜甫诗云：“摇落深知宋玉悲，风流儒雅亦吾师。”（《咏怀古迹五首》其二）鲁迅也肯定《九辩》：“虽驰神逞想不如《离骚》，而凄怨之情，实为独绝。”（《汉文学史纲要》）在文学史上，《九辩》确为紧承屈骚之后的又一篇楚辞体的优秀代表作。中国文学史上影响深远的“悲秋”主题，实由此发端。

此外，《高唐赋》、《神女赋》《风赋》、《登徒子好色赋》、《对楚王问》等都是历代传诵的名作，对后世也有很大的影响。无论是写景还是叙事，无不体物细致，构思巧妙，极尽铺陈之能事。那种肆意铺陈，曲终奏雅，略陈讽谏之旨的写法，已开汉大赋之先河。总之，宋玉的辞赋是在屈原的直接影响下，在文辞等形式方面进一步发展而形成的，它们是从楚辞到汉大赋的一个过渡阶段，和汉赋的形成有着直接的渊源关系。

二、屈原在文学史上的地位和影响

屈原是我国文学史上第一位伟大诗人，屈原及其作品的出现，开启了我国诗歌史上的一个全新时代，标志着诗歌由集体歌唱走向了独立创作的新时代。他在南方楚地民歌基础上创造的崭新的文学体裁——“骚体”，是《诗经》之后古典诗歌的一大发展，极大地提高了诗歌的表现力。屈原运用这种新诗体，驰骋他丰富的想像力，倾注了自己全部的生命激情，创造出《离骚》、《九歌》、《天问》等不朽诗篇，对我国文学的发展产生了积极而深远的影响。

屈原对后世最重要的贡献是他的思想影响。屈原首先是作为一个伟大的爱国诗人为后世所景仰。他那执着坚定的爱国热情，那砥砺不懈、特立独行的节操，以及在逆境之中敢于坚持真理、反抗黑暗统治的不屈精神，特别是他突破了儒家明哲保身、温柔敦厚的处世原则，为追求自己的理想不惜与自身所属社会集团的大多数人对抗，宁死不渝，对现实进行大胆批判的狂人精神，为中国文化注入了一股刚烈之气，培养了中国士人以天下为己任忧国忧民的责任感和强烈的忧患意识。他在忠君爱国的公认道德前提下，保存了独立思考、忠于自身认识的权利。作为理想的殉难者，他立身处世的方式，也被后世正直的文人所推崇，甚至作为学习的榜样，给后世作家极其巨大的影响和鼓舞。千百年来，在维护祖国尊严和利益的斗争中，在追求光明中，人们总是能够从屈原那里找到力量。屈原以其伟大的人格力量和深沉悲壮的情怀，滋育并感召了一代又一代的进步作家，可以说我国文学史上的优秀作家，从贾谊、司马迁，到李白、杜甫、陆游、屈大均，直到现代文学史上的巨匠鲁迅，几乎无一不受到屈原的影响。鲁迅不仅高度评价了屈原的作品，而且还在 1926 年出版《彷徨》时，引录《离骚》中的诗句来激励自己。直至今天，屈原及其作品也仍然有巨大影响，端阳节包粽子、划龙船纪念屈原，两千多年来至今未衰。“路漫漫其修远兮，吾将上下而求索”仍然是我们砥砺自己或他人不倦追求理想和真理的座右铭。由此可见屈原在我国民族历史上的崇高地位和不朽影响，爱国主义、铮铮铁骨、忧患意识是屈原为铸就我们的民族精神所作的最大贡献。

刘勰在《文心雕龙·辩骚》中对屈原作品的伟大艺术成就的巨大影响这样总结道:“故其叙情怨则郁伊而易感,述离居则怆怏而难怀,论山水则循声而得貌,言节候则披文而见时。是以枚贾追风以入丽,马扬沿波而得奇。其衣被词人,非一代也。故才高者菀其鸿裁,中巧者猎其艳词,吟讽者衔其山川,童蒙者拾其香草。”诚然,与《诗经》相比,屈原所代表的楚辞在艺术上达到了一个新的境界,哺育了一代又一代的作家,对中国文学史产生了深远而广泛的影响。正如司马迁《史记·屈原贾生列传》中对屈原的人品、辞赋所作的评价:“其文约,其辞微,其志洁,其行廉,其称文小而其指极大,举类迩而见义远。其志洁,故其称物芳。其行廉,故死而不容。自疏濯淖污泥之中,蝉蜕于浊秽,以浮游尘埃之外,不获世之滋垢,皭然泥而不滓者也。推此志也,虽与日月争光可也。”

首先,楚辞创造了一种新的文学样式,这种诗歌形式无论是句式还是结构,都较《诗经》更为自由并富于变化,因而能够更好地塑造艺术形象和抒发复杂、激烈的感情。在句式上,楚辞以杂言为主,形式多样;在语言上,楚辞词语繁富,善于渲染形容,以精美富丽见长。屈原之后就有很多人学习模拟。汉初,楚文化复归,楚辞成为当时文人使用的最主要的文学样式。汉人写出了大量模拟楚辞的作品,刘向辑集的《楚辞》中收有大量汉人作品就是例证。楚辞为汉代赋体文学的产生创造了条件,汉代赋作家们学习楚辞中丰富华美的词汇,排比铺陈的手法,创造了汉赋这种新的文学体裁。从汉初贾谊的《吊屈原赋》,司马相如的《子虚》、《上林》赋,到张衡的《思玄赋》,汉赋发展演变成为汉代文学的代表。楚辞还对我国古典诗歌的主要形式五七言诗的产生起了重要的推动作用。楚辞是在吸取楚地民歌俗曲形式基础上创造性地融汇和吸收战国时代新兴散文语言而产生的成果,许多诗句去掉虚词或将虚词换成实字,本身就符合五七言诗的节奏和句式,所以楚辞为五七言诗的产生铺平了道路,是四言诗向五七诗发展过程中一个必不可少的过渡。骈体文的形成主要也是受楚辞的影响。楚辞中对仗、声律的运用都已达到了很高的水平,从骈文的四要素对仗、声律、四六句式、用典来考察,楚辞对骈文显然有很大的影响。由此看来,屈原不仅是诗家之祖,而且是赋、文之祖。

其次,楚辞是我国古代诗歌浪漫主义之源,它创造的浪漫主义精神和创作手法,极大地丰富了我国文学的艺术表现力,为中国古典诗歌开辟出一条新的道路,对后世作家产生了深远的影响。《诗经》和楚辞是我国诗歌史上两座并立的高峰，《诗经》是以民歌的风格和现实主义手法为后人效法，屈原代表的楚辞则更多地以大胆奇特的想像、热烈奔放的激情、对理想的执著追求，以及抒情主人公形象的塑造突出地表现了文学史上前所未有的浪漫气质。屈原通过幻想，使用大量的神话传说创造的一幅幅雄伟壮丽的图景，他的许多作品体现出的那种飘渺迷离、恢弘瑰丽的美学特征，极大地扩展了诗歌的境界，后代个性和情感强烈的诗人如李白、李贺、苏轼、龚自珍等，都从中受到极大的启发和影响。“风”“骚”并举，成为我国古典诗歌的两个最高标准，楚辞同《诗经》共同构成中国诗歌乃至整个中国文学的两大源头，这对我国古代诗歌的发展具有极为重要的意义。

再次，楚辞创造的香草美人的象征手法对后世的文学创作产生了重大影响，形成了一个源远流长的香草美人的文学传统。楚辞继承和发展了《诗经》的比兴手法，形成了香草美人的象征系统。以男女君臣相比况，以女性和名花异草为象征物，成了中国文学史上常见的创作手法，中国古代诗人自屈原后形成了一种固定的创作心理和象征意识。从张衡的《四愁诗》，曹植的《洛神赋》、《美女篇》，繁钦的《定情诗》，王维的《西施咏》，杜甫的《佳人》，孟郊的《烈女操》，李贺的《苏小小墓》，到清代蒲松龄《聊斋志异》中的花妖狐仙，无不受到楚辞香草美人象征艺术传统的影响。

总之，屈原和他开创的楚辞，对后世文学的影响是非常广泛、极为深远的。1953 年，世界和平理事会将屈原定为当年纪念的世界四大文化名人之一，举行特别纪念活动。从此屈原和楚辞被介绍到世界各地，被翻译成日文、英文、法文、德文、俄文以及匈牙利、保加利亚等多国文字，“楚辞学”也随之走向世界。今天在日本、英、美、加拿大、法、德、俄罗斯、新加坡等十几个国家都有楚辞的研究者，出版了多种专著。我们完全可以这样认为，屈原和楚辞不仅对中华文化而且对世界文化都作出了杰出贡献。

【思考题】

1. 简述“楚辞”名称的由来和内涵变化。
2. 简述屈原的主要作品和宋玉的代表作品。
3. 和《诗经》相比，《楚辞》有哪些主要特点？
4. 试析“香草美人”的内涵，对后世文学有何影响？
5. 屈原浪漫主义精神的基本实质是什么？

【参考书目】

1. 朱熹：《楚辞集注》，上海古籍出版社 1979 年版。
2. 郭沫若：《屈原赋今译》，人民文学出版社 1981 年版。
3. 董储评：《楚辞译注》，上海古籍出版社 1986 年版。
4. 萧兵：《楚辞文化》，中国社会科学出版社 1990 年版。
5. 张正明：《楚文化史》，上海人民出版社 1987 年版。
6. 郭维森：《屈原》，上海古籍出版社 1979 年版。
7. 杨白桦：《楚辞选析》，江苏古籍出版社 1987 年版。
8. 毛庆：《诗祖涅槃——屈原和他的诗》，生活·读者·新知三联书店 1996 年版。
9. 徐建华、金舒年：《楚辞选译》，巴蜀书社 1991 年版。
10. 马茂元：《楚辞选》，人民文学出版社 1980 年版。

楚辞作品选

离　骚

帝高阳之苗裔兮，朕皇考曰伯庸[1]。摄提贞于孟陬兮，惟庚寅吾以降[2]。皇览揆余初度兮，肇锡余以嘉名[3]：名余曰正则兮，字余曰灵均[4]。

纷吾既有此内美兮，又重之以修能[5]。扈江离与辟芷兮，纫秋兰以为佩[6]。汩余若将不及兮，恐年岁之不吾与[7]。朝搴阰之木兰兮，夕揽洲之宿莽[8]。日月忽其不淹兮，春与秋其代序[9]。惟草木之零落兮，恐美人之迟暮[10]。不抚壮而弃秽兮，何不改乎此度[11]？乘骐骥以驰骋兮，来吾道夫先路[12]！

昔三后之纯粹兮，固众芳之所在[13]。杂申椒与菌桂兮，岂维纫夫蕙茝[14]！彼尧、舜之耿介兮，既遵道而得路[15]。何桀纣之猖披兮，夫唯捷径以窘步[16]。惟夫党人之偷乐兮，路幽昧以险隘。岂余身之惮殃兮，恐皇舆之败绩[17]！忽奔走以先後兮，及前王之踵武[18]。荃不察余之中情兮，反信谗以齌怒[19]。余固知謇謇之为患兮，忍而不能舍也[20]。指九天以为正兮，夫唯灵修之故也[21]。曰黄昏以为期兮，羌中道而改路[22]！初既与余成言兮，后悔遁而有他。余既不难夫离别兮，伤灵修之数化。

余既滋兰之九畹兮，又树蕙之百亩[23]。畦留夷与揭车兮，杂杜衡与芳芷[24]。冀枝叶之峻茂兮，愿俟时乎吾将刈[25]。虽萎绝其亦何伤兮，哀众芳之芜秽。

众皆竞进以贪婪兮，凭不厌乎求索[26]。羌内恕己以量人兮，各兴心而嫉妒。忽驰骛以追逐兮，非余心之所急。老冉冉其将至兮，恐修名之不立。朝饮木兰之坠露兮，夕餐秋菊之落英。苟余情其信姱以练要兮，长顑颔亦何伤[27]。揽木根以结茝兮，贯薜荔之落蕊[28]。矫菌桂以纫蕙兮，索胡绳之纚纚[29]。謇吾法夫前修兮，非世俗之所服[30]。虽不周于今之人兮，愿依彭咸之遗则[31]。长太息以掩涕兮，哀民生之多艰。余虽好修姱以鞿羁兮，謇朝谇而夕替[32]。既替余以蕙纕兮，又申之以揽茝[33]。亦余心之所善兮，虽九死其犹未悔。怨灵修之浩荡兮，终不察夫民心[34]。众女嫉余之蛾眉兮，谣诼谓余以善淫[35]。固时俗之工巧兮，偭规矩而改错[36]。背绳墨以追曲兮，竞周容以为度[37]。忳郁邑余侘傺兮，吾独穷困乎此时也[38]。

宁溘死以流亡兮，余不忍为此态也[39]。鸷鸟之不群兮，自前世而固然[40]。何方圜之能周兮，夫孰异道而相安[41]？屈心而抑志兮，忍尤而攘诟[42]。伏清白以死直兮，固前圣之所厚[43]。

悔相道之不察兮，延伫乎吾将反[44]。回朕车以复路兮，及行迷之未远。步余马於兰皋兮，驰椒丘且焉止息[45]。进不入以离尤兮，退将复修吾初服[46]。制芰荷以为衣兮，集芙蓉以为裳[47]。不吾知其亦已兮，苟余情其信芳。高余冠之岌岌兮，长余佩之陆离[48]。芳与泽其杂糅兮，唯昭质其犹未亏[49]。忽反顾以游目兮，将往观乎四荒[50]。佩缤纷其繁饰兮，芳菲菲其弥章[51]。民生各有所乐兮，余独好修以为常[52]。虽体解吾犹未变兮，岂余心之可惩[53]。

女嬃之婵媛兮，申申其詈予[54]，曰："鲧婞直以亡身兮，终然殀乎羽之野[55]。汝何博謇而好修兮，纷独有此姱节[56]？薋菉葹以盈室兮，判独离而不服[57]。"众不可户说兮，孰云察余之中情[58]？世并举而好朋兮，夫何茕独而不予听[59]？

依前圣以节中兮，喟凭心而历兹[60]。济沅、湘以南征兮，就重华而陈词[61]。启《九辩》与《九歌》兮，夏康娱以自纵[62]。不顾难以图后兮，五子用失乎家巷[63]。羿淫游以佚畋兮，又好射夫封狐[64]。固乱流其鲜终兮，浞又贪夫厥家[65]。浇身被服强圉兮，纵欲而不忍[66]。日康娱而自忘兮，厥首用夫颠陨[67]。夏桀之常违兮，乃遂焉而逢殃[68]。后辛之菹醢兮，殷宗用而不长[69]。汤、禹俨而祗敬兮，周论道而莫差[70]。举贤而授能兮，循绳墨而不颇[71]。

皇天无私阿兮，览民德焉错辅[72]。夫维圣哲以茂行兮，苟得用此下土[73]。

瞻前而顾后兮，相观民之计极[74]。夫孰非义而可用兮？孰非善而可服[75]？阽余身而危死兮，览余初其犹未悔[76]。不量凿而正枘兮，固前修以菹醢[77]。曾歔欷余郁邑兮，哀朕时之不当[78]。揽茹蕙以掩涕兮，霑余襟之浪浪[79]。

跪敷衽以陈辞兮，耿吾既得此中正[80]。驷玉虬以乘鹥兮，溘埃风余上征[81]。朝发轫于苍梧兮，夕余至乎县圃[82]。欲少留此灵琐兮，日忽忽其将暮[83]。吾令羲和弭节兮，望崦嵫而勿迫[84]。路曼曼其修远兮，吾将上下而求索[85]。饮余马于咸池兮，总余辔乎扶桑[86]。折若木以拂日兮，聊逍遥以相羊[87]。前望舒使先驱兮，后飞廉使奔属[88]。鸾皇为余先戒兮，雷师告余以未具[89]。吾令凤鸟飞腾兮，继之以日夜。飘风屯其相离兮，帅云霓而来御[90]。纷总总其离合兮，斑陆离其上下[91]。吾令帝阍开关兮，倚阊阖而望予[92]。时暧暧其将罢兮，结幽兰而延伫[93]。世溷浊而不分兮，好蔽美而嫉妒[94]。

朝吾将济于白水兮，登阆风而緤马[95]。忽反顾以流涕兮，哀高丘之无女[96]。溘吾游此春宫兮，折琼枝以继佩[97]。及荣华之未落兮，相下女之可诒[98]。吾令丰隆乘云兮，求宓妃之所在[99]。解佩纕以结言兮，吾令蹇修以为理[100]。纷总总其离合兮，忽纬繣其难迁[101]。夕归次于穷石兮，朝濯发乎洧盘[102]。保厥美以骄傲兮，日康娱以淫游[103]。虽信美而无礼兮，来违弃而改求[104]。览相观于四极兮，周流乎天余乃下[105]。望瑶台之偃蹇兮，见有娀之佚女[106]。吾令鸩为媒兮，鸩告余以不好[107]。雄鸠之鸣逝兮，余犹恶其佻巧[108]。心犹豫而狐疑兮，欲自适而不可[109]。凤皇既受诒兮，恐高辛之先我[110]。欲远集而无所止兮，聊浮游以逍遥[111]。及少康之未家兮，留有虞之二姚[112]。理弱而媒拙兮，恐导言之不固[113]。世溷浊而嫉贤兮，好蔽美而称恶[114]。闺中既以邃远兮，哲王又不寤[115]。怀朕情而不发兮，余焉能忍与此终古[116]。

索琼茅以筳篿兮，命灵氛为余占之[117]。曰："两美其必合兮，孰信修而慕之[118]？思九州之博大兮，岂惟是其有女[119]？"曰："勉远逝而无狐疑兮，孰求美而释女[120]？何所独无芳草兮，尔何怀乎故宇？"[121]世幽昧以昡曜兮，孰云察余之善恶[122]？民好恶其不同兮，惟此党人其独异[123]！户服艾以盈要兮，谓幽兰其不可佩[124]。览察草木其犹未得兮，岂珵美之能当[125]？苏粪壤以充帏兮，谓申椒其不芳[126]。

欲从灵氛之吉占兮，心犹豫而狐疑。巫咸将夕降兮，怀椒糈而要之[127]。百神翳其备降兮，九疑缤其并迎[128]。皇剡剡其扬灵兮，告余以吉故[129]。曰："勉升降以上下兮，求矩矱之所同[130]。汤、禹严而求合兮，挚、咎繇而能调[131]。苟中情其好修兮，又何必用夫行媒？说操筑於傅岩兮，武丁用而不疑[132]。吕望之鼓刀兮，遭周文而得举[133]。甯戚之讴歌兮，齐桓闻以该辅[134]。及年岁之未晏兮，时亦犹其未央[135]。恐鹈鴂之先鸣兮，使夫百草为之不芳[136]。”

何琼佩之偃蹇兮，众薆然而蔽之[137]。惟此党人之不谅兮，恐嫉妒而折之[138]。时缤纷其变易兮，又何可以淹留？兰芷变而不芳兮，荃蕙化而为茅。何昔日之芳草兮，今直为此萧艾也[139]？岂其有他故兮，莫好修之害也！余以兰为可恃兮，羌无实而容长[140]。委厥美以从俗兮，苟得列乎众芳[141]。椒专佞以慢慆兮，樧又欲充夫佩帏[142]。既干进而务入兮，又何芳之能祗[143]？固时俗之流从兮，又孰能无变化？览椒兰其若兹兮，又况揭车与江离！惟兹佩之可贵兮，委厥美而历兹[144]。芳菲菲而难亏兮，芬至今犹未沬[145]。和调度以自娱兮，聊浮游而求女[146]。及余饰之方壮兮，周流观乎上下。

灵氛既告余以吉占兮，历吉日乎吾将行[147]。折琼枝以为羞兮，精琼爢以为粻[148]。为余驾飞龙兮，杂瑶象以为车[149]。何离心之可同兮？吾将远逝以自疏。邅吾道夫昆仑兮，路修远以周流[150]。扬云霓之晻蔼兮，鸣玉鸾之啾啾[151]。朝发轫于天津兮，夕余至乎西极[152]。凤皇翼其承旂兮，高翱翔之翼翼[153]。忽吾行此流沙兮，遵赤水而容与[154]。麾蛟龙使梁津兮，诏西皇使涉予[155]。路修远以多艰兮，腾众车使径待[156]。路不周以左转兮，指西海以为期[157]。屯余车其千乘兮，齐玉轪而并驰[158]。驾八龙之婉婉兮，载云旗之委蛇[159]。抑志而弭节兮，神高驰之邈邈[160]。奏《九歌》而舞《韶》兮，聊假日以媮乐[161]。陟升皇之赫戏兮，忽临睨夫旧乡[162]。仆夫悲余马怀兮，蜷局顾而不行[163]。

乱曰：已矣哉！国无人莫我知兮，又何怀乎故都[164]！既莫足与为美政兮，吾将从彭咸之所居[165]！

【注释】

[1] 高阳：即颛顼，传说中的古代部族首领。苗裔：初生的草和衣服边缘，引申为后代。朕：我；皇：美；考：父死曰考。伯庸：一说屈原父名，一说屈原祖上之名。[2] 摄提：古代纪年术语，指寅年。孟陬（zōu）：夏历正月，即寅月。庚寅：指庚寅日。[3] 览：观察。揆（kuí）：揣度。初：即初生之时辰。肇：即兆，占卜。锡：即赐。屈原名平。[4] 正则，公正而有法则，含有“平”字之意。灵均：地之善而均平者，含有“原”字之意。[5] 纷：众多貌。重：增加。修：长，长于才。[6] 扈（hù）：楚地方言，披。江离：香草名。辟同“僻”。芷，香草名。纫，联缀。佩，佩饰。[7] 汩（gǔ）：水流迅疾貌。[8] 搴（qiān）：楚方言，拔取。阰（pí）：土坡。木兰：香木名。洲：水中陆地。宿莽：

草名，耐寒。[9] 忽：迅疾的样子。淹：久留。代序：递相更代。[10] 惟：思，想。迟暮：指年老。[11] 抚：握持。度：状态。[12] 骐骥：骏马。来：召唤语。道：同“导”，引导。[13] 三后：指楚国开国的三个先君。纯粹：德行完美。固：同“故”，因此。[14] 申椒、菌桂：香木名。蕙茝（chǎi）：香草名。[15] 耿介：光明正直。[16] 猖披：衣不束带，喻放纵肆行。捷径：歪斜的小路。窘步：难以举步，行走困难。[17] 惮（dàn）：害怕。皇舆（yú）：指国君乘坐的高大车辆，比喻楚王朝。舆，车。败绩：作战失败，战车翻倒，比喻国家毁灭。[18] 踵武：足迹。[19] 荃：香草名。齌（jì）怒：暴怒。[20] 謇（jiǎn）謇：正直敢言的样子。[21] 正：同“证”。灵修：本是妻子对丈夫的美称，这里指楚怀王。《楚辞》中常用夫妻关系比喻君臣关系。[22] 羌（qiāng）：楚方言，发语词。[23] 滋：种植。畹（wǎn）：古代丈量土地的单位，或言三十亩为一畹，或言二十亩为一畹。[24] 畦：垄，这里作动词。留夷、揭车、杜衡皆为芳草之名。[25] 冀：希望。俟，等待。刈：收割。[26] 凭：楚方言，满。[27] 信，诚然。姱，美好。练要：精诚专一。顑颔（kǎn hàn）：食不饱面呈黄色状。[28] 薜荔：香草名。[29] 矫：举起。胡绳：香草名。纚（xǐ）纚：形容香草长又好的样子。[30] 謇：楚方言，发语词。法：效法。前修，前代贤士。[31] 彭咸：传说是殷贤大夫，谏其君不听，自投水而死。[32] 修姱：美好。鞿：马缰绳。羁：马络头。谇（suì）：责骂。替，废弃。[33] 纕：佩饰。申：重复，加上。[34] 浩荡：无思无虑貌，即糊涂的意思。[35] 蛾眉：比喻女子的眉毛如蚕蛾之触须那样弯曲，在古代是美貌的象征。诼：诋毁、诬谤。[36] 偭（miǎn）：违背。错：同“措”。规：画圆的工具。矩：画方的工具。这里比喻法度。[37] 周容：苟合求容。度：常规。[38] 忳（tún）：忧伤。郁邑：忧郁。侘傺：失意的样子。[39] 溘：突然。此态：指苟合求荣之态。[40] 鸷鸟：鹰隼类猛禽。[41] 周：相容、相配。[42] 尤：罪过。攘诟：招来侮辱。诟，诟骂。[43] 厚：看重，重视。[44] 相：观察。延伫：长时间地停留，站立。[45] 步：缓行。皋（gāo）：近水的高地。椒丘：长着椒丛的小山。[46] 离：通“罹”，遭遇。[47] 芰：菱，此指菱叶。[48] 岌岌：高耸的样子。陆离，参差繁多的样子。[49] 芳：香草。泽：污垢。杂揉：混杂在一起。[50] 四荒：四方边远之地。荒：远。[51] 缤纷：众多。菲菲：香气芬芳浓郁。弥：更加。章：同“彰”。[52] 修：陶冶情操，培育才德。[53] 惩：戒惧。[54] 女媭：王逸注：“屈原姊也。”媭在楚方言中是姐妹的统称。婵媛：楚方言“啴咺”的借字，因说话急而喘息的样子。申申：反复地。詈（lì）：责骂。[55] 鲧（gǔn），尧臣，夏禹的父亲。婞（xìng）直：刚直。夭：早死。羽之野：羽山之郊。羽山神话中的地名，传说在东海之滨。[56] 博：学识广博。謇（jiǎn）：直言。[57] 薋（zī）：动词，指草的堆积。菉（lù）：草名，也叫王刍、淡竹叶。葹（shī）：草名，即仓耳。菉、葹都是很普通的草。判：区别。[58] 户说：挨家挨户地诉说。余：指我们，这是女嬃站在屈原一边说话的语气。[59] 并举：都这样行事。朋：朋党，结成一伙。茕独：孤独。不予听：即“不听予”。[60] 节中：调节心志防止偏差。喟（kuì）：叹息。凭：愤懑。历兹：至此。[61] 济：渡。沅湘：沅水、湘水，在今湖南省境内，流入洞庭湖。征：行。就：投向。重华：古帝虞舜之名。[62] 启：夏启。传说中夏朝的君主夏禹之子。九辩，九歌：乐曲名，传说是启从天帝那里偷到人间。康娱：寻欢作乐。[63] 顾难：看到危难。图后：为日后打算。五子：指夏启的五个儿子，即太康兄弟五人。太康因有穷后羿叛乱而丧国，五子亦无家可归。失：衍文，当删。用乎：因而。家巷：内讧、内乱。[64] 羿（yì）：夏代诸侯有穷国国君，曾起兵攻打夏启之子太康，代夏而立。淫游：过度游乐。佚畋（yì tián）：打猎。封狐：大狐狸。[65] 乱流：淫乱之辈。鲜终：少有好下场。浞（zhuó）：寒浞，传说是羿的相，因贪恋羿妻，勾结羿的家臣逢蒙杀了羿，强占了羿的妻子。厥（jué）：其，指羿。家：家室，妻子。[66] 浇（ào）：寒浞之子。被服：即披服，即具有、负恃的意思。强圉：强暴有力。忍：克制。[67] 自忘：忘了自身危险。用：因此。颠陨：坠落。[68] 桀：夏朝的最后一个暴君，为商汤推翻。常违：违常，违背常规。遂焉：终于。[69] 后：君王。辛：商纣之名。菹醢（jū hǎi）：古代将人剁成肉酱的酷刑。殷宗：殷之宗祀，指殷商王朝。[70] 俨：恭敬，严肃。祗：敬。周：指周文王、周武王等人。道：治国之道。[71] 颇：偏邪。[72] 私阿（ē）：偏爱。错辅：帮助。错，同“措”。[73] 茂行：盛德之行。苟得：才能够。[74] 瞻：向前看。顾：向后看。相观：观察。计极：立身处世应遵守的根本原则。[75] 服：行，用。[76] 阽（diàn）：临近危难。危死：几乎死亡。初：初衷，当初的心志。[77] 凿：木器上凿出的孔，用来插榫头。枘：榫头。前修：前代贤人。[78] 曾：屡次。歔欷（xū xī）：哭泣之声。郁邑：烦恼苦闷。时：所处的时代。[79] 茹：柔软。沾：浸湿。浪浪：泪流不止的样子。[80] 敷：铺开。衽：衣襟。耿：光明。中正：正道。[81] 驷（sì）：古代四马驾一车为驷，这里用为动词，“驾驭”的意思。虬（qiú）：传说中的无角龙。鹥（yī）：凤凰一类的鸟。溘（kè）：忽然。埃风：卷着尘埃的大风。征：行。[82] 发轫（rèn）：启程出发。轫，阻挡车轮的木头。苍梧：山名，即九疑山，在今湖南省宁远县东南，传说是舜葬之地。县圃，神话中的山名，传说在昆仑山的中层。[83] 灵琐：神灵住所之地的大门。琐，门上雕刻的花纹，此处指门。[84] 羲和：神话中太阳的御者。弭（mǐ）节：停止鞭打驾车的龙。崦嵫（yān zī）：神话中太阳落入之山。迫：逼近，靠近。[85] 曼曼：通“漫漫”。路长的样子。修：长。[86] 饮：给马喝水。咸池：神话中的天池，传说太阳出来时在此洗浴。总：系住。辔（pèi）：马缰绳。扶桑：神话中的东方神树，太阳从上掠过。[87] 若木：神话中的西方神树。在日落处。拂：逆，挡。聊：姑且。相羊：即倘徉，徘徊漫游。[88] 望舒：神话中月亮的御者。飞廉：神话中的风神。属（zhǔ）：跟随。[89] 鸾：凤凰一类的神鸟。皇：即凰，雌凤。先戒：先行警戒开道。雷师：雷神。未具：尚未准备好。[90] 飘风：旋风。屯：聚集。离：通“丽”，附拢。帅：通“率”。云霓：泛指云霞。御：通“迓”，迎接。[91] 纷总总：纷乱聚合貌。离合：忽聚忽散，流动变化。斑陆离：五光十色交织的样子。上下：忽高忽低，飘移不定。[92] 阍（hūn）：守门人。阊阖：传说中的天门。[93] 暧暧，昏暗状。罢：终结。延伫：徘徊，逗留。[94] 溷（hùn）浊：即混浊。好蔽美：喜欢埋没贤人。[95] 白水：神话传说中出自昆仑之水。阆（làng）风：神话中的山名，在昆仑山上。緤（xiè）：系。[96] 高丘：高山，指阆风。女：神女，喻指志同道合者。[97] 春宫：神话中东方青帝所居之仙宫。琼枝：玉树之枝。[98] 及：趁着。荣华：花朵。下女：人间女子。指下文提到的宓（fú）妃等人，相对于高丘神女而言。诒：同“贻”，赠送。[99] 丰隆：神话中的云神。宓妃，神话中的人名，据说是伏羲氏之女。[100] 纕（xiāng）：佩饰。结言：订约。蹇（jiǎn）修：人名，是诗人想象的人物。理：媒人。[101] 纷总总：这里形容情况迷乱，不明朗。离合：忽离忽合，指宓妃态度变化不定。纬繣（wěi huà）：态度别扭，不相投合。[102] 次：住宿。穷石，神话中的地名。濯：洗。洧（wěi）盘：神话中的水名。[103] 保：恃，依仗。[104] 违弃：抛弃。[105] 四极：四方极远之处。[106] 瑶台：玉台。偃（yǎn）蹇：高耸貌。有娀（sōng）：古代传说中的国名。佚女：美女。古代神话说有娀氏的美女名简狄，后为帝喾之妃，生契，为商始祖。[107] 鸩（zhèn）：鸟名，传说中的一种恶鸟，羽有毒。[108] 鸠，斑鸠。佻巧：轻佻。[109] 适：往。[110] 凤皇：凤凰。受诒：即授诒，送去礼物。古代神话说，简狄在高台上，帝喾派凤凰去做媒。高辛：帝喾即位后用的称号。[111] 集：本指鸟栖于树，这里是栖止停留的意思。[112] 少康：夏后相之子。传说是夏代的中兴之主。浇叛乱，少康逃至有虞国，有虞国国君把两个女儿嫁给他。后借有虞的力量灭浇，恢复夏朝。有虞：

国名，姚姓。二姚：指有虞国国君的两个女儿。［113］导言：指媒人沟通引见之言。［114］称：举，宣扬。［115］闺中：旧称女子居室。邃：深远。寤：通“悟”，觉醒。［116］终古：永远。［117］索：索取。藑（qióng）茅：一种占卜用的茅草。筳篿（tíng zhuān）：均为占卜使用的竹片。灵氛：传说中上古的神巫。［118］曰：主语是屈原，以下四句是屈原的问卜之词。其：表示肯定语气的语助词。［119］是：此，此地。指楚国。［120］曰：主语是灵氛。下面十四句是灵氛的答词。勉：努力。释：放开，舍弃。女：通“汝”，你。［121］芳草：比喻所求的美女。故宇：旧居。［122］眩曜（xuàn yào）：这里指迷惑混乱。［123］党人：指怀王身边的谗佞之徒。［124］艾：艾草。这里指为恶草。盈：充满。要：通“腰”。［125］珵（chéng）：美玉。［126］苏：取。充：塞满。帏：古人佩带的香袋。［127］巫咸：传说中的上古神巫。怀：带着。糈（xǔ）：精米，祭祀时所用。要：邀，迎候。［128］翳（yì）：遮蔽，形容众多神灵下降，有遮蔽天空之势。备：齐，都。九疑：指九疑山诸神。［129］皇剡剡（yǎn）：大放光芒的样子。扬灵：显示神灵。吉故：吉利的故事，即下文所说君臣遇合的事例。［130］矩矱（yuē）：矩，画方形的工具。矱：尺度。矩矱比喻准则。［131］严：庄重恭敬。挚：即伊尹，传说是商汤时的贤相。咎繇（gāo yáo）：即皋陶（yáo），传说是夏禹的贤臣。调：协调，和谐。［132］说（yuè）：傅说，相传先是从事版筑的奴隶，后为殷高宗时的贤相。操：拿着。筑：打土墙用的捣土棒。傅岩：古地名，在今山西省平陆县东。武丁：殷高宗名，相传武丁梦中得贤人，按梦中形貌求之，在刑徒中发现了正服劳役的傅说，用之为相。［133］吕望：即姜尚，姜太公，本姓吕，名尚，曾被人称为太公望，所以又叫吕望。鼓刀：摆弄屠刀发出声响。传说姜太公曾当过屠夫。周文：周文王。举：提拔。［134］宁戚：春秋时卫国人。相传他在齐经商时夜遇齐桓公，便敲着牛角唱歌，慨叹怀才不遇，桓公用他为卿。齐桓：齐桓公，春秋前期齐国君主。该辅：置之于辅佐大臣之列。［135］晏：迟。央：尽。［136］鹈鴂（tí juē）：杜鹃鸟。鸣于春暮落花季节。［137］琼佩：佩玉。偃蹇：高卓。薆（ài）然：受到遮蔽而暗淡的样子。［138］谅：诚信。［139］直：竟。萧：一种蒿草。［140］容长，美好的外表。［141］委：丢弃。［142］专佞：专横而谄媚。慢慆（tāo）：傲慢。榝（shā）：恶草名。［143］干进、务入：钻营、向上爬。祗（zhī）：敬重。［144］兹佩：指诗人自身的佩饰。历兹：至此。［145］沬（mèi）：通“昧”，泯灭。［146］和调度：调节步伐使佩玉发音和谐而有节奏。［147］历：选择。［148］羞：肉干，这里指菜肴。精：捣米使细。琼靡（mí）：玉屑。粻

(zhāng)：粮食。[149] 瑶：美玉。象：象牙。[150] 邅（zhān）：楚方言，转道。[151] 云霓：指以云霞为旗。晻（yǎn）蔼：指云霞蔽日光线变暗的样子。玉鸾：玉铃。啾啾：指铃声。[152] 天津：天河。在天的东方箕星和南斗星之间。西极：天上西方的尽头。[153] 翼：展开翅膀。承：接。旂：同"旗"。翼翼，和谐整齐的样子。[154] 流沙：神话中的西方沙漠，传说那里的沙流动不止。赤水：神话中水名，源于昆仑山。容与：徘徊，缓行。[155] 麾（huī）：指挥。梁：桥，这里用作动词，架桥。津：渡口。西皇：西方的神。涉：渡。[156] 腾：越过。径：直，直接。待：当作侍，形近致误，侍卫的意思。[157] 不周：神话中山名，在昆仑山西北。西海：神话中西方的海。期：约定，这里指约定之地。[158] 玉轪（dà）：玉饰的车轮。轪，楚方言，车轮。[159] 婉婉：龙游动的样子。委蛇（yí）：旗帜随风伸展的样子。[160] 抑志：控制情绪，定下心来。神：思绪。邈邈：辽远的样子。[161] 韶：即《九韶》，传说是虞舜时的乐舞。假：借。媮（yú）乐：愉乐。媮即愉。[162] 陟：登，上升。皇：指天。赫戏：光明的样子。睨：旁视。[163] 蜷（quán）局：拳曲不伸展的样子。[164] 乱：古代乐歌中结尾时的齐奏合唱，即尾声。已矣哉：算了吧。[165] 从彭咸之所居：意即学习彭咸，以身殉国。

【提示】

《离骚》是屈原的代表作，也是楚辞中最重要的一篇。根据整个思想内容，全诗大致可分为两大部分。从开篇到"虽体解吾犹未变兮，岂余心之可惩"为前一部分，诗人回顾了自己殚精竭虑、一心为国的奋斗历程；后一部分则着重表现诗人在蒙冤被逐以后，内心产生的种种矛盾，以及誓死殉于理想、殉于祖国的决心。诗中突出表现了屈原身处逆境，在思想上产生去留抉择的激烈冲突中，仍坚持进步的理想和崇高的品格。诗中反复强调要修明法度、举贤授能；揭露旧贵族集团违法乱纪、结党营私；深刻反映了当时楚国新旧势力激烈斗争的政治现实，具有很高的历史认识价值。

《离骚》篇幅宏伟，气势磅礴，波澜起伏，气象万千。它突破了《诗经》的"短章复沓"形式，在丰富的斗争实践和深刻的思想认识的基础上，通过抒情、叙事和说理的有机结合，对抒情主题作了富于变化而层层深入的表达。《离骚》在创作上具有浓郁的积极浪漫主义色彩，在超现实想象和比兴手法的运用上都富有创造性，从而大大地丰富了中国诗歌的创作经验。以《离骚》为代表的楚辞和以《国风》为代表的《诗经》，共同构成了中国诗歌创作的优良传统，对后世文学有深远的影响。

【思考题】

1. 试析《离骚》中的诗人形象。
2. 香草美人手法在《离骚》中是怎样体现的？对后世有何影响？
3. 阅读屈原作品，谈谈屈子精神的文化意义。

【思考题】

1.《涉江》写于何时？表现了屈原怎样的思想感情？
2. 诗中关于山水景物的描写，对表现主题有何作用？
3. 本诗艺术上有何特点？

九歌·山鬼

若有人兮山之阿，被薜荔兮带女萝[1]。
既含睇兮又宜笑，子慕予兮善窈窕[2]。
乘赤豹兮从文狸，辛夷车兮结桂旗[3]。
被石兰兮带杜衡，折芳馨兮遗所思[4]。
余处幽篁兮终不见天，路险难兮独后来[5]。
表独立兮山之上，云容容兮而在下[6]。
杳冥冥兮羌昼晦，东风飘兮神灵雨[7]。
留灵修兮憺忘归，岁既晏兮孰华予[8]？
采三秀兮于山间，石磊磊兮葛蔓蔓[9]。
怨公子兮怅忘归，君思我兮不得閒[10]。
山中人兮芳杜若，饮石泉兮荫松柏[11]。
君思我兮然疑作[12]。
雷填填兮雨冥冥，猨啾啾兮又夜鸣[13]。
风飒飒兮木萧萧，思公子兮徒离忧[14]。

【注释】

［1］若：句首语气词。人：指山鬼。阿：山之曲隅，山脚。被：同“披”。女罗：同“女萝”，即松萝，是一种地衣类植物。［2］含睇：含情流盼。睇，斜

视。宜笑：笑得很美的样子。子：你，指山鬼的恋人。予：我，山鬼自指。窈窕：娇美的样子。[3] 乘：驾。从：随从。文：花纹。狸：野猫。辛夷：木兰一类的花树。[4] 芳馨：指石兰、杜衡。遗：赠与。[5] 幽篁：深暗的竹林。后来：来迟了。[6] 表：突出的样子。容容：云彩飞动的样子。[7] 杳：幽深。冥冥：昏暗的样子。羌：楚方言，发语词。昼晦：白天也昏暗不明。飘：形容风刮得很大。神灵：指雨神。雨：动词，降雨。[8] 灵修：指山鬼的恋人。憺(dàn)：安于。晏：晚。华：同"花"，"华予"即让我重新焕发青春，变年轻的意思。[9] 三秀：指灵芝草。灵芝一年开三次花，故名。磊磊：乱石堆积的样子。葛：植物名，藤本蔓生。蔓蔓：蔓延的样子。[10] 公子：指恋人。君：指恋人。[11] 山中人：山鬼自指。荫：动词，遮蔽。指居住之处以松柏为遮蔽。[12] 然：诚然。疑：与"然"相对，怀疑。作：产生。[13] 填填：雷声。啾啾：猿猴的叫声。[14] 徒：徒然。离：通"罹"，遭受。

【提示】

楚国神话中有巫山神女的传说，本篇所描写的"山鬼"，据说就是早期流传的神女形象。诗中刻画了一位善良美丽的神女，她热烈向往美好的爱情，而在追求不到时，便失望忧伤，痛苦不已。全篇通过女主人公的独白，按照女神的盛装赴约，等待相会，久候不至而陷入失望痛苦之中这样三个层次，淋漓尽致地展现了神女赴情人之约，而情人爽约时那种相思、怨恨、怀疑、忧伤的内心世界。全诗将方位的变动（山阿—山上—山间），气候的变化（晴朗—隐晦—雷雨大作）、情节的推进（赴约—候人—失恋）、心灵的波动（喜悦—惆怅—怨愤）结合起来，构成情景交融的画面；通过色彩和氛围的渲染，对神女的心理刻画作了有力的烘托。幻想中的乐而忘归和现实中的惆怅忘返，赴约时艳丽的香草服饰和候人时恶劣隐晦的天气，神女美丽的容貌和凄凉的内心，神女的多情和灵修的薄情，形成了鲜明的对比，将人情意态表现得深婉有致。

这是一首优美的恋歌，诗人想像丰富，构思奇伟，熔神话传说、日月风云、山川花草于一炉，使全诗洋溢着浓郁的浪漫色彩。诗中写的虽然是超自然的情事，实际上却反映了人世间的爱情生活，体现了人们美好的生活理想。这首诗语言华美，并恰当地运用象声词语和楚国民歌的"兮"字句，写情率真本色而深沉缠绵，绘景状物逼真生动，清新幽艳，充分表现了诗歌的音乐美感。

【思考题】

1. 《山鬼》描写了什么？表现了什么？
2. 《山鬼》的艺术魅力何在？
3. 试分析《山鬼》中的女神形象。

九辩（节录）

悲哉！秋之为气也。
萧瑟兮，草木摇落而变衰[1]。
憭栗兮，若在远行[2]。
登山临水兮，送将归。
泬寥兮，天高而气清[3]；
寂寥兮，收潦而水清[4]。
憯凄增欷兮，薄寒之中人[5]；
怆怳懭悢兮，去故而就新[6]；
坎廪兮，贫士失职而志不平[7]；
廓落兮，羁旅而无友生[8]；
惆怅兮，而私自怜。
燕翩翩其辞归兮，蝉寂漠而无声。
雁廱廱而南游兮，鹍鸡啁哳而悲鸣[9]。
独申旦而不寐兮，哀蟋蟀之宵征[10]。
时亹亹而过中兮，蹇淹留而无成[11]。
悲忧穷戚兮独处廓，有美一人兮心不绎[12]；
去乡离家兮徕远客，超逍遥兮今焉薄[13]！
专思君兮不可化，君不知兮可奈何！
蓄怨兮积思，心烦憺兮忘食事[14]。
愿一见兮道余意，君之心兮与余异。
车既驾兮朅而归，不得见兮心伤悲[15]。
倚结軨兮长太息，涕潺湲兮下霑轼[16]。
慷慨绝兮不得，中瞀乱兮迷惑[17]。
私自怜兮何极？心怦怦兮谅直[18]。
……

窃美申包胥之气盛兮，恐时世之不固[19]。
何时俗之工巧兮？灭规矩而改凿！
独耿介而不随兮，愿慕先圣之遗教[20]。
处浊世而显荣兮，非余心之所乐。
与其无义而有名兮，宁穷处而守高。
食不媮而为饱兮，衣不苟而为温[21]。
窃慕诗人之遗风兮，原托志乎素餐[22]。
蹇充倔而无端兮，泊莽莽而无垠[23]。
无衣裘以御冬兮，恐溘死不得见乎阳春[24]。
……

【注释】

[1] 萧瑟：秋风吹拂枝叶的声音。[2] 憭（liǎo）栗：凄凉之意。[3] 泬（xuè）寥：旷荡空虚的样子。[4] 寂寥：静寂清虚的样子。潦（lǎo）：雨水。收潦，即雨停的意思。[5] 憯凄：悲痛的样子。增欷：叹息，悲慨。薄寒：轻微的寒气。中人：伤人。[6] 怆怳（huǎng）：悲痛，失意。懭悢（kuàng lǎng）：愁恨失意的样子。[7] 坎廪（lǐn）：坎坷挫折。贫士：宋玉自称。[8] 廓落：孤独空寂。羁旅：他乡做客，漂流。友生：朋友。[9] 廱（yōng）廱：雁叫声。鹍（kūn）鸡：鸟名，形似鹤，黄白色。啁哳（zhōuzhā）：细碎而急促的声音。[10] 申旦：通宵达旦。申，至。宵征：夜间跳动。[11] 亹（wěi）亹：进行的样子。过中：已过中年。蹇：语气词。淹留：久留。[12] 穷戚：穷困的意思。"戚"通作"蹙"。廓：空虚广大。有美一人：指作者自己。绎：当作"怿"，愉悦。[13] 徕：与"来"同。徕远客：来远方做客。超：远。薄：接近，止息。[14] 烦憺（dàn）：烦闷，忧愁。[15] 朅（qiè）：去。[16] 軨（líng）：车厢栏木。潺湲（chán yuán）：泪水犹如河水流淌的样子。轼：车前横木。[17] 中：内心。瞀（mào）：烦乱的样子。[18] 何极：何时了结。极，终止。怦怦：心急貌。谅直：忠诚正直。[19] 申包胥：春秋时楚国大夫。吴兵攻占楚国国都，他到秦国求救，在秦庭上痛哭七昼夜，感动了秦哀公，出兵救楚。[20] 耿介：光明正大。随：随顺世俗。[21] 媮（tōu）：即"偷"，苟且。[22] 诗人：这里指《诗经·伐檀》的作者。《伐檀》有"彼君子兮，不素餐兮"诗句。素餐：白吃饭。此处是以白吃饭为耻的意思。[23] 充倔：与"充诎"同。充，自满的样子。诎，失节的样子。泊：漂泊。垠：边际。[24] 溘

(kè) 死：忽然而死。

【提示】

《九辩》是宋玉的代表作。宋玉的作品，据《汉书·艺文志》说共有十二篇，但只有本篇被多数研究者确认为宋玉所作。这首259句的长篇抒情诗，抒写的是在萧瑟的秋光中失职贫士的不平之感。作者在诗中反复强调自己忠而有才，却不被楚王了解，更受到奸邪小人的排挤，表现了失职贫士怀才不遇的怨叹和悲愁。诗中虽没有屈原那种高远的美政理想，也缺乏那种强烈的抗争精神，但对楚王和现实的揭露比较鲜明尖锐，暴露了楚国现实的黑暗和统治集团的腐朽。在作者大量抒写的个人的失意和悲愁中，也交织着对楚国命运的关心；而且他的感伤、哀愁是以实际的生活遭遇为基础，因此显得情真意切，十分感人。这里选录的是最为后人传诵，最能体现其艺术开拓性的几段。

通过自然景物的描写，以情景交融的手法，在一种特定氛围中，展示自己的情怀，是这首诗在艺术上的最大特点。“悲哉！秋之为气也。”开篇点题，突兀而来的一声慨叹，点明秋天所形成的肃杀之气，使全诗笼罩在一片萧瑟暗淡的秋光里，因时兴悲。正如清人王夫之所分析的：“人之有秋心，天之有秋气，物之有秋容。”三者凝合为秋的哀歌。国家命运之秋，人生之秋使诗人动人地刻画出了大自然的凄清秋色，“举物态而觉哀怨之伤人，叙人物而见萧条之感候。”诗中表现了对深秋典型景物的敏锐感受和把握，以秋景、秋物、秋声、秋容为衬托，把萧瑟凄凉的秋气和廓落坎廪的贫士的悲愁幽怨的感情融合在一起，而每一细节又都被精致却令人惊心地刻画出来，极大地增强了诗歌的感染作用，使抒情主题得到完满的表现，成为咏秋的古今绝唱。

【思考题】

1. 《九辩》最突出的艺术特点是什么？应怎样理解情与景的关系？

2. 和《离骚》相比，《九辩》有何特点？

3. 杜甫在《咏怀古迹》中说：“摇落深知宋玉悲”，该怎样理解“宋玉悲秋”？

第四专题
两汉魏晋南北朝诗赋

第一节　两汉魏晋南北朝诗歌

一、两汉乐府诗

现存汉代乐府民歌，大都是东汉乐府机构采集的。宋郭茂倩编《乐府诗集》，把从汉至唐的乐府诗搜集在一起，按乐曲的性质分为12类，两汉乐府民歌主要保存在鼓吹曲辞、相和歌辞和杂歌谣辞中，而以相和歌辞数量最多。“相和”是一种“丝竹相和”的管弦乐曲，也是汉代民间的主要乐曲；“鼓吹曲”是用短箫铙鼓等演奏的，是武帝时吸收北方民族音乐而形成的军乐；“杂曲歌辞”因歌词原来所属的曲调后世不详而得名，是音乐归类已经失传的作品。

1. 汉乐府民歌的思想内容

作为“感于哀乐，缘事而发”的民间创作，汉乐府民歌都是创作主体有感而发，具有很强的针对性的作品。它广泛触及了当时社会的矛盾，反映了具有普遍意义的社会问题，表现了丰富多样的人生态度与情怀。

汉乐府民歌关注社会人生的一个重要方面是：它第一次具体而深入地反映了社会下层民众日常生活的艰难与痛苦。相和歌辞中的《妇病行》、《孤儿行》都是来自社会最底层的呻吟呼号，反映的是下层民众的悲苦生活遭遇。如《妇病行》描述了充满苦难与辛酸的生活，读后令人顿生悲恸欲绝之感。病妇的"当言未及得言，不知泪下一何翩翩"之泣；丈夫的"道逢亲交，泣坐不能起"、"对交啼泣，泪不可止"之泣；孤儿的"啼索其母"之泣，从始至终贯穿篇中，沉痛凄楚，清人顾茂伦称其"言迄有呜咽声"。此情此景，使底层人民挣扎于死亡线上，夫妇、父子不能相保的社会悲剧得到了鲜明、真实、生动的再现。有的民歌从士卒的角度表现了战争、兵役给人民造成的深重苦难及其不满的呼声。如鼓吹曲辞中的《战城南》，写激战过后的战场上尸积如山，横陈荒野无人收葬；清冷的河水流淌着，宛如为死者呜咽；蒲苇茂密幽深，又似死一般的寂静；成群的乌鸦在空中盘旋，阵亡的健儿正好是它们足以饱餐的食粮。如此凄凉惨烈令人毛骨悚然的战场描写，在诗歌史上是空前的。

汉乐府民歌的另一重要组成部分是那些表现爱情婚姻及妇女美丽、勇敢、机智的作品。这些诗篇多来自民间，在表达婚恋方面的爱与恨时，都显得大胆泼辣，毫不掩饰。如《有所思》：

有所思，乃在大海南。何用问遗君？双珠玳瑁簪，用玉绍缭之。闻君有他心，拉杂摧烧之。摧烧之，当风扬其灰。从今以往，勿复相思，相思与君绝！

女主人公思念的情人远在大海南，当听说对方"有他心"时，立即把准备送给对方的爱情信物折断毁掉并烧成灰，表示"从今以往，勿复相思，相思与君绝"，她爱得热烈，恨得痛切，她的选择是痛苦的，同时又斩钉截铁，义无反顾。

男尊女卑的社会，不知酿成多少女子无辜被弃的悲剧，汉乐府民歌中的《上山采蘼芜》、《孔雀东南飞》都是表现女子婚后无辜被弃之悲惨命运的名作。

汉乐府民歌中还有一部分作品偏重于人生问题的思考，其中或感叹生命短促，或吟咏及时行乐，或幻想求仙长生，或总结人生经验，从各个角度反映了人类对自身生死存亡问题的关注与重视。如收录在相和歌辞中的《薤露》、《蒿里》

是汉代流行的丧歌，于送葬时所唱，抒写了生命短促、人生无常的悲哀。

2. 汉乐府民歌的艺术成就

汉乐府民歌奠定了中国古代叙事诗的基础。中国诗歌一开始，抒情诗就占有压倒性的优势。《诗经》中仅有少数几篇不成熟的叙事作品，楚辞也以抒情为主。而今存汉乐府民歌，约有三分之一为叙事性的作品，叙事性作品不仅在数量上所占的比重空前增大，而且成就比乐府抒情诗更为突出。两汉乐府叙事诗的出现，标志中国古代叙事诗的成熟。

汉乐府民歌中的叙事诗大都是短篇，这一类作品，善于通过捕捉或选取生活中某些真切动人而又富于典型意义的片断，使矛盾集中在一个焦点上，既避免过多的交代与铺陈，又能表现广阔的社会内容，形成了汉乐府戏剧化的美学特征。《东门行》只写了不能忍受饥寒交迫的丈夫拔剑欲行、妻子苦苦相劝的场面，但能使人窥斑见豹，洞察到诗歌背后尖锐的社会矛盾；《十五从军征》中只写了从军六十五年的老人白头归来，回家后独自烧饭作羹，面对荒凉的庭园房舍和一座座坟墓，饭食难以下咽的片断，而人生的苦难，社会的黑暗，乃至更多人的同样遭遇，都尽在不言中了。

两汉乐府叙事诗在刻画人物方面也取得了很大成就，塑造出一批栩栩如生的形象。秦罗敷是一位反抗强暴的女性，以机智的言词戏弄向她求婚的太守，体现出聪明多智的性格特点。这一形象也是文学史上众多妇女形象中独具特色的。至于《孔雀东南飞》中出现的人物群像，更是各各肖其声情。刘兰芝的刚强、焦仲卿的忠厚、焦母的蛮横、刘兄的势利，以及太守府求婚使者的傲慢，无不刻画得维妙维肖，入木三分。

两汉乐府叙事诗的娴熟技巧，除表现为善于捕捉富于典型意义的生活片断、人物形象各具特色外，还体现为叙事的详略得当，繁简有法。主要表现在：

第一，详于叙事而略于抒情。汉乐府诗许多叙事名篇，都因叙事详尽而产生强烈的艺术感染力。除了像《孔雀东南飞》这样长篇的叙事诗中偶而穿插抒情诗句外，其余各篇中纯粹抒情的句子极其罕见，都是以叙事为主。如《十五从军征》对老兵家园荒芜的景象渲染得非常充分，对老兵还家后的行动也有详细的叙述，惟独不用专门文字抒发内心的悲哀，可谓“言事尽而言情不欲尽”。

第二，铺陈场面、详写中间过程而略写首尾始末。两汉乐府叙事诗长于也乐于铺陈场面。《陌上桑》一诗篇幅不长，其中却有两段场面描写的文字，一是众人围观罗敷，二是罗敷夸耀夫婿，都不吝笔墨，写得非常细致。《孔雀东南飞》对太守家迎亲场面的描写也是铺张扬厉，大肆渲染。

第三，详写服饰仪仗而略写容貌形体。两汉乐府叙事诗在陈述故事、刻画人物时，对于人的服饰仪仗从各个方面加以展示，采用的是详写笔法。从秦罗敷到刘兰芝，从罗敷“夫婿”到侍郎，无论其为男为女，都通过详细描写服饰仪仗来衬托他们的美丽或富贵。而对人的容貌形体通常都以略写的方式处理，惜墨如金。除《孔雀东南飞》对刘兰芝有“指如削葱根，口如含朱丹”这样细腻的描写外，其他叙事诗很少直接展示人物的形貌。这种写法为读者留下了广阔的想象空间。

以寓言的形式叙事，是两汉乐府诗的又一特点。两汉乐府有多首寓言诗，是汉乐府叙事诗的重要组成部分。两汉乐府寓言诗可分为两种类型，一种假托动植物之口进行自述，鼓吹曲辞《雉子班》，相和歌辞《乌生》、《豫章行》，杂曲歌辞《蜨蝶行》都属于这种类型。另一类寓言则是植物、动物和人对话，诗中出现两个角色。如《战城南》中的阵亡士卒会同乌鸦说话，要求乌鸦在啄食他的尸体前为他嚎叫几声，权作招魂，读来痛心之极。这些寓言诗多有奇特的想象，鱼鸟花木也会作人言，而且出人意表，这也是汉乐府民歌在艺术上的又一亮点。

二、东汉文人诗

现存东汉文人最早的完整五言诗是班固的《咏史》，其内容是歌咏西汉文帝时少女缇萦上书救父一事，全诗以叙事为主，用辞质朴。张衡是继班固之后创作五七言诗的著名文人，他的《同声歌》，是班固之后又一首完整保存至今的文人五言诗，该诗以新婚女子口吻大胆坦率地述说新婚生活的快乐。较之班固的《咏史》，此诗语言技巧更为成熟。秦嘉的《赠妇诗》三首写秦嘉与妻子徐淑缠绵悱恻的生离死别，是一组艺术成就较高的抒情诗，也是东汉文人五言抒情诗成熟的标志。生活在东汉末年的文学家蔡邕，其《翠鸟诗》是东汉文人五言诗的名作，也是乱世文人全身避害心态的写照。诗中所写翠鸟的来历和愿望，是蔡邕自身经历的形象反映，从中可以看出汉末文人身处乱世的惶恐之情。

1.《古诗十九首》的思想内容

代表东汉文人五言诗最高成就的作品是《古诗十九首》。《古诗十九首》最早见于南朝梁昭明太子萧统所编的《文选》，作为一个整体被收录在《文选》卷二十九，不是一时一地一人之作，其产生年代大致在东汉中后期。这组诗虽各自成篇，却又是一个息息相通的整体，它所反映的是一个共同的时代主题，即处于动乱时代的失意之士的羁旅愁怀，这种羁旅愁怀具体表现为游子之歌与思妇之词。

《古诗十九首》的作者绝大多数是漂泊在外的游子，他们身在他乡，胸怀故土，每个人都有无法消释的思乡情结。《明月何皎皎》的作者在明月高照的夜晚忧愁难眠，揽衣徘徊，他乡明月激发起的是难以遏制的思乡之情。由于十九首的作者多是失意士子，他们在穷困潦倒之际所弹奏的思乡曲，充满天涯沦落人的酸楚。《去者日以疏》写一位久客异乡的游子在秋风萧瑟、树叶飘零之际，由目睹郊原新坟累累、旧墓摧毁，联想到自己归乡无望，前程渺茫，一股凄凉彻骨的近乎“狐死必首丘”的绝望的思乡情结隐约其中，可谓“语悴情悲”。与游子思乡对应的是思妇怨别。十九首中以思妇为主人公抒发怀远怨别之情的达七首之多，这些诗篇多数是游子揣摩思妇心理而作，从不同角度抒发了思妇在游子赴远、迟迟不归的境遇中身心备受煎熬，或疑虑、或苦闷、或自慰、或痴情等等复杂而真实的情感。《青青河畔草》中，那位出身“倡家”的妻子由于丈夫淹留他乡，年复一年，冬去春来，明媚的景色勾起她青春虚度的委屈，也使她倍觉孤独寂寞，她不愿让自己的青春在无望的等待中白白耗尽，甚至发出了“空床难独守”的痛苦呼喊。《冉冉孤生竹》中的女主人公对未婚夫满怀思念，但未婚夫与她相隔甚远，迟迟不来迎娶，她饱受相思的煎熬，慨叹如果恋人不及时归来，有限的美好青春将会如蕙兰花一样枯萎。

对于生命短促、人生无常的感伤，也是《古诗十九首》中格外引人注目的内容，这一内容在十九首中以强烈的感觉反复出现：

> 人生天地间，忽如远行客。（《青青陵上柏》）
>
> 人生寄一世，奄忽若飙尘。（《今日良辰会》）
>
> 白露沾野草，时节忽复易。（《明月皎夜光》）
>
> 所遇无故物，焉得不速老……人生非金石，岂能长寿考。（《回车驾言迈》）
>
> 四时更变化，岁暮一何速。（《东城高且长》）
>
> 浩浩阴阳移，年命如朝露。人生忽如寄，寿无金石固。（《驱车上东门》）
>
> 生年不满百，常怀千岁忧。（《生年不满百》）

这些诗句的情调是悲哀而深沉的。诗人们将自身生命的短暂存在与自然中永久的存在相对比，以外物的永恒反衬人生的有限。在诗人们的眼中，时间成了带走生命的最可怕的东西，所以他们对节序物候的变迁特别敏感，他们以感伤的情调回应季节的变化，不同季节的多种物候都被轻烟薄雾般的愁思所笼罩。萧瑟的秋风固然引起游子的苍凉之感，就是“东风摇百草”的春天，在他们心中产生的也不是欢快喜悦，而是“所遇无故物”（《回车驾言迈》）的失落和孤独。在各种景色中，累累坟墓和萧萧白杨，无疑最容易引起对死亡的恐惧，因而频频出现在十九首中：

出郭门直视，但见丘与坟。
古墓犁为田，松柏摧为薪。
白杨多悲风，萧萧愁杀人。
（《去者日已疏》）

驱车上东门，遥望郭北墓。
白杨何萧萧，松柏夹广路。
下有陈死人，杳杳即长暮。
潜寐黄泉下，千载永不寤。
（《驱车上东门》）

在死亡阴影的胁迫下，诗人们急切地为这短暂而痛苦的人生寻求慰藉与解脱之道，答案便是及时行乐，“昼短苦夜长，何不秉烛游？为乐当及时，何能待来兹”（《生年不满百》），而“及时行乐”的内容，既包括美衣美食之类的物质享受，诸如“斗酒相娱乐，聊厚不为薄”（《青青陵上柏》）、“不如饮美酒，被服纨与素”（《驱车上东门》），也包括及时满足对于荣誉地位的渴望：

何不策高足，先据要路津？无为守穷贱，轗轲长苦辛！
（《今日良宴会》）
盛衰各有时，立身苦不早。……奄忽随物化，荣名以为宝。
（《回车驾言迈》）

他们高唱要“荡涤放情志”，责问“何为自结束”？这类思想是庸俗而粗野的，气质是浪漫颓废的，却蕴含着对传统观念的一种偏离与挑战。

2.《古诗十九首》的艺术特色

《古诗十九首》是我国早期文人五言诗的标志性作品，刘勰《文心雕龙·明诗》称它为“五言之冠冕”，其艺术成就主要有下面两点：

第一，特别擅长用比兴手法抒情，往往托物兴感。许多诗篇都能巧妙地起兴发端，用以起兴发端的有典型事件，也有具体物象。以物象起兴发端多选择和时序相关的景观，抒情主人公或遇春草，或临秋风，有的眼望明月，有的耳听虫鸣，由这些具体物象引发出种种思绪。以事件起兴发端的诗篇，往往顺势推衍成一个故事。《孟冬寒气至》和《客从远方来》都以女主人公收到远方寄来的物品发端，然后写出她们对游子的信件和礼物的珍视。

第二，语言在一定程度上受到乐府民歌的滋养，诗人用平易自然、明白晓畅而又富于形象性的语言道出真情至理，形成了生动自然、“深衷浅貌”的语言风格，被钟嵘（《诗品》卷上）誉为“一字千金”。

作为汉代文人五言诗的代表性作品，《古诗十九首》在形式、题材、语言风格、表现技巧等诸多方面，都对后代诗歌产生了深远的影响。在魏晋时代曹丕、曹植、陆机、陶渊明、鲍照等重要诗人的作品中，我们都可以看到模拟十九首的痕迹，魏晋以后仍然不断有人从“古诗”中汲取营养，其影响可谓绵绵不断。

三、建安与正始诗

1. 建安之诗

建安（196—220）是汉献帝年号，古代文学史习惯上以建安文学为魏晋南北朝文学的开端，建安诗歌实际上包括了建安年间和魏朝前期的诗歌。建安诗坛以曹氏父子为中心，曹操诗作现存二十余首，都是曾经配乐演唱的乐府歌辞。曹诗的内容和写作方法都与汉乐府“感于哀乐，缘事而发”（《汉书·艺文志》）的精神一脉相承，一部分诗反映了汉末战乱的现实和人民遭受的苦难，像《薤露》、《蒿里行》等；其中还有不少抒发人生感悟、表达政治抱负的作品，如代表作《短歌行》等。曹诗绝少华美辞藻，结构也不很精细，喜从大处落笔，语言古朴，气势宏伟，抒发感情往往于悲凉之中多有跌宕慷慨之气。宋敖器之《诗评》赞“魏武帝如幽燕老将，气韵沉雄”；锺嵘《诗品》说“曹公古直，甚有悲凉之句”，均堪称允当。

曹丕诗作现存四十首，从内容方面看，写游子思妇题材的诗歌是其中艺术水平最高的，七言《燕歌行》二首尤为著名，其中第二首“秋风萧瑟天气凉”，利用了七言诗的长处，音节和谐舒缓，描摹细致生动，语言清新流丽，将抒情与写景交融在一起，成功地抒写了一位妇女在不眠的秋夜怀念丈夫的情态，既不脱离民歌的精神，又有自己的创造。这首诗是我国现存第一首成熟的七言诗，对后代歌行体诗的发展产生了重大的影响。

在建安诗人中，曹植是留存作品最多、对当时及后代文学影响最大的一位。其诗现存九十余首，其中有六十余首是五言诗，他是第一位大力写作五言诗的文人，对五言诗的发展作出了杰出的贡献。

曹植的生活和创作，以公元 220 年曹丕称帝为界，分为两个时期。这两个时期的作品，内容与风格均有明显不同。曹植前期主要过着优裕、风流自赏的贵族生活，其诗歌主要是歌唱他的理想和抱负，时时洋溢着自信自负的少年意气。曹植后期，在曹丕父子的猜忌、迫害下生活了十一年，六次变更爵位，三次迁徙封地，名为王侯，实同囚徒，心情极为悲愤苦闷，四十一岁即抑郁而终。所以其后期诗歌主要是表达由理想与现实的矛盾所激起的悲愤。

曹植前期的著名作品是《白马篇》，诗人借游侠题材，歌咏壮士为国捐躯、视死如归的精神，实际也是自己理想和抱负的抒写。其中“名编壮士籍，不得中顾私。捐躯赴国难，视死忽如归”的诗句，洋溢着豪迈的气概。曹植后期诗作从内容上主要可分为三类：第一类是对自己和朋友遭遇迫害的愤懑，如《野田黄雀行》，诗中以鹞鹰和罗网代表恶势力，黄雀象征受害者，少年则代表曹植的理想。写出了恶势力的强大，朋友的无辜受害以及自己的无能为力。第二类用思妇、弃妇托寓身世，表白心迹。如《浮萍篇》、《美女篇》、《七哀诗》、《种葛篇》、《杂诗》（“西北有织妇”、“南国有佳人”）等。这类诗歌或叹盛年无偶，或自述无辜被弃，其主旨在于抒发自己的失意。代表作《七哀诗》借男女之情写君臣之意，感情凄婉，含蓄蕴藉，意味深长。第三类是述志诗。曹植早年就不甘心做一个文人，要建功立业，其用世之心，在后期更是屡屡诉诸诗赋，《杂诗》（“仆夫早严驾”）就是这方面的代表作：

> 仆夫早严驾，吾行将远游。远游欲何之，吴国为我仇。将骋万里途，东路安足由。江介多悲风，淮泗驰急流。愿欲一轻济，惜哉无方舟。闲居非吾志，甘心赴国忧。

此诗吐露立功沙场之志，表示愿为伐吴效力，情绪激昂。但写到报国无门的境遇，又极其悲愤。

从艺术上讲，曹植诗有如下三个特点：

第一，结构大多颇为精致，很少平铺直叙，“极工于起调”（沈德潜《说诗晬语》）。开头常常以几句带有主观感情色彩的景物描写，渲染出特定的气氛，笼罩全篇。如《野田黄雀行》“高树多悲风，海水扬其波”二句，以激烈动荡的景象，暗示了作者心境的不平和处境的险恶；《七哀》“明月照高楼，流光正徘徊”二句，以迷蒙恍惚的景象，奠定了全诗哀怨的基调。

第二，与民间乐府不同，曹植的诗往往有鲜明的色泽，并已较多使用书面语，讲求华美、工整和刻画的细致，并已开始运用对仗和练字的表现手法。像“凝霜依玉除，清风飘飞阁”（《赠丁仪》），“白日曜青春，时雨静飞尘”（《侍太子坐》），“秋兰被长坂，朱华冒渌池”（《公宴》）等诗句，其中的动词都经过精心锤炼，以求达到警醒的效果。这样的诗句在曹植作品中所占比例虽然不大，但对后来文人诗的创作却有着重要影响。

第三，诗中开始有较多的自然景物描写，这同样是在汉代民间乐府中很难见到而对后代文人诗影响很大的现象。如《公宴》中的一节：

清夜游西园，飞盖相追随。明月澄清景，列宿正参差。秋兰被长坂，朱华冒渌池。潜鱼跃清波，好鸟鸣高枝。神飚接丹毂，轻辇随风移。

曹植通过他一生的创作实践，把文人的艺术修养、文人文学的传统与乐府民歌的特点结合了起来，既吸取了民歌的长处，又改变了民歌单纯朴素的面貌，既“骨气奇高，词采华茂”（《诗品》），又“不离闾里歌谣之质”（黄侃《诗品讲疏》），完成了乐府民歌向文人诗的转变。

2. 正始之诗

正始（240—249）是魏废帝曹芳的年号，文学史上所说的“正始文学”，还包括正始以后直到西晋立国（265）这一段时期的文学创作。正始时期著名的文学家，有所谓“竹林七贤”，指阮籍、嵇康、山涛、王戎、向秀、刘伶、阮咸七人，其中阮籍、嵇康的文学成就最高。

阮籍（210—263），字嗣宗，陈留尉氏（今河南尉氏）人，阮瑀之子，有《阮嗣宗集》。阮籍年轻时“有济世之志”，自视很高，但当时的局势让他很难施展抱负。生活在魏晋易代之际的诗人，既不愿为曹魏皇室殉葬，也不愿做司马懿父子的帮凶，为全身远祸，只有佯狂避世。阮籍博览群籍，尤好老、庄。或闭门读书，或登山临水，流连忘返。嗜酒能啸，善弹琴。性情率真，不拘小节。

阮籍的代表作是《咏怀诗》八十二首。这些诗非一时一地之作，反映了他的政治思想、生活态度，尤其是对于人生问题的反复思考，是内心情感和理性思索的记录。只是由于身仕乱朝，常恐遭祸，故只能用比兴、象征的手法来表达感情、寄托怀抱，用笔曲折，含蕴隐约。所以钟嵘《诗品》说他“言在耳目之内，情寄八荒之表。……颇多感慨之辞，厥旨渊放，归趣难求”。

《咏怀诗》的核心内容，是带有哲理性的对人生问题的思考，同《古诗十九首》及建安诗歌一样，《咏怀诗》中也反复发出诸如“人生若尘露，天道邈悠悠”、“朝为媚少年，夕暮成丑老”之类人生短促的感叹。不过，在《古诗十九首》中，追求现世的享乐，追求友谊和爱情，被当作解脱途径来歌咏；在建安诗歌中，追求不朽的功业，被视为有限生命的延续。在《咏怀诗》中，阮籍逐一排除了可能的解脱道路：“膏火自煎熬，多财为患害”，权力和钱财常会给自己带来灾难，就像油脂燃烧自己一样；“高名令志惑，重利使心忧”、“千秋万岁后，荣名安所之”，名和利一样，只能使人丧失自我，而没有价值和意义；家庭、朋友之情诚然美好，但黑暗的现实随时可以夺走它们，愈加唤起人生的悲哀：“一身不自保，何况恋妻子”，“临觞多哀楚，思我故时人。对酒不能言，凄怆怀苦辛”。《咏怀诗》中虽多处写到对神仙世界的向往，但只是一个虚幻的影子，作者并没有把它当作真实的追求，即使能长生，在这样的世界上也是徒然：“人言愿延年，延年将焉之”，在阮籍看来，现实犹如一张大网，使人无处可逃：“天网弥四野，六翮掩不舒”。在第三十三首中，他对自己的一生作了一个总的描绘：

> 一日复一夕，一夕复一朝。颜色改平常，精神自损消。
> 胸中怀汤火，变化故相招。万事无穷极，知谋苦不饶。
> 但恐须臾间，魂气随风飘。终身履薄冰，谁知我心焦！

充满着忧虑和恐惧，没有一个心灵的归宿，所以在《咏怀诗》中反复吟咏的是一种强烈的生命孤独感：诗人写鸟兽虫鱼对自身命运之无奈，如孤鸟、寒鸟、孤鸿、离兽等意象经常出现在诗中，特别是春生秋死的蟋蟀、蟪蛄，成为诗人反复歌咏的对象。

阮籍是特定时代中的悲剧人物，《咏怀诗》写得蕴藉含蓄、自然飘逸，感情也极为真诚激切，具有感人的力量，所以《诗品》说它“可以陶性灵、发幽思”。这种以组诗方式抒发心理深层情绪的形式，对后代诗人有明显的影响。陶潜《饮酒》、庾信《拟咏怀》、陈子昂《感遇》、李白《古风》等组诗，都和

《咏怀诗》有着不可否认的继承关系。

嵇康（223—262），字叔夜，谯郡铚（今安徽宿县西）人，比阮籍小十四岁。曾任中散大夫，故世称嵇中散。有《嵇中散集》。嵇康崇尚老庄，又受道教影响，喜谈服食养生之事，经常入山采药，服五石散。通音乐，善弹琴，善书法，尤妙于草书。

嵇康与阮籍是好友，同为“竹林七贤”的代表人物，思想多有相近之处，但性格为人、处世态度颇有不同。嵇康娶魏宗室之女，与曹魏政权的关系，比阮籍更为密切；对司马氏的阴谋，他的反对也更为明显激烈。所以当正始末司马懿执政之后，他就脱离政坛，不像阮籍那样，仍虚与斡旋，以求自保。嵇康《与山巨源绝交书》中说“非汤武而薄周孔”，这不仅是离经叛道、诽谤圣王的问题，也是对司马昭的影射攻击，是与司马氏的绝交书。以嵇康的社会联系、政治态度以及刚傲的性格，自然难为司马氏所容。嵇康最终因其忘年交吕安兄弟案件牵涉而入狱，后被杀，死时只有四十岁。

嵇康的诗，现存五十余首。有四言、五言、七言和杂言，而以四言最多，成就也最高。他的四言诗是继曹操之后又一批成功之作，其诗以表现追求自然、高蹈独立、厌弃功名富贵的人生观为主要内容，其中《幽愤诗》自述平生的遭遇和理想抱负，对自己无辜受冤表示极大愤慨。诗末说：“采薇山阿，散发岩岫。永啸常吟，颐性养寿”，抒写对自由生活的向往，语气清峻。四言《赠秀才入军》诗共十八篇，第九、第十四两篇尤其受人喜爱。这组诗原是嵇康送兄长从军而作，但诗中借想象兄长从军后的生活，表现了作者自己的襟怀和人生情趣。“风驰电逝，蹑景追飞”写得何等有生气；“凌厉中原，顾盼生姿”，旁若无人的神态跃然纸上；“目送归鸿，手挥五弦。俯仰自得，游心太玄”，又是那样悠闲自得、韶秀清玄。这首诗是嵇康理想人格的写照，也是“魏晋风度”的写照。

嵇康诗的风格，刘勰《文心雕龙》评为：“嵇志清峻”（《明诗》），又说：“叔夜俊侠，故兴高而采烈”（《体性》），突出了嵇康诗风与其人格性情之间的密切关系。

四、两晋诗

1. 左思

左思在西晋作家中别具一格，代表作有《咏史》、《杂诗》、《招隐》等。其《咏史》诗以刚健质朴的语言，抒写寒士之不平及对士族的蔑视与抗争，在对抗与冲突之中，呈现出激情与力度，这也可以说是继承了建安文学的传统，所以

《诗品》有“左思风力”之誉。

左思（约 250—约 305），字太冲，临淄（今属山东）人。出身庶族，状貌丑陋，口讷，而词藻壮丽。妹左芬以文才召入武帝内宫，左思随之移家洛阳。曾为权臣贾谧门下“二十四友”之一，贾谧被杀后，退居家中专心读书。八王之乱起，举家避难冀州，数年后因病去世。

左思的《咏史》诗，借咏史写自己的抱负，抒发心中的不平，旨在揭露、批判世族垄断政治使寒门士人怀才不遇、有志难伸的社会现象，表现了对士族门阀制度的强烈不满。如第二首：

郁郁涧底松，离离山上苗。以彼径寸茎，荫此百尺条。
世胄蹑高位，英俊沉下僚。地势使之然，由来非一朝。
金张藉旧业，七叶珥汉貂。冯公岂不伟，白首不见招。

以涧底松和山上苗作比喻，揭露了在“上品无寒门，下品无士族”的门阀制度下，出身寒微而有才能的人，终生屈居下位，世家子弟则依靠父兄荫庇，不问贤愚，均居于高位的不平等现象。

左思的《咏史》八首，开创了咏史诗借咏史以咏怀的新路，成为后世诗人效法的范例，这是他对中国诗歌史的独特贡献，所以前人评云：“创成一体，垂式千秋。”（陈祚明《采菽堂古诗选》卷十一）

2. 陶渊明

东晋大诗人陶渊明（365—427），字元亮，或云名潜，字渊明，号五柳先生，浔阳柴桑（今江西九江）人。曾祖陶侃是东晋初期名将，封长沙郡公。祖父官至太守，母为名士孟嘉女。陶渊明年幼时父亲就已去世，家境日渐败落。他从二十九岁时开始出仕，任江州祭酒，不久即归隐。后又做过江州和荆州刺史桓玄的幕僚，刘裕、刘敬宣的参军，过着时隐时仕的生活。义熙元年（405）陶渊明四十一岁，出任彭泽县令。不过八十多天，就因不愿“为五斗米折腰向乡里小儿”，即日辞职归田，从此不再出仕。归隐初期，生活比较安宁自得。后因农田受灾，房屋被烧，生活日趋贫困，但他始终不愿再出仕为官。死后友人私谥“靖节先生”，《宋书》、《晋书》、《南史》有传。

陶渊明早年较多地受到儒家传统的教育，熟谙儒家学说，诗文中引用儒家经典很多；同时他也深受老庄思想的影响，在诗文中用《老子》、《庄子》的典故更多。陶渊明对儒家思想主要取其重视名节、重视个人道德修养的一面，但不拘泥儒家繁琐迂执乃至虚伪矫情的礼法，显得通脱而不拘泥，同时具有儒家的入世精神；对道家思想，主要取其崇尚自然、追求超脱的一面，但又不愿陷于无节制的任诞狂放。他的诗文中，出现最多的两类意象，一类是寒松秋菊，象征着坚贞高洁的情操，显然和前者关系较大；另一类是翔鸟行云，象征着追求自由的精神，主要出于后者。

陶渊明田园诗的艺术魅力，与其说在于它是田园生活的真实写照，不如说在于其中寄托了陶渊明的人生理想。田园被陶渊明用诗的构造手段高度纯化、美化，变成了痛苦世界中的一座精神避难所。所以陶渊明的田园诗不是简单的生活纪实，而具有复杂的理性意蕴。陶渊明的田园诗有的是通过描写田园景物的恬美和简朴，表现自己悠然自得的心境。如《归园田居》其一：

> 少无适俗韵，性本爱丘山。误落尘网中，一去三十年。羁鸟恋旧林，池鱼思故渊。
>
> 开荒南野际，守拙归园田。方宅十馀亩，草屋八九间。榆柳荫后檐，桃李罗堂前。
>
> 暧暧远人村，依依墟里烟。狗吠深巷中，鸡鸣桑树颠。户庭无尘杂，虚室有馀闲。
>
> 久在樊笼里，复得返自然。

这首诗大约作于从彭泽令解职归田的次年，抒发回到田园生活的愉悦心情。“暧暧”两句，将视线转向远处，使整个画面显出悠邈、虚淡、静穆、平和的韵味。作者正是以它作为污浊喧嚣的官场——所谓“樊笼”——的对立面，表现自己的社会理想和人生观念。

陶渊明的田园诗有的着重写躬耕的生活体验，这是其田园诗最有特点的部分，士大夫亲身参加农耕，并用诗写出农耕体验的，陶渊明是第一位，陶渊明之后的田园诗真正写自己劳动生活的也不多见。《归园田居》其三（“种豆南山下”）是这类诗中意境最美的，此诗的结尾两句再一次说明，陶渊明之写田园生活，写体力劳动，实际都是在咏歌自己的理想，展现出理想得以实现的愉快。

对陶诗的艺术特点，前人早有定评，谓之朴素、自然、真淳。这本是诗人有意识的美学追求，他绝少使用秾艳的色彩、夸张的语调、深奥的语汇、生僻的典故。他的诗中也常用对仗句式，但多数是比较古朴而不太精巧，以致在感觉上并不明显。他的诗歌充满感情，但真正表现得很强烈、显得激荡起伏的时候很少，而是和冷静的哲理思维结合在一起，呈现为明净淡远的意境。

在陶渊明笔下，农村生活、田园风光才第一次被当作重要的审美对象，他是中国诗歌史上第一个大量写作田园诗的诗人，开创了田园诗派，为中国古典诗歌扩大了描写对象和表现题材，把无数诗人引入了一个新的创作天地。

陶渊明对后代有多方面的影响。在南朝，他还主要被当作一个品行高洁的隐士来看待，作品当时并不受人重视。刘勰著《文心雕龙》，对陶诗只字未及。钟嵘作《诗品》仅把陶置于中品，称为“古今隐逸诗人之宗”。梁萧统编《陶渊明集》，并为之写序、作传，对陶的为人和创作都给了较高的评价，但在《文选》中，所录陶氏作品的数量远不如陆机、谢灵运。到了宋代，陶渊明开始受到普遍一致的推崇。苏轼评陶渊明说：“其诗质而实绮，癯而实腴，自曹、刘、鲍、谢、李、杜诸人，皆莫及也。”（《与苏辙书》）朱熹称赞说“渊明诗平淡，出于自然”、“渊明诗所以为高，正在不待安排，胸中自然流出”。经过苏轼、朱熹的褒扬，以及南宋汤汉对其作品的诠释，陶渊明才真正确立了他在文学史上开创一代诗风的崇高地位。金元间诗人元好问在《继愚轩和党承旨雪诗》（四首之一）所云：“君看陶集中，饮酒与归田。此翁岂作诗，直写胸中天。”可谓对陶渊明其人和其诗的最恰切的评价。

五、南北朝诗

1. 谢灵运

谢灵运（385—433），祖籍陈郡阳夏（今河南太康附近），后移居会稽（今浙江绍兴）。灵运出身于东晋最显赫的士族家庭，祖父谢玄是淝水之战的主将，本人年轻时即袭封康乐郡公，故世称谢康乐。

谢灵运才学出众，他本来在政治上很有抱负，但在晋宋易代之际，政局混乱、社会动荡，宋武帝刘裕采取压抑士族的政策，谢灵运也由公爵降为侯爵，在政治上一直不得志，加上他性格高傲，又缺乏政治家的练达和深沉，最终被遣出为永嘉太守。自出任永嘉太守之后，无论是在任还是隐居，他总是纵情山水，肆意遨游，在山水清音中寻求心灵的慰藉。文帝即位后，谢灵运再度入朝，他的高傲横恣，使朝廷深为不安。最终因谋图举兵反抗，被斩首弃市于广州通衢。

谢灵运的山水诗，大部分是他任永嘉太守后所写。这些诗以富丽精工的语言，生动细致地描绘了永嘉、会稽、彭蠡湖等地的自然景色。山姿水态在谢灵运的诗中占据了主要地位，“极貌以写物”（刘勰《文心雕龙·明诗》）和“尚巧似”（锺嵘《诗品》上）成为其主要的艺术追求。他尽量捕捉山水景物的客观美，不肯放过寓目的每一个细节，并不遗余力地勾勒描绘，力图把它们一一真实地再现出来。如他的《入彭蠡湖口》一诗对自然景物的观察与体验十分细致，刻画也相当精妙，描摹动态的“崩奔”、月下哀狖的悲鸣之声及“绿野秀”与“白云屯”的鲜丽色彩搭配，无不给人以深刻的印象。

谢灵运那些垂范后世的佳句，无不显示着高超的描摹技巧，如：“白云抱幽石，绿筱媚清涟”（《过始宁墅》）；“云日相晖映，空水共澄鲜”（《登江中孤屿》）；“林壑敛暝色，云霞收夕霏”（《石壁精舍还湖中作》）；“春晚绿野秀，岩高白云屯”（《入彭蠡湖口》）；“池塘生春草，园柳变鸣禽”（《登池上楼》）；“残红被径隧，初绿杂浅深”（《读书斋》）；“野旷沙岸净，天高秋月明”（《初去郡》）；“密林含馀清，远峰隐半规”（《游南亭》）等等，语言工整精练，境界清新自然，犹如一幅幅鲜明的图画，从不同的角度向人们展示着大自然的美，其中“池塘生春草”更是意象清新，天然浑成，深得后人激赏。

谢诗在语言方面的疵病，一是有时铺排过甚，如《诗品》所言，“颇以繁富为累”；二是有些对句显得板滞无精神；三是多使用典故和深奥的书面语，读来拗口且费解。谢诗还有一个明显的毛病，即在结构上，也多是先叙出游，次写见闻，最后谈玄或发感喟，如同一篇篇旅行日记，而又常常拖着一条玄言的尾巴。如其著名的《登池上楼》，在随口吟出“池塘生春草，园柳变鸣禽”这样清新传神的诗句后，还唱出了“索居易永久，离群难处心。持操岂独古，无闷征在今”这样一种摒弃世务的感喟。

如果说陶渊明是先前一代诗风的集大成者的话，那么谢灵运就是开启了一代新诗风的首创者。谢灵运在大力创作山水诗的过程中，为了表现新的题材内容和审美情趣，表现出“情必极貌以写物，辞必穷力而追新”和“性情渐隐，声色大开”的新特征。这一新的特征是伴随着山水诗的发展出现的创新现象，它深深地影响着南朝诗风，成为南朝诗的主流。

2. 鲍照

鲍照（约 414—466），字明远，祖籍上党，后迁于东海（今江苏涟水附近）。出身寒微，自称“家世贫贱”（《谢秣陵令表》）。自步入仕途后，一直沉沦下僚，最后任临海王刘子项参军，在刘子项举兵叛乱失败时，死于乱军中。有《鲍参军集》。

鲍照诗歌最突出的成就在乐府体，这些诗用辞警醒，色泽浓郁，节奏奔放，显示出感情的冲动、激荡与紧张，形成前所未有的、富于刺激性的总体风格。鲍照乐府诗的主要内容，就是表现建功立业的愿望，抒发寒门之士备受压抑的痛苦，诗中充满对门阀社会的不满情绪与抗争精神，代表着寒士的强烈呼声。如七言乐府《拟行路难》十八首其四：

> 泻水置平地，各自东西南北流。人生亦有命，安能行叹复坐愁！酌酒以自宽，举杯断绝歌路难。心非木石岂无感？吞声踯躅不敢言。

全诗突出一个“愁”字，所叹者因愁，酌酒为消愁，悲歌为泻愁，不敢言者更添愁。全诗在平淡的外表下蕴含着深沉而又激越奔放的感情。

鲍照在七言诗发展中有着重要的地位。在鲍照以前，只有整齐的七言诗。虽然这种诗体到了曹丕的《燕歌行》已经相当成熟，但一则作者寥落，一则其形式仍是每句押韵，节奏单一，不够流转变化。至于以七言句为主杂，以其他各种句式的乐府歌行，则是鲍照的新创。所以，鲍照既是第一个有意识致力于七言诗创作的诗人，又是杂言式七言歌行的开创者。鲍照模拟和学习乐府，经过充分的消化吸收和熔铸创造，以丰富的内容充实了七言体的形式，并且变逐句押韵为隔句押韵，同时还可以自由换韵，从而为七言体诗的发展开拓了宽广的道路。

鲍照还是南朝最早有意识写作边塞题材的诗人。从其创作意识来说，主要是通过战争、边塞风光、军旅生活等激动人心的内容，追求高度紧张、富于刺激、雄壮有力的诗情。这是鲍照的性格和审美趣味的反映。以后梁、陈的诗人普遍重视边塞题材的独特审美价值，无疑与鲍照的影响有关。

鲍照的乐府诗创作在中国诗歌史上占有重要的地位，其出色之处在于他在诗中贯注了强烈的激情，无论写景写人，都带有鲜明的主观感情色彩，使乐府诗勃发出昂扬飞动的神气。鲍照乐府诗富于力度、充满激情、自我形象鲜明的特点，影响了唐代李白、杜甫等大诗人。胡应麟《诗薮》称其“上挽曹、刘之逸步，下开李、杜之先鞭”，确为的评。

3. 谢朓

永明体的代表诗人谢朓，是齐梁时期最为杰出的诗人。谢朓（464—499），字玄晖，陈郡阳夏（今河南太康附近）人，“竟陵八友”之一，与同族前辈谢灵运均擅长山水诗，故后人有“大小谢”之称。谢朓于永明初出仕，先在京城任职，后在荆州任随王萧子隆幕僚，永明十一年，因遭受谗言被召回京师后，逐渐陷入困境，最后被诬陷下狱而死，年仅三十六岁。有《谢宣城集》。

谢朓最突出的贡献，是对山水诗的发展和对新诗体的探索。在山水诗方面，他继承了谢灵运山水诗细致、清新的特点，但在写作方法上，却不像谢灵运那样一一纪述游历过程，寓目成句、随意铺排，而是更多地对自然景物作选择、提炼，重新加以安排，从而避免了大谢诗的晦涩、平板及情景割裂之弊，同时还摆脱了玄言的成分，形成一种清新流丽的风格。谢朓曾说“好诗圆美流转如弹丸”（《南史·王昙首传》附《王筠传》），他的诗歌创作就体现了这一审美观念。要达到“圆美流转”，语言的清新流畅与声韵的铿锵婉转是十分重要的因素。谢朓是“永明体”的积极参与者，他将讲究平仄四声的永明声律论运用于诗歌创作之中，因而他的诗作音调流畅和谐，读起来朗朗上口，铿锵悦耳。

同谢灵运一样，谢朓也是一位善于熔裁警句的好手，他笔下的警句对仗工整，和谐流畅，清新隽永，体现了“新体诗”的特点。除“馀霞散成绮，澄江静如练（《晚登三山还望京邑》）”、“天际识归舟，云中辨江树（《之宣城出新林浦向板桥》）”等警绝之句外，还有诸如“大江流日夜，客心悲未央”（《暂使下都夜发新林至京邑赠西府同僚》）、“朔风吹飞雨，萧条江上来”（《观朝雨》）、“寒城一以眺，平楚正苍然”（《宣城郡内登望》）、“余雪映青山，寒雾开白日。暧暧江村见，离离海树出”（《高斋视事》）等，皆似一幅幅萧疏淡远的水墨画，高雅闲淡而又富于思致。难怪锺嵘说他：“奇章秀句，往往警遒”（《诗品》卷中）。

严羽《沧浪诗话》说：“谢朓之诗，已有全篇似唐人者”，其中原因，除了声律的因素，还有诗歌的语言。诗歌语言经过长期探索、磨炼，到了谢朓时已更加纯熟。在谢灵运、颜延之的诗中，还是很容易找到赘句、累句，在谢朓诗中就极为少见。对于谢诗的清新秀发、自然流转，李白曾多次表示钦佩：“蓬莱文章建安骨，中间小谢又清发”（《宣州谢朓楼饯别校书叔云》），杜甫也说：“礼加徐孺子，诗接谢宣城”（《陪裴使君登岳阳楼》）、“谢朓每篇堪讽诵，冯唐已老吹听嘘”（《寄岑嘉州》），这些评论都说明了谢朓对唐代诗人的深刻影响。

4. 庾信

庾信（513—581），字子山，南阳新野（今属河南）人。聪敏绝伦，博览群书。自幼随父亲庾肩吾出入于萧纲的宫廷，后来又与徐陵一起任萧纲的东宫学士，成为宫体文学的代表作家。四十二岁奉命出使西魏，被强留在北方，官至车骑大将军、开府仪同三司；北周代魏后，更迁为骠骑大将军、开府仪同三司，封侯，世称“庾开府”。

庾信的文学创作，以四十二岁时出使西魏为界，分为两个时期。前期在梁，作品多为宫体性质，轻艳流荡，富于辞采之美。羁留北朝后，他“虽位望通显，常有乡关之思”（《周书》本传）。庾信以乡关之思发为哀怨之辞，蕴含丰富的思想内容，充满深切的情感，笔调劲健苍凉，艺术上也更为成熟。杜甫在《戏为六绝句》中说："庾信文章老更成，凌云健笔意纵横"，又在《咏怀古迹》中评论其"暮年诗赋动江关"，正是指他后期作品的这种特色。

庾信在梁时的作品，特别是19岁至36岁在东宫任职期间的诗赋，基本上都是奉和、应制之作，题材亦不出花鸟风月、醇酒美人、歌声舞影、闺房器物的范围。由于萧纲等人力主新变，影响所及，促使当时的创作争奇斗巧，打破陈规，开启了唐诗、律赋发展的道路。庾信前期的创作，在这方面颇有贡献，如他的《乌夜啼》拓展了七言古诗的体制，不但篇幅变长以便铺叙，而且配合感情的起伏，变逐句押韵为数句一转韵。明代杨慎指出："庾信之诗，为梁之冠绝，启唐之先鞭"（《升庵诗话》卷三），清代刘熙载也指出："庾子山《燕歌行》开唐初七古，《乌夜啼》开唐七律，其他体为唐五绝、五律、五排所本者，尤不可胜举"（《艺概·诗概》）。

庾信后期创作中成就最高的是自抒胸怀与怀念故国之作。羁留北朝的他，亡国之哀、羁旅之愁、道德上的自责，时刻纠绕于心，却又找不到任何出路，往往只是在无可慰解中强自慰解，结果却是愈陷愈深，也使得诗中的情绪显得沉重无比。《拟咏怀》二十七首，就是这一类诗的代表。这二十七首诗，以五言组诗的体制，从多种角度抒发凄怨之情，直承阮籍《咏怀》组诗的抒情传统，尤称杰作。

庾信后期诗中，还有不少五言绝句，如"玉关道路远，金陵信使疏。独下千行泪，开君万里书"（《寄王琳》），"阳关万里道，不见一人归。惟有河边雁，秋来南向飞"（《重别周尚书》），无论数量和造诣，都明显高于同时代诗人。

由南入北的经历，使庾信的艺术造诣达到"穷南北之胜"的高度，他汲取了齐梁文学声律、用典、对偶等修辞技巧，并接受了北朝文学的浑浩劲健之风，从而开拓和丰富了审美意境，为唐代新的诗风的形成作了必要的准备。

六、南北朝乐府民歌

1. 南朝乐府民歌

现存南朝乐府民歌，总数近五百首，基本上保存在郭茂倩所编《乐府诗集》的"清商曲辞"里，共分为"吴声歌曲"、"西曲"和"神弦歌"三类。因神弦歌是民间祀神的乐章，数量极少，故南朝乐府民歌以前两类为主。吴歌产生于六朝都城建业（今南京）及周围地区；西曲产生于江汉流域的荆（今湖北江陵县）、郢（今江陵县附近）、樊（今湖北襄樊市）、邓（今河南邓县）等几个主要地区。

南朝乐府民歌的内容，与多方面反映社会生活的汉乐府民歌不同，百分之九十以上写的是男女之情，并且绝大多数以女子的口吻，表现女子对男子的爱慕相思。此外还有一部分作品专门描绘女子体态容貌的美丽。现存吴声歌曲的主要曲调有如下几种：

（1）《子夜歌》，声调凄婉动人，《唐书·乐志》也说它“声过哀苦”。如：“始欲识郎时，两心望如一。理丝入残机，何悟不成匹。”

（2）《子夜四时歌》，是《子夜歌》的变曲，以四时景物为衬托。文字更为精致，文人修饰润色的成分更多。如《春歌》：“春林华多媚，春鸟意多哀。春风复多情，吹我罗裳开。”

（3）《读曲歌》、《懊侬歌》、《华山畿》，这几类风格相近，歌辞比较朴素，较能保持民歌的原始风貌。如《读曲歌》：“打杀长鸣鸡，弹去乌臼鸟。愿得连冥不复曙，一年都一晓。”

西曲多写水边船上旅客商妇的离别之情，所反映的生活面比吴歌稍广，风格也较开朗明快。今存《西曲歌》大部分是舞曲。据史书记载，许多种舞曲都是文人在民歌的基础上制作的，但这仅指乐曲而言，至于歌辞，多数仍出于民间。现存西曲的主要曲调有《石城乐》、《乌夜啼》、《莫愁乐》、《襄阳乐》、《三洲歌》、《那呵滩》、《神弦歌》。

南朝民歌基本特点：

其一，它所表现的爱情，几乎完全是浪漫色彩的，而极少有伦理因素的考虑。诗中的男女主人公，往往是“非礼”的关系：或是青年男女之间的私相爱慕，或是冒犯世俗道德的偷情，或是萍水相逢的聚合。少见明媒正娶，夫妇礼合。

其二，从表现的情绪来说，南朝民歌的基调是哀伤的。这一方面因为在浪漫的、非礼的爱情关系中，爱被阻隔，空怀相思，或一晌贪欢，转瞬负情，是常有之事，所以容易形成伤感的情调；但另一方面，从审美趣味和娱乐性来说，伤感的情绪比欢娱的情绪更显得优美，更容易动人。

其三，南朝民歌的语言，是出语天然，明朗而又巧妙。吴歌中的《大子夜歌》说：“歌谣数百种，《子夜》最可怜。慷慨吐清音，明转出天然”，这一评价也适宜于整个南朝民歌。南朝民歌的语言，有的较为朴素，有的较为鲜丽。但即使是后者，也不同于文人诗的华美典雅，而是一种浅俗的鲜丽。大量运用双关隐语，是南朝民歌尤其是吴歌的显著特点。双关隐语的构成，主要是利用谐音字和一字多义，这种双关隐语，常常又和比喻、象征手法结合使用。如《子夜歌》中“雾露隐芙蓉，见莲不分明”，“莲”谐音“怜”字，同时这两句又比喻男方的感情犹豫含糊，这是利用谐音字；再如《三洲歌》中“遥见千幅帆，知是逐风流”，“风流”既是字面上的“风吹水流”之意，又隐喻男女之间的“风流情事”，这是利用多义词。这种手法的运用，避免了过于简单直露、一览无余的表现，使得诗歌的感情在热烈大胆的同时又显得婉转缠绵，并且增加了语言的活泼和形象的生动鲜明。

其四，南朝民歌的形式特点是：体制小巧，以五言四句为主，约占总数的三分之二。其余的四言及杂言体诗，篇幅也很短小。短小的篇幅对形成明快的诗风具有关键的意义。南朝民歌中占主导的五言四句的格式，对五言绝句的形成，也起了很大的作用。

2. 北朝乐府民歌

北朝民歌大部分保存在《乐府诗集·横吹曲辞》的《梁鼓角横吹曲》中，在《杂曲歌辞》和《杂歌谣辞》中也有一小部分，共70首左右。“横吹曲”原是在马上演奏的一种军乐，后来也用于仪仗、典礼、娱乐等场合。因演奏的乐器有鼓有号角，所以叫“鼓角横吹曲”。这些歌曲从北方流入南方，为梁朝的乐府机关所采录，所以在乐曲名称前冠以“梁”字。北朝民歌以氐羌、鲜卑等少数民族的歌谣为多，其中许多民歌是经过翻译的。

北朝民歌的情调和风格，跟南朝民歌有显著的差别。质朴粗犷、豪迈雄壮是北朝民歌最显著的特色。尽管北朝民歌现存的数量比南朝民歌少得多，但包含的题材却远比南朝民歌广泛，涉及社会生活的各个方面。较为集中的题材有：

（1）歌颂北方人民的尚武精神。如：“男儿欲作健，结伴不须多。鹞子经天飞，群雀两向波（《企喻歌》）”。

（2）反映离乡漂泊之悲，羁旅行役之苦。如：“陇头流水，流离山下。念吾一身，飘然旷野。陇头流水，鸣声呜咽。遥望秦川，心肝断绝（《陇头歌辞》）”。

（3）反映下层民众的困苦生活。如：“快马常苦瘦，勦儿常苦贫。黄禾起羸马，有钱始作人（《幽州马客吟歌辞》）”，这一题材在整个南北朝时代数量极少，尤显可贵。

（4）反映爱情与婚姻。这是北朝民歌中最多的一类，但与吴歌、西曲对照，有很大的差别。如：“月明光光星欲堕，欲来不来早语我（《地驱乐歌》）”、

"门前一株枣，岁岁不知老。阿婆不嫁女，那得孙儿抱（《折杨柳枝歌》）"。

北方民族保存着较多的原始风俗，在两性关系上，远没有汉族那样复杂的礼数。因此，在感情表现上，北朝民歌以直率粗犷为特征，没有南方民歌那种婉转缠绵的情调；在语言风格上，北朝民歌以质朴刚健、富有力感为特征，没有南朝民歌那样华美的文辞和精致的表现手法，更不用双关隐喻的技巧；在诗歌形式上，也以五言四句体为主，其余多为整齐的七言诗和四言诗，杂言体较少。

第二节　两汉魏晋南北朝辞赋

一、西汉辞赋

1. 从贾谊到枚乘

西汉前期，在传统的以抒情为主的骚体赋方面取得较高成就的是贾谊。贾谊（前201—前169），洛阳人。二十二岁任太中大夫，参与国家事务，后因周勃等元老大臣的谗言而被皇帝疏远，文帝四年（前176）被贬为长沙王太傅，赴长沙途经湘水，经过屈原放逐所经之地，遂作《吊屈原赋》。此赋名为吊屈原，实是借他人酒杯浇自己块垒，伤悼的是自己的不幸遭遇。

《吊屈原赋》是以骚体写成的抒怀之作。在这篇作品中，作者描写出一个善恶颠倒、是非混淆的黑暗世界，表现出对屈原深深的同情，也流露出对自己无辜遭贬的愤慨。全文对比鲜明，感情激切，在体制上分前后两部分，上承《九章》而来，堪称汉初骚体赋的代表之作。

贾谊另一篇有影响的作品是《鹏鸟赋》。在文体特征上，《鹏鸟赋》可以说是楚辞体与汉大赋之间的一种过渡。它的文句，除去语气词"兮"字，基本上都是整齐的四言句，这已经脱离了楚辞的风格；赋的内容，以假设自己与鹏鸟的问答展开，也隐然开汉赋问答体的先河。因此，无论内容还是形式，《鹏鸟赋》在西汉前期辞赋中都是值得重视的。在任梁怀王太傅期间，贾谊还作了一篇描写旱情的《旱云赋》，其中用相当的篇幅细致地铺写云聚云散、酷旱不雨的景象，尤其接近于以铺采摛文见长的汉大赋。《鹏鸟赋》、《旱云赋》从一个侧面说明了贾谊虽然素来被视为汉代骚体赋的开山作家，但同时又是一位比较早的由楚辞向汉代大赋演进的作家。

枚乘（？—前140），西汉辞赋家。字叔，淮阴人。初为吴王刘濞郎中，后投奔梁孝王刘武。"七国之乱"平定后，景帝拜枚乘为弘农都尉，他称病离职，仍回梁国作梁王的文学侍从。梁孝王死后，枚乘回到淮阴老家。武帝即位后，慕名召他入宫，结果因年老死在途中。据《汉书·艺文志》记载，枚乘有赋 9 篇，今存 3 篇：《七发》、《柳赋》、《梁王菟园赋》。公认可靠的只有《七发》一篇，但它却是标志着汉代新体赋正式形成的第一篇作品。《七发》以楚太子有病，吴客前往探病为开端，是劝戒膏梁子弟的一篇成功之作，作者对其所要表现的对象善于作淋漓尽致的描写，文章具有充溢的气势和舒展的意象，其中以观潮的描写最为精彩：

> 其始起也，洪淋淋焉，若白鹭之下翔。其少进也，浩浩溰溰，如素车白马帷盖之张。其波涌而云乱，扰扰焉如三军之腾装。其旁作而奔起者，飘飘焉如轻车之勒兵。六驾蛟龙，附从太白，纯驰皓蜺，前后络绎。颙颙卬卬，椐椐彊彊，莘莘将将。壁垒重坚，沓杂似军行。訇隐匈磕，轧盘涌裔，原不可当。观其两旁。则滂渤怫郁，闇漠感突，上击下律，有似勇壮之卒，突怒而无畏。蹈壁冲津，穷曲随隈，逾岸出追。遇者死，当者坏。初发乎或围之津涯，荄轸谷分。回翔青篾，衔枚檀桓。弭节伍子之山，通厉胥母之场，凌赤岸，篲扶桑，横奔似雷行。诚奋厥武，如振如怒。沌沌浑浑，状如奔马。混混庉庉，声如雷鼓。发怒庢沓，清升逾跇，侯波奋振，合战于藉藉之口。鸟不及飞，鱼不及回，兽不及走。纷纷翼翼，波涌云乱，荡取南山，背击北岸，覆亏丘陵，平夷西畔。险险戏戏，崩坏陂池，决胜乃罢。

这里，枚乘把潮水写成一支声势显赫的军阵。他从形貌、动态、气势、声威各方面加以比较，多角度展现潮水与军阵之间近乎神似的相通之处。枚乘对潮水的描写体现了丰富的想象力，气势雄伟恢宏，读之使人感到奇观盈目，音声充耳，精神振奋，恍若身临其境。

《七发》是枚乘的代表作，它以叙事写物为主，铺陈、夸张淋漓尽致，辞藻繁富华美，在多方面奠定了汉大赋的基础：

第一，虚构手段与问答体。《七发》是在一个虚构的故事框架中以问答体展开的。它假托楚太子因安居深宫、纵欲享乐而导致卧病不起，“吴客”前往探病，说七事以启发之（《七发》之名即由此而来），最后以“要言妙道”的吸引力使楚太子病愈。这个虚构的故事框架虽然简单，却摆脱了描述实际事件、抒发由此产生的感想的限制，使作者能够自由地选择和表现自然与社会生活内容。后来的大赋，也大多采用这种虚构框架和问答体的形式。

第二，精细的叙事和描绘。《七发》脱离了楚辞的抒情特征，转化为以铺陈写物为中心的高度散文化的文体。这篇赋的基本内容，就是以美丽的语言竭力描述音乐、美味、车马、宴游、狩猎、观涛六方面的情状（所谓“七发”，实以此六事为主），最后引申到贤哲的“要言妙道”。刘勰《文心雕龙·诠赋》说：“赋者，铺也；铺采摛文，体物写志也。”刘勰为赋所下的定义，只有对《七发》以后的赋才是充分适用的。与铺陈的特征相适应，《七发》的文句，也改变了楚辞文句富于变化、多用虚词和语气词的特点，使用排比整齐的句法，使语言本身更具形式上的美感。

第三，内容上“劝百讽一”。《七发》已经出现道德主题与审美主题的矛盾，出现“劝百讽一”的现象，这也成为后来汉赋的基本特征。《七发》开始一大段，写“吴客”问“楚太子”疾，指出内宫淫糜安逸的生活是致病之由，并提出要以“要言妙道”来治病，带有一定的批判性。但随后铺陈的七件事，却有六件是渲染声色犬马之乐，最终归结到“要言妙道”，仅仅是很空泛又很简短的一小节。

《七发》既奠定了典型的汉代大赋的基础，又开创了辞赋中特殊的一支——“七”体，各朝作家时有摹拟，只是其中少见出色者。

2. 卓立一世的司马相如

司马相如（？—前118）雄踞于西汉文坛，是一位辉耀当世、影响未来的作家。相如字长卿，蜀郡成都（今属四川）人，景帝时为武骑常侍，因景帝不好辞赋，无所用，遂免官去梁，从枚乘游于梁孝王门下，孝王死后归蜀。武帝时被召到宫廷为宫廷文学侍从，曾奉命出使西南，安抚当地人心。相如口吃而善著书，身居仕途却不慕官爵，因患消渴疾，常称疾避事。晚年称病闲居茂陵。武帝元狩五年（前118），终以消渴疾辞世。

司马相如的赋作，《汉书·艺文志》著录有二十九篇，今存者为《子虚赋》、《上林赋》（亦有称以上两篇为《天子游猎赋》者）、《大人赋》、《长门赋》、《美人赋》、《哀二世赋》六篇，其中《长门赋》、《美人赋》之真伪尚有争议。

《子虚赋》、《上林赋》是司马相如的代表作，《子虚赋》作于相如为梁孝王宾客时，《上林赋》作于武帝召见之际，前后相去十年。两赋虽未作于一时，但内容连属，意脉贯通，结体谨严，实为一篇完整作品的上下章。作品虚构子虚、乌有先生、亡是公三人，并通过他们讲述齐、楚和天子畋猎的状况，他们对此事的态度，结构成作品的基本骨架。

《子虚赋》写楚臣子虚使于齐，齐王举行大规模的田猎向子虚炫耀齐国的气魄，子虚为维护国家和君主的尊严，就向齐王描述了楚国云梦泽之广大、物产之丰富、楚王云梦游猎的盛况，齐王听后无言以对。赋的后半部分是乌有先生对子虚的批评，通过这种批评，表现出作者对诸侯及其使臣竞相侈靡、不崇德义的思想行为的否定，表现出较鲜明的讽喻意图。

《上林赋》紧承上篇乌有先生的言论展开，写出亡是公对子虚、乌有乃至齐、楚诸侯的批评，然后笔锋一转，以上林的巨丽之美否定了齐、楚的辽远盛大，使诸侯国相形见绌。在作者的笔下，居于这个庞大帝国统治中心的天子在酒足乐酣之时，若有所失之后，担心后嗣陷于“靡丽”歧途，遂发布了一个同以往设立上林苑迥然不同的命令，他采取了一系列措施，尚德崇义，按照儒家理想和经典治理天下，接着作品便描绘出一幅天下大治的盛世景象，这一盛世景象突出了道德的、政治的潜在力量和功效。于是，天下大治的理想社会又成为对上林苑巨丽之美的否定。可以看出，作者是在以自己构想出的盛世蓝图及对畋猎的态度诱导君主，以达到讽谏的目的。

《子虚赋》、《上林赋》有明显继承《七发》的地方，但又有很大的发展。赋中登场的人物，冠以“子虚”、“乌有”、“亡是公”这样明白表示虚构的名字，作品的虚构性质就更加清楚了。内容的展开，在《七发》中是“吴客”与“楚太子”的一段对话，是层层推进的序列式。这种对话形式，来自纵横家向君主陈述己见的文字，仍然带有战国文化的痕迹；在《子虚赋》、《上林赋》中，变成三个人物各自的独白，是相互比较、逐个压倒的并列式，最终突出了天子的崇高地位与绝对权威，完全是大一统时代的文化。在“讽”的部分，《七发》中作为道德立足点表示精神追求高于物质享受的“要言妙道”，乃是战国各家各派的学说，这也是战国文化的余澜；在《子虚赋》、《上林赋》中，变为作为惟一的统治思想的儒家学说，同样显示了大一统时代的文化特征。

两赋最突出的一点，是极度的铺张扬厉，具有强烈的夸张、虚构等浪漫主义倾向。扬雄对此推崇备至，说“长卿赋不似从人间来，其神话所至耶!”试想，《七发》以二千余字铺陈七事，已经是空前的规模；《子虚赋》、《上林赋》则以四千余字的长篇，铺写游猎一事。当然不是只写游猎的场面，而是以此为中心，把山海河泽、宫殿苑囿、林木鸟兽、土地物产、音乐歌舞、服饰器物、骑射酒宴，一一包举在内。似乎客观世界的一切，都在作者的关注中。作者用夸张的文笔，华丽的辞藻，描绘一个无限延展的巨大空间，对其中林林总总、形形色色的一切，逐一地铺陈排比，呈现出以往文学从未有过的广阔丰富的图景和宏伟壮丽的气势。

作者以“苞括宇宙，总览人物”的巨大时空意识所作的呆板堆砌而又浑厚雄伟的铺陈描写，在演绎出作品前所未有的气势的同时，也展示了中华民族进入一个新的历史时代之际繁荣富强、蓬勃向上的生气，弥漫着令后人不断回首惊叹的大汉气象。

《子虚赋》、《上林赋》气势恢宏，波澜起伏，而又气脉贯通，一泻千里。在语言方面，两赋也表现出高度的修辞意识与技巧。司马相如是位文字学家，他在这两篇赋中，驱使华辞丽藻络绎而来，令人眼花缭乱。尤其使人惊奇的是相如充分发挥了汉字构造上象形会意的突出特点，极善于运用同一偏旁的字（即联边字）写物状貌，在行文的字形排列上给读者以异常强烈的视觉刺激，再加上双声叠韵词的运用，使作品同时具有视觉美、音乐美和听觉美。

经过贾谊、枚乘到司马相如，典型的汉代大赋的体制，由《子虚赋》、《上林赋》这两篇赋（也可视为完整的一篇）得到最后的确立。这两篇赋也成为两汉赋家效法的对象，扬雄的《甘泉赋》、班固的《两都赋》、张衡的《二京赋》等代表的作品，无不取式于这两篇赋。

3. 大赋另一高峰——扬雄

西汉后期最著名的赋家是扬雄。扬雄是司马相如最有力的继承者，文学史向来“扬、马”并称。

扬雄（前 53—18），字子云，蜀郡成都（今属四川）人，是继司马相如和王褒之后蜀地出身的又一位杰出文人。他博览群书，好深思，口吃不能剧谈，清静无为，少嗜欲。早年喜好辞赋，倾慕司马相如，每作赋，常拟之以为式。成帝时，扬雄任黄门侍郎，奉命作《甘泉》、《河东》、《长杨》、《羽猎》四赋。从哀帝即位至王莽篡位，扬雄自守淡泊，专心著书。仿《周易》作《太玄》，仿《论语》作《法言》，又有《训纂》、《州箴》等。据《汉书・艺文志》记载，扬雄赋有十二篇，其中《甘泉赋》、《河东赋》、《长杨赋》、《羽猎赋》是其代表作。四赋虽是模拟《子虚赋》、《上林赋》而作，仍显示了相当高的才华。

扬雄的创作热情和主要精力，倾注在赋的审美效果方面。在描写的手法上，有意地渗入较多的主观想象，故而扬雄笔下的宫殿等建筑不再是静止的，而是飞腾跃动，富有生气的。如《甘泉赋》写甘泉宫建筑奇巧怪异，变幻莫测，巍峨壮丽，仰望令人眼花缭乱：

于是大厦云谲波诡，摧嶉而成观。仰挢首以高视兮，目冥眴而亡见。正浏滥以弘惝兮，指东西之漫漫，徒回回以徨徨兮，魂眇眇而昏乱。

《羽猎赋》写田猎队伍旌旗之多、色彩之丽：

> 靡日月之朱竿，曳彗星之飞旗。青云为纷，红蜺为缳，属之乎昆仑之虚。涣若天星之罗，浩如涛水之波。想象与笔力俱胜，足以与司马相如媲美。

总体来讲，扬雄的赋驰骋想象，铺排夸饰，表现出汉赋的基本特征，同时又有典丽深湛、词语蕴藉的特点。和司马相如赋的意气风发、词语雄肆相比，呈现出另一种风格。正如陶秋英在《汉赋研究》中指出的："大抵相如以才胜，故其辞自然而清隽。子云赋以学胜，故其辞庄重而凝。"与司马相如相比，扬雄赋有如下特点：

第一，相对短小精悍的篇幅。同相如的散体大赋相比，扬赋篇幅是趋于短小精悍的。如相如《天子游猎赋》有三千五百多字，而子云赋中最长的《甘泉》、《羽猎》、《蜀都》三篇字数都在一千三百字到一千四百五十字之间。扬赋篇幅相对短小，题材针对性强，描写重点突出，结构比较严谨，读后令人一目了然。

第二，善于说理。扬雄以一代大儒作赋，比较注意讽谏。所以扬赋比之相如赋，讽谏的味道已大大加强。《长杨赋》、《羽猎赋》均关注农民的生产生活，并委婉地抨击了汉成帝的虐民行为，说理明显。

第三，善用奇字。用奇字几乎成了汉赋的特色，扬雄是一位文字学家，加上比相如更注意锤炼语言，所以扬赋里的奇字远多于相如赋。如"碎轒辒、破穹庐、脑沙幕、髓余吾"（《长杨赋》），短促强劲的句子中"碎、破、脑、髓"几字用得妙绝，显示出瑰丽奇谲的风格。

二、东汉辞赋

1. 班固与京都大赋的崛起

班固（32—92），班彪之子，史家而兼赋家，风格承接司马相如、扬雄一派，为东汉早期最负盛名的大赋作者。赋作流传下来的以《两都赋》最为著名，此外还有《幽通赋》、《答宾戏》两篇完整的述志赋，和已残佚的《终南山赋》、《览海赋》、《竹扇赋》、《耿恭守疏勒城赋》、《白绮扇赋》等。

班固《两都赋》开创了京都赋的范例。《两都赋》传本分为《西都赋》和《东都赋》两篇，实为上下章。作品虚拟"西都宾"、"东都主人"两个人物，通过他们的谈话构成过渡；同时，两个人物分别代表都雍（指长安）、都洛两种不同的态度，而在宾主的设定之间，作者的立场已明晰可辨。

《西都赋》重在抒发“怀旧之蓄念”、“思古之幽情”。通过“西都宾”之口，盛赞长安形胜为中土之最，建都条件之得天独厚：地势之险要，城市之繁华，郊畿之富饶，坚城深池之固，士女游侠之众，品物之盛，华阙崇殿之巨丽，离宫苑囿之壮观，天子之出游田猎，皆冠于天下。在《东都赋》中，作者借“东都主人”之口，否定了“西都宾”所代表的旧的京都美理想和京都意识，文中着力描绘了洛阳的法度，也就是后汉的制度之美。作为与西都的巨丽之美相对比而着力描绘的东都法度之美，较多地体现在明帝朝。在作者笔下，这是东都区别于西都的主要之点。在新旧两个都城的比较之中，作者的政治理想和审美情趣都得到了充分的体现。在班固看来，京都就应该体现出天子的风范，而天子的风范应当集中表现在重声乐、崇文德、尚礼治的法度之中。

《两都赋》在艺术表现方面同时吸收了司马相如和扬雄的成功经验，可以说《两都赋》脱胎于扬、马，是扬、马笔法的调和。《西都赋》的铺排，效法的是《子虚赋》、《上林赋》的铺排，所以《西都赋》写得汪洋恣肆，气势和华彩充溢其间；《东都赋》的议论，模仿的是《长扬赋》、《羽猎赋》的议论，其构思，也像《长扬赋》那样，以历史回忆开头，继之以现实，最终转入理想的追求。故而《东都赋》以平正典实见长，法度风范随处可见。上下篇的风格与其所描写的内容契合无间，可见班固出色的写作才华。

当然，班固的创新也很突出。《两都赋》的首要特色，是以描绘都市为中心，比西汉辞赋更为广泛地反映了人类生活场景，山水、草木、鸟兽、珍宝、城市、宫殿、街衢、商业、服饰、人物，无所不包，气魄宏伟，景象壮丽。班固的另一个重要创新是对赋的艺术表现和篇章结构关系的重大突破。以往的赋，对所不赞成的社会现象常常是极尽铺张描写之能事，而作者的正面主张则在文章结尾处画龙点睛，这被称为“劝百讽一”的表现原则。在《两都赋》中，作者一改传统表现方法中“劝”与“讽”篇幅相差悬殊的结构模式，其下篇《东都赋》通篇是讽喻、诱导。作者的主张、见解十分自然地融入对东都各方面事物的陈述中，表现出其较为进步的京都观。

在具体的谋篇布局方面，《两都赋》也是颇具匠心。如其中先写地理形势和社会殷富、繁荣的轮廓，而后再细写具体的宫殿及场景，或大段铺写，或一笔带过，都有严谨的考虑；繁简得当，层次分明，结构严谨。在写作态度上，《两都赋》虽有夸张处，却只是写实基础上的夸张，不是司马相如式的驰骋想象、近乎虚诞的夸张，所以作品整体上给人一种内容富赡而描写平实的印象。加上语言方面很少使用艰深奇僻之字，大量运用对偶句式，音调和谐，《两都赋》自成一种典雅和丽的风格。

2. 张衡与抒情小赋的肇始

张衡是东汉最著名的赋家之一，与班固并称“班张”，与蔡邕并称“张蔡”。张衡（78~139），字平子，南阳西鄂（今河南南阳）人。17岁游学三辅，后到京都洛阳，就教于太学。他淡泊功名，屡次被公府征召，都推辞不就。永元十二年（100），始任南阳主簿。后被安帝公车特征入朝，拜为郎中。其后两次任太史令，又做过侍中、河间相等官。永和四年卒。

张衡勤敏好学，博识多能，其文学作品主要是辞赋和诗。其赋以《二京赋》和《归田赋》最负盛名，前者乃两汉大赋的极轨，后者开后代抒情小赋之先河。

《二京赋》在结构谋篇方面完全模仿《两都赋》，以《西京赋》、《东京赋》构成上下篇。《西京赋》假托凭虚公子对长安繁盛富丽的称颂，叙长安地势的有利，建都的必然，然后逐次描绘宫室的辉煌，官署宿卫的严整，后宫的侈靡，离宫苑囿的华美壮丽。纵猎上林苑，水戏昆明池，其间又穿插商贾、游侠、角抵百戏、嫔妃邀宠等方面的描写，展现出一幅繁荣富贵、穷奢极侈的京都景象。作品中所铺叙的品物之盛，人们对待物质享乐的态度，都在极度夸张的描写中见出其荒谬的方面，亦见出作者的否定之意。《东京赋》表现安处先生对西京奢靡生活的否定。在对东都城市构筑、宫殿建设的描绘中，在对朝会、郊祀、祭庙、亲农、大射、田猎、大傩等上层统治者的盛典礼会的陈述间，使人感受到东汉君主崇尚懿德、修饬礼教、奢未及侈、俭而不陋的礼治成就。

《二京赋》的主旨是规讽统治阶级，“抒下情而通讽喻”，所以其批判性比以前的京都赋有所增强，如告诫统治者切莫“剿民以偷乐，忘民怨之为仇”，如此深刻切直的批判、警告，是过去的同类大赋所罕见的，它显然不同于以前大赋中“劝百讽一”的尾巴，而更具现实性。

《二京赋》中描述了以前的同类大赋从未记载的若干新事物，尤其在世俗生活方面，如都市商贾、侠士、辩士的活动以及杂技和角抵百戏的演出情况等，作者花费了不少笔墨。在《西京赋》中，有近四百字的一节描写“角抵百戏”的演出情况，写得细致传神，惊心动魄，令人叹为观止。这是《两都赋》所没有的。

《二京赋》讲究气势，注重叙事，崇尚华饰，富有文采。《东京赋》中有一段自然描写，写得清新流丽：

濯龙芳林，九谷八溪。芙蓉覆水，秋兰被涯。渚戏跃鱼，渊游龟蠵〔xī奚〕。永安离宫，修竹冬青。阴池幽流，玄泉洌清。鹎秋栖，鹘春鸣。雎鸠丽黄，关关嘤嘤。

《二京赋》据说前后花了十年的时间才写成，长达七千多字，以其规模宏大被称为京都赋之极轨，紧随班固之后，推动了以京都、都会为题材的文学创作的发展。张衡不仅创作了《二京赋》那样表现出传统特色的京都大赋，同时，他还写作了《思玄赋》、《归田赋》等抒情之作。其中《归田赋》是中国文学史上第一篇描写田园隐居乐趣的作品，直接影响了后世张华《归田赋》、陶渊明《归去来兮辞》等作品的出现。此赋篇幅短小，语言清新自然，与作品所展现的环境、心情浑然一体。《归田赋》的语言颇有骈偶成分，可算是汉代第一篇比较成熟的骈体赋，对魏晋抒情赋的发展有重要影响。无论从张衡的全部创作，还是从汉赋的发展过程看，《归田赋》都具有重要的意义。

三、魏晋南北朝赋

1. 王粲与曹植

王粲的诗赋被誉为“七子之冠冕”（刘勰《文心雕龙·才略》），其辞赋作品今存二十七篇，但大都只是片断。可肯定完好无缺者只有《登楼赋》一篇。这篇赋是在荆州登麦城城楼所作，全文充溢着一股缠绵悱恻、忧愤交集的感情：

登兹楼以四望兮，聊暇日以销忧。览斯宇之所处兮，实显敞而寡仇。挟清漳之通浦兮，倚曲沮之长洲；背坟衍之广陆兮，临皋隰之沃流。北弥陶牧，西接昭丘；华实蔽野，黍稷盈畴。虽信美而非吾土兮，曾何足以少留！……

王粲在荆州刘表幕下不受重用，郁郁寡欢，赋中以“虽信美而非吾土兮”为写景抒情之线索，把眼前之景与思归不得的忧思联系起来，把个人命运与时代风云联系在一起，字里行间充满着时难未平、壮志难酬的感慨，表达了乱世失意士子慷慨悲凉的情怀，是“建安风骨”的极好体现。

就文学技巧而言，《登楼赋》多用骈句，即景抒情，写景与抒情紧密结合，达到了情境交融的境界，是魏晋时期辞赋转变阶段的代表作之一。

“建安之杰”曹植也是一位杰出的辞赋作家，其赋今存六十一篇，然多残佚。其中较著名者有《洛神赋》、《九愁赋》、《蝙蝠赋》、《鹞雀赋》、《离缴雁赋》、《白鹤赋》、《蝉赋》、《出妇赋》等，这些作品可以说代表了建安辞赋风格的转变。其特点一是篇幅短小，没有汉代流行的长篇巨制；二是题材广泛，各种内容都有。其中《鹞雀赋》用对话形式写了一个动物寓言，是赋作中很少见的；三是抒情性强，与作者的生活、思想关系密切；四是语言华丽流畅，没有堆砌辞藻的弊病。

《洛神赋》是曹植的代表作，它熔铸神话题材，通过梦幻境界，描写一个人神恋爱的悲剧。全篇格调高雅，感情真切，具有较高的审美价值。对神女容貌、情态的刻画，非常细致生动，可谓前所未有。如开头一节：

> 其形也，翩若惊鸿，婉若游龙，荣曜秋菊，华茂春松。仿佛兮若轻云之蔽月，飘飖兮若流风之回雪。远而望之，皎若太阳升朝霞；迫而察之，灼若芙蕖出渌波。

这里用了一连串最为美好、灵动的形象来比喻神女，华丽的语言中充满生气，给了读者美感上的充分满足。

2. 鲍照

鲍照不仅是一位杰出诗人，也是一位杰出的辞赋与骈文作者。其赋现存十篇，其中《芜城赋》是盛传不衰的名篇。

《芜城赋》以夸张笔法将广陵城昔日的繁荣与它在刘宋两次遭到兵祸后的破败荒凉景象相对照，哀叹战争带来的惨重破坏，抒发了作者对今昔兴亡的深沉感慨，同时也有讥刺权势者之繁华如梦的意味。如写“芜城”今昔巨变曰：

> 若夫藻扃黼帐，歌堂舞阁之基；璇渊碧树，弋林钓渚之馆；吴蔡齐秦之声，鱼龙爵马之玩；皆薰歇烬灭，光沉响绝。东都妙姬，南国丽人，蕙心纨质，玉貌绛唇，莫不埋魂幽石，委骨穷尘。岂忆同舆之愉乐，离宫之苦辛哉？

辞赋“对偶精工、辞采瑰丽”的艺术特点，在此处体现得淋漓尽致；时空的交错迭映，更增迷乱绝望的悲情，“千龄兮万代，共尽兮何言”的语句中流淌着挥之不去的悲凉惋惜。又如写战乱之后“芜城”的现状一节：

> 泽葵依井，荒葛罥涂。坛罗虺蜮，阶斗麏鼯。木魅山鬼，野鼠城狐，风嗥雨啸，昏见晨趋。饥鹰厉吻，寒鸱吓雏。伏藏虎，乳血肤。崩榛塞路，峥嵘古馗。白杨早落，塞草前衰。棱棱霜气，蔌蔌风威。孤蓬自振，惊沙坐飞。灌莽杳而无际，丛薄纷其相依。通池既已夷，峻隅又已颓。直视千里外，唯见起黄埃。凝思寂听，心伤已摧。

作者将主观情绪渗透在客观景物之中，写得萧瑟悲凉，气势凌厉，所有的景物都经过有意选择，并包含一定的虚构与夸张，以求达到作者所需要的效果。所以，这座荒弃的城市在作者笔下，变成了一座惊心动魄的恐怖之城。这里，作者通过富有力度的语言，构造、描绘出阴森可怖的意象，以获得富有刺激性的、震荡人心的特殊美感，正是这种美感形成了《芜城赋》极富抒情力度的奇丽风格，所以清人姚鼐说鲍照“驱迈苍凉之气，惊心动魄之词”，并称誉此赋已达“赋家之绝境”。

3. 江淹

江淹是南朝著名的赋家，其赋今存二十四篇。他在后世的文学声誉，主要得之于《恨赋》和《别赋》这两篇骈赋名作。

用赋抒写人类某一特定情感的做法始于魏晋，这反映出赋由体物为主向抒情为主的发展趋势。江淹《恨赋》、《别赋》主要抒写人生之憾恨与离别，构思巧妙。《恨赋》以“试望平原，蔓草萦骨，拱木敛魂。人生到此，天道宁论?”开头，引出“直念古者，伏恨而死”，从憾恨极处着笔，一开始就给读者以强烈的震撼。然后依次写帝王之恨、去国之恨、屈死之恨，最后总结道：

> 或有孤臣危涕，孽子坠心。迁客海上，流戍陇阴，此人但闻悲风汩起，血下沾衿。亦复含酸茹叹，销落湮沉。若乃骑叠迹，车屯轨，黄尘匝地，歌吹四起。无不烟断火绝，闭骨泉里。已矣哉！春草暮兮秋风惊，秋风罢兮春草生。绮罗毕兮池馆尽，琴瑟灭兮丘垄平。自古皆有死，莫不饮恨而吞声。

把各种不同命运之人的死都归结到“恨”上，与开头呼应，从而把前与后、特写与泛写融成一片。《别赋》亦然，开始即以“黯然销魂者，唯别而已矣”领起全篇，先泛写离别的情景，然后再特写富贵别、任侠别、从军别、绝国别、伉俪别、方外别、狭邪别，最后以概括的总结收束全篇，同《恨赋》一样，也是首尾相应，特写与泛写融合一体。

就赋的写作技巧而言，这两篇赋都是采取七段式的布局展开铺叙排比，明显受到枚乘《七发》的影响，只是江淹在汉赋“铺陈其事、层层描写”的基础上，运用排比典故的技巧，呈现出不同于大赋的风貌。《恨赋》先排比秦始皇、赵王张敖、李陵、王昭君、冯衍、嵇康等历史名人的典故，说明人生的际遇或许不同，可“伏恨而死”却是共同的结局。紧接着泛写孤臣、孽子、迁客及流戍者“含酸茹叹，销落湮沉”之恨，其中运用了苏武远处北海、娄敬流于陇西的典故。最后写即使生前荣华富贵，终究会“烟断火绝，闭骨泉里”。通观全篇，排比了各种不同的事典，成功地将人生“自古皆有死，莫不饮恨而吞声”的主题形容曲尽。

《别赋》更进一步发挥了南朝骈赋“排比事典、反复形容”的技巧，《恨赋》基本上是每段用一则典故，而《别赋》则每段排比数典，并博采群籍，融会贯通，以强化该赋所描绘之离情别绪。此外，《恨赋》、《别赋》文辞清丽，富有音乐美，是典型的美文。

4. 庾信

庾信的骈赋，可与鲍照并举，代表了南北朝骈赋的最高成就。现存《庾子山集》共收赋十五篇，大抵前七篇《三月三日华林园马射赋》、《小园赋》、《竹杖赋》、《邛竹杖赋》、《哀江南赋》、《伤心赋》、《枯树赋》为在魏、周时作，《春赋》、《对烛赋》、《荡子赋》、《七夕赋》、《象戏赋》、《灯赋》、《镜赋》、《鸳鸯赋》八篇，为在梁时之作。庾信在梁时所作赋均属宫体文学范畴，大都描写宫廷生活和宫廷女子，这些赋用典频繁，构思巧妙，诗赋结合，对初唐王勃、骆宾王、刘希夷等都有影响。庾信滞留北方以后写的赋，大多寄托了亡国之悲、乡关之思，具有很高的艺术成就。其中《哀江南赋》、《小园赋》、《枯树赋》、《竹杖赋》尤为出色。

庾信《枯树赋》中有“重重碎锦，片片真花；纷披草树，散乱烟霞”之句，用来形容他《哀江南赋》的文辞之美再合适不过了。清代江左三大家之一的陈维崧对《哀江南赋》推崇备至，认为此赋可“奴仆庄骚，出入左国”。庾信倾注了毕生情感、才华、心血的这篇压卷之作，全文（加上序言，序言六百余字）洋洋洒洒四千余字，堪称波澜壮阔、气象万千的赋体史诗。该赋前有序言交代作赋的缘由，概括全篇大意，语言工丽，意绪苍凉：

> 日暮途远，人间何世！将军一去，大树飘零；壮士不还，寒风萧瑟。荆壁睨柱，受连城而见欺；载书横阶，捧珠盘而不定。钟仪君子，入就南冠之

囚；季孙行人，留守西河之馆。申包胥之顿地，碎之以首；蔡威公之泪尽，加之以血。钓台移柳，非玉关之可望；华亭鹤唳，岂河桥之可闻！

《哀江南赋》的正文，从自己的家世写起，依次叙述了自己前半生的经历和亡国之悲、乡关之思，但其主要目的不是“述身”，而是“哀江南”，即哀悼梁朝的覆亡。因此作品有意识地从各个方面总结梁朝灭亡的教训，使这篇赋成了一幅空前规模的历史画卷。作者对梁王朝深深眷怀，但对梁代政治的荒疏混乱，对梁元帝的忌刻、自私、迷信和见识短浅，也有深刻的揭露。叙江陵被攻破之后百姓遭掳掠之苦，尤为惨痛感人：

水毒秦泾，山高赵陉。十里五里，长亭短亭。饥随蛰燕，暗逐流萤。秦中水黑，关上泥青。于时瓦解冰泮，风飞电散。浑然千里，淄渑一乱。雪暗如沙，冰横似岸。逢赴洛之陆机，见离家之王粲。莫不闻陇水而掩泣，向关山而长叹。况复君在交河，妾在青波，石望夫而逾远，山望子而逾多。

《哀江南赋》篇制宏大，感情深沉，以个人的身世经历为线索，以历史事变为中心，融叙事、议论、抒情于一体，文采富丽，情韵苍凉。具体到赋作的每一部分，作者又注意在叙事中穿插描写和抒情，是虚实相生、疏密相间，因而形成了既沉郁秾丽，又顿挫有致的艺术风格。

《小园赋》在艺术上也颇精湛，因偏重写景，故文字较为清晓，在诸篇中最为出色。其写小园之景，像“桐间露落，柳下风来”，“鸟多闲暇，花随四时”，“落叶半床，狂花满屋”，“一寸二寸之鱼，三竿两竿之竹”等句，都是精巧而自然的文笔，显示了作者出色的语言才华。而其最特出之处是前面一大段把小园的景物写得很美，生活似乎也很闲暇，却突然插入“心则历陵枯木，发则睢阳乱丝”等句，使读者感到他的恬淡不过是丧失生机后所形成的麻木状态，并非真正的闲适。

庾信《枯树赋》是南北朝咏物赋的典型代表作，作者以枯树摧折的形象自况，寄寓着身世之悲。如其中一段：

若乃山河阻绝，飘零离别。拔本垂泪，伤根沥血。火入空心，膏流断节。横洞口而欹卧，顿山腰而半折。文斜者百围冰碎，理正者千寻瓦裂。载瘿衔瘤，藏穿抱穴。木魅睒睗，山精妖孽。

文中描绘的枯树，其实是作者的自画像。枯树的“阻绝”、“飘零”，正是作者故乡遥隔与羁旅北朝的飘零之感。枯树的“拔本垂泪，伤根沥血”，何尝不是作者乡关之思的血泪？其余如描述枯树的“断节”、“半折”、“冰碎”、“瓦裂”等等遭受摧折的悲惨情状，其实正是作者身心所遭受的摧残。“以小见大、托物寄怀”的技巧是庾信此赋的最大特色。

【思考题】

1. 举例说明汉乐府民歌的思想内容和艺术成就。
2. 分析《古诗十九首》的思想内容和艺术特色。
3. 简要分析曹植诗歌的特点及其对五言诗发展的贡献。
4. 简要分析阮籍《咏怀》诗、左思《咏史》诗在内容和艺术方面的特点及对后世的影响。
5. 简要分析陶渊明的思想及其诗歌特色。
6. 对比分析谢灵运和谢朓山水诗的异同。
7. 简述庾信诗歌的特点和艺术成就。
8. 对比南朝、北朝乐府民歌在内容和艺术风格方面的异同。
9. 两汉大赋有什么特点？列举这一时期大赋的代表作家和代表作品。
10. 魏晋南北朝抒情小赋有何特点？列举这一时期抒情小赋的代表作家和作品。

【参考书目】

1. 罗根泽：《乐府文学史》，东方出版社1996年版。
2. 叶幼明：《辞赋通论》，湖南教育出版社1991年版。
3. 陶秋英：《汉赋研究》，浙江古籍出版社1986年版。
4. 萧涤非：《汉魏六朝乐府文学史》，人民文学出版社1984年版。
5. 瞿蜕园：《汉魏六朝赋选》，上海古籍出版社1979年版。
6. 黄瑞云：《历代抒情小赋选》，上海古籍出版社1986年版。
7. 马茂元：《古诗十九首初探》，陕西人民出版社1981年版。
8.《三曹诗选》，余冠英选，作家出版社1956年版。
9.《阮步兵咏怀诗注》，黄节注、华忱之校订，人民文学出版社1984年版。

10.《陶渊明集》，王瑶注，人民文学出版社 1956 年版。
11.《鲍参军诗注》，黄节注，人民文学出版社 1957 年版。
12.《谢宣城集》，曹融南注，上海古籍出版社 1991 年版。
13.《魏晋南北朝文学史参考资料》（上下册），中华书局 1962 年版。
14. 网络资料：《天涯论坛》载乱世惊涛撰《国学宗教》之《庾信风华——哀江南赋并序通解》。

两汉魏晋南北朝诗赋作品选

上邪（鼓吹曲辞·铙歌十八曲）

上邪[1]！我欲与君相知，长命无绝衰[2]。山无陵[3]，江水为竭，冬雷震震，夏雨[4]雪，天地合[5]，乃敢与君绝！

【注释】

[1] 上：上天，苍天。邪：同“耶”，语助词。上邪：犹言“天呀”。[2] 长：长久，永远。命：令，使。此句意思是，让爱情永不断绝衰减。[3] 陵：山脊，山峰。[4] 雨（yù）：这里作动词用，下，落。[5] 合：合拢在一起。

【提示】

这首诗是乐府民歌《鼓吹曲辞·汉铙歌十八曲》之一，是女子向所爱男子述说心意的盟誓之辞，表达了热恋中的少女热烈、深挚的感情。前两句的意思如果用现代语言表述，就是：我要爱你到永远。接下来写了三组难以想象的自然界的变异：山河化为乌有，季节混乱颠倒，天地再度成为混沌。用这种自然界的变异来说明“爱你到永远”，来反衬女子爱情的深挚与坚贞。

全诗语言质朴，风格泼辣，散发着民歌特有的自然之美。与之有异曲同工之妙的还有敦煌曲子词中的《菩萨蛮》：

枕前发尽千般愿，要休且待青山烂。水面上，秤锤浮，直待黄河彻底枯。白日参辰现，北斗回南面。休即未能休，且待三更见日头。

同样的“海枯石烂、忠贞不渝”，同样的质朴、率直，同样的感人至深，充分显示了民间文学特有的魅力。

【思考题】

1. 结合敦煌曲子词《菩萨蛮·枕前发尽千般愿》，分析本诗的艺术特色。
2. 将本诗与一首文人创作的、同样题材和内容的诗歌比较，说明它与文人诗的区别。

东门行（相和歌辞·瑟调曲）

出东门[1]，不顾归[2]。来入门，怅欲悲。盎[3]中无斗米储，还视架上无悬衣。拔剑东门去，舍中儿母牵衣啼。“他家但愿富贵，贱妾与君共餔糜[4]。上用仓浪天故[5]，下当用此黄口儿[6]！今非！”“咄[7]！行！吾去为迟。白发时下难久居[8]！”

【注释】

［1］东门：指主人公所居城市的东门。［2］顾：念，考虑。［3］盎（àng）：小口大腹的瓦罐。［4］餔：吃。糜：粥。即吃糠咽菜之意。［5］用：为了。仓浪：青天，苍天。［6］黄口儿：幼儿。［7］咄：拒绝妻子劝告而发出的呵斥声。［8］下：指白头发脱落。

【提示】

这首诗写了一个城市贫民为贫困所迫走向绝路的场面：无衣无食又无任何希望的岁月，使得这位男主人公再也不能忍受，宁可铤而走险。他在作出最终抉择之后，不得不割舍夫妻之爱、儿女之情，夫妇二人的对话展现的是一个生离死别的场面。

这是一首不足八十字的短诗，但诗中对男女主人公的生活处境、心情神态和他们之间简短而揪心的对话的描写，却像一幕生动的短话剧，把下层人民痛不欲生、铤而走险的生活面貌呈现在我们眼前。作者未加一字评论，但人物形象毕现，令人同情，发人深思。这首诗充分体现了汉乐府“感于哀乐，缘事而发”的现实主义艺术特色，体现了汉乐府戏剧化的美学特征。本诗的语言参差错落、顿挫有致，如“今非”、“咄，行”就活灵活现地表现了人物急切悲愤的神态，绝妙至极。

【思考题】

1. 这首诗为读者展现了怎样的生活画面？在诗歌史上有何意义？
2. 这首叙事诗体现了汉乐府哪些特征？

行行重行行[1]（《古诗十九首》其一）

无名氏

行行重行行，与君生别离。相去万余里，各在天一涯。
道路阻且长，会面安可知？胡马[2]依北风，越鸟[3]巢南枝。
相去日已远，衣带日已缓。浮云蔽白日，游子不顾反[4]。
思君令人老，岁月忽已晚。弃捐[5]勿复道，努力加餐饭[6]。

【注释】

[1] 本篇选自《文选·古诗十九首》，诗题取自首句。[2] 胡马：北方胡地的马。[3] 越鸟：指南方的鸟。越，即汉时百越之地（今广东、福建一带）。[4] 顾：念。反：同“返”。[5] 弃捐：舍弃。[6] 加餐饭：当时习用的一种最亲切的安慰别人的话，这里是希望在外的人（游子）保重身体。

【提示】

这首诗是《古诗十九首》的第一首，以思妇的口吻，抒写了伤离怨别的愁绪。首句叠用“行行”，中间又加一“重”字勾连，造成了一种行而又行、远无止境的悠远意象，表现了离乡背井的游子在漫长的岁月中已不知飘荡到什么地方，而这正是本诗哀怨基调的根源。中间“胡马”两句裁取汉代谣谚“代马依北风，飞鸟栖故巢”，属于民歌常用的比兴手法，其本意要游子不忘故乡，不忘故乡的亲人。这是思妇用常情常理推想游子，是想望，是相思，但实在也是自我安慰。他同最后的“弃捐勿复道”一样，都属于心理学上的自我心理调节，实际上越需要这种调节，越说明思妇内心苦闷之深切。

本诗艺术上明显受民歌影响，出现了不少复沓的句子，如“相去万余里”、“道路阻且长”、“相去日已远”，反复吟咏一个意思，又颇有增变。这正如朱自清所说：“这种回环复沓，是歌谣的生命；许多歌谣专靠这种组织来建筑他们的体格，表现那强度的情感。……诗从歌谣演化，回环复沓的组织也是它的基

本。……《十九首》出于本是歌谣的乐府，复沓是自然的，不过技巧进步，增变来得多一些。”（见《古诗十九首释》）

【思考题】

1. 找出诗中回环复沓的句子并说明其作用。
2. 这首诗表达了思妇怎样的情感？联系诗句加以分析。

咏史（其五）

左　思

皓天舒白日[1]，灵景耀神州[2]。列宅紫宫里，飞宇若云浮[3]。峨峨高门内[4]，蔼蔼皆王侯[5]。自非攀龙客[6]，何为欻来游[7]？被褐出阊阖[8]，高步追许由[9]。振衣千仞冈，濯足万里流[10]。

【注释】

[1] 皓天：明亮的天空。舒：展现。[2] 灵景：日光。神州：赤县神州的简称，指中国。[3] 紫宫：原是星垣名，即紫微宫，这里借喻皇都。宇：屋檐。飞宇：古代宫殿的屋檐像飞翔之鸟翼，故曰飞宇或飞檐。[4] 峨峨：高峻的样子。[5] 蔼蔼：盛多的样子。[6] 攀龙客：追随王侯以求仕进的人。[7] 何为：为什么。欻（xū）：忽。这句是说为什么忽然到这里来了呢？[8] 被褐：穿着粗布衣。阊阖：晋代洛阳城有阊阖门。[9] 高步：犹高蹈，指隐居。许由：尧时隐士。传说尧要把帝位让给他，他不肯接受，便逃到箕山之下，隐居躬耕。[10] 仞：度名，八尺为一仞。振衣：指扬去衣上灰尘。濯足：洗脚，指去世俗之污垢。两句是说，因都城生活龌龊，故振衣高岗，濯足长流，以去尘杂污秽。

【提示】

这首诗是左思八首《咏史诗》中的第五首，原诗收录于《昭明文选》。全诗抒发了诗人鄙弃尘俗、希望隐居高蹈的思想情怀，情感表现得激荡有力，风格雄迈。

诗歌开篇两句给人以胸襟开阔、眼界高远之感，为整首诗开阔雄浑的意象、高亢激越的情调和磅礴充沛的气势定下了基调。下面“列宅紫宫里”四句，诗人着力描绘了京都的壮丽、侯门的深邃和豪贵的众多，以显示荣华富贵在一般人心目中何以值得趋骛、值得留恋。这里，诗人以高屋建瓴之势，自上而下、由远及近作大角度观察、粗线条勾勒，意象阔大。接下来的“自非攀龙客，何为欻来游”一句，笔锋一转，对前边着力描写的一切给予旗帜鲜明的否定，使之成为诗人鄙弃荣华富贵的高洁胸襟的有力反衬。前面对“紫宫”、“高门”的气势渲染得越是有声有色，后面的“被褐”、“高步”、“振衣”、“濯足”，一洗污浊的果敢行为就越高大，越动人，而诗人冲出京都、昂首不顾、情绪激昂、气概超拔的情态也就更加呼之欲出了。

这首诗凸现了诗人出尘高蹈的胸怀、愤激慷慨的情感及雄迈的诗歌风格，陈祚明说左思“其雄在才，而其高在志”；沈德潜说“太冲胸次高旷，而笔力又复雄迈”，用这些评论来评价左思的这首代表作，可谓允当之极。

【思考题】

1. 分析这首诗的艺术特色。
2. 以此诗为例，谈谈左思咏史诗的特点及对后世的影响。

饮酒（之五）

陶渊明

结庐在人境[1]，而无车马喧。问君何能尔[2]？心远地自偏[3]。
采菊东篱下，悠然见南山[4]。山气日夕[5]佳，飞鸟相与还[6]。
此中有真意，欲辩已忘言[7]。

【注释】

[1] 结庐：盖建住宅。人境：人们集居的地方。[2] 尔：如此。[3] 偏：偏僻。[4] 悠然：自得的样子。南山：指庐山。[5] 日夕：近黄昏的时候，傍晚。[6] 相与还：结伴而归。[7] 此中：小则指此时此地之情境，大则指田园隐逸生活。“此中有真意，欲辩已忘言”句，《庄子·齐物论》：“辩也者，有不辩也，大辩不言。”又《庄子·外物》：“言者所以在意也，得意而忘言。”诗人之意是，此时此地的情境，在大自然启发下，悟到其中的真意，想辩说出来，却忘了该怎样用语言来表达，也无须用语言表达。

【提示】

《饮酒》组诗共二十首，这里所选是其中的第五首，也是最著名的一篇。它是一首脍炙人口的田园诗，反映了诗人归田前期心闲意得、飘逸超脱的悠然心情；同时也是一首具有鲜明形象和悠远境界，又蕴含某种人生之理的哲理诗。诗中直接用了“真意”、“忘言”等玄学用语，明显具有朦胧的玄味。

通观全诗，开头四句，说只要心境旷远，就不会受到世俗的干扰。下面说采菊东篱，神志萧散，无意中一抬头而目遇南山，境与意会，情与景会，诗人之精神、意趣与此时之情境浑然谐合。在夕阳的余晖下，大自然生机充沛。飞鸟呼朋啸侣，结伴归来，这种自由自在的生活正和归田诗人的心情合拍。于是诗人在暮岚紫霭、归鸟倦飞之中，感受到大自然的奥秘，参透了人生的真谛。苏轼《题渊明饮酒诗后》说：“‘采菊东篱下，悠然见南山’，因采菊而见山，境与意会，此句最有妙处……”，能写出如此绝妙的佳句，除了写作技巧，更重要的还在于陶渊明散淡孤高的人格，正如黑格尔所说“文学是人学。作品是作家心灵物化的表现。透过作品，我们不难发现作家的心灵之光”。是陶渊明的人格、精神和心灵使他此诗的创作臻于化境，成为代表陶诗“一语天然万古新，豪华落尽见真淳”（元好问《论诗绝句》）风格的含英咀华之作。

【思考题】

1. 有的陶诗版本中“悠然见南山”一句作“悠然望南山”，你认为“望”字与“见”字孰佳？为什么？

2. 试分析本诗与东晋玄学思潮的关系。

晚登三山还望京邑[1]

谢　朓

灞涘望长安[2]，河阳视京县[3]。白日丽飞甍，参差皆可见。
馀霞散成绮[4]，澄江静如练[5]。喧鸟覆春州，杂英满芳甸[6]。
去矣方滞淫，怀哉罢欢宴。佳期怅何许[7]，泪下如流霰[8]。
有情知望乡，谁能鬒不变[9]？

【注释】

[1] 三山：在今南京市西南长江南岸。京邑：指金陵。[2] 灞涘句：王粲因避乱离开长安时曾有“南登霸陵岸，回首望长安”的诗句。[3] 河阳句：潘岳在河阳做官时曾有“引领望京室，南路在伐柯”的诗句。[4] 绮：有花纹的

丝织品。[5] 练：白色的熟绢。[6] 芳甸：芬芳的郊野。[7] 佳期：指还京都之期。[8] 霰：小冰粒。[9] 鬒（zhěn）：黑发。

【提示】

这首诗作于刚刚离京赴宣城任太守的旅途中，诗中愁绪不仅是离乡的伤感，也掺杂着对复杂的政治无可奈何的心理。诗人以自然流畅的语言，将眼前层出不穷、清丽多姿的自然景观编织成一幅色彩鲜明而又和谐完美的图画，使读者感受到春天的色彩、春天的声音和春天的气息；而这明媚秀丽的景物又与诗人思乡的情思自然融合，显得深婉含蓄，具有很强的艺术感染力。写景的“馀霞散成绮，澄江静如练”一联，是对美好景物的敏感和美妙联想的结合，自然秀丽，非常人所能道。难怪李白由衷地赞叹“解道澄江静如练，令人常忆谢玄晖。”（《金陵城楼月下吟》）

【思考题】

1. 和谢灵运《登池上楼》相比，这首诗有什么特色？
2. “馀霞散成绮，澄江静如练”为什么屡被后人称道？

拟行路难（之六）

鲍　照

对案不能食[1]，拔剑击柱长叹息。丈夫生世会几时[2]，安能蹀躞垂羽翼[3]？弃置罢官去，还家自休息。朝出与亲辞，暮还在亲侧。弄儿床前戏，看妇机中织。自古圣贤尽贫贱，何况我辈孤且直[4]！

【注释】

[1] 案：放食物的小几，形状像有脚的托盘。此处指酒食。[2] 会：当。会几时：能有多少时候。[3] 蹀躞（dié xiè）：小步走路的样子。垂羽翼：比喻失意丧气的样子。[4] 孤：孤寒，谓出身寒微。

【提示】

《拟行路难》十八首是鲍照的代表作，本篇是其中的第六首，主要表现诗人有志不逞、怀才不遇的愤激之情，反映了门阀制度下，出身寒微的才士仕途的失意和坎坷以及内心的苦闷和不平。

这首诗的开头用“拔剑”、“击柱”、“长叹息”三个连贯一气的动作，准确而传神地画出一个备受压抑的才士的内心痛苦，表现出一种强烈的不平之气。接下来的“丈夫生世”二句，将压抑的情感尽情倾泻出来。一个“几时”、一个“安能”，说得分外沉痛，分外激愤。“弄儿床前戏，看妇机中织”，享受家庭生活之乐看起来是好事，但对诗人来说却是出于无可奈何。诗的结句是具有强烈抒情色彩的不平之鸣，写得纵横古今，感慨淋漓；将怀才不遇的遭遇说成是自古而然，这就使得诗歌的主旨得以深化；不遇不是个人的牢骚，而是时世的不公。这一点可以从对“孤且直”的分析中得出结论。“孤”是指寒门、庶族，与“世家大族”相对，六朝时，士族垄断政权，寒门士子鲜有仕进升迁的机会。“直”是指性格耿直，因而难为权贵所容，自然困顿终身，壮志难酬。

此诗不以文辞取胜，而以真情动人。读者仿佛不是在读诗，而是直接倾听诗人发自肺腑的心声。全诗直抒胸臆，笔力遒劲，情感跌宕起伏，具有极强的艺术感染力。

【思考题】

1. 以此诗为例，比较左思与鲍照诗风的异同。
2. 说明此诗最后两句深化主旨的作用。

拟咏怀（第十一）

庾　信

摇落秋为气[1]，凄凉多怨情。啼枯湘水竹[2]，哭坏杞梁城[3]。
天亡遭愤战[4]，日蹙值愁兵[5]。直虹朝映垒[6]，长星夜落营[7]。
楚歌饶恨曲[8]，南风多死声[9]。眼前一杯酒，谁论身后名[10]？

【注释】

［1］此句本于宋玉《九辩》：“悲哉秋之为气也，萧瑟兮草木摇落而变衰。”气：节气。［2］啼枯句：相传舜死在苍梧山，他的两个妃子在湘水边上望苍梧而哭，泪洒竹上，点点成斑，故又称斑竹为湘妃竹。［3］哭坏句：相传春秋时齐大夫杞梁战死，其妻悲伤无依，放声号哭，杞城为之崩坏。［4］天亡句：《史记·项羽本纪》载，项羽说：“此天之亡我，非战之罪也”，意思说灭亡是出于天意。

此处指梁元帝承圣三年，西魏遣于谨率兵攻江陵，元帝出降被杀之事。愤战：使人怨恨的战争。[5] 蹙（cù）：迫促，缩减。《诗经·大雅·召旻》：“今也日蹙国百里”。意即国家的领土一天天缩小。值：遇到。[6] 直虹句：《晋书·天文志》：“虹头尾至地，流血之象。”古人认为长虹映在兵营之上，是兵败流血的征兆。垒：营垒、兵营。[7] 长星句：长星，流星，陨石。《晋书·天文志》载，诸葛亮最后一次伐魏，屯兵渭南时，有长星落入兵营，经占示，为“破败之征”。不久，诸葛亮果然逝于军中。此处指当时的江陵防守战中，梁大将胡僧佑中流矢而死。[8] 楚歌句：项羽被围垓下时，闻四面皆楚歌。这里用楚汉相争的故事影射梁朝的灭亡，西魏围江陵，犹如汉刘邦围项羽于垓下。饶：多。恨曲：含恨的歌曲。[9] 南风句：《左传》襄公十八年，“晋人闻有楚师。师旷曰：不害。吾骤歌北风，又歌南风，南风不竟，多死声，楚必无功。”这两句是说梁之不振而终致江陵败亡。梁在南方，故以南风为比。南风：南方的乐曲。死声：亡国的音乐。[10] 眼前两句：《世说新语·任诞》载张季鹰曰：“使我有身后名，不如即时一杯酒。”这两句是说梁朝君臣只图眼前享乐，不考虑长远的利害，因此招致败亡。

【提示】

庾信组诗《拟咏怀》二十七首乃模拟阮籍组诗《咏怀》八十二首而作，写的是追述乱离、感伤身世、思乡念故一类的人生悲慨，抒发了诗人的内心矛盾和精神上的苦闷，是庾信后期诗作中最具特色的代表作。本篇所选是《拟咏怀》的第十一首，诗中大量运用典故，工于造句，是庾诗中的典型代表作。

《拟咏怀·摇落秋为气》咏叹当时政治风云，前六句写梁亡之后的凄凉景象，及其败亡的必然原因；后六句倒叙梁军的覆亡并抒发自己的感慨，认为梁朝君臣只图眼前享乐，不考虑长远的利害，因此招致败亡。以上内容与情感，诗人纯以历史的叙述写出，全诗几乎无一字无来历，尽显其才情与博洽，用典巧妙恰切至极。如“啼枯湘水竹，哭坏杞梁城”两句均为妻哭亡夫之典，且以“湘水竹”对“杞梁城”，用典、属对极工。又如“楚歌饶恨曲，南风多死声”两句都暗示南方力量的衰败，且均用楚典，可见诗人对史事烂熟于胸，信手拈出，即成巧对。陈祚明在《采菽堂古诗选》中说庾信“使事则古今奔赴，述感则万比抽新”；沈德潜在《古诗源》中说庾信“造句能新，使事无迹”，二人均是称誉庾信诗歌的用典精巧与造语新奇，而这一特点在《摇落秋为气》一诗中得到了淋漓尽致的体现。

【思考题】

1. 分析这首诗的艺术特色。
2. 对比庾信流寓北方后的诗作和前期诗作的异同。

西洲曲（杂曲歌辞）

忆梅下西洲[1]，折梅寄江北。单衫杏子红，双鬓鸦雏色[2]。西洲在何处？两桨桥头渡。日暮伯劳[3]飞，风吹乌臼[4]树。树下即门前，门中露翠钿[5]。开门郎不至，出门采红莲。采莲南塘秋，莲花过人头。低头弄莲子，莲子青如水。置莲怀袖中，莲心彻底红。忆郎郎不至，仰首望飞鸿[6]。鸿飞满西洲，望郎上青楼[7]。楼高望不见，尽日[8]栏杆头[9]。栏杆十二曲，垂手明如玉。卷帘天自高，海水摇空绿。海水梦悠悠，君愁我亦愁。南风知我意，吹梦到西洲。

【注释】

[1] 下：往。西洲：西洲在何处，没有确据。唐温庭筠《西洲曲》："西洲风色好，遥见武昌楼。"据此推断，西洲应在武昌附近。[2] 鸦雏：小乌鸦。鸦雏色：像小乌鸦羽毛那样乌黑发亮的颜色。[3] 伯劳：鸣禽，仲夏（农历五月）时开始鸣叫，喜欢独居。[4] 乌臼：也作乌桕，落叶乔木，夏开小黄花。[5] 翠钿（tián）：绿色的花钿。花钿，又称面花儿、花子，是古代女性贴在额头、眉间和面颊的花片，样式有花朵和小动物。这种饰物盛行于南北朝和隋唐五代时期，《木兰诗》中就有"对镜贴花黄"诗句，花黄即是这种面花（黄色）。花蕊夫人《宫词》："不知红药阑干曲，日暮何人落翠钿"、"翠钿贴靥轻如笑，玉凤雕钗袅欲飞"，杜光庭《咏西施》："素面已云妖，更著花钿饰"，温庭筠《南歌子》："眉间翠钿深"。[6] 鸿：雁，古代有鸿雁传书的故事，故"望飞鸿"也有"盼书信"之意。[7] 青楼：漆成青色的楼，为古代女子居处的通称，唐以后才用来指妓院。[8] 尽日：终日。[9] 栏杆头：在栏杆后盼望等待。

【提示】

被郭茂倩《乐府诗集》收录在《杂曲歌辞》中称为"古辞"的《西洲曲》，是经过文人加工的南朝民歌。其内容写一个女子对情人的怀念，情意缠绵，辞采清丽，音调婉转，标志着南朝民歌在艺术发展上的最高成就。

全诗以一个女子的口吻，描述了对情郎的四季相思。开头说看到早春盛开的梅花，回忆起西洲梅下那个可纪念的时刻。于是想折一枝梅花，寄赠身在江北的情人，让他和自己一起来回忆西洲梅下幽会的情景。接着便是倾诉自己从春到秋，从早到晚独居江南的孤单生活，表达了对情人的深切思念。

就艺术特色而言，《西洲曲》具有如下特点：

一是全诗三十二句，基本上四句一换韵，但语语相承，段段相缩，首尾相顾，浑然成篇。全文以“下西洲”开头，以“到西洲”结束，暗中呼应，与全诗回环蝉联的特征相和。

二是用接字法（上句尾字与下句首字重复）、钩句法（两句相接处用同类事物词语）转接成篇，似断似连，意脉活脱。换韵处往往用“钩句”承接，且韵脚平仄相间，形成音调流畅、悠扬摇曳、余味无尽的情韵，真挚的情怀与优美的艺术形式达到了巧妙的结合。所以沈德潜说此诗：“续续相生，连跗接萼，摇曳无穷，情味愈出。”（《古诗源》卷十二）这种手法为唐代人所吸收，张若虚《春江花月夜》、李白《长干行》都受过它的影响。

三是诗中的比喻和想象都带有清新纯朴的民歌色彩。如以杏子的红艳比女子的单衫，以鸦雏的乌黑油亮比少女的秀发，都是信手拈来，却又天趣浑成。以伯劳暗喻孤栖，以莲心喻女心清苦，也是即景取譬、意义双关的妙喻。结句“南风知我意，吹梦到西洲”想象奇特。范云《闺思》诗：“几回明月夜，飞梦到郎边”，又李白的名句：“春风复无情，吹我梦魂散”、“我寄愁心与明月，随风直到夜郎西”，均由此句化出。

四是采用谐音双关的手法。如“莲子”谐“怜子”，“莲心”谐“怜心”；“青如水”说其情清澈如清水，“彻底红”说爱得极为热烈深沉。这些谐音双关的用法使诗歌显得含蓄委婉。

【思考题】

1. 分析本诗的艺术特色。

2. 你如何理解“卷帘天自高，海水摇空绿”和“南风知我意，吹梦到西洲”这两句诗？

别　赋

江　淹

黯然销魂者[1]，唯别而已矣！况秦、吴兮绝国[2]，复燕、宋兮千里[3]。或春苔兮始生，乍秋风兮暂起[4]。是以行子肠断，百感凄恻。风萧萧而异响，云漫漫而奇色。舟凝滞于水滨[5]，车逶迟于山侧[6]。棹容与而讵前[7]，马寒鸣而不息。掩金觞而谁御[8]，横玉柱而沾轼[9]。居人愁卧，怳若有亡[10]。日下壁而沉彩[11]，月上轩而飞光。见红兰之受露，望青楸之离霜[12]。巡曾楹而空掩[13]，抚锦幕而虚凉。知离梦之踯躅[14]，意别魂之飞扬[15]。

故别虽一绪，事乃万族[16]。至若龙马银鞍[17]，朱轩绣轴[18]，帐饮东都[19]，送客金谷[20]。琴羽张兮箫鼓陈[21]，燕、赵歌兮伤美人[22]；珠与玉兮艳暮秋，罗与绮兮娇上春[23]。惊驷马之仰秣[24]，耸渊鱼之赤鳞[25]。造分手而衔涕[26]，感寂寞而伤神。

乃有剑客惭恩[27]，少年报士[28]，韩国赵厕[29]，吴宫燕市[30]。割慈忍爱，离邦去里，沥泣共诀[31]，抆血相视[32]。驱征马而不顾，见行尘之时起。方衔感于一剑[33]，非买价于泉里[34]。金石震而色变[35]，骨肉悲而心死[36]。

或乃边郡未和，负羽从军[37]。辽水无极[38]，雁山参云[39]。闺中风暖，陌上草薰[40]。日出天而曜景，露下地而腾文。镜朱尘之照烂[41]，袭青气之烟煴[42]，攀桃李兮不忍别，送爱子兮沾罗裙。

至如一赴绝国，讵相见期[43]？视乔木兮故里，决北梁兮永辞[44]。左右兮魂动，亲朋兮泪滋。可班荆兮赠恨[45]，惟罇酒兮叙悲[46]。值秋雁兮飞日，当白露兮下时，怨复怨兮远山曲，去复去兮长河湄[47]。

又若君居淄右[48]，妾家河阳[49]，同琼珮之晨照[50]，共金炉之夕香。君结绶兮千里[51]，惜瑶草之徒芳[52]。惭幽闺之琴瑟，晦高台之流黄[53]。春宫闭此青苔色[54]，秋帐含兹明月光，夏簟清兮昼不暮[55]，冬釭凝兮夜何长[56]！织锦曲兮泣已尽，回文诗兮影独伤[57]。

傥有华阴上士[58]，服食还山[59]。术既妙而犹学，道已寂而未传[60]。守丹竈而不顾[61]，炼金鼎而方坚[62]。驾鹤上汉[63]，骖鸾腾天[64]。暂游万里，少别千年。惟世间兮重别，谢主人兮依然[65]。

下有芍药之诗[66]，佳人之歌[67]，桑中卫女，上宫陈娥[68]。春草碧色，春水渌波，送君南浦，伤如之何！至乃秋露如珠，秋月如珪[69]，明月白露，光阴往来，与子之别，思心徘徊。

是以别方不定，别理千名，有别必怨，有怨必盈。使人意夺神骇，心折骨惊[70]，虽渊、云之墨妙[71]，严、乐之笔精[72]，金闺之诸彦[73]，兰台之群英[74]，赋有凌云之称[75]，辩有雕龙之声[76]，谁能摹暂离之状，写永诀之情者乎！

【注释】

［1］黯然：心神沮丧、容色惨郁的样子。销魂：犹言失魂落魄，此处形容别恨之深。［2］秦：今陕西省一带。吴：今江苏、浙江一带。绝国：隔离绝远之域。［3］燕：今河北省一带。宋：今河南省东部。［4］乍：与上文“或”互文见义。萧统《鹦鹉赋》：“乍青质而翠映，或体白而雪明。”庾信《咏树》：“交柯乍百顷，擢本或千寻。”［5］凝滞：留止不前的样子。［6］逶迟：行走缓慢的样子。［7］棹：船桨，这里指船。容与：不进的样子。讵：岂。讵前：即不前的意思。［8］掩：覆。觞：酒杯。御：进用。［9］玉柱：用玉做的琴瑟一类的弦柱。沾：泪水浸湿。轼：车前横木。这两句说，行者终于盖上酒杯、舍弃琴瑟，挥泪登车而去。［10］怳：失意的样子。亡：失。这句是说，怳然若有所失。［11］沈彩：落日的光辉已消失。［12］楸：落叶乔木名。离：遭受。［13］曾：高。楹：指房屋。掩：关闭。［14］踯躅：行不进的样子。这句是说，居者设想行者因不忍相别，在梦中也行步踯躅不前。［15］意：料想。飞扬：言心神不安。这句也是居者设想之辞。［16］族：类。［17］龙马：古代把八尺以上的马称为龙马。［18］轴：车轴，这里指车。这两句形容车马的壮丽。［19］帐饮东都：西汉疏广、疏受告老回乡，公卿大夫故旧百人为其饯行于长安东都门外。帐饮：谓于郊野设帐饯行，事见《汉书·疏广传》。［20］送客金谷：晋石崇有金谷园在洛阳西北，《金谷诗序》云：“余……有别庐在河内县金谷涧中，时征西将军祭酒王诩当还长安，余与众贤共送涧中。”［21］羽：古代五音之一。琴羽，琴中发出的羽声。羽声比较慷慨。张：开，犹言弹奏。［22］燕赵歌：燕赵的美人唱歌以相和。伤美人：言见此别离情况，连歌唱的美人亦为之悲伤不已。［23］珠与玉两句：这两句写美人装饰华丽，当春秋佳日，容光焕发。上春：初春。［24］秣：饲马。仰秣：言本来正在进食的马，因听到美妙的音乐而仰起头来。［25］耸：惊动。鳞：鱼。这两句本于《韩诗外传》：“昔伯牙鼓琴而渊鱼出听，瓠巴鼓瑟而六马仰秣。”这里用来形容音乐之美妙动听，甚至使马和鱼都受到感动。［26］造：至。［27］惭恩：犹感恩，因受别人的恩德而感惭愧。［28］报士：报恩之士。［29］韩国：指聂政刺死侠累事。韩国严仲子与韩相侠累有仇，严遂以百金结交聂政。聂感其意而辞其金，为之刺杀侠累。赵厕：指豫让谋刺赵襄子事。豫让事晋智伯，智伯非常尊宠他。后智伯为赵襄子所灭，豫让遂变姓名为刑人，入赵襄子宫中涂厕，欲伺机刺襄子。［30］吴宫：指专诸刺杀吴王僚事。吴公子光谋夺吴国王位，乃使专诸置匕首于鱼腹中，于公子光所

设宴席上刺杀吴王僚。燕市：指荆轲为燕太子丹刺杀秦王事。（以上聂政等四人事均见《史记·刺客列传》）［31］沥泣：流泪。诀：别。［32］抆（wěn）血：拭血。言泣血为别。［33］这句说，心里铭记知遇之恩，所以愿以剑行刺来为此效命。［34］非买价于泉里：不是为了追求声名于地下。［35］金石句：荆轲与秦舞阳见秦王时，秦王使卫士持戟夹陛而立。既而钟鼓并发，舞阳大恐，面如死灰。金石：指钟、磬一类乐器。［36］骨肉句：聂政既刺杀侠累，即自破面抉眼剖腹出肠而死。韩取政尸暴于市，下令能识其人者与千金。久之，莫能识。其姊聂嫈悲其弟身死而名不扬，即于尸旁宣布聂政姓名，随即自杀。骨肉：指聂政姊。［37］羽：箭。［38］辽水：在今辽宁省西部。无极：没有尽头。［39］雁山：当指雁门山，在今山西省原平县西北。参云：高插入云。［40］熏：香。［41］镜：照。朱尘：红尘。照烂：明亮灿烂的样子。这句是说，春日阳光下照耀着明亮灿烂的红尘。［42］袭：侵入。青气：春天郊野之气。烟煴：云气笼罩的样子。［43］讵相见期：岂有相见的日期。［44］北梁：北边的桥。永辞：永别。汉王褒《九怀》："跻江海兮蝉蜕，绝北梁兮永辞。"［45］班荆：折荆铺地而坐。《左传》襄公二十六年载，楚伍举与声子相善，"伍举奔郑，将遂奔晋。声子将如晋，遇之于郑郊，班荆相与食，而言复故。"后世因有"班荆道故"的成语。［46］惟罇酒句：《文选》题苏子卿《诗四首》有"我有一罇酒，欲以赠远人。愿子留斟酌，叙此平生亲。"之句。［47］湄：水边。［48］淄：淄水，在今山东省境内。［49］河阳：黄河北边。水北山南曰阳。［50］琼：用美玉做的佩饰。［51］绶：系印章的带子。结绶：指做官。［52］瑶草：香草，妇人用此自喻。［53］晦：昏暗不明。流黄：一种精细的丝织品。这句是说，爱人离别以后，织布也没心思，因此流黄上面蒙上了一层晦暗的灰尘。［54］春宫：妇女居处。閟（bì）：闭门。［55］簟：席子。［56］釭：灯。凝：光聚集不动的样子。以上四句是写一年四季的相思之感。［57］织锦两句：苻秦时秦州刺史窦韬被徙沙漠，与妻苏慧别。苏氏思之，织锦为回文诗以寄赠。织锦曲：即回文诗。回文诗为古代一种文体，其文从正反两方读之意义皆通。苏氏的回文诗则正反、横直、旁斜皆可通读。［58］傥（tǎng）：或。华阴上士：《列仙传》载魏人修芊于华阴山下石室中，食黄精，后不知所往。上士：指求仙之士。华阴山即华山，在今陕西省渭南县南。［59］服食：服食丹药。［60］寂：安静。这里"道已寂"是说达到了非常高超的境界。［61］丹竈：竈，即"灶"。丹灶，炼丹的炉。不顾：不问世事。［62］金鼎：炼丹的鼎。方坚，谓意志正坚。［63］汉：天汉，即银河。［64］骖：乘。［65］谢：告辞。依然：谓依依不舍。［66］芍药之诗：《诗经·

郑风·溱洧》："维士与女，伊其相谑，赠之以芍药。"［67］佳人之歌：汉李延年歌："北方有佳人，绝世而独立。"［68］桑中两句：《诗经·鄘风·桑中》："期我乎桑中，要我乎上宫，送我乎淇之上矣。"鄘亦为卫地，故称《桑中》诗中的女子为卫女。上宫：卫地名。陈娥：实际上也是指卫女，取其不与上面的卫女重复。［69］珪：上尖下方的瑞玉。［70］心折句：实际应是"骨折心惊"，作者故意这样运用以显示用词之奇。［71］渊云：王褒、扬雄。褒字子渊，雄字子云，都是西汉著名的辞赋家。［72］严乐：严安、徐乐。两人曾上书汉武帝言时务，深得汉武帝赞赏。［73］金闺：指汉代金马门，汉武帝使学士待诏金马门以备顾问。彦：有才之士。［74］兰台：东汉中央藏书的地方，设兰台令史，掌典校图籍、治理文书。英：杰出的文人。［75］凌云之称：指司马相如。《汉书·司马相如传》说司马相如奏《大人赋》，汉武帝大悦，飘飘有凌云之气。［76］雕龙之声：指邹奭。《史记·孟子荀卿列传》说：战国齐人邹奭"采邹衍之术以纪文"。裴骃集解引刘向《别录》："邹奭修衍之文，饰若雕镂龙文，故曰雕龙。"

【提示】

江淹是南朝著名的赋家，《别赋》是他的代表作，也是六朝抒情骈赋中的名篇。在结构和内容方面，这篇赋采用由总到分的方式，先从行者与居者两方面总述别离之悲，然后分写富贵者、侠士、从军者、远赴绝国者、夫妇、学道成仙者、情人等七种类型的别离，以见离愁别绪在人们生活中的普遍性，并达到反复渲染的目的。作者对各种离别，采用了突出描写某一侧面以表现其特征的方法。如写侠士以死报恩、与家人诀别之景，有慷慨悲壮之气；写游宦者之妇的四季相思，则侧重思妇的寂寞和无穷尽的期盼，有缠绵不尽之哀；写情人之别，则以春情秋思为衬托，于忧伤中充满了诗意的美感。随着主人公身份的变化，作者创造出了不同的艺术氛围，或豪华、或悲壮、或凄恻、或伤感、或超脱、或缠绵，变化多姿，而又始终不离"黯然销魂"四字。

在语言方面，此赋大量运用典故，不仅扩展了词句的内涵，也使表达精炼含蓄。全篇辞藻富丽高华，熔铸诗经、楚辞、乐府、古诗的词语句法，能作到浑成无迹，言约意丰，音韵铿锵优美，句法又错综变化。语汇丰富绚丽，如写离别之际，"沾轼"、"衔涕"、"沥泣"、"沾罗裙"、"泣已尽"、"泪滋"，用语无一重复，颇富创造性。

【思考题】

1. 试解析《别赋》的内容与层次，并分别总结《别赋》中七种别离的特点。

2. 分析《别赋》的主要艺术特色。

3. 试以《别赋》为例，分析南朝辞赋风格的变化。

第五专题
魏晋南北朝志怪、志人小说

第一节 志怪小说

一、志怪小说的起源与发展

所谓志怪小说是指那些记载各种神话传说、异闻怪谈、宗教故事等内容的小说。这类小说一方面宣传了天人感应、神鬼灵验、因果报应等宗教思想，一方面也反映了当时社会生活的某些方面，保存了许多珍贵的民俗资料。

志怪小说起源很早，上古神话传说、先秦历史著作与诸子散文中引述的带有神奇色彩的寓言故事和民间传说都是志怪小说的渊源。志怪小说的直接源头是《汲冢琐语》和《山海经》。《汲冢琐语》是一部专门记载神话传说、宗教迷信故事的奇书。《山海经》是一部以记神怪为中心，讲巫术的神话集。由于它夸张神异、类型众多，被称为“古今语怪之祖”，对后代志怪小说影响极大。

志怪小说的繁荣、成熟期是在魏晋时代。这一时期志怪小说数量大增，数量多、质量高，出现了许多思想、艺术价值很高的作品。主要原因是受了佛道二教大发展的影响。随着儒家思想的式微，形成于东汉末年、讲求神仙方术的道教到了魏晋南北朝时期，它的丹鼎符箓、服药求仙、肉体飞升等教义得到了广泛的传播。由印度传来的佛教影响更大，它的灵魂不死、天堂地狱和因果报应之说，比道教更能迷惑人心。一时间，宗教迷信思想充塞着社会的各个角落，左右着人们的言谈举止和待人处事。在宗教迷信的传播和浓厚的出世思想的影响下，自然而然地产生了很多谈神仙、鬼怪、隐士、异人的故事，好奇的文人对它们进行采辑、编写，再加上秦汉旧有的传说，形成了杂谈怪异的“志怪”小说。又由于一些教徒有意编造这些故事来宣传自己的宗教，更助长了这类作品的发展，所以这一时期“志怪小说”极其繁荣。

二、《博物志》与《拾遗记》

1.《博物志》

作者张华（232—300），字茂先，范阳方城（今河北廊坊市固安县西南方城）人，少孤贫而学业优博，仕魏为佐著作郎、长史、中书郎，入晋历任黄门侍郎、中书令、侍中、中书监等职，官终司空，故世称张司空。赵王司马伦篡位，遇害。《晋书》卷三六有传。张华嗜书博学，精于术数方技，编《博物志》正是由于他相信神仙方术，认为有鬼怪而乐于加以宣扬的缘故。

《博物志》是《山海经》式的夸示博物的志怪书，分为十卷，于地理、山川、异物、奇境、琐闻、杂事等，以类相从，无所不记，可谓地理博物杂说异闻的总汇，而着重宣扬的还是神仙和方术。这部书以名川大山、国外奇境为神仙所在的假想地，以凤凰、麒麟、琪芝、神草作为仙宫所产珍奇异物的代表，用来强调神仙的存在，表示对神仙的向往。

《博物志》卷十“杂说”下有一条“千日酒”的记载：

> 昔刘玄石于中山酒家酤酒，酒家与千日酒，忘言其节度。归至家当醉，不醒数日，而家人不知，以为死也，权葬之。酒家计千日满，乃忆玄石前来酤酒，醉向醒耳。往视之，云玄石亡来三年，已葬。于是开棺，醉始醒。俗云：“玄石饮酒，一醉千日。”（据李剑国《唐前志怪小说辑释》（修订本）第186页）

“千日酒”事又见唐初句道兴《搜神记》，大加铺饰，比上文生动许多。《博物志》记载的这个故事表层意思是对酒力的极度夸张，深层却蕴含着淡淡的哀愁：希望有这样的美酒能一醉解忧，醉死个三年五载。这正是不满现实、想逃避现实的一种表现，也是乱世容易产生的想法。宋人诗句“安得山中千日酒，酩然直到太平时”，即点破了此故事之深层含义。

《博物志》记载的奇异故事有些颇有科幻色彩。卷十“杂说”下有“八月浮槎”一条，说海通天际，又有神异的工具浮槎，大概相当于今天的宇宙飞船，能借以登天，还和牛郎织女的传说、占卜观星的术士严君平结合起来，想象力极为丰富。在魏晋志怪中把天文星象、神仙方术与征服自然的愿望等融为一谈的，以此最具代表性。唐李商隐曾作《海客》诗云“海客乘槎上紫氛，星娥罢织一相闻”，即是取材于这则故事。

2.《拾遗记》

《拾遗记》，又作《王子年拾遗记》、《拾遗录》，作者王嘉，字子年，陇西安阳（今甘肃秦安县东北）人。生卒年不详，约生于前赵的中后期。他是一位道士，据《晋书》卷九五王嘉本传记载，他平常就不吃五谷，能知未来之事。最初隐居在东阳谷修道，不和世人来往。后赵石虎末年，独身一人来到长安，在终南山（即南山，在今陕西长安县西）隐居，后迁到倒虎山。王嘉名声很大，前秦苻坚屡次请他出来作官，总不肯。后来被后赵姚苌杀害。

《拾遗记》共十卷，所记上自庖牺下迄石赵，历述各代逸事，虽用史体架构，然不类一般杂史和杂记，其性质是杂史体志怪小说，只是该书又多述别国，且载名山之异，故亦有地理博物之因素。《拾遗记》前九卷均记述历史遗闻逸事，所记均为神话传说。第十卷独记名山，凡昆仑、蓬莱、方丈、瀛洲、员峤、岱舆、昆吾、洞庭八山，渲染奇景异物，间记神仙人物，与《十洲记》所载不同，颇富创造性。

《拾遗记》虽然是道教徒“自神其教”之作，但颇重藻思文心，文字缛丽，铺采错金，在内容和体例上有不少值得注意的特点：第一，无论是仙人之事，还是名山之景，都把它们和历代帝王联系起来，以帝王求仙、遇仙为线索展开记述。而把王朝作为分卷的依据，在体例上也算是一个独创；第二，有些故事显然是采自民间，对最高统治者的暴行进行了比较深刻的揭露。如卷五“怨碑”记秦始皇修坟墓：

昔始皇为冢，敛天下瑰异，生殉工人。倾远方奇宝于冢中，为江海川渎，及列山岳之形；以沙棠、沈檀为舟楫，金银为凫雁，以琉璃杂宝为龟鱼；又于海中作玉象、鲸鱼；衔火珠为星，以代膏烛，光出墓中，精灵之伟也。昔生埋工人于冢内，至被开时皆不死。工人于冢内琢石，为龙凤仙人之像，及作碑文辞赞。汉初发此冢，验诸史传，皆无列仙龙凤之制，则知生埋匠人之所作也。后人更写此碑文，而辞多怨酷之言，乃谓为“怨碑”。《史记》略而不录。

控诉了秦始皇为一己之私，视百姓生命如草芥的残暴。书中像这样的例子还很多，诸如汉成帝的宵游宫、汉灵帝的裸游馆、魏明帝造凌云台等；第三，此书最大的一个特点，就是想象丰富奇特，富有浪漫气息。《贯月查（槎）》一则尤为新异：

尧登位三十年，有巨查浮于西海。查上有光，夜明昼灭。海人望其光，乍大乍小，若星月之出入矣。查常浮绕四海，十二年一周天，周而复始，名曰贯月查，亦谓挂星查……

这里所写，已似宇宙航行的情景，足见古人想象力的丰富，也显示了他们征服自然的愿望。又如卷四所载宛渠国：

始皇好神仙之事，有宛渠之民，乘螺旋舟而至。舟形似螺，沉行海底，而入水不浸入，一名沦波舟。其国人长十丈，编鸟兽之毛以蔽形。始皇与之语，及天地初开之时，了如亲睹。……

宛渠国民的螺舟俨然今天的潜水艇，这则故事亦是古人想象力丰富之一证。

总之，《拾遗记》乃六朝志怪上选之作，是一部颇富想象力与文章辞采的书，其所叙之事，大都情节委曲、描摹细腻，作者某些艺术手法对后世小说创作产生了明显的影响。如在叙事当中夹杂民谣、俚语，或是把歌咏有机地组织到情节发展的过程中去，都为后世小说尤其是唐传奇以降的小说所承继。全书有些篇章中对于气氛的渲染烘托、青年男女的情歌互答，简直可以乱唐传奇之真。

三、志怪小说的集大成者——《搜神记》

《搜神记》作者干宝，字令升，原籍汝南新蔡县（今属河南），海盐（今浙江海盐市东北、平湖市东南）人，幼年父亡。干宝年轻时勤奋好学，博览群书，永嘉年间以才器被召为佐著作郎，晋王建武元年（317）设立史官，干宝经王导推荐，以著作郎领国史，曾编过二十卷《晋记》，“良史”之称。官终散骑常侍、著作郎，卒于成帝咸康二年（336），享年约六十余岁。

干宝著作颇多，主要有《晋记》二十卷、《搜神记》三十卷、《周易注》十卷、《周官礼注》十二卷等，可惜全部散佚，现存者均系辑本，撰写过《唐前志怪小说辑释》、《唐前志怪小说史》的李剑国教授毕六年之力辑校而成的《新辑搜神记　新辑搜神后记》（中华书局2007版）颇为可据。

干宝很喜欢阴阳术数之学，据《晋书·干宝传》记载，干宝父有一个宠婢，其父死后曾被干宝母推到墓道中陪葬，但十年后居然复活了，干宝兄也曾病死复生，自己叙述见到鬼神的经过。有感于兄长和父婢的死而复生，干宝从早年的无神论者转变为笃信鬼神，并由此发愤，搜集古今神鬼灵异、人物变化之事，编成《搜神记》一书。干宝“撰记古今怪异非常之事”，即是为证明世上真有鬼神，正如他在《搜神记》自序中明确表示的，撰写此书是为“明神道之不诬也”。

1. 丰富多彩的思想内容

《搜神记》是汉代以降志怪小说的集大成者，全书所记内容多而全，且以记故事为重点，是一部足可“游心寓目”的绝佳之作，也是这一时期志怪小说的代表作。《搜神记》共三十卷，其中有不少文学色彩较浓、思想内容较好的故事，主要可以归纳为以下几个主题：

（1）英雄与复仇主题

代表作品有《李寄》、《干将莫邪》等。《李寄》塑造了一个有勇有谋、为民除害的少女英雄，她是智慧与勇敢的化身。《干将莫邪》叙述的是一个悲壮的复仇故事。在这个故事中，干将莫邪之子赤为了替父报仇，不惜自刎献头，何等壮烈。那位侠客，路见不平即拔刀相助，多方设计，最后豁出性命去刺杀楚王，机智英勇，把行侠仗义看得重于生命，属于司马迁在《史记·游侠列传》中说的“言必信，行必果，己诺必诚，不爱其躯”的侠之大者。

（2）爱情主题

《搜神记》中的爱情故事多以天仙下嫁（人神恋）、人鬼结合（人鬼恋）、死而复生、离魂、梦幻等情节来表现摆脱封建礼教的束缚，争取婚姻自由幸福的愿望。写人神恋的有《张璞》、《成公智琼》、《董永》、《园客》、《杜兰香》、《毛衣女》等；写人鬼恋的有《紫珪》（即《吴王小女》）、《谈生鬼妻》、《卢充》等；写死而复生的有《父喻复活》（又称《王道平》）、《河间郡男女》、

《贾偶》等。《河间郡男女》通过女方还魂，与意中人结合歌颂了这对年轻人生死不渝的爱情：

> 武帝世，河间郡有男女相悦，许相配适。寻而男从军，积年不归。父母以女别适人，女不愿行。父母逼之而去，无几而忧死。其男戍还，问女所在，其家具说之。乃至冢所，始欲哭之叙哀，而已不胜其情。遂发冢开棺，女即时苏活。因负还家，将养数日，平复。其夫闻，乃往求之。其人不还，曰："卿妇已死，天下岂闻死人可复活耶？此天赐我，非卿妇也。"于是相讼。郡县不能决，以谳廷尉。廷尉奏以精诚之至，感于天地，故死而更生。在常理之外，非礼之所处，刑之所裁，断以还开冢者。

廷尉的判决没有拘泥于"礼"——女已嫁和"刑"——男盗墓，而是以这对相爱男女的"精诚"作为断案原则，在国法中引入人情因素，终时有情人得成眷属，可谓快慰人心。

（3）冤魂灵异主题

代表作有《韩冯夫妇》、《东海孝妇》等。《韩冯夫妇》叙述的是康王见韩冯妻何氏美丽，夺为己有，夫妇不甘屈服，双双自杀殉情的故事。这个故事控诉了康王的自私残暴，歌颂了韩冯夫妇对爱情的忠贞。墓生双树、魂化鸳鸯的神异结尾，与在此前后出现的著名叙事诗《孔雀东南飞》"枝枝相覆盖，叶叶相交通，中有双飞鸟，自名为鸳鸯"的结尾相同，都体现了民间悲剧性爱情故事常见的诗意幻想。

《东海孝妇》叙述的是孝妇周青含冤被杀的故事。周青被诬杀害婆母，临刑之时，颈血倒流，飞到旗杆之上，死后当地大旱三年：

> 《汉书》载：东海孝妇，养姑甚谨。姑曰："妇养我勤苦。我已老，何惜余年，久累年少。"遂自缢死。其女告官云："妇杀我母。"官收系之，拷掠毒治。孝妇不堪楚毒，自诬服之。时于公为狱吏，曰："此妇养姑十余年，以孝闻彻，必不杀也。"太守不听。于公争不得理，抱其狱辞哭于府而去。自后郡中枯旱三年。后太守至，思求其所咎，于公曰："孝妇不当死，前太守枉杀之，咎当在此。"太守即时身祭孝妇之墓，未反而大雨焉。长老传云：孝妇名周青。青将死，车载十丈竹竿，以悬五幡。立誓于众曰："青若有罪，愿杀血当顺下；青若枉死，血当逆流。"既行刑已，其血青黄，缘

幡竹而上极标，又缘幡而下云尔。

这个故事揭露和抨击了吏治的昏暗，体现了一个善良女子对黑白颠倒、草菅人命的封建法制的控诉和反抗，关汉卿名著《窦娥冤》即以此为蓝本写成。

（4）因果报应主题

《搜神记》中也有一些故事宣扬了因果报应等迷信思想，如著名的《董永》：

董永父亡，无以葬，乃自卖为奴，以供丧事。主知其贤，与钱千万遣之。永行三年丧毕，欲还诣主，供其奴职。道逢一妇人曰："愿为子妻。"遂与之俱。主人谓永曰："以钱丐君矣。"永曰："蒙君之惠，父丧收藏。永虽小人，必欲服勤致力，以报厚德。"主曰："妇人何能？"永曰："能织。"主曰："必尔者，但令君妇为我织缣百匹。"于是永妻为主人家织，十日而百匹具焉。主惊，遂放夫妇二人而去。行至本相逢处，乃谓永曰："我是天之织女，感君至孝，天使我偿之。今君事了，不得久停。"语讫，云雾四垂，忽飞而去。

这个故事写孝子董永卖身葬父，感动了天帝，天帝命织女助其偿债，借助感天的幻想表达了对孝道的褒扬。类似的故事还有《伯雍施水》、误辑入《搜神后记》的《白水素女》（又名《谢端》）等。《白水素女》叙写的是晋安侯官人谢端孤贫无妻却能恭谨自守、躬耕力作，天帝怜悯他，命天汉中白水素女下界为他守舍炊烹，素女化螺帮助了谢端。此类故事表达了一般百姓心中好人会得神助、享受幸福的良好愿望。

2. 别具一格的艺术特色

《搜神记》之前的许多志怪小说，因为"非有意为小说"，追求真实而导致虚构成分较少，文学技巧不高。《搜神记》的叙事风格比前人有明显进步，简洁而又曲尽其情，语言朴素而又雅致清峻，为唐传奇的写作积累了丰富的经验，其艺术特色主要有以下三点：

（1）初步注意细节描绘以衬托人物性格

如《干将莫邪》中，赤的人头被煮时"踔出汤中，瞋目大怒"，这个细节想象奇特，突出显示了赤对楚王的深仇大恨，为人物增添了一种震撼人心的悲壮；又如《韩冯夫妇》里，何氏跳台自杀前，"阴腐其衣"，这个仅有四个字的细节描写，表现了何氏的机智、细心和死志已决，衬托了她对爱情的忠贞不渝。

（2）增强了叙事的完整性和丰富性，扩大了志怪小说的容量

《成公智琼》、《胡母班》、《丁姑》、《三王墓》、《韩凭夫妇》都是这样的例子，仅举《列异传》和此书都写到的三王墓故事略作分析。在故事梗概相同的前提下，《列异传》的叙述不过二百余字，与之相比，《搜神记》的篇幅则多出了两倍。后者主要是增加了情节和对话描写，如干将莫邪埋剑别妻、赤入山遇侠客、侠客进宫行刺等情节，写得完整丰富，颇具可读性。

（3）叙述采取韵文与散文合糅形式，以韵文作为人物抒情的方式

这种方式成为唐传奇散韵相间、以歌（诗）表情的滥觞。《韩冯夫妇》中韩冯妻所赋四言诗、《成公智琼》中智琼所赋五言诗都是典型的例子。尤其《吴王小女》中紫珪的鬼魂与韩重相会时所唱的四言诗，凄婉缠绵，很好地渲染了女主人公爱而不得、忧伤致死的悲恸之情。

第二节　志人小说

一、志人小说的起源

所谓志人小说就是以记述人物的嘉言懿行、趣闻妙事为主的笔记小说，是与志怪小说相对而言的。它一般含有较少的奇异怪诞成份，以真实的人物和历史背景为依据，更富有现实主义特色。

“志人”一词是鲁迅在《中国小说的历史的变迁》一文中提出的。志人小说起源很早，在春秋战国时期已经萌芽。志人小说的真正形成，是以汉代刘向编著的《说苑》、《新序》等书为标志的。《说苑》、《新序》是我国最早的两部独立的故事汇编，它们的出现，标志着我国古代笔记体小说的形成。魏晋南北朝时，由于知识分子崇尚清谈，名士们的言行流传众口，不断被人记录下来，久而久之，就形成了专写人事的别具风格的轶事小说。晋时就已经有人采辑名士的轶闻遗事编成小说，如晋袁宏（字彦伯）编过一部《名士传》，拿给当时的大名人谢安看，谢安笑着说：“我和大家谈江北的事情，彦伯竟用来写书了。”《名士传》分为三卷，分别记正始名士、竹林名士、中朝名士的言行，文笔雅洁，惜已失传。裴启编过一部《语林》，采录汉魏两晋名士的言行，也未能流传下来。其他如《魏晋世语》、《郭子》也是同样的著作，现在也都已失传，流传至今的只有此类作品的集大成者《世说新语》。

二、魏晋名士的速写画——《世说新语》

《世说新语》是魏晋志人小说的代表作，中国小说史上的一座丰碑。它选取飞扬闪光的只言片语，不同凡响的行为片断，描绘出诸多鲜明的瞬间和场面，为读者展示出了东汉至东晋二百多年间文人士大夫的生活和精神面貌，被鲁迅称为“一部名士的教科书”。

《世说新语》的作者刘义庆，彭城（今江苏徐州）人。生于晋安帝元兴二年（403），卒于宋文帝元嘉二十一年（444），刘宋宗室，武帝刘裕之弟长沙景王刘道怜次子，后过继给道怜之弟临川王道规，永初元年（420）袭封临川王。先后为荆州、江州、南兖州刺史，加开府仪同三司，卒赠司空，谥康王。《宋书》卷五一、《南史》卷一三均有传。

刘义庆爱好文学，聚招才学之士，手下文人很多，其中不少是知名人士。目前学术界倾向于认为《世说新语》实际上是聚集在刘义庆文学沙龙里的文人名士，参考裴启《语林》、郭澄之《郭子》等书，整理编辑而成。除了《世说新语》外，刘义庆还编过志怪小说《幽明录》和《宣验记》，现均已失传。

1.《世说新语》的主题

《世说新语》按内容分类编辑，有《德行》、《言语》、《政事》、《文学》等三十六篇，每篇下有数目不等的几个、十几个或几十个小故事。故事发生的最早时间为西汉初年，最晚为南朝宋初，主要是魏晋两百年间事，其主题主要包括：

（1）“修齐治平”理想的崩溃

魏晋名士已开始走向道家出世的人生，不再因醉心功名而身为物役，转而追求无为自然、散淡悠闲，过着率性而为的超然于世的生活。据《识鉴》篇载：那位说过“与其死后留名，不如眼前一杯酒”的名士张翰，“辟齐王东曹掾，在洛，见秋风起，因思吴中菰菜羹、鲈鱼脍，曰：‘人生贵得适意尔，何能羁宦数千里以要名爵？’遂命驾便归……”在这个故事中，我们看到，张翰遵循快乐原则，在官位——代表儒家入世的人生追求和莼菜、鲈鱼——代表道家出世的人生态度之间，主动地、毫不犹豫地选择了后者，由此可见魏晋名士的人生理想和生存方式是超然的、出世的，所以当时的名士，把社会责任、现实事务等，都看成束缚自己自由的、讨厌的俗世枷锁，无视它的存在。《简傲》篇中有这样的记载：

王子猷作桓车骑骑兵参军。桓问曰："卿何署？"答曰："不知何署，时见牵马来，似是马曹。"桓又问："官有几马？"答曰："'不问马'，何由知其数？"又问："马比死多少？"答曰："未知生，焉知死。"

在这段故事里，王子猷随心所欲地运用典故，装着糊涂，巧妙地把提问者支开。很明显，他对被纳入政治机构，成为有能力的官僚表示了拒否。有一次，当桓冲要他帮助做一些行政事务时，王子猷沉默半响，眼望高处，手托着下巴说："西山朝来，致有爽气。"这个看似答非所问的回答实际上暗示了王子猷的价值取向：对自然风景及自然风景所代表的审美人生的追求和对做官治国的否定。

从王子猷和张翰的故事可以看出，作为儒家思想支柱的"修身——齐家——治国——平天下"的神话已经崩溃了。对《世说新语》中的名士来讲，最重要的是自己的心情，他们只忠实地遵从自己内心的欲求。如《任诞》篇所记：

王子猷居山阴，夜大雪，眠觉，开室，命酌酒，四望皎然。因起彷徨，咏左思《招隐诗》，忽忆戴安道。时戴在剡，即便夜乘小舟就之。经宿方至，造门不前而返。人问其故，王曰："吾本乘兴而行，兴尽而返，何必见戴？"

当王子猷说"乘兴而来，兴尽而返，何必见戴"时，他看重的是一时的兴致，王子猷顺应这种内在冲动，不管三七二十一去身体力行。等心情逐渐平静，达到当初的目的也就没有必要了。这则轶事展现出王子猷任由情兴、自由放达的诗意情怀，而这种任性随意、以兴之所至为依归的行为方式，为当时士人所崇尚，在魏晋知识分子中颇具代表性。

（2）标榜魏晋风度

既然《世说新语》是名士的速写画，名士的教科书，那怎样才算名士，"魏晋风度"又包括哪几个方面呢？王孝伯说：

名士不必须奇才，但使常得无事，痛饮酒，熟读《离骚》，便可称名士。

以无事为贵，以痛饮为快，借读《离骚》以抒积郁，这就是王孝伯的名士观，一种追求无为、享受的审美的人生观。

冲破两汉以来的礼法束缚，追求个性的解放，是魏晋名士风度的一个方面。《世说新语》中的人物，在任何场合，都贯穿着“我行我素”的个性化原则。《方正》篇中记载：

> 王太尉不与庾子嵩交，庾卿之不置。王曰：“君不得为尔。”庾曰：“卿自君我，我自卿卿；我自用我法，卿自用卿法。”

魏晋时期，对官位、辈份低于自己的人或同辈之间，亲热而不拘礼节的称呼是“卿”。庾敳官位在王衍之下，两人关系又不是很密切，却称王衍为“卿”，遭到对方反对后仍坚持自己的做法，体现了置礼法于不顾的放达个性。这种“我行我素”的强烈自我意识，如果进一步发展，就会变成自傲与狂放，下面就是三个颇具代表性的例子：

> 王长史与刘真长别后相见，王谓刘曰：“卿更长进。”答曰：“此若天之自高耳。”（《言语》）
>
> 庾子嵩读庄子，开卷一尺许便放去，曰：“了不异人意。”（《文学》）
>
> 郝隆七月七日出日中仰卧。人问其故，答曰：“我晒书。”（《排调》）

魏晋风度的另一个方面是从容镇定，喜怒不形于色。《雅量》篇记桓温布下“鸿门宴”，趁大宴朝臣的机会，要杀害谢安和王坦之，为自己称帝铺平道路。得知这个消息后：

> 王甚遽，问谢曰：“当作何计？”谢神意不变，谓文度曰：“晋祚存亡，在此一行。”相与俱前。王之恐状，转见于色。谢之宽容，愈表于貌。望阶趋席，方作洛生咏，讽“浩浩洪流。”桓惮其旷远，乃趣解兵。王、谢旧齐名，于此始判优劣。

想象一下，在生死危机面前，谢安用浓重的鼻音（他有鼻炎）昂扬地唱着歌，这是何等的胆识！谢安这种临大事而有静气、处变不惊的大家气度，才是真正的名士风度。

魏晋风度还包括对形象的追求，注重言语行为，达到外在（主要指仪容、言谈、举止、服饰等）与内质（精神气度、智慧含蕴、道德修养）的谐调完美，即才形之美。《容止》中有许多篇表现的是对优秀人物仪表风采的关注，如何晏的“美姿仪，面至白”；夏侯太初的“朗朗如日月之入怀”；李安国的“颓唐如玉山之将崩”等。

魏晋风度的内涵还有清谈中机敏的应对和玄妙的言辞。《文学》篇第七十五：

> 庾子嵩作《意赋》成，从子文康见，问曰：“若有意邪，非赋之所尽；若无意邪，复何所赋？”答曰：“正在有意无意之间。”

“正在有意无意之间”，寥寥八字而含蕴丰富，推广于一切文艺创作无所不宜。有意，即著迹象，难以超脱、空灵；无意，则内容散漫，无所统属，不能集中于一点，惟在有意无意之间，才能不即不离，若即若离，恰到好处。八字真言，实开后来无数法门，非襟怀高旷、不滞于物并且文学修养很高的人，说不出如此玄妙的言辞。

（3）生命的悲剧意识

《世说新语》中的许多故事，表现出魏晋士大夫们因时光飘忽、生死无常而产生的生命悲剧感。如《言语》篇：

> 桓公北征，经金城，见前为琅邪时种柳，皆已十围，慨然曰：“木犹如此，人何以堪！”攀枝执条，泫然流泪。

桓温见物生情，觉时光易逝，引出人生易老的感慨。当时的许多名士因无法摆脱老和死的阴影而苦闷，这种苦闷的外化形式就是喜欢挽歌，偏爱不吉利的事物。名士张湛喜欢在家门前种松柏，而松柏是墓地才栽的树；名士袁山松外出时，总喜欢让随从唱挽歌。当时的人给他们编了两句口号，是“张屋下陈尸，袁道上行殡。”张湛和袁山松的作为使人感到他们的周围到处都是浓浓的死的影子，充满了末日的色彩。

（4）揭露权贵的奢侈、残暴、荒淫

《世说新语》中有不少记载士族权贵奢侈、残暴、荒淫的篇目，如《汰侈》篇所记：

石崇与王恺争豪，并穷绮丽以饰舆服。武帝，恺之甥也，每助恺。尝以一珊瑚树高二尺许赐恺，枝柯扶疏，世罕其比。恺以示崇，崇视讫，以铁如意击之，应手而碎。恺既惋惜，又以为疾己之宝，声色甚厉。崇曰："不足恨，今还卿。"乃命左右悉取珊瑚树，有三尺、四尺，条干绝世、光彩溢目者六七枚，如恺许比甚众。恺惘然自失。

小说主人公之一的石崇，是晋代赫赫有名的巨富，王隐《晋书》交代了他致富的原因："石崇为荆州刺史，劫夺杀人，以致巨富。"小说的另一位主人公王恺，据《晋诸公赞》记载，也极其富有，因是皇帝的外戚，行事为人无所忌惮。为炫耀财富，曾用糖膏和干饭刷锅，用紫丝布做步障四十里，用赤石脂活泥抹墙。这篇小说通过对石崇、王恺斗宝事件的描述，反映出晋代豪门显贵的穷奢极欲。《汰侈》篇中的石崇除了极端奢侈外，还非常残暴：

石崇每要客燕集，常令美人行酒；客饮酒不尽者，使黄门交斩美人。王丞相与大将军尝共诣崇。丞相素不能饮，辄自勉强，至于沈醉。每至大将军，固不饮以观其变，已斩三人，颜色如故，尚不肯饮。丞相让之，大将军曰："自杀伊家人，何预卿事！"

以斩美女劝酒来显示富有，固然是不把处于奴婢地位的侍女当作人看待的贵族意识的反映，但石崇连杀无辜少女，王敦无动于衷地看杀人，为显示富有而制造出这种令人悚然的血腥场面，也未免太过残忍。

在《贤媛》篇里，有这样一个故事：

魏武帝崩，文帝悉取武帝宫人自侍。及帝病困，卞后出看疾。太后入户，见直侍并是昔日所爱幸者。太后问："何时来邪？"云："正伏魄时过。"因不复前而叹曰："狗鼠不食汝余，死故应尔！"至山陵，亦竟不临。

我们可以把这个故事与《吕后本纪》中吕后害戚夫人的情节合看：吕后把戚夫人斩断手脚，挖去眼睛，弄聋耳朵，扔在猪圈内，起名"人彘"，叫儿子孝惠帝去欣赏。孝惠帝看后，悲愤成疾，派人去告诉吕后："此非人所为。"这两则故事，一个从母亲口中说出"猪狗不如"，一个从儿子嘴里说出"非人所为"，都有力地揭露了统治者的荒淫与残暴。

2.《世说新语》的艺术特色及影响

《世说新语》是汉魏六朝小说史上最负盛名之作，在艺术上有较高的成就，对后世的影响也极为深远，具体表现在以下几个方面：

（1）编写体例颇具独创性

某一人物的故事散见各篇，合起来就是一个相对完整的人物形象，有利于了解一个人物的不同性格侧面；每类故事又由若干人物相同性质的事迹组成，则又让人易于把握时代的风尚趋势。由于这种体例是将时空打乱后重新组合，没有一个统一的故事情节和因果关系，每篇人物各异，全书类别各异，其跳跃的节奏和空白非常符合中国人审美的虚实观。

《世说新语》的体例对后代产生了很大影响，出现了诸多模仿之作，以致在轶事小说中形成了一个被称为“世说体”的重要流派，唐王方庆《续世说新书》、刘肃《大唐新语》等，宋王说《唐语林》、孔平仲《续世说》等，明何良俊《何氏语林》、清梁维枢《玉剑尊闻》、民初易宗夔《新世说》等都是这一流派的著名作品。

（2）人物描写手法灵活多样

《世说新语》一书几乎涉及了魏晋两朝所有的主要人物，作者对人物的描写手法可谓灵活多样。最主要，也是用得最广泛的手法是注重表现人物的特点。具体来讲，就是采用遗貌取神的手法，删枝去叶，抓住人物本身最有特征、最具代表性的语言和动作，直接呈现在读者面前。往往是寥寥几笔，人物便活灵活现、呼之欲出了。例如《俭啬》篇写王戎“有好李，卖之恐人得其种，恒钻其核”，仅用十四个字，王戎的小气吝啬便跃然纸上。

为了突出所要表现的人物，《世说新语》往往采取对照的手法，把同一环境中两个人或几个人的不同表现进行对比。如华歆与管宁在锄地时碰到一块金子，华歆把它捡起来扔掉了，管宁却把这块金子视同瓦石，根本没予理睬。两相比较，管宁的行为和人品的高洁就更为突出了。

（3）情节具有戏剧性，曲折风趣

《世说新语》中每则故事的篇幅都很短，但读起来有如今日的小小说，故事有首尾及高潮迭起的情节，如刘伶假借病酒，骗妻子为他准备酒肉的故事，情节就饶富趣味：

> 刘伶病酒，渴甚，从妇求酒。妇捐酒毁器，涕泣谏曰：“君饮太过，非摄生之道，必宜断之！”伶曰：“甚善。我不能自禁，唯当祝鬼神，自誓断

之耳。便可具酒肉。”妇曰：“敬闻命。”供酒肉于神前，请伶祝誓。伶跪而祝曰：“天生刘伶，以酒为名，一饮一斛，五斗解酲。妇人之言，慎不可听！”便引酒进肉，隗然已醉矣。

（4）语言简约含蓄，隽永传神

鲁迅评价《世说新语》，说它“记言则玄远冷隽，记行则高简瑰奇”，因为魏晋名士超脱、玄远的气质需要用凝炼而有韵味的语言，才能得到更贴近的表达。请看下面几个例子：

《容止》篇中山涛评价嵇康的风神俊异，潇洒孤傲：

嵇叔夜之为人也，岩岩若孤松之独立，其醉也，傀俄若玉山之将崩。

《言语》篇中顾恺之描摹会稽山川之美：

千岩竞秀，万壑争流，草木蒙笼其上，若云兴霞蔚。

《言语》篇中写简文帝游华林园，对左右说：

会心处不必在远。翳然林水，便自有濠濮间想也，觉鸟兽禽鱼，自来亲人。

通观全书，《世说新语》中像这样的语言俯拾皆是，所以胡应麟在《少室山房笔丛》卷十三称赞说：“读其言语，晋人面目气韵，恍惚生动，而简约玄淡，真致不穷。”我们今天广泛应用的许多成语，都是出自此书，可以说，《世说新语》这本书在一定程度上丰富了我们的词汇。

【思考题】

1. 什么是志怪小说？简要分析魏晋志怪小说繁荣的原因。
2. 《拾遗记》在内容和艺术方面有什么特点？
3. 举例说明《搜神记》的主要主题和艺术特色。
4. 什么是志人小说？什么是魏晋风度？

5.《世说新语》包括哪些主要主题？试举例加以分析。

6.举例说明《世说新语》的艺术特色及其对后世的影响。

【参考书目】

1.《搜神记》，干宝撰，汪绍盈校注，中华书局 1979 年 9 月版。

2.《新辑搜神记　新辑搜神后记》，李剑国辑校，中华书局 2007 年 3 月版。

3.《世说新语笺疏》（修订本），刘义庆撰，余嘉锡笺疏，上海古籍出版社 1993 年 12 月版。

4.《中国小说史略》，鲁迅著，商务印书馆 2011 年 12 月版。

5.《中古文学史论》，王瑶著，商务印书馆 2011 年 12 月版。

6.《唐前志怪小说辑释》（修订本），李剑国辑释，上海古籍出版社 2011 年 10 月版。

7.《唐前志怪小说史》（修订本），李剑国著，人民文学出版社 2011 年 12 月版。

8.《汉魏六朝小说史》，王枝忠著，浙江古籍出版社 1997 年 6 月版。

9.《汉魏六朝小说选译》，舒佩实，贵州人民出版社 1982 年 7 月版。

10.《世说新语与中古文化》，宁稼雨著，河北教育出版社 1994 年 10 月版。

11.《魏晋南北朝小说》，刘叶秋著，上海古籍出版社 1978 年 12 月版。

12.《魏晋南北朝社会生活史》，朱大渭等著，中国社会科学出版社 1998 年 8 月版。

魏晋南北朝小说作品选

八月浮槎（《博物志》）

张　华

旧说云：天河与海通。近世有人居海渚[1]者，年年八月有浮槎[2]来，甚大，往反不失期。人有奇志，立飞阁于查上[3]，多赍[4]粮，乘槎而去。十余日中，犹观星月日辰，自后芒芒忽忽，亦不觉昼夜。去十余日，奄[5]至一处，有城郭状，屋舍甚严[6]，遥望宫中多织妇。见一丈夫牵牛渚次[7]饮之。牵牛人乃惊问曰：“何由至此？”此人具说来意，并问：“此是何处？”答曰：“君还至蜀郡[8]，访严君平[9]，则知之。”竟不上岸，因还如期。后至蜀，问君平，平曰：“某年月日有客星犯牵牛宿[10]。”计年月，正是此人到天河时也。

【注释】

[1] 渚：水中小洲。《尔雅·释水》：“水中可居者曰洲，小洲曰渚。”此处指海岛。另，水边亦曰渚。[2] 浮槎：传说中浮于海上的木筏。[3] 飞阁：高阁。查：通“槎”，木筏。[4] 赍：携带。[5] 奄：突然，忽然。[6] 严：整齐。[7] 渚次：岸边。[8] 蜀郡：秦汉时郡名。[9] 严君平：名遵（一作“尊”），西汉蜀人，成帝时隐居市井中，以卜筮为业，扬雄少时曾从之游学。[10] 客星：忽隐忽现之星，即新星。犯：侵犯。牵牛宿（xiù）：牵牛星，又称牛郎星，即河鼓二，西名为天鹰星座 α 星。又二十八宿之牛宿，也叫牵牛，属摩羯星座。汉朝人认为牵牛宿是日月五星的发起地，象征着历数的开端。

【提示】

这是一个充满了美妙的奇思遐想的神话传说。关于浮槎，王嘉《拾遗记》卷一也有一段记载：“尧登位三十年，有巨查浮于西海，查上有光，夜明昼灭。海人望其光，乍大乍小，若星月之出入矣。查常浮绕四海，十二年一周天，周而复始，名曰贯月查，亦谓挂星查。”

这两个巨槎的传说都反映了古人企图飞往宇宙的美妙幻想。《拾遗记》的“贯月槎”传说比《博物志》的要早些，神异色彩更浓。而《博物志》所记“八月槎”在古老的海槎传说基础上又同牛郎织女神话联系起来，描写八月有位勇敢的人乘浮槎至天河见牛郎和织女，展现了天上的景象，使牛郎织女故事形象化，从而赋予了这个传说更大的艺术魅力。

【思考题】

1. 对比王嘉《拾遗记》“贯月槎”和本篇的异同。
2. 结合本篇，谈谈牛郎织女传说的演化过程。

韩冯[1]夫妇（《搜神记》）

干　宝

宋时大夫韩冯，娶妻而美，康王[2]夺之。冯怨，王囚之，论为城旦[3]。妻密遗冯书，缪[4]其辞曰："其雨淫淫[5]，河大水深，日出当心。"既而王得其书，以示左右，左右莫解其意。臣苏贺对曰："'其雨淫淫，'言愁且思也；'河大水深，'不得往来也；'日出当心[6]，'心有死志也。"俄而冯乃自杀。其妻乃阴腐[7]其衣，王与之登台，妻遂自投台下，左右揽之，衣不中手而死。遗书于带曰："王利其生，妾利其死，愿以尸骨，赐冯合葬。"王怒弗听，使里人埋之，冢相望也。王曰："尔夫妇相爱不已，若能使冢合，则吾弗阻也。"宿昔[8]之间，便有文梓木生于二冢之端，旬日[9]而大盈抱，屈体相就，根交于下，枝错[10]于上。又有鸳鸯，雌雄各一，恒栖树上，晨夜不去，交颈悲鸣，音声感人。宋人哀之，遂号其木曰"相思树"。相思之名，起于此也。今睢阳[11]有韩冯城，其歌谣至今存焉。

【注释】

[1] 冯，同"凭"。[2] 康王：战国时宋国国君。[3] 论为城旦：论，定罪。城旦：秦汉时刑名，受刑者被押至边塞，白日守备，夜筑长城，刑期四年。[4] 缪其辞：缪同"谬"，乖错。此处作隐讳讲。[5] 淫淫：形容雨水连绵不止，这里比喻愁思的深长。[6] 日出当心：太阳照着我的心。当，正对。意思是，向太阳立誓，表示决心自杀。[7] 腐：腐朽，此处作动词用。[8] 宿昔：一夜。昔，通"夕"。[9] 旬日：十日为一旬。[10] 错：交错纠葛。[11] 睢阳：在今河南省商丘。春秋、战国时宋国都城在商丘。

【提示】

这是一则凄婉动人的爱情故事，它控诉了康王的残暴，歌颂了韩冯夫妇对爱情的忠贞。整个故事叙事委婉，情节曲折，结构严谨，详略有致。其中何氏的形象刻画非常成功，她被迫进宫后偷偷用隐语写信给韩冯，说"其雨淫淫，河大水深，日出当心"，表达了对丈夫的深情和思念，同时也向丈夫表明自己准备以死徇情。她在遗书中宣称"王利其生，妾利其死"，宁可丧失生命，也要忠于爱情。她的死很从容，作了一系列的准备：写遗书，偷偷腐蚀衣服，直到最后跳台殉情。小说通过"缪其辞"、"阴腐其衣"、"遂自投台下"等细节的描写，活画出何氏忠于爱情、不畏权势、柔中有刚、富于心计的性格特点。小说的结尾"冢墓生树，魂化鸳鸯"的情节优美而富有诗意，这一颇具浪漫色彩的幻想性结局，与此前后出现的汉乐府民歌《孔雀东南飞》结尾"枝枝相覆盖，叶叶相交通，中有双飞鸟，自名为鸳鸯"类似。

《韩冯夫妇》的动人情节对后世文学也颇有影响，李商隐《青陵台》诗云："莫许韩冯为蛱蝶，等闲飞上别枝花"，增出了"化蝶"的情节；敦煌俗赋《韩朋赋》，更用通俗文学的形式敷衍了这一传说。

【思考题】

1. 分析作品中韩凭妻的形象。
2. 分析作品的艺术特色。

吴王小女（《搜神记》）

干　宝

吴王夫差小女[1]，名紫珪[2]。童子韩重[3]有道术[4]，紫珪悦之[5]，许与韩重为婚。韩重乃学于齐鲁之间[6]，临去，嘱其父求婚[7]。王怒，不与女[8]。紫珪结气亡[9]，葬于阊门之外[10]。

重三年归，闻其死哀恸，至紫珪墓所哭祭之。紫珪忽魂出冢旁，见重流涕[11]，重与言，乃左顾宛颈而歌曰[12]："南山有乌，北山张罗[13]。乌既高飞，罗将奈何！志欲从君，谗言孔多[14]。悲结生疾，没命黄垆[15]。命之不造[16]，冤如之何！""羽族之长[17]，名为凤凰。一日失雄，三年感伤。虽有众鸟，不为匹双[18]。故见鄙姿[19]，逢君辉光[20]。身远心近，何尝暂忘！"遂邀重入冢。三日三夜，重请还。临去，紫珪取径寸[21]明珠并昆仑玉壶以送重。

重赍[22]二物诣夫差[23]，夫差大怒，按[24]其发冢。紫珪见梦于父，以明重之事。夫差异之，因舍[25]重，以子婿之礼待之。

【注释】

［1］夫差：春秋末年吴国国君，公元前 495 至 473 年在位。曾打败越兵，攻破越都，囚禁越王勾践。后来吴国终为勾践所灭，夫差自杀而死。小女：最小的女儿。［2］紫珪：据李剑国教授《唐前志怪小说史》（修订本）考证，紫珪传说的雏形最早记录在《吴越春秋》和《越绝书》中。《吴地记》引《越绝书》佚文谓夫差小女字幼玉，愿与书生韩重为偶，不果，含怨死，葬阊门外。其女化形而歌曰："南山有乌，北山张罗。乌既高飞，罗将奈何。志愿从君，谗言孔多。悲怨成疾，没身黄坡。"这一记载已经很接近《搜神记》。《太平寰宇记》卷九一引《山川记》也记有这一传说的梗概。此传说后又载入《录异传》，《太平广记》卷三一六有引，言夫差小女名玉，明本《搜神记》即据《太平广记》辑

录，改名“紫玉”。李剑国先生认为，《稽神异苑》乃先唐书，其中载夫差小女名“紫珪”，当最为可信。此文文本即是依据李剑国教授《新辑搜神记　新辑搜神后记》给出。[3] 童子：古时对成年男子的一般称呼，即少年。[4] 道术：道家的法术。[5] 悦：爱，喜欢。[6] 齐鲁：春秋时二国名。齐国在今山东省北部，鲁国在今山东省南部。[7] 嘱：托付。[8] 与：给。[9] 结气：心情悲苦抑郁。[10] 阊（chāng）门：吴国都城姑苏（今江苏省苏州市）的城门。今苏州西门仍叫阊门。[11] 涕：眼泪。[12] 顾：回头看。宛颈：婉转扭动着脖子。[13] 罗：捕鸟的网。[14] 孔：很、甚。[15] 黄垆：黄土，黄泉，指死人埋葬的地方。[16] 命之不造：运气不好。[17] 羽族：禽类。长（zhǎng）：首领。[18] 匹双：配偶。[19] 鄙：自指的谦词。姿：容貌。[20] 逢：迎接、接待。[21] 径寸：直径一寸大小。[22] 赍（jī）：带着。[23] 诣夫差：到夫差那里去。[24] 按：追究，查办。[25] 舍：通“赦”，赦免。

【提示】

这是一个生死相爱的传说：吴王夫差的小女儿紫珪与韩重相爱，因父亲反对，婚姻无望，抑郁而死，鬼魂与前来吊唁的韩重同居三日，成为事实上的夫妻。整个故事结构完整，情节曲折，是魏晋志怪小说中不可多得的名篇之一。

这篇小说最大的成功之处就是塑造了一个生动感人的少女形象。这个少女就是紫珪，她爱上了韩重，韩重父亲的求婚遭到吴王拒绝后，她仍然心系恋人，“身远心近，何尝暂忘”，在爱而不得的痛苦折磨下离开了人世。当韩重到她墓前吊唁时，紫珪的灵魂立即出现在恋人面前，借助歌词倾吐对恋人的深挚爱意，并做出了一个极为大胆的举动：“邀重入冢”，真是一位热情、勇敢、执着的女性！她在爱情方面表现出了很强的主动性和反抗性，她对韩重的爱可谓一往情深，她为情而死，为情而冥会，为情而救韩重，生死不渝。

整篇小说的基调悲凉凄婉，造成这种基调的原因除了情节本身，还有紫珪所唱的那首歌，歌词凄美感人，不仅表达了她对韩重至死不渝的爱情，渲染了全篇的悲剧气氛，更重要的是，创造了一种在散文中插入韵文，以韵文（歌或诗）抒发情感的写作方法，这种方法在后来的唐传奇中得到了广泛的运用。

【思考题】

1. 分析作品中紫珪的形象。
2. 分析本文的艺术特色。

3. 与《卢充》和《谈生鬼妻》相比，本文有什么独特之处？

钜鹿庞阿（《幽明录》）

刘义庆

钜鹿[1]有庞阿者，美容仪。同郡石氏有女，曾内睹[2]阿，心悦之。未几，阿见此女来诣阿[3]。阿妻极妒，闻之，使婢缚之，送还石家，中路遂化为烟气而灭[4]。婢乃直诣石家，说此事。石氏之父大惊曰："我女都[5]不出门，岂可毁谤[6]如此！"阿妇自是常加意伺察之。居一夜，方值[7]女在斋[8]中，乃自拘执[9]，以诣石氏。石氏父见之愕眙[10]，曰："我适从内来，见女与母共作[11]，何得在此？"即令婢仆于内唤女出，向所缚者，奄然[12]灭焉。父疑有异故，遣其母诘[13]之，女曰："昔年[14]庞阿来厅中，曾窃视之。自尔[15]仿佛即梦诣阿，及入户，即为妻所缚。"石曰："天下遂有[16]如此奇事！夫精情[17]所感，灵神[18]为之冥著[19]，灭者盖其魂神[20]也。"既而女誓心不嫁。经年，阿妻忽得邪[21]病，医药无徵[22]，阿乃受币[23]石氏女为妻。

【注释】

[1] 钜鹿：今河北省平乡县。[2] 内睹：偷偷地看。[3] 诣：此处指见面。[4] 灭：消失不见。[5] 都：从来。[6] 毁谤：败坏名誉。[7] 方值：正碰上。[8] 斋：书房。[9] 拘执：逮起来。[10] 愕眙（chì）：惊奇得瞪着眼直看。[11] 共作：在一起操作。[12] 奄然：忽然。[13] 诘：详细盘问。[14] 昔年：前几年。[15] 自尔：从这以后。[16] 遂有：竟有。[17] 精情：至情，精诚。[18] 灵神：灵魂和精神。[19] 冥著：不自觉地表现出来。[20] 魂神：灵魂和精神。[21] 邪：奇怪。[22] 无徵：无效。[23] 受币：送媒聘礼物，即订婚。

【提示】

这是一则最早出现的以离魂为线索，写男女情爱的故事。石氏女对美男子庞阿一见倾心，因无由自达，常常魂不守舍。虽身不得随，精魂常到庞阿家，最后终于与之结为夫妇。作为最早的离魂故事，本文虽然情节离奇，但精诚所动而至魂离躯体，充分表现了石氏女的思深情切，及对爱情的梦寐以求。

像这样采用离魂情节表现男女情爱的，后世还有唐陈玄佑《离魂记》，《初刻拍案惊奇》中的《大姐游魂完宿愿》，元郑光祖杂剧《倩女离魂》，清蒲松龄《聊斋志异》中的《阿宝》等。

【思考题】

1. 举出三例用离魂情节表现男女情爱的小说和戏曲。
2. 对比本文与《幽明录》中另一篇离魂故事《徐玄方女》的异同。

清溪庙神（《续齐谐记》）

吴　均

会稽赵文韶，为东宫扶侍[1]。廨清溪[2]中桥，与尚书王叔卿家隔一巷，相去二百步许。秋夜嘉月，怅然思归，倚门唱《西乌夜飞》[3]，其声甚哀怨。忽有青衣婢，年十五六，前曰："王家娘子白扶侍，闻君歌声，有关人者。逐月游戏，遣相闻耳。"时未息，文韶不之疑，委曲答之，亟邀相过。

须臾女到，年十八九，行步容色可怜，犹将两婢自随。问家在何处，举手指王尚书宅，曰："是闻君歌声，故来相诣。岂能为一曲邪？"文韶即为歌《草生盘石下》[4]，音韵清畅，又深会女心。乃曰："但令有瓶，何患不得水？"顾谓婢子："还取箜篌，为扶侍鼓之。"须臾至，女为酌[5]两三弹，泠泠[6]更增楚绝。乃令婢子歌《繁霜》，自解裙带系箜篌腰，扣之以倚歌。歌曰："日暮风吹，叶落依枝。丹心寸意，愁君未知。歌繁霜，繁霜侵晓幕，何意空相守。坐待繁霜落，歌阕夜已久。"遂相佇燕寝，竟四更别去，脱金簪以赠文韶，文韶亦答以银碗及琉璃匕各一枚。

既明，文韶出。偶至清溪庙歇，神座上见碗，甚疑而委悉之，屏风后则琉璃匕在焉，箜篌带缚如故。祠庙中惟女姑神像[7]，青衣婢立在前。细视之，皆夜所见者。于是遂绝。当宋元嘉五年也。

【注释】

[1] 东宫扶侍：太子属官。[2] 廨（xiè）：官署，官舍。清溪：又作青溪，在今南京市。溪上古有七桥，一曰东门，二曰尹桥，三曰鸡鸣，四曰募士，五曰菰首，六曰中桥，七曰大桥。[3] 西乌夜飞：《乐府诗集》引作《乌飞曲》。《乐府诗集》卷四九《清商曲辞·西曲歌》有《西乌夜飞》，疑即此。[4] 草生磐石：《乐府诗集》引作《草生磐石下》，此歌不详。[5] 酌：行。[6] 泠（líng）泠：乐声清脆。[7] 女姑神像：又按云，《异苑》曰："青溪小姑，蒋侯第三妹也。"蒋侯，又称蒋侯神、蒋山神，本名蒋子文，死后为神。

【提示】

清溪小姑是一位民间神，传说在人世间时是蒋侯的第三个妹妹。蒋侯，又称蒋侯神、蒋山神，也是一位民间神。据干宝《搜神记》卷五记载，他本名蒋子文，汉时作过秣陵尉，因击贼受伤而死于钟山。死后托言巫祝，又兴虫灾、火灾，称自己已化为神，要百姓立祠祭祀。孙权无奈之下，封其为中都侯，并在钟山为之立庙，此后颇有灵验，百姓竞相奉祀。至于他的妹妹清溪小姑，《舆地志》介绍说，“青溪岸侧有神祠，谓之青溪小姑，南朝甚有灵验，长见形于人”，可见也是一位在南朝时颇为灵验的神，《异苑》卷五“谢奂”条、《搜神后记》卷五“竺昙遂”条均记载了她的灵验事迹。本篇所述小姑恋慕人间男女之乐，主动与世间男子赵文韶幽会一事，后来的《太平广记》（卷二九五引《八朝穷怪录》）和范成大《吴郡志》（卷四七《异闻》引《续博物志》）二书也有记载。相比而言，吴均的叙述更为出色。

本篇属六朝小说中屡见不鲜的人神恋爱主题，其出奇之处在于吴均的笔下功夫：叙事委曲，文词清丽，尤其是对环境的描写、歌声和音乐的渲染、歌词的穿插，将相会时的气氛和人物情绪烘托得恰到好处，整个相会场面也被描述得极富感染力，是六朝志怪中最具小说意味的佳作之一，亦足以乱唐传奇之真。明汤显祖称誉此篇“骚艳多风，得《九歌》如余意”，可谓一语中的，允当之极。

【思考题】

1. 分析本篇的艺术特色。
2. 结合本篇，谈谈青溪小姑传说的演变过程。

围棋受书（《世说新语·雅量》）

刘义庆

谢公[1]与人围棋，俄而谢玄[2]淮上信至。看书竟，默然无言，徐向局。客问淮上利害，答曰：“小儿辈大破贼[3]。”意色举止，不异于常。

【注释】

［1］谢公：指谢安。［2］谢玄：字幼度，谢安之侄。［3］小儿辈大破贼：晚辈们把敌人打得大败。

【提示】

这个故事和著名的淝水之战有关：率军在淝水前线与前秦八十万大军对敌的是谢安的侄子谢玄，他本人则为主帅坐镇指挥。谢安心中十分清楚这场战争的重大干系：东晋之兴亡，谢氏之存绝，均在此一役，他比任何人都关心这场战争的胜负。出人意料的是，本应提心吊胆、紧张不安的他，此时却悠闲地和人下着围棋，仿佛根本没把淝水之战放在心上。胜利的消息传来，按常理他应是一阵狂喜，并急于公布这个好消息。但他一副若无其事的样子，接着下围棋。别人忍不住了，问他战争的结果，他只是轻描淡写地说了一句“小儿辈大破贼”，说话时脸色很平和，与接到消息前没什么两样。但据《晋书》记载，当他下完棋，进入内宅时，激动的心情再也抑制不住，一下撞在门槛上，连屐齿都碰折了。可见他本来高兴异常，却能在众人面前控制自己的情绪，不露喜容，体现的正是“喜怒不形于色”的名士风度。

管中窥豹，略见一斑，这段小故事很好地体现了《世说新语》语言简洁隽永的特点。接到谢玄的报捷之信，谢安的表现是“看书竟，默然无言，徐向局”，区区十个字，将谢安的喜怒不形于色、极具大家气度的性格特点，极好地表现了出来。为什么会产生这种效果呢？诀窍恰是乍看简洁无比，细品却意味无穷的这十个字。在这里，作者没有用大量的笔墨写谢安的感情活动、精神风貌，因为这些本来就是微妙而又难以捉摸的。渲染、描写，往往似有所得，实际是失之已多，而像这样仅以简单的文字再现人物自身行为的写法，却恰到好处地传达出了人物的神韵，同时又给读者留下了无穷的想象空间。

【思考题】

1. 分析本文的艺术特色。
2. 结合《雅量》篇第 29 则分析谢安的性格特点。

第六专题
唐诗

第一节 唐诗概述

一、诗的唐朝

王国维在《宋元戏曲考序》中指出："凡一代有一代之文学：楚之骚，汉之赋，六代之骈语，唐之诗，宋之词，元之曲，皆所谓一代之文学，而后世莫能继焉者也。"这段耳熟能详的话已成为人们对文学史上各时代文学代表的定论。唐朝是我国诗歌史上的黄金时代，唐诗是中国古典文学中的瑰宝。以诗属唐，自元明清以来概莫例外。闻一多先生把唐代叫做"诗唐"，他说："诗唐者，诗的唐朝也。懂得了诗的唐朝，才能欣赏唐朝的诗。"（《闻一多论古典文学》）尽管唐代文学在散文、传奇、词、戏剧等方面都有各自不等的成就，但作为"一代文学"的唐诗，其成果之丰硕，其成就之伟大是其他各类文学所不能媲美的。唐诗的繁荣兴盛主要表现在以下几个方面：

1. 名家荟萃，菁华宏富

唐代遗留至今的诗作在清康熙四十五年（1706）成书的唐诗总集《全唐诗》中，共有九百卷，收录了唐五代有姓名可考的作者达二千两百余人，诗作 48 900 余首，经过近年辑佚，总数已超过 5 万首。这个数字超过了绵延一千多年的先唐诗歌总和的两三倍以上，实际上唐人当时的作品远不止此数，许多诗作亡佚了。更可贵的是这 5 万首中有许多脍炙人口、家喻户晓的艺术精品，其传播率超越任何一代。唐代出现的杰出诗人数量之多，也为我国诗歌史上所罕见。除李白、杜甫这两座高峰外，其他如陈子昂、孟浩然、王维、高适、岑参、王昌龄、韦应物、白居易、元稹、孟郊、韩愈、柳宗元、刘禹锡、李贺、杜牧、李商隐等人，也都是开宗立派、具有独创风格的大家。此外，有一定特色、影响、成就的诗人，也不下五六十位之多。这些诗人的创作，形成了唐代诗坛百花齐放、群星灿烂的伟观。唐诗的成就，不仅是空前的，也是后人难以企及的，是中国诗歌史上的顶峰。鲁迅曾说："我以为一切好诗，到唐已被做完。"（《致杨霁云》）这话从总体上看，是很有道理的。

2. 题材广泛，内容丰富

诗歌创作在唐代是一种普遍的社会文化现象，作者群非常广大，不仅帝王将相参与其中，大量的中下级官员以及普通士人，乃至和尚、道士、妓女等各种身份的有一定文化修养的人们，也都热情地进行诗歌创作，这在历史上是未曾有过的。正如明人胡应麟所说："唐诗人上自天子，下逮庶人，百司庶府，三教九流，靡所不备。"（《诗薮》外编卷三）因而，唐诗内容的广泛也是空前的，它全面地反映了社会各阶层的生活状况和精神风貌，为我们留下了一部丰富的唐代社会生活史。可以说人世间一切世象、景象、兴象都投影于诗中，举凡天象、山河、田园、边塞、都会、宫禁、政教、人伦、宴享、朝会、迁谪、隐逸、游侠、狩猎、述怀、咏物、怀古、酒肆、青楼、寺观乃至幽冥、仙界等等莫不有诗。可以说，其他文体可以反映的内容，诗中都有表现，唐诗以诗的语言为我们生动地再现了大千世界。

3. 体制完备，形式多样

唐诗体制大备，形式多样。传统的五、七言古体诗到唐代得到进一步的充实和发展，取得了极其辉煌的成就，尤其是七古，在唐代才真正兴盛起来，充分显示出其艺术上的优越功能。中国诗歌史上那些流行了一两千年最富生命力的诗体，在唐代都已发展到了十分纯熟的境地，唐人对近体诗的最后完成，使诗歌更为充分地表现出它的音乐美，极大地丰富了诗歌的表现手段，对唐诗高潮的形成，起了极大的促进作用。各具特点的古近体形式，为诗人们施展才能提供了广阔的天地，唐代诗人在这众多的形式体裁中选择自己得心应手的载体来表达思想情感，反映社会现实，从而创作出大量的名篇佳作。唐以后，诗的体制基本没有创新，虽然出现了词、曲这种新形式，但就狭义的“诗”而言，却没有产生大的突破。古典诗歌一直延续着唐诗的范式。

4. 风格繁多，流派纷呈

唐诗作者众多，虽不是人人都有风格，但杰出的诗人确实不少，他们在大量的诗歌实践中，独具机杼，形成了各自的诗风，从而使诗坛呈现出百花竞艳、群星争辉的繁荣局面。唐代诗人中，独具风格的著名诗人约有五六十个，远远超过了先唐著名诗人的总和。而且往往不是一人一貌，有些大家在总体风格下还表现出多种神态。有些诗人相互间学习切磋，同中有异，异中有同，形成共同的审美趣味。唐代诗人在创造了许多鲜明独特的艺术风格的基础上还形成了不同的艺术流派，如盛唐的山水田园诗派、边塞诗派，中唐的新乐府诗派、险硬诗派，影响极为深远。而李白、杜甫则成为中国诗史上浪漫主义和现实主义的两座高峰。晚唐，杜牧、李商隐突起，特别是李商隐，用象征、暗示的手法表现朦胧情思，为唐诗开拓出一个充满朦胧幽约之美的全新境界，创造了唐诗最后的辉煌。总之，唐诗的风格可谓异彩纷呈，仪态万方，充分显示了唐诗在艺术上兼融南北文学之长所取得的伟大成就，开创了全新的诗歌风貌。

5. 继往开来，影响深远

唐诗虽是一代文学，但它是在前代诗歌基础上发展创造的结晶，唐代许多杰出诗人对文学遗产采取了批判继承的正确态度，吸取了前代诗歌所有的精华，推陈出新，使诗歌创作迈上了更高的台阶。如陈子昂标榜“风雅比兴”、“汉魏风骨”，在复古之中实现革新，从而廓清了齐、梁“彩丽竞繁，而兴寄都绝”的形式主义诗风的影响，把诗歌的发展引上了正确的道路。李白一方面指出“自从建安来，绮丽不足珍”，一方面又学习楚辞和乐府，登上了浪漫主义诗歌的顶峰。杜甫明确提出“别裁伪体亲风雅，转益多师是吾师”的主张，博采众长，他的诗歌才能“尽得古今之体势，而兼人人之所独专”，集前人诗歌之大成，担负起继往开来的任务。白居易、韩愈等在中唐诗坛的求新求变，都和他们对前人的学习是分不开的，唐人这种对待遗产既批判又继承的精神，使他们勇于借鉴而又不流于模仿，承继前人而又有所创造，极大地促进了诗歌的发展，取得了前所未有的丰硕成果。

唐诗对后世的影响极为深远，可以说，唐之后中国的古典诗歌都是唐诗的脉裔。唐之后，宋诗成就最大，几与唐诗媲美，但宋诗正是肇始于杜甫、韩愈，这一点宋人也从不讳言。以文为诗，以才学为诗，在诗中说理议论，在中唐诗中已不鲜见，因此宋诗是直接脱胎于唐诗。元明清诗人或宗唐或法宋，然而追本溯源，都离不开唐诗。清人蘅塘退士孙洙所编的《唐诗三百首》家喻户晓，至今传颂。“熟读唐诗三百首，不会写诗也会吟”的俗语说明唐诗已成为中国古诗的典范和代名词。唐以后的诗人可以说无一未受唐诗的哺育和滋养，这一切都证明了唐诗无穷的生命力。当代诗歌怎样从唐诗和传统诗歌中汲取精华，创造出具有民族特点和时代特色的好诗，是我们今天应该面对和解决的问题。

唐代诗歌的空前繁荣与巨大成就，一方面是诗歌本身不断发展变革的结果，另一方面更是唐代强大的国力、雄厚的经济基础与开放的文化环境下孕育的结果。另外，唐代君王对诗歌的爱好和提倡，科举考试以诗赋取士的政策都为唐诗的繁荣普及产生了极大的影响。唐诗繁荣的原因除去上述这些主要因素外，还有各个时期的特殊原因，比较复杂，有待于我们今后进一步深入研究。

二、唐诗的发展历程

在唐诗的发展过程中，由于诗人们艺术追求的不同，形成了唐诗发展的阶段性。对于唐诗的分期，历来有许多不同意见。严羽《沧浪诗话》将唐诗分为“唐初”、“盛唐”、“大历”、“元和”、“晚唐”五体。元人杨士弘《唐音》将严羽的五体并为“唐初”、“盛唐”、“中唐”、“晚唐”四体。中唐包括“大历体”和“元和体”。明高棅编《唐诗品汇》又明确标出初盛中晚的时间分界，而且在总序中概括描述了各期的主要诗人和风格流变。他以盛唐为正宗，元和以后为变体。这个选本影响很大，“四唐”的分期得到多数人的承认。明末沈骐《诗体明辨》又稍作修正。因此，我们也按传统的分法，把唐诗分为初、盛、中、晚四期，大抵从高祖武德元年（618年）到玄宗开元初（713）为初唐，约一百年。从玄宗开元元年（713年）到代宗大历五年（770年）为盛唐，约五十年。从大历六年（771年）到文宗大和末年（835年）为中唐，约六十四年。从文宗开成元年（836年）到唐亡（907年）为晚唐，约七十年。这四个阶段的划分，与社会的盛衰、政局的变化有着密切的关系，但又不完全等同于社会发展阶段的划分，如盛唐之“盛”，它固然包括了开元盛世，但同时也包括了安史之乱发生后的十余年乱世。因此，这种分法只是大体反映了唐诗的流变过程，不能机械地理解为唐诗风格的绝对分期。因为诗歌艺术风格的演变是个渐进的发展过程，而且初、盛、中、晚之分，并没有绝对的时间断限，它们是交错的。

大体说来，唐初诗坛上主要是宫廷诗人的创作，出现了朝野效法的“上官体”，仍弥漫着齐梁浮艳余风。初唐四杰反对宫廷诗歌空虚的内容和呆板的形式，追求浓郁的情思与壮大的气势，给诗坛带来一股清新开阔的春意。陈子昂以复古为革新，从理论和实践两方面不遗余力地抨击齐梁诗风，扫除了浮艳诗风的残余，端正了唐诗发展的方向。刘希夷和张若虚继卢、骆之后，进一步在诗歌意境的创造方面，为唐诗的发展提供了成功的经验。初唐是唐诗发展的起点、奠基时期，为盛唐诗歌的繁荣进行了理论和创作上的准备。

盛唐时期，唐诗达到了全盛的高峰，成就最为辉煌。不仅出现了许多著名诗人，而且形成了不同的风格流派。以王维、孟浩然为代表的山水田园诗派和以高适、岑参为代表的边塞诗派，成为盛唐诗坛的两大主要阵营。李白和杜甫代表了盛唐诗歌的最高成就，他们的诗在思想内容和艺术表现方法上都有独特的创造，为唐诗发展开辟了新道路和新境界。

中唐是唐诗的再盛时期。前期表现出唐诗由盛到再盛之间过渡时期中的衰落与沉寂。其中刘长卿、韦应物的山水田园诗，大历十才子在当时影响较大。中唐后期，诗坛又重现繁荣景象，在题材的广泛性、思想内容的深刻性上都超出前期。以白居易、元稹为代表的新乐府诗派，继承杜甫反映民生疾苦的现实主义精神，创作了大量的讽谕诗，以平易通俗的风格见长。以韩愈、孟郊为代表的险硬诗派，标新立异，力矫平庸，为唐诗开辟了新的道路。两派之外，李贺、柳宗元、刘禹锡独具一格，卓然成家。

晚唐诗歌中普遍有种感伤的情调。诗歌的发展也可分为两期，前期的代表诗人杜牧、李商隐和许浑等人，满腹才华却又不能有所作为，但写出了许多出色的咏史怀古诗。尤其是李商隐的爱情诗追求细腻朦胧之美，在艺术上作了深入的开拓，成为唐诗的最后一个高峰。后期的著名诗人主要有皮日休、陆龟蒙、杜荀鹤、司空图、韦庄等人。他们大多数对朝廷采取了冷漠的态度，在艺术上，大多追随前人诗风，但并未取得超越前人的成就。其中皮日休、聂夷中、杜荀鹤等人继承白居易新乐府的传统，反映民生疾苦，抨击社会黑暗。他们的诗作成为唐代现实主义诗歌的余辉。

第二节　初唐诗歌

初唐从高祖至睿宗，历时近百年，占了唐王朝的三分之一。可存留诗篇仅三千首左右，作者也不上三百人，更没有出现第一流的大诗人，成就不能与盛唐、中唐、晚唐相比。但初唐是唐诗发展的起点，是唐诗的孕育期、奠基时期，为盛唐诗歌的繁荣进行了理论和创作上的准备，在唐诗发展史上仍占有重要地位。

诗风的转变是初唐诗歌发展的重要标志。初唐前五十年，诗坛上仍弥漫着齐梁浮艳余风。唐太宗和他的重臣如虞世南、魏征等，从政权得失出发，提出了文学必须有益政教的主张，反对淫靡文风，但他们未能将这种主张付诸实践。因而不但没有消除南朝诗风的影响，反而使其成为唐初诗坛的主要倾向，甚而出现了朝野效法的“上官体”。初唐后五十年先是四杰突破宫廷诗的内容，给诗坛带来一股清新开阔的春意；继有沈宋确立了律诗这种新的形式；最后陈子昂以复古为革新，从理论和实践两方面不遗余力地抨击齐梁诗风，高举建安风骨，扫除了浮艳诗风的残余，端正了唐诗发展的方向，为唐诗开辟了健康发展的道路。

一、初唐宫廷诗人与五律的定型

诗风的转变是初唐诗歌发展的重要标志。唐初三十年，活跃在贞观诗坛上的多是唐太宗李世民身边的前朝遗老或开国重臣。如虞世南、魏征等，主张文学必须有益于政教，提出对“贵于清绮”的南朝诗风和“重乎气质”的北朝诗风应该“各去所短，合其两长。”（魏征《隋书·文学传序》）反对浮艳余风，比起南朝的宫体诗，诗风虽有了净化，但由于这些宫廷重臣视野不出宫廷、台阁，把诗歌作为唱和应酬的工具，写的多是奉和应制之作，虽然在声律辞藻方面日趋精妙，但在风格趣味上日益贵族化和宫廷化。歌功颂德，点缀升平，言志说教，拟古、咏物之作充斥诗坛，那种以情韵取胜的典型唐音还没有出现。

贞观后期，诗坛上出现了一位重要诗人上官仪。他长于五言诗，存诗多是奉和应诏之作，内容可取者甚少，但其诗“绮错婉媚”，朝野一时效法成风，称为“上官体”。上官仪把齐梁以来诗歌创作上的对仗手法加以程式化，提出“六对”、“八对”之说，以音义的对称效果来区分偶句形式，对于律诗的形成有一定的推动作用，他的作品里，有不少对偶精妙，写景传神的佳句，如“鹊飞山月曙，蝉噪野风秋。”（《入朝洛堤步月》）但他过分追求形式的倾向导致“争构纤微，竞为雕刻”（杨炯《王勃集序》）绮靡文风的继续盛行。

武后时，宫廷诗人沈佺期、宋之问以善写应制诗而深得赏识，并称“沈宋”。沈、宋的主要贡献在于完成律诗的体制和扩大律诗的影响。沈、宋在前代诗律发展的基础上加以改进，“回忌声病，约句准篇”（《新唐书》），使五律定型化。“五言至沈、宋，始可称律”（王世贞《艺苑卮言》）。他们以自己的创作实践总结了五七言近体诗的形式规范，诗集中不仅有不少出色的五律，也有相当成熟的七律。元稹在《唐故工部员外郎杜君墓系铭》中说："沈、宋之流，研炼精切，稳顺声势，谓之为律诗。由是而后，文变之体极焉。"这是"律诗"之名首见文献。自齐永明以来两百多年，中国古典诗歌的格律化过程终于完成。这在诗歌史上有重要的意义。

与沈、宋约略同时的宫廷诗人还有号称"文章四友"的李峤、崔融、苏味道、杜审言。其中杜审言最有诗才，他的诗，句律精严而笔力雄健，颇为时人及后人推重。如他的《和晋陵陆丞早春游望》一诗，被后人誉为"初唐五言律第一"（明胡应麟《诗薮》）。

初唐宫廷诗人虽然在诗歌形式方面作出了重要的贡献，但由于宫廷诗人生活面比较狭窄，他们的创作主要局限于宫廷文学应制咏物的范围之内，虽偶有佳作，但其总体风貌，却是在华美的形式中呈现出情调上的苍白平庸，缺乏慷慨之气和壮志豪情，因此，使诗歌摆脱宫廷的羁縻，面向广阔的生活，诗风的彻底变革只能由那些身处社会中下层的诗人来承担。

二、初唐"四杰"对唐诗的贡献

在唐高宗至武后时期，出现了"以文章齐名天下"的"初唐四杰"：王勃、杨炯、卢照邻、骆宾王。四人创作个性不同，所长各异，大体而言，卢、骆喜作五七言长篇，其功尤在七言歌行一体；王、杨则以五言律绝取胜。但他们都属于位卑才高的诗人，不满意诗坛上繁缛的文风，怀着变革文风的自觉意识，反对纤巧绮靡，提倡刚健骨气，把矛头直接指向高宗龙朔年间以上官仪为代表的宫廷诗风。杨炯在《王勃集序》中说："尝以龙朔初载，文场变体，争构纤微，竞为雕刻……骨气都尽，刚健不闻。思革其弊，用光志业。"他们在创作上积极开拓诗歌的思想内容，把视野从宫廷、台阁移到了市井、江山与塞漠，从而拓宽了诗歌的视野，便于容纳更加丰富的感情内容。在艺术上，开始追求一种昂扬壮大的美。

"四杰"诗作主要是抒情诗，他们都曾奔走四方，心中充满了博取功名的幻想和激情，郁积着不甘久居人下的雄杰志气，写下了许多羁旅行役、言怀赠别的诗，其中王勃在这方面的诗最为出色。如那首脍炙人口的《送杜少府之任蜀川》，没有一般送别诗中的惆怅痛楚，有的是真挚的友情、抱负与共勉，感情浓烈而不消沉，给人以很深的感染。"四杰"诗中也有不少抒写立功边塞的抱负和反映戍边生活的诗篇，骆宾王写戍边生活是"四杰"中写得最好的。他的许多诗如《在军中赠先还知己》、《边城落日》、《在军登城楼》等都写出了戍边生活的真实感受，感情真切而气势雄大，慷慨激昂的感情基调已开盛唐边塞诗风气之先。正是他们这种匡时济世、建功立业的人生理想和热情，为诗歌注入了高情壮思和倜傥意气，这也正是“四杰”诗风与宫廷诗风迥然不同的主要原因所在。

“四杰”诗中重视抒发个人情怀，作不平之鸣，因而对于社会时弊多有所揭露批判，诗中充溢着一种慷慨悲凉的感人力量，表现了一种壮大的气势。如卢照邻的《长安古意》借对古都长安的描写，感慨世道的变迁，描写权贵们的腐朽奢侈生活，抨击世态炎凉，感情昂扬激越，蕴含着强烈的历史兴亡之叹。即使是在前人偏于游戏和应酬性的题材上，他们也注入人生热情，表现出自我个性。如骆宾王的《在狱咏蝉》，诗人于咏物中寄情寓兴，由物到人，由人到物，物我一体，即使在狱中也仍有一股孤傲之气溢于言外，成为咏物诗中的杰作。

“四杰”的写景诗把晋宋的山水诗推到了一个新阶段。他们不再是一味地模山范水，而是注入了强烈的喜悦悲伤的感情。王勃的《滕王阁诗》，围绕滕王阁，从时间、空间的变迁转换表现了诗人无限的惆怅和极端的感伤之情，情景交融，寄慨遥深。胡应麟说：王勃此诗“兴象宛然，气骨苍然，实首启盛、中妙境。”（《诗薮·内篇》）

初唐“四杰”在诗歌创作上的革新，不仅表现为内容的拓展和充实，而且也表现在艺术上的创新与完善。他们以新的章法和节奏，来表现新的感受，在诗歌语言上也更接近生活。如七言歌行本是梁、陈以来七古和骈赋交互影响渗透的产物，卢、骆却创造性地发挥了这种诗体之所长，极大地加强了它的抒情性，丰富了它的表现力，使之成为一种极能发人才思的新体制，成为高适、岑参、李白等许多诗人所喜用的形式，他们的开拓之功是不能忽视的。王、杨擅长的五言律、绝，在诗歌语言上更趋明净凝炼。

初唐“四杰”以他们重刚健、重气质的创作实践，在诗坛上起到了解放诗歌的作用。四杰虽未彻底洗净齐梁诗的习气，但“宫体诗在卢、骆手里是从宫廷走到市井，五律到王、杨的时代是从台阁移至江山与塞漠。”（闻一多《唐诗杂论》）他们对唐诗发展的贡献是不可轻视的，“王杨卢骆当时体”，“不废江河万古流”，（杜甫《戏为六绝句》）他们构成了唐诗发展中不可或缺的一环。

三、陈子昂与唐诗风骨

陈子昂（661 年—702 年），字伯玉，梓州射洪（今四川射洪县）人。出身豪富之家，自幼任侠使气。永淳元年（682）中进士，曾两次上谏直陈政事，受到武则天的赏识，擢为秘书省正字，官至右拾遗。曾从乔知之北征，又随武攸宜东征契丹，因言事被降职，愤而还乡。后被县令段简诬陷入狱，忧愤而卒。有《陈伯玉集》，存诗一百二十余首。

陈子昂是“四杰”后反对齐梁诗风，在理论和创作上都取得了突出成就的诗人。他在《与东方左史虬修竹篇序》中明确提出了“兴寄”、“风骨”的理论主张。所谓“兴寄”就是指诗人应该学习《诗经》、《楚辞》中美刺比兴的优良传统，应有为而发，作品要有劲健充实的内容，特别是要有深刻的社会政治内容。他批评齐梁间诗“兴寄都绝”，即是指齐梁诗歌内容空虚，无病呻吟，片面追求藻饰。所谓“汉魏风骨”就是指汉魏时代文学艺术之美的本质特征，它表现为内容与形式的完美统一，丰富的思想情感，深刻的社会政治内容与刚健壮大、自然纯朴的艺术形式的统一。他慨叹“文章道弊五百年矣。汉魏风骨，晋宋莫传”，显然他是把汉魏文学创造的具有特殊的时代风格的艺术美作为理想的典范，要诗人学习充满慷慨悲凉之气的建安风骨，在倡导复古的旗帜下实现诗歌的真正革新。

陈子昂的创作有力地体现了他的理论主张，代表作《感遇诗》三十八首中他不仅寄寓怀抱，抒忧寓悲，而且还进一步写当时的社会政治问题，大胆地抨击朝政。如“兰若生春夏”（《感遇诗》之二）托物言志，抒写时光流逝，抱负无法实现的悲愤；“苍苍丁零塞”（《感遇诗》之三）是揭露武后穷兵黩武的罪恶的，诗人以刚直情怀对黑暗现实表示极大的愤慨，直陈己见，无所顾忌，使人在读惯百余年来狭窄纤弱的诗歌之后，耳目为之一新。杜甫誉之为“千古立忠义，感遇有遗篇”。

陈子昂的诗中有一种昂扬壮大的感情基调，有一种“崇高”之美，如他的千古绝唱《登幽州台歌》：“前不见古人，后不见来者。念天地之悠悠，独怆然而涕下。”以无限的时间和无穷的空间为背景，高耸起一个伟大而孤独的自我，充溢着一种壮大浓郁的感情，这正是唐代具有浪漫精神的理想人格的象征，是陈子昂所追求的风骨，也是日后盛唐诗歌中的生命之泉。

陈子昂的主张与创作实践结束了无病呻吟的齐梁绮靡诗风和唐初宫廷诗风，他对风骨的追求，他提出的美学理想影响了有唐一代，为唐诗注入了蓬勃的生命力，对盛唐诗人有着极大的影响，元好问在《论诗三十首》中说：“沈宋横驰翰墨场，风流初不废齐梁。论功若准平吴例，合著黄金铸子昂。”充分肯定了他在唐诗发展史上的贡献。

四、张若虚与唐诗兴象

经过“四杰”等人的努力，初唐后期，诗歌在题材范围的扩大、体悟写景技巧的成熟、声律的完善、风骨的形成等方面，已为唐诗的繁荣奠定了基础。继卢、骆之后，刘希夷和张若虚进一步发展了七言歌行，在诗歌意境的创造方面，他们的创作提供了成功的经验。刘希夷的诗歌，颇多赏春惜春之作，这些诗的基调，已不再是四杰诗中对贵族社会荣华难就的嘲讽，更多的则是对青春的留恋和渴望。如代表作《代悲白头翁》，一方面是叹息韶华易逝，青春不再，另一方面是万物生生不息，不断更新。因此淡淡的伤感之中流露出的更多是对青春的热爱，对大自然永恒生命力的向往。诗中的情思不只限于女子的自伤自怜，而包含了更广泛的人生哲理。“年年岁岁花相似，岁岁年年人不同。”诗人对生命短促的痛惜之情贯穿全诗，通过红颜少年和白发老翁的对比写出人世沧桑之感。语言明快轻捷，笔调流丽，创造出兴象鲜明而韵味无穷的诗境，呈现出美丽动人的青春惆怅。

这种“少年不识愁滋味”的青春惆怅在张若虚的《春江花月夜》中则进一步变为对青春、对爱情、对生命、对自然的正面讴歌，并把感悟人生、体认哲理与宇宙融为一体的浓郁情思表现为清新明丽的诗境，给人以一种宁静纯美的享受。

陈子昂的诗作以风骨取胜，主要取自于古朴劲健的汉魏古诗，而张若虚、刘希夷的诗歌则更多地吸取了南朝乐府诗的营养，风格明丽优美，把浓郁的情感、真切的生命体验融入美的兴象，诗情、画意、哲理融为一体，创造出空明纯美的诗歌意境，以情韵见长。他们的出现表明唐诗在意境的创造上已趋成熟，为风骨情韵并盛的盛唐诗的到来作了艺术上的准备。

第三节　盛唐诗歌

唐玄宗开元、天宝年间，直至“安史之乱”爆发，是唐代社会高度繁盛而且极富艺术气氛的时代。初唐诗人近百年的探索和准备，为创造中国诗歌最健美的典型做好了准备，伴随“开元”盛世的到来，唐诗达到了全盛的高峰。虽然在初、盛、中、晚四个阶段中，盛唐为时最短，但成就最为辉煌。出现了许多著名诗人。李白、杜甫、王维、孟浩然、高适、岑参、王昌龄、王之涣、张说、张九龄、李颀、崔颢、王湾、王翰、崔国辅等等，虽艺术造诣深浅、作品多少不尽相同，但都卓然成家，互不相掩，形成了中国古典诗歌的黄金时代。热情洋溢、豪迈奔放、具有浓郁的浪漫气质，是盛唐诗的主要特征。即使是恬静优美之作，同样也是生气弥满、光彩熠熠的。这就是后人称颂的“盛唐之音”。

盛唐诗歌内容十分丰富，其中反映军旅生活和描写山水田园两类题材的占有相当的比重。边塞诗兴于初唐，盛唐时达到极盛，形成了以高适、岑参为代表的边塞诗派。山水田园诗在我国源远流长，在盛唐大量的山水田园诗作中，以王维、孟浩然成就最高，形成了以他们为代表的山水田园诗派。“李杜文章在，光焰万丈长”，李白和杜甫的诗作，代表了盛唐诗歌的最高成就，是“盛唐之音”的主旋律。他们虽风格不同，但艺术成就同样达到了出神入化的地步，不分轩轾。他们的诗在思想内容和艺术表现方法上都有独特的创造，为唐诗发展开辟了新道路和新境界。

一、王维、孟浩然与山水田园诗派

1. 山水田园诗派的产生及其特点

盛唐时期社会安定，经济繁荣，为人们提供了较为优裕的生活条件，官僚、士人有更多的闲暇留恋山水。社会上佛道思想影响较大，而佛寺、道观又多建在山水胜景之处，而统治阶级提倡佛老，也使一些求仕困难的文人由隐而仕，走所谓的“终南捷径”。寄情山水不仅是隐逸之风的产物，而且也是盛唐诗人理想破灭后的必然归宿。因此，继承陶渊明、谢灵运传统的山水田园诗便大量地产生了，在山水田园诗作中，以王维、孟浩然成就最高，形成了以他们为代表的山水田园诗派，也称王孟诗派。储光羲、常建、祖咏、裴迪等也是这一派的重要诗人。他们的诗作多取材于山水风光与田园生活，反映闲适、归隐的思想情趣，直接反映现实的作品不多。在艺术上，他们力求清新自然，大力写作五言律诗和绝句，风格淡雅恬静，质朴自然，追求兴象玲珑的诗境。他们的创作提高了诗歌对自然美的表现技巧，为唐诗的繁荣作出了突出的贡献，对后世诗人产生了极大的影响。

2. 王维、孟浩然的诗歌

王维（701 年—761 年），字摩诘，蒲州人。开元九年举进士，累迁右拾遗、给事中，后官至尚书右丞，故称王右丞。他四十岁前，具有向往开明政治的热情。李林甫把持朝政后，他在蓝田辋川别墅里过着半官半隐的生活，到晚年完全变成一个“以禅诵为事”（《旧唐书 · 文苑下》）的佛教徒。有《王右丞集》，存诗四百余首。

王维诗歌前后期在题材、体裁、风格上有明显的不同。他前期对功名充满热情和向往，写过不少游侠诗和边塞诗，代表了他思想积极向上的一面，风格比较雄壮，如《少年行》四首写少年游侠的意气风发、豪放不羁以及临阵英勇杀敌的爱国热忱，“孰知不向边庭苦，纵死犹闻侠骨香”，声调高朗，气魄宏大。《老将行》写将军暮年虽潦倒落魄，却仍立志报国，希望在垂暮之年“犹堪一战取功勋”，情调是昂扬的。王维到过边塞，写出了“大漠孤烟直，长河落日圆”（《使至塞上》）及“暮云空碛时驱马，秋日平原好射雕”（《塞上》）这样壮阔的景色，洋溢着壮大明朗的情思和气势。

后期诗作则以田园隐逸为主要内容，鲜明地反映了他逃避现实的消极情绪。思想意义虽不强，但艺术上却达到了极高的境界。奠定王维在中国诗史上重要地位的正是这些山水田园诗。他的山水田园诗往往在宁静明秀的境界中表现一种平静的心境，把自然的美和心境的美融为一体，使人从中得到一种享受和满足。如《山居秋暝》中诗人以自然美来表现自己的人格美和理想的社会美。诗的意境既清幽又活泼，于诗情画意之中寄托着诗人高洁的情怀和对理想境界的追求。

王维工诗善画，精通音乐，是唐代具有多方面艺术才能的杰出诗人。他以音乐家的耳朵捕捉自然音响，以画家的眼光观察自然景致，以画、乐之理融会于诗中，创作了大量优美的山水田园诗，形成独特的艺术风格，对当时及后世的诗人都有极大影响。苏轼的“味摩诘之诗，诗中有画”（《书摩诘蓝田烟雨图》）之评道出了王维山水田园诗的一大特色。如“独坐幽篁里，弹琴复长啸。深林人不知，明月来相照”（《竹里馆》），“飒飒秋雨中，浅浅石溜泻，跳波自相溅，白鹭惊复下”（《栾家濑》），如同着墨不多的山水、人物画。“大漠孤烟直，长河落日圆”（《塞上》）、“渡头余落日，墟里上孤烟”（《辋川闲居赠裴秀才迪》），以单纯的线条，构成直和圆组合一景的素描，近于几何图案。“日落江湖白，潮来天地青”（《送邢桂州》）、“明月松间照，清泉石上流”（《山居秋暝》）、“漠漠水田飞白鹭，阴阴夏木啭黄鹂”（《积雨辋川庄作》），突出色彩的对比，深具画家匠心。从他的诗中，我们不仅欣赏到一幅幅明丽的自然美景，还能谛听到大自然各种奇妙的声音。“阴阴夏木啭黄鹂”（《积雨辋川庄作》）、“千山响杜鹃”（《送梓州李使君》）、“阴风悲枯桑”（《送陆员外》）、“江连暮雨愁”（《送贺遂员外甥》），他的诗如同一幅幅有声画，在诗情和画意的互相渗透和生发中，丰富和发展了中国古典诗歌的抒情艺术。

王维被称为“诗佛”，诗中还有不少“入禅之作”，如《终南别业》、《竹里馆》、《鹿柴》、《辛夷坞》等。王维诗中的禅意，集中表现为空寂与无我的境界，

"空"、"寂"二字屡屡出现于他的诗中。王维这些含有禅意的诗歌，并不是佛教的枯燥说教，而和山水景色密切相联，他移情入景，以景悟理，达到情景理的高度统一，诗人以细致的观察力揭示了大自然对人们的启迪，读来别有趣味。

诗中有情，诗中有侠，诗中有隐，诗中有佛是人们对他诗歌丰富题材的高度概括，同时他还各体兼工，堪称全才。今存五言诗数量最多，被称为"五言宗匠"，无论是五律、五古，还是五绝、七绝都取得了极高的成就。即使是六言诗、杂言乐府和楚辞体等，也具有极深的造诣。王维可说是盛唐时代代表了各种诗体所达到的成就的一个全面的典型，艺术成就几与李、杜抗衡。

与王维齐名同样以写自然山水见长的诗人是孟浩然（689 年—740 年），襄阳人。曾两次入长安求仕失望而归，张九龄为荆州长史，置他为从事。后隐居病死在家中。主要活动于开元年间。孟浩然是盛唐诗人年辈较高的诗人，是唐代第一个大力写作山水诗的诗人，成就虽不如王维，但能够独标风韵，自成一家。和王维等山水田园诗派诗人一起促进了盛唐山水田园诗的发展。有《孟浩然集》，存诗二百余首。

孟浩然生当盛唐，早年有用世之志，但政治上困顿失意，以隐士终生，是盛唐诗人中终身不仕的一位作家。其实，孟浩然并非无意仕进，他和盛唐其他诗人一样，怀有济时用世的强烈愿望，如写给当时的宰相张九龄的《望洞庭湖赠张丞相》这首诗，他借洞庭湖巧妙地表达了希望通过张九龄的引荐而走上仕途的愿望。《留别王维》、《归故园作》等许多诗中都表现了他无可奈何而归隐的激愤心情。

在诗的成就上，王、孟并称，风格相近而不相同。孟浩然擅写五律和五古。五律写得工整清丽、自然圆熟，虽无奇凸变化，却平淡有味。他善于发掘自然和生活之美，他的山水田园诗，更贴近自己的生活，即景会心，写出真切的感受，"余"、"我"等字常出现在诗里。如他的名作《过故人庄》，绿树、青山、场圃、鸡黍、桑麻，使人领略到浓烈的农家风味。诗人写的是眼前景，用的是口头语，一任感情自然流露，在自然平淡中蕴藏着深厚的情味，浓郁的诗意。在宁静的环境中表现生活的美好感受是孟浩然山水田园诗的感情基调。正是这一点使他的诗不同于一般的隐士诗，而在宁静之中洋溢着热烈的生活气息。

孟浩然的山水行旅诗多于田园诗，以清空闲远为主要艺术特征。出现在诗中的山水景物，常常就是他生活环境或经历的一部分，带有即兴而发、不加雕饰的特点。他对自然景物出神入化的描绘，得力于他高超的白描手法。他很少像王维那样敷设明艳鲜丽的色彩，常常只用素淡的语言，简洁地写出自己的直觉感受，创造出情景交融的诗境。山水诗到孟浩然笔下，被提升到一个新的境界，诗中情和景的关系不仅是彼此衬托，而且常常是水乳交融般的密合；诗的意境更加单纯明净，结构也更加完美，如《宿建德江》：“移舟泊烟渚，日暮客愁新。野旷天低树，江清月近人。”诗人只写了暮霭中的一抹寒林，水中的一轮月影，在这个朦胧而明净的境界中弥漫一缕淡淡的乡愁，情和景已完全融合。在创造情景交融的诗境上，孟浩然完全可以和王维各标风韵。他的山水诗的意境以一种富有生机的恬静居多。

二、高适、岑参与边塞诗派

1. 边塞诗派的产生及其特点

盛唐时期唐王朝国势强大，疆域广阔，同边地少数民族在政治、经济、军事、文化方面的交往十分密切。统治者或为保卫疆域，或为炫耀国力，常轻启边衅，边事增多，驻军增多，文人们多有到塞外出使、做事的机会，因此，边塞诗兴于初唐，盛唐时达到极盛，立功边塞是当时士人向往功业的重要途径。诗人们或佐戎幕，或镇边邑，边塞军旅的豪雄生活和奇异风光尽入吟咏，在盛唐诗坛大放异彩，形成了以高适、岑参为代表的边塞诗派；王昌龄、李颀、王之涣、王翰也是边塞诗派的重要诗人。他们继承汉魏乐府及六朝、初唐诗人如鲍照、陈子昂等的传统，诗歌描写边地山川景物、风土人情；反映塞上战争、个人的从军生活和征人思妇的不幸境遇；表达自己为国立功的愿望和不满现实的情绪。边塞诗人笔下洋溢着慷慨昂扬的浪漫主义精神，边塞诗诗体以五、七言乐府歌行为主，风格大都豪放雄壮，有逼人的气势。边塞诗反映了盛唐意气风发的时代精神，具有豪爽俊丽而风骨凛然的共同风貌，创造出了清刚劲健之美，是盛唐气象的典型代表。

2. 高适、岑参的诗歌

高适（700 年—765 年），字达夫，渤海蓨（今河北景县）人，少时落魄，幼年丧父，早年生活困顿。流寓宋中（今河南商丘），开元中两次入长安求仕，不得任用，贫困落拓，直到天宝八载四十六岁时才应试举有道科中第，为封丘尉。三年后弃官入河西节度使哥舒翰幕，充掌书记。安史乱起，随玄宗入蜀，拜谏议大夫。后累官至淮南节度使、散骑常侍，封勃海县侯，高适是唐诗人中仕途最为显达者，有《高常侍集》，存诗二百多首。

高适诗中的优秀作品大多作于北上蓟门、浪游梁宋时期。他的诗题材广泛、现实性较强，其中以边塞诗的成就最高，成为盛唐边塞诗派的杰出代表，他的诗在反映现实的深度上超过了与他同时的许多诗人，追求不朽功名的高昂意气与直面现实生活的悲慨相结合，使他的诗有一种慷慨悲壮的美。他曾三次出塞，随军征过契丹，有边塞生活的亲身体验，因此所写边塞诗，多是有所为而发，有较强的针对性，真实地反映了当时边塞的情况。高适是个非常自负、功名心极强的诗人，他在诗中充分表达了通过立功边塞、建立不世功业的强烈愿望："万里不惜死，一朝得成功。画图麒麟阁，入朝明光宫。大笑向文士：一经何足穷！古人昧此道，往往成老翁。"（《塞下曲》）渴望建立奇勋，写得激昂慷慨。他的边塞诗不仅歌颂战士们的英勇精神，而且也对士卒的艰苦生活和久戍不归表现了深切的同情与激愤之情："汉家能用武，开拓穷异域。戍卒厌糠核，降胡饱衣食。关亭试一望，吾欲泪沾臆。"（《蓟门五首》之五）他在开元二十六年（738）创作的代表作《燕歌行》，以高度的艺术概括来表现当时边塞征战生活的广阔场景及多种矛盾，成为唐人边塞诗的压卷之作。正是由于这样的思想深度，使高适的边塞诗在豪迈雄壮中显得浑厚深沉，不同于其他边塞诗人。《河岳英灵集》称赞他"诗多胸臆语，兼有气骨"，高适诗多以古体见长，尤以七古为胜。他的七言歌行不仅上承四杰以来歌行的体制，而且吸取了汉魏古诗遒劲简练的特色，气势沉雄而境界壮阔，创造了慷慨奇伟的阳刚之美。《新唐书》本传说他作诗"以气质自高。每一篇已，好事者辄传布。"杜甫赞他如"骅骝开道路，鹰隼出风尘。"（《奉简高三十五使君》）又说："高岑殊缓步，沈鲍得同行。意惬关飞动，篇中接混茫。"（《寄彭州高三十五使君适虢州岑二十七长史参三十韵》）可见高适在世即享诗名。

与高适并称的岑参（715 年—770 年）是盛唐时代写作边塞诗最多，成绩也非常突出的一个诗人。他天宝三载进士及第，大历元年官至嘉州刺史，是盛唐著名诗人中最年轻的一位。

自天宝八载至至德二年春，岑参曾两次赴安西，在西北边陲生活了六年，创作了大量出色的边塞诗。他的生平遭际与高适有相似之处，思想也有相通之处，如对军功的向往："功名只向马上取，真是英雄一丈夫。"（《送李副使赴碛西官军》）写官兵慷慨报国的英雄气概；"都护新灭胡，士马气亦粗。萧条虏尘净，突兀天山孤。"（《灭胡曲》）充满乐观向上的精神。但他的想象力更加丰富，并具好奇性格，在创作上具有独特的艺术个性。岑诗"诗奇体峻，意亦造奇。"（《河岳英灵集》）在立功边塞的慷慨豪情支配下，诗人笔下的军旅生活、边塞风物、异域风情，全都变得格外瑰丽神奇，诗人对这些给予热情的歌颂。突破了以往征戍诗多写边地苦寒和士卒劳苦的传统格局，极大地丰富和拓宽了边塞诗的描写题材和内容范围。他善于把西北边塞的奇异风光与风物人情，用慷慨豪迈的语调和奇特的艺术手法，生动地表现出来，别具一种奇伟壮丽之美。“北风卷地白草折，胡天八月即飞雪。忽如一夜春风来，千树万树梨花开。”（《白雪歌送武判官归京》）诗人用南国春景来比喻北国冬雪，绮丽诡异，成为咏雪的千古名句。他诗中的热海火山、白草荒沙、胡天飞雪、大漠飓风等等奇观，不仅过去的诗歌未曾表现过，也是古今传记所未曾记载的。雪夜风吼，飞沙走石，烈日炎炎，这些西北荒漠中令人望而生畏的恶劣气候环境，在诗人笔下却成为衬托英雄气概的壮观景色，洋溢着诗人对边塞深厚的感情。显然，如果没有立功边疆的壮志，诗人是不可能有这种无所畏惧的感情，并创作出这样雄浑壮美的诗篇的，这是典型的盛唐之音，只有盛唐诗人，才会有如此的胸襟和气魄。边塞诗人中没有其他人像岑参这样把边塞风物描写得如此神奇壮观，他的诗开拓了盛唐边塞诗的表现领域。在当时和后世深受人们的赞赏。

岑参的边塞诗呈现着雄奇壮伟的景色和慷慨激昂的基调，他以出乎常情的想象抒发豪迈情怀，化平凡为神奇，使他的诗歌充满奇情壮采，富有力量感和浓郁的浪漫主义色彩。不同于王维、王之涣、王昌龄，岑参两次出塞都在天宝后期，但他处于安西北庭的特殊环境之中，西域地区当时尚未受到开边政策的波及，民族关系比较和睦，因而他的诗歌洋溢着积极乐观的精神，成为盛唐边塞诗的殿军。

其他边塞诗人中王昌龄的成就最为突出。他善于用七绝表现边塞生活和征人的内心世界。《从军行》和《出塞》描写战士们英勇奋战的尚武精神和相思离愁，深沉、凝练，历来为人们所传诵。此外，王翰、王之涣的《凉州词》、李颀《古从军行》都是盛唐边塞诗的杰作。

三、唐诗的高峰——李白与杜甫

李白和杜甫是盛唐两座并峙的高峰，他们相差十一岁，共同经历了唐王朝的全盛时代和由盛转衰的安史之乱，但他们的创作却有很大的不同。李白是盛唐文化孕育出来的天才诗人，他那非凡的抱负和自信，狂傲不羁的性格，自由创造的浪漫情怀，充分体现了盛唐士人的精神风貌。他诗歌的主导风格，形成于大唐帝国最为辉煌的时代，以抒发个人情怀为中心，对自由、理想的渴望和追求是李白诗歌的主要内容。而杜甫诗歌的主导风格，却是在安史之乱的前夕开始形成，成熟于乱后遍地疮痍的苦难中，因此，李白诗中那种充满自信、富有激情的歌唱在杜甫诗中为民生疾苦、国家命运的沉重责任感所取代，忠实地记录时代的苦难和社会的面貌成为杜甫诗歌的主要内容。盛唐前期那种浪漫的时代风气造就了李白，他登上了浪漫主义的高峰；安史乱后万方多难的现实成就了杜甫，他登上了现实主义的顶峰。他们是两颗同样美丽的双子星座，闪烁在盛唐的星空，成为盛唐诗歌最为灿烂的乐章。

1. 李白的诗歌创作

李白（701年—762年），字太白。四川江油人，出身富而不贵，自幼“观奇书”、“好剑术”、“游神仙”，生活情趣非常丰富，二十六岁离乡远游，抱着“使寰区大定、海县清一”（《代寿山答孟少府移文书》）的理想游历了大半个中国。天宝元年受诏入京，因不甘做宫廷诗人，于天宝三载离京再度漫游。安史之乱后，因参加永王幕府而长流夜郎。遇赦后流浪于金陵、宣城之间，后病死于当涂，结束了他富有传奇色彩的一生。有《李太白集》，今存诗九百余首。

李白一生浪迹天下，大起大落的身世遭遇使他广泛地接触了生活的各个层面。他那鲜明的个性就是在充分吮吸时代气息的基础上形成的。他的身上有着诗人、酒徒、侠客、道士、纵横家等各类人的气质和特点。他的人生理想既是超脱的又是积极入世的。他身上的浪漫、洒脱、执着正是盛唐社会习尚和文化精神的显著特征，他的诗歌正是通过他的个性投影，折射出时代的风采，从而成为盛唐的最强音。

李白诗歌内容十分丰富。他的诗歌反映了盛唐时期广阔的现实生活。他的青、壮年时代正值“开元盛世”，国力的强盛、充足的自信心使他渴望风云际会，建立不世功业，但李白一生在政治上始终处于逆境，因而表达个人理想、傲岸不羁、蔑视权贵的反抗精神是李白诗歌的主旋律。李白一生游历了许多名山大川，他写了许多歌颂祖国壮丽山河的诗篇，形象地记录了八世纪时祖国的自然风貌。如《望庐山瀑布》、《望天门山》等等，千百年来，传诵人口，体现了诗人对大自然卓越的鉴赏能力，表达了对祖国、对生活、对大自然的热爱。

李白是时代的歌手，他时刻关怀祖国命运，注重反映时代面貌。他的诗中既为“一百四十年，国容何赫然”而自豪，也有对战乱将至的敏锐预感和对国家命运的深切忧虑。如《古风》五十九首中的一些诗，写了皇帝的昏庸荒淫，宰相的专横跋扈，宦官的骄奢淫逸，武将的专权割据，现实性很强。安史之乱后，他又写了不少诗表现“誓欲斩鲸鲵，澄清洛阳水”（《赠张相镐》其二）靖难救国的爱国精神，报国之志至老不衰。然而由于政治理想的破灭，所以李白的诗写得更多的是他那“不羁之天才所感受到的一份挫伤折辱的寂寞深悲”，他创作了不少的侠客诗、游仙诗、纵酒诗。在这些诗中，他或遨游神仙世界，或纵酒高歌，或证史论今，或慷慨陈词，充分反映了他对社会人生的看法，表达了不屈的反抗。“金樽清酒斗十千，玉盘珍羞值万钱。停杯投箸不能食，拔剑四顾心茫然。欲渡黄河冰塞川，将登太行雪满山。”（《行路难》）“殷后乱天纪，楚怀亦已昏。”（《古风》）“骅骝拳跼不能食，蹇驴得志鸣春风。”（《答王十二寒夜独酌有怀》）“安能摧眉折腰事权贵，使我不得开心颜。”（《梦游天姥吟留别》）面对这样的“盛世明君”，因此他要“百年三万六千日，一日须倾三百杯。”（《襄阳歌》）“天子呼来不上船，自称臣是酒中仙。”（杜甫《饮中八仙歌》）中唐人范传正说得好：“饮酒非嗜其酣乐，取其昏以自富；作诗非事以文律，取其吟以自适；好神仙非慕其轻举，将不可求之事求之，与豪壮心，遣余年也。”（《唐右拾遗翰林学士李公新墓碑序》）李白桀傲不驯的叛逆精神与对理想、自由的执着追求构成了他波澜壮阔的一生，凝成了中国诗人中继屈原之后最富悲剧性的形象。

李白诗独树一帜。他的诗以乐府和歌行最为著名。这种不受韵律束缚，长短结合的自由体，更可以让李白恣意挥洒，纵横开阖地展现其傲岸不羁的个性。名作《行路难》、《将进酒》、《梁甫吟》、《蜀道难》等都是乐府歌行。他豪迈狂放的风格在这些诗中表现得淋漓尽致。李白的乐府诗大量沿用乐府旧题，或用古题写现实，具有鲜明的时代精神，如《丁都护歌》；或用古题写己怀，具有深刻的寓意和寄托，如《蜀道难》。初唐以来乐府歌行多为七言体，而李白却从三言、四言、五言、七言，直到十一言，参差错落，长短不齐，形成极为奔放的语言风格。他还大胆地运用散文句法，如“上有六龙回日之高标，下有冲波逆折之回川”（《蜀道难》），用韵也突破了梁陈旧作一韵到底的程式，极尽变化之能事。李白把自己的个性气质融入乐府诗的创作，形成了行云流水的抒情方式，使他的古题乐府成为新的创造。他的乐府诗无论是在内容，还是在体制和格调方面，都已实现了从汉魏古体到唐体的根本性转变。

李白诗歌以气夺人，饱含强烈的感情力量，是高度个性化的。他诗中始终有一股与云天比高、与历史等量的气回荡着，使人不得不慑服于他诗中那恢宏超迈的气象、傲然挺立的气骨和壮大逼人的气势。“大鹏一日同风起，扶摇直上九万里。假令风歇时下来，犹能簸却沧溟水。”（《上李邕》）那气度宏大，旷荡纵适的大鹏正是李白自我形象的写照。他的情感是爆发式的倾泻而出，是后人难以模拟的。他的诗想落天外，显示了超凡的创造力，大量运用夸张比喻手法创造出许多按常规不可思议的诗歌形象，如“狂风吹我心，西挂咸阳树。”（《金乡送韦八之西京》）“远海动风色，吹愁落天涯。”（《早秋赠裴十七仲堪》）在他富有创造性的笔下，许多自然界的景物，许多常见的事物，又有了新的生命成为独具特色的意象，如“海寒多天风，白波连山倒蓬壶。”（《古有所思行》）“明月不归沉碧海，白云愁色满苍梧。”（《哭晁卿衡》）借助各种神话传说构成了奇丽的诗境，如《远别离》、《梦游天姥吟留别》。正如晚唐诗人皮日休所说：“言出天地外，思出鬼神表，读之则神驰八极，测之则心怀四溟，磊磊落落，真非世间语者，有李太白。”（《刘枣强碑》）他的诗在形式、创作方法以及诗人气质各方面都从现实主义进入了浪漫主义，扩大了浪漫主义的表现领域，成为浪漫主义诗歌的新高峰。

李白的诗歌是盛唐气象的典型代表，盛唐文化的乳汁已经化为李白的血肉、灵魂、精神。诗人终其一生，都在以天真的赤子之心讴歌理想的人生，无论何时何地，总以满腔热情去拥抱整个世界，追求充分的立功和享受，对一切美的事物都有敏锐的感受，把握现实而又不满足于现实，投入生活的急流而又超越苦难的忧患，在高扬亢奋的精神状态中去实现自身的价值。他以富于展望的理想歌唱走在了时代前沿。如果说盛唐前期是李白诗歌“飞扬跋扈”（杜甫语）的时代，那么盛唐后期则是杜甫“暮年诗赋动江关”的时代。

2. 杜甫的诗歌创作

杜甫（712 年—770 年），字子美，河南巩县人。出身于“奉儒守官”的官宦世家，希望通过科举入仕，实现“致君尧舜上，再使风俗淳”（《奉赠韦左丞丈二十二韵》）的政治理想。但仕途蹭蹬，直到四十四岁才得到一个小官。后弃官入蜀，漂泊西南。大历五年病死于湘水舟中。杜甫的一生与安史之乱前后二十年那万方多难的时代息息相关，坎坷流离的生活和战火遍地的现实把杜甫卷入了社会底层。写于天宝十一载（752 年）的《兵车行》以严肃的态度，真实地记录了人民被驱往战场送死的悲惨图景，标志着杜甫诗歌的转变。由此形成并基本上贯穿了杜甫此后一生诗歌创作在思想内容方面的四个主要特征：严肃的写实精神；在忠于唐王朝和君主的前提下，对统治集团中的腐朽现象给予严厉的批判；对民生疾苦的深厚同情；对国家和民族命运的深沉忧念。他的一千四百首诗大多写于安史之乱中，是乱离时代的悲歌。他用如椽巨笔真实地绘出了那苦难时代的生活图画，攀上了现实主义的高峰。他的诗自唐以来就被誉为“诗史”。

杜甫的诗被誉为“诗史”，因为它真实地记载了八世纪中叶半个世纪间唐代的社会政治、经济、人民生活和文化艺术各方面的情况，这一时期常被人提到的重要历史事件，在杜甫诗中都有反映，而且提供的是比历史事件更为广阔、更为具体、也更为生动的生活画面。《兵车行》、《丽人行》、《洗兵马》、“三吏”、

“三别”给我们展开的都是一个个活灵活现的场景。写时事，虽不始于杜甫，但是到了杜甫，才有如此广阔的视野且频繁地写时事。他的许多诗，记录的是自己的一生遭际，抒发的是一己的感受，虽不是直接写时事，但由于他的感受与动乱的时局息息相关，从中我们同样能认识到历史的真实面貌。如《自京赴奉先县咏怀五百字》、《春望》、《北征》真实地记录了他在战乱降临时的忧虑，国破家亡时的悲痛。杜诗的诗史性质决定了他写作方法的变化。他不再像盛唐前期的诗人习惯于创造玲珑兴象以表现个人的情怀，而是自觉地把目光转向广阔的社会，尤其是社会底层人民。他用叙事手法写时事，他善于对生活进行高度的艺术概括，常通过一件事、一个人的遭遇来揭示生活的本质。如《又呈吴郎》：“堂前扑枣任西邻，无食无儿一妇人。不为困穷宁有此？只缘恐惧转须亲。即防远客虽多事，便插疏篱却甚真。已诉征求贫到骨，正思戎马泪盈巾。”借寡妇扑枣的小事写出了人民贫困交加的生活。《三吏》、《三别》更是概括了千万个征夫戍卒的遭遇，反映了广大人民在残酷的兵役下的呻吟。“朱门酒肉臭，路有冻死骨”（《自京赴奉先县咏怀五百字》），“万姓疮痍合，群凶嗜欲肥”（《送卢十四弟侍御护韦尚书灵榇归上都二十韵》），便是他概括现实写出的高度凝炼的不朽名句。写底层人民的悲惨生活，在唐代没有一位诗人像杜甫这样真实而深刻，从而把现实主义诗歌发展到了一个新的高峰。

不同于李白诗歌的天才涌发、不可模仿，杜甫的诗则千锤百炼苦心经营，可为人典则。就这一点来说杜甫对后人的影响比李白大。他常以细腻的观察和准确入微的刻画来反映生活的真实。如长诗《北征》写女儿衣裳的破旧、补绽上图案的颠倒，用这种细节揭示出生活的贫困。为了使诗歌能在写实之外达到传神的境界，杜甫提倡苦学。他不同于李白的一挥而就，而讲究炼字、炼句，讲求声律之美。“星垂平野阔，月涌大江流”（《旅夜书怀》），“映阶碧草自春色，隔叶黄鹂空好音”（《蜀相》），都是以一个字来传递景物的神态，表达复杂的情思。他在诗中还善用俗语、叠字，他的诗歌语言摇曳生姿，多姿多彩，达到了“语不惊人死不休”（《江上值水如海势聊短述》）的境界。杜诗奄有众长，兼备各体，是唐诗的集大成者。因古体便于叙事，所以杜甫写时事的诗多是古体。但他的律诗，在艺术上的成就却更为辉煌。尤其是对七律的运用简直到了出神入化的程度。七律虽兴起于初唐，但诗人致力于此的并不多，也多写歌功颂德的篇什；而杜甫的七律则无所不入，不仅用来反映民生疾苦，而且还创造了许多新颖的字法、句法，使七律有了长足的发展。《秋兴》、《咏怀古迹》、《登高》都是组织严密、调高律细的杰作，特别是《秋兴》八首，可说是杜甫律诗中的登峰造极之作。通过对巫山巫峡的秋色秋声的形象描绘，抒发了诗人忧国之情和孤独抑郁之感。咏的是自然之秋，更是家国之秋，充分地体现了杜诗沉郁顿挫的艺术风格。

第四节 中唐诗歌

中唐时期，唐王朝由盛而衰，唐诗却进入了另一个繁荣时期。中唐诗歌的发展明显分为两期。前期从大历初至贞元中。诗坛继起的诗人不少，但其思想内容和艺术成就远逊于盛唐，表现出唐诗由盛到再盛之间过渡时期中的衰落与沉寂。其中刘长卿、韦应物写了不少优秀的山水田园诗，大历十才子在当时影响极大，但作品内容浅俗，气象衰飒；元结、顾况在杜甫之后创作了一些揭示民生疾苦的诗歌。元结编《箧中集》，收沈千运等人反映现实的诗作二十四首，在理论与实践上都开了新乐府运动的先声。顾况学习《诗经》，作讽谕诗，《上古之什补亡训传十三章》以首句一二字为题，开了白居易《新乐府》“句首标其目”的先例，是新乐府运动的先驱。

中唐后期，诗坛又重现繁荣景象。一时名家齐出，群芳争艳，在题材的广泛性、思想内容的深刻性上都超出前期，直逼盛唐，艺术成就也足以与盛唐比肩，形成了开元、天宝之后又一个创作高潮。这时的诗不仅数量多，质量高，而且风格多样，个性突出，恶同喜异，变中求新，这就是白居易所说的“诗到元和体变新”（《馀思未尽加为六韵重寄微之诗》）。“好刻好苦，好异好详”（明陆时雍《诗境总论》）是所谓“元和体”即中唐后期诗的总体艺术特征。元和体从创作主张和诗歌风貌上主要分为两派，一派是以白居易为代表的新乐府诗派，一派是以韩愈、孟郊为代表的险硬诗派。白居易、元稹、张籍、王建等倡导新乐府运动，写下了大量的讽谕诗，继承了杜甫反映民生疾苦的现实主义精神，在艺术上追求平易舒坦的风格。韩愈、孟郊、贾岛、卢仝等人，标新立异，洗削凡近，开创了险硬诗风。两派之外，李贺以其奇、幽、冷、艳的创作特点，像一颗转瞬即逝的流星，发出了耀眼的光芒。柳宗元的山水诗成就很高，有“王、孟、韦、柳”之称。刘禹锡笔力雄健，有“诗豪”（白居易语）之誉。他不但怀古咏史诗写得极为精采，而且在民歌创作上也卓有成就，其《竹枝词》、《浪淘沙》等诗为历代诗评家所推崇，成为后世学习民歌的范本。这些诗人成就虽有高下之分，但无不具有明显的个性特征，在中唐诗坛独标风韵，卓然成家。

一、大历诗风

大历诗风指的是大历、贞元年间以刘长卿、韦应物和被称为大历十才子的钱起、司空曙、李端、卢纶、耿、吉中孚、苗发、崔峒、夏侯审、韩翃为代表的诗人共同的创作风貌。他们的青少年时期大都在盛唐度过，但突然遭遇了安史之乱，理想幻灭，失去了盛唐士人昂扬向上的精神风貌，背负着沉重的失落感，在冷漠的人情世态中，无可奈何地去寻找自己无从把握的归宿，因而他们诗中的主要倾向是避开战乱的现实，追求宁静闲适、冷落寂寞的生活情调。写的多是称道隐逸山水的诗篇，通过描写自然山水的恬静、幽远、清冷、荒寂来表现对人生的感叹和个人内心的惆怅。因此，刘长卿、韦应物的山水诗没有了王、孟诗中那种蕴含于静谧中的蓬勃生机。出现在他们诗中的常是“夕阳”、“落叶”、“孤雁”、“寒林”。如“日暮苍山远，天寒白屋贫。柴门闻犬吠，风雪夜归人。”（刘长卿《逢雪宿芙蓉山主人》）。“独怜幽草涧边生，上有黄鹂深树鸣。春潮带雨晚来急，野渡无人舟自横。”（韦应物《滁州西涧》）笔墨简淡，耐人寻味，诗境写得极美，却有着难以排遣的冷落与孤寂。宁静淡雅的诗境与冷落寂寞的情思融为一体是刘长卿、韦应物诗的共同特征。

大历十才子的创作中也多吟咏山水、唱酬应制之作。他们作品的共同特点是：（1）寄情山水，咏颂自然。十才子大多步王维的后尘，以田园风光为主要题材。但境界窄小，诗中贯串着冷落与萧飒的情调。（2）格律规整，字句精工。十才子作品多用音律和谐的近体格律，很少见到乐府歌行。他们都有很深的艺术修养，常有警句而全篇不佳。（3）情思绵邈，轻酬浅唱。

大历贞元年间没有出现大诗人，成就也不突出，相对来说是唐代诗史上的低潮期。尽管刘长卿、韦应物和大历十才子的成就不一，虽有风味，“气骨顿衰”（胡应麟《诗薮》）。有神韵但缺少骨力，感情真挚深刻的作品很少，体貌大致相似，比较浮泛是大历诗风的流弊。即使是居边塞十余年的李益，笔下也没有了盛唐边塞诗的慷慨豪放，写的多是边愁，《夜上受降城闻笛》、《从军北征》凄凉感伤，莫不如此，可见这是时代使然。

二、新乐府诗派

中唐后期出现了许多著名诗人，他们在盛唐诗歌的伟大成就面前寻求着新的创作道路。其中以张籍、王建、白居易、元稹为主的新乐府诗人一变盛唐诗歌的理想化倾向转向写实，为扭转大历诗风作出了贡献。

张籍写了七八十首乐府诗，《野老歌》、《征妇怨》、《估客乐》都是他的杰作。他以深挚的同情心写所见所感，田夫野老的苦辛，征夫思妇的悲怆，尽在其中。王建在写宫怨诗之外也积极创作乐府诗，写出了《水夫谣》、《田家行》等优秀诗篇，世称“张王乐府”。他们的乐府诗古题、新题并用，以七言歌行体为主，篇幅不长且好换韵，以细腻写实见长，主观议论极少，以事实感人。他们都好以“俗事俗语”入诗，语言极为浅近，有一种民歌风调。

白居易、元稹进一步发展了这种写实尚俗的创作倾向，从理论和创作上掀起了现实主义诗歌高潮，倡导了新乐府运动。

白居易（772年—846年），字乐天，太原人。出生于世敦儒业的官僚家庭，二十九岁中进士后，仕途一帆风顺。元和十年他被贬江州，成为他生活与思想的转折点。他一改早期的兼济之志，用佛家的色空思想来看待一切荣辱得失，用道家的“知足不辱”来达到明哲保身，又用儒家的“独善其身”来求得内心平衡。选择了中隐之途，屡求外任。晚年自号香山居士，病死于洛阳。

“新乐府”一名是白居易提出的，是指用自命新题写时事的乐府诗。作为新乐府运动的倡导者，白居易的独特贡献在于他在《与元九书》、《新乐府序》、《寄唐生》等诗文中提出了较为系统的现实主义诗歌理论。他强调诗歌的社会作用，主张诗歌必须为现实服务，起到“补察时政”、“泄导人情”的作用。提出了“文章合为时而著，歌诗合为事而作”（《与元九书》）的口号。倡导诗歌要以情感人，语言要通俗平易，“非求宫律高，不务文字奇”。新乐府运动就是在他的理论指导下开展起来的，白居易的讽喻诗也是这种理论主张的实践。

白居易在《与元九书》中把他作江州司马前的诗分为四类：“因事立题”的讽谕诗；“事物牵于外，情理动于内，随感遇而形于咏叹者”的感伤诗；“知足保和，吟玩情性”的闲适诗；“诱于一时一物，发于一笑一吟，率然成章”的杂律诗。他最看重的是170余首讽喻诗，其代表作是《新乐府》五十首和《秦中吟》十首，大多作于被贬之前。这些诗观点鲜明，提法尖锐，大胆地抨击了各种弊政，涉及当时一些十分敏感的问题，如“进奉”、“宫市”（《卖炭翁》）、宦官专权（《宿紫阁山北村》）等，表现了诗人鲜明的政治态度和过人的胆力，使执掌军政大权的达官显贵恨得咬牙切齿。在反映现实的深广度和尖锐性上，白居易的乐府诗远胜于张王乐府，高于元稹。这些诗一篇专咏一事，主题明确，感情真切，首尾层次条贯，条理十分清晰。但由于过分突出了诗歌的现实功利目的，在表现手法上多用叙述和议论，比较枯燥，在语言上平易直露，缺少含蕴，有理太周、辞太直的缺点，因而整体艺术水平并不高。只有《卖炭翁》、《上阳白发人》等个别诗作避开了直接谈论，全用形象说话，写得比较成功。

讽谕诗在白诗中仅占很小一部分，新乐府运动也只延续到元和末。被贬江州后，白居易创作了大量的闲适诗和感伤诗，进入了独善其身的人生后期，他诗中艺术成就最高的是感伤诗内的叙事诗。足以使白居易诗名不朽的，正是他三十五岁时写的《长恨歌》和四十五岁时写的《琵琶行》。唐宣宗在《吊白居易》诗中说："童子解吟长恨曲，胡儿能唱琵琶篇。"可见流传之广。《琵琶行》、《长恨歌》吸收了初唐以来七言歌行的高度成就，传奇故事的体制，风情婉丽的抒情笔法，比兴手法的活用，醇真优美的语言，成为迥异于传统的抒情叙事诗。

元稹（779 年—831 年），字微之，与白居易友谊笃厚，政治主张与文学观点也相近，时称"元白"。他在元和八年写的《唐故工部员外郎杜君墓系铭并序》中高度概括了自《诗经》以来诗歌发展的历程，提出了宗风雅、重教化、崇比兴的观点，强调在创作精神上要复古，但在形式上、艺术上要发展变化。他的讽喻诗虽各体皆有，但最好的诗是《乐府古题》十九首和《新题乐府》十二首。无论是古题还是新题，都旨在"刺美现事"，但他的乐府诗在思想性和艺术性上都不及白居易。他最成功的讽喻诗要数深受《长恨歌》影响"融化唐代小说之史才、诗笔、议论为一体"的抒情叙事诗《连昌宫词》，以连昌宫边老人的口吻叙写安史之乱前后的盛衰之变，抒发"黍离"之感，深寓鉴戒之意。元稹的悼亡诗写得最好，《遣悲怀》、《离思五首》都是为后人称道的悼亡诗中的杰作。

三、韩孟诗派

贞元至元和年间，以韩愈、孟郊为代表的苦吟诗人不甘平庸，以新奇险怪的诗风在中唐诗坛别开生面，取得了辉煌的成就，被称作韩孟诗派或险硬诗派。贾岛、卢仝也是这一诗派的重要诗人。

韩孟诗派有明确的理论主张：（1）强调不平则鸣，重视诗歌的抒情功能。（2）主张词必己出，遣词造句要力避流俗，大胆创新。（3）提倡雄奇怪异之美，和盛唐对兴象玲珑、空明纯美意境的追求不同，他们在创作和审美上，着眼于力量的雄大、词语的险怪和造境的奇特。这种理论突破了过于重视诗歌的社会功能的传统诗教，抓住了文学的抒情特质，这是文学史上的一大进步。

在这种理论指导下，韩孟诗派的诗人创作出大量极富创新意味的各体诗歌，展示了唐诗大变于中唐的蓬勃景观。孟郊（751 年—814 年）长韩愈十七岁，是险硬诗派最早的诗人。他一生穷困潦倒，又经历疾病、丧妻、殇子、落第等折磨，内心抑郁寡欢，因而其诗多穷愁孤苦之音，主要抒写中下层文士对穷愁困苦生活的怨怼情绪，《借车》、《长安旅情》、《落第》莫不如是。他的诗题几乎一半用“怨、伤、苦、愁”这种有强烈感情色彩的词。诗中也爱用“泪、死、寒、泣、残、梦”来营造阴冷凄寒的诗境。他的诗刻意搜奇斗险，追求瘦硬枯槁之美。如“冷露多瘁索，相风饶吹嘘。秋深月清苦，虫老声粗疏。”（《秋怀》之九）代表作《秋怀》十五首多是如此，把萧索与悲凉当作美来描写，不同寻常。贾岛（779 年—843 年）年轻时出家为僧，后还俗应举，累试不第。由于贫困不得志，他的诗充满了悲愁苦闷之辞，苏轼曾用“郊寒岛瘦”来概括他们诗歌内容的狭窄，境界的拘谨清寒。韩愈（768 年—824 年）是险硬诗派成就最大的诗人，他的诗中虽不乏清新平实之作，如《早春呈水部张十八员外》、《左迁至蓝关示侄孙湘》等，但最具代表性和独创性的作品，则是那些写得光怪陆离，表现一种奇异之美的诗作。如他写雪：“崩奔惊乱射，挥霍讶相缠，不觉侵堂陛，方应折屋椽”。(《酬蓝田崔丞立之咏雪见寄》）不同于历来咏雪诗中那种纷扬轻莹的美，而是表现了一种震荡怒张的力的美。韩愈追求怪异之美表现在以世俗、丑陋之事之景入诗，他常写鬼怪虫蛇，腹泄掉牙，形成了以俗为美、以丑为美的特点，有意与传统相异，摆脱前人窠臼。韩孟诗派尚险求怪还表现在用辞怪异，追求“盘空硬语”。如孟诗“秋月颜色冰，老客志气单。冷露滴梦破，峭风流骨寒。”（《秋怀十五首》）韩诗“两翅久不擘”、“突兀撑青空”，都是前人诗中少见的。他们喜欢创造怪异的句型，打破诗歌惯有的节奏韵律。如五言诗句法多是上二下三，韩孟却喜用上三下二或上一下四的拗句。他们还常常以散文句法人诗，这在韩愈诗中最突出，如《山石》，按照游记散文的写法来叙写，是一篇诗体的山水游记。

韩孟诗派的革新创造在中唐诗坛开创了崭新的局面。他们把新的语言风格、章法技巧引入诗坛，同时也带来了以文为诗、以议论为诗、过分追求险奇的不良风气。就这一诗派本身，他们在个人风格、成就上也有明显的差异。韩愈学力深厚，虽用险求奇，但能自成一家，形成气势雄浑、笔力刚劲的风格。孟郊诗思力深刻，诗风险硬奇警。贾岛为生活范围所限，诗的内容较为狭窄，诗境清奇幽僻。他不同于韩、孟好作古体，而长于五律，但成就不及韩孟。

四、李贺

李贺（790 年—816 年)，字长吉，河南昌谷人，唐宗室后裔。早年才华出众，志向高远，但因父名讳而不应进士举，以致一生穷愁潦倒，二十七岁夭亡。他深受韩愈影响，是中唐诗坛极富创造性的诗人。他的诗汲取了楚辞、六朝乐府和梁陈宫体诗的特点而加以变化，通过丰富奇特的想象和色彩浓丽的语言，形成了奇峭幽冷、浓丽凄清的浪漫主义风格，成为中国诗歌史上独标风韵的天才诗人。

李贺诗中虽有《老夫采玉歌》这样反映社会现实的诗篇，也有《雁门太守行》这样悲壮雄放的诗作，但他写得更多的是自己的心灵历程。现实的重压使他早熟而敏感的心灵加倍地品尝到人生的苦涩，带着沉重的苦痛，带着对生死病态的关切，他在诗中对生死、命运、人生进行思考探索，他写游仙，写梦幻，写死亡，写鬼怪，用各种形式发泄怀才不遇的愤懑："我当二十不得意，一心愁谢如枯兰。衣如飞鹑马如狗，临歧击剑生铜吼。"（《开愁歌》）李贺写得最多的是鬼蜮世界，他的鬼诗写得最多也写得最好，他也因此被称为"诗鬼"。他把鬼写得有血有肉，充满感情："桐风惊心壮士苦，衰灯络纬啼寒素。谁看青简一编书，不遣花虫粉空蠹？思牵今夜肠应直，雨冷香魂吊书客。秋坟鬼唱鲍家诗，恨血千年土中碧。"（《秋来》）诗人在人间寂寞孤独，而在阴冥世界中寻到了知音。《苏小小墓》中塑造了一个多情而善良的女鬼，她是那样一往情深，即使身死为鬼，也不忘与所思绾结同心。怨郁哀艳而诡幻斑斓是李贺鬼诗的特点。这是他因壮志摧颓、穷愁潦倒造成的阴郁的心灵世界的折射。

李贺诗主要是乐府和七古，创造了独特的艺术风格，被称作"长吉体"，艺术成就极高。他的诗注重表现内心的情绪、感觉乃至幻觉，忽视客观事物的特征与逻辑，突破了传统的思维程式，给中国诗歌开辟了一种新的境界。严羽曾用"瑰诡"来形容他的诗，即瑰奇诡异。这不仅是指他诗歌的题材和语言，也包括他整个诗境与构思的奇异。李贺好取材于历史故事和神话传说，他的诗充满奇特非凡的想象，营造出瑰奇诡异的艺术境界来。即使是以日常生活中常见的事物为题材，也往往要加以不平凡的夸张和联想，使之具有神奇的意味。如描写音乐的杰作《李凭箜篌引》，借助于其思维方式的转折深入，出奇制胜，不同凡响。他不仅创造了大量非世俗的仙界鬼蜮，即使写现实生活也都是"万汇同感，鸟亦惊心，花为溅泪"，如"芙蓉泣露香兰笑"、"忆君清泪如铅水，衰兰送客咸阳道"。他诗中充满了"啼"、"泣"、"泪"、"愁"、"哀"等字词，透露着他内心的凄切伤感，有着强烈的主观色彩，因此后人说"长吉师心"（叶燮《原诗》），"语则诞而情则奇"（曾国藩《求阙斋读书录》）。李贺诗重视官能感应，他喜欢写富有刺激性的光、色、味，诉之于视觉、触觉、嗅觉等直觉的艺术感受。他诗歌中"红"、"香"、"光"写得特别多。如"桃花乱落如红雨"、"细露湿团红"、"柏陵飞燕埋香骨"、"寒香解夜醉"、"绿波津叶满浓光"、"空光帖妥水如天”。真是五光十色，异香扑鼻。他还善于把光、色、味、声，互相联系变幻，如“银浦流云学水声”、“羲和敲日玻璃声”、“烹龙炮凤玉脂泣”、“萧声吹日色”等等，用象征性的语言创造出极为独特的意象，意奇语奇，从不蹈袭他人，正如清人王琦所说：“下笔务为劲拔，不屑作经人道过语”。而且意象之间很少用虚词连接，常常超越时间空间的限制自由地跳跃，不受约束，不拘常法。正如前人所言：“盖其触景遇物，随所得句，比次成章，妍媸杂陈，斑斓满目。”（《李长吉歌诗笺注》）这种特点，不仅体现于像《李凭箜篌引》、《梦天》、《天上谣》这些浪漫色彩浓重的诗歌中，就是在《雁门太守行》、《长歌续短歌》这类写实咏怀诗中也常因其超常的跳跃性而使解诗者众说纷纭。意象之间不同寻常的组合，恰好表现了诗人那难以平静的灵魂和复杂苦闷的感情。

李贺诗歌，不论是在题材的选择上，还是风格、语言、艺术特征上，都标志着市民阶层的新的审美趣味的崛起，标志着中唐诗风向晚唐诗风的转变，显示了诗境向词境的转化。他的诗是由诗过渡到词的一座桥梁。温庭筠就是用他写诗的方法填词，成为文人词的开山祖师。宋代词人贺铸、吴文英、史达祖也都深受他的影响。

第五节　晚唐诗歌

随着大唐帝国覆亡命运的逐渐逼临，唐诗也步入了它的结束时期。晚唐诗歌中普遍有一种感伤的情调。晚唐诗人既没有初盛唐诗人那种昂扬的开拓进取精神，也没有了元和诗人们的改革热情。藻饰繁富的风气伴着感伤颓废的情绪逐渐蔓延，终使华艳纤巧的唯美主义诗风成为晚唐诗坛的主流。

晚唐诗歌的发展大体也分为两期，前期杜牧、许浑、李商隐等人，一方面对朝廷抱有希望，一方面又对现实失去信心，处于想有作为而又不可能有作为的矛盾之中，写出了许多出色的咏史怀古诗。李商隐追求细腻幽婉的朦胧美，在艺术上作了深入的开拓，创造了唐诗最后一批精品，成为唐诗的最后一个高峰。后期的著名诗人主要有皮日休、陆龟蒙、杜荀鹤、罗隐、聂夷中、郑谷、司空图、韦庄、韩偓等人。他们大多数对朝廷采取了冷漠的态度，在艺术上，大多追随前人诗风，但并未取得超越前人的成就。其中皮日休、聂夷中、杜荀鹤等人继承元稹、白居易新乐府的传统反映民生疾苦，抨击社会黑暗。他们的诗作成为唐代现实主义诗歌的余辉。

一、杜牧

杜牧（803 年—853 年），字牧之，长安人，德宗朝宰相杜佑之孙，孩提时就受到祖父经世致用思想的熏陶，怀有经邦济世之志，曾自负地说“叱起文武业，可以豁洪溟。”（《感怀诗》）他善论兵，曾注《孙子》，悉心研究兵法，很想在政治上有所作为，“岂为妻子谋，未去山林藏？平生五色线，愿补舜衣裳”（《郡斋独酌》），渴望能干出一番轰轰烈烈的事业。但由于奸佞弄权，朝政腐败，加上家境每况愈下，他二十六岁才中进士，寄身幕府十年，一生坎坷不遇。处于晚唐黑暗险恶的宦官弄权的社会里，置身于牛李党争那种复杂而起伏的环境中，杜牧一方面想有所作为，但又对时局感到畏惧和惶惑，沉溺在“酒杯无日不迟留”、“苏小门前柳拂头”（《自宣城赴官上京》）诗酒馆妓的生活中，放荡不羁，留下了不少风情艳事。

杜牧思想上的二重性明显地呈现在他的诗歌创作上。四百多首存诗中既有不少反映晚唐内忧外患的社会现实，充满了激愤之情的作品，如反映藩镇割据的《感怀诗》、《郡斋独酌》；河湟未收复的感叹，如《河湟》、《雪中抒怀》；战乱中人民的苦难，如《早雁》等，有较高的现实性和战斗性。杜牧的咏史怀古诗最为出色，是这类诗篇的翘楚。他的咏史怀古诗一类是对于历史上繁荣昌盛局面消逝的伤悼情绪的冷静描写，完全没有议论痕迹，把自己的思索完全化入形象之中，如《江南春绝句》、《过华清宫绝句三首》等，可谓是“不着一字尽得风流”（《二十四诗品》）；另一类则是作者以评论家的身份出现，直接议论褒贬，借题发挥，发表自己独到的史识，如广为传诵的《赤壁》诗，以一种调侃的口吻写出了深刻的怆痛，对后人影响极大。

杜牧还写了一些伤春惜别、风情颇著的诗篇，如《张好好诗》、《杜秋娘诗》、《赠别》、《遣怀》等。前人和今人对这类诗曾有过极严厉的批评和指责，但我们认为这些伤春伤别的风情之作，既是晚唐社会风尚、士大夫生活某一侧面的折射，也是他落拓江湖、壮志难申的哀叹，格调并不卑下庸俗。如《遣怀》：“落魄江湖载酒行，楚腰纤细掌中轻。十年一觉扬州梦，赢得青楼薄幸名。”清人吴锡麒在《杜樊川集注序》中说：“绿叶成荫之慨，青楼薄幸之名。壮志飘萧，才人落魄。”从杜牧的风情诗中我们看到的正是晚唐那个没有希望的社会！

杜牧的七律、七绝，在艺术上也有较高的成就，以峻爽清丽见长。缪钺先生在《杜牧诗简论》中说：“杜牧诗中俊爽的风格能在峭健之中而有风华流美之致，在晚唐是杰出的，在整个唐代诗坛上是独创的。”

二、李商隐

李商隐（813 年—858 年），字义山，号玉溪生，又号樊南生，河南沁阳人。他十岁即丧父，留下孤母及“三弟未婚，一妹处室”（《祭徐氏姊文》），生活十分艰辛。二十五岁中进士，但因始终未上博学宏词科，无法获得正式任命。他的仕途生涯，除短暂在秘书省、太学、弘农县、周至县任微职外，大部分时间辗转在令狐楚、崔戎、王茂元、郑亚等任所作幕僚，寄人篱下。这些主子属于不同的政治集团，令狐楚属牛党，王茂元、郑亚属李党。李商隐从 17 岁到 25 岁的九年间与牛党关系密切，令狐楚指点他写骈文，其子令狐绹又推荐他中了进士。但在他二十六岁入泾原节度使王茂元幕并娶其女儿后，就得罪了牛党，而李商隐后半生的十六年中都是牛党得势，因此他屡受排斥，于清寒的幕僚生活中潦倒至死。入世不得，出世也不得，造成他心中的难堪、忧郁与痛苦。正如崔珏《哭李商隐》所言：“虚负凌云万丈才，一生襟抱未曾开。”

在个人生活方面，李商隐是一个极重感情的人。据说，他早年曾有过苦恋而没有结果的恋爱经历，婚后，与妻子感情极好，可妻子又在他三十九岁时去世。因此，在他心灵中，爱情带来的痛苦也是极深的。政治上的失意潦倒，生活经历中爱而不得和得而复失的悲哀，使李商隐常被一种感伤抑郁的情绪纠结包裹。孱弱的身体，艰辛的生活，困顿的仕途，黑暗的时世促成了李商隐感伤内向的性格和心态，使他的创作具有浓郁的悲剧色彩。

李商隐存诗六百余首，诗歌内容十分丰富，其中直接反映时政的诗约占十分之一。这些诗几乎触及当时政治弊端的各个方面。他的感怀诗深受杜甫影响，广泛深刻地反映了当时的社会现实，长诗《行次西郊一百韵》描写人民的贫困生活，酷似杜甫的《北征》、《石壕吏》。《井络》讽刺藩镇的跋扈；“甘露之变”后，他写了《有感》、《重有感》，表现了诗人的政治态度和卓越见识。随着晚唐政治的日益腐败和个人的潦倒遭遇，他的感怀诗由激愤而变为低沉绝望，“凄凉宝剑篇，羁泊欲穷年。黄叶仍风雨，青楼自管弦”（《风雨》），“夕阳无限好，只是近黄昏”（《登乐游原》）唱出了无可奈何的挽歌。李商隐的咏史诗也很出色，他咏本朝皇帝的诗不仅多，而且揭露得非常大胆，如《华清宫》、《龙池》等诗，前人批评为“少含蓄”、“大伤诗教”，其实并未真正洞彻它的深刻过人之处。他的咏物诗大多寄寓感慨，表现诗人的境遇命运、人生体验，是唐代咏物诗大家。

在李商隐抒情诗中，成就最高的是他的爱情诗。他的爱情诗写得真挚深沉而又迷离飘忽。其中有些诗是伤悼亡妻的，以凄婉伤感的情调表现了缠绵浓烈的情思，十分感人。以无题为题的爱情诗在数量上虽不占多数，但却是李商隐独特艺术风貌的代表。这些诗，写的常是一种无法排遣却又不愿明白表达的热烈恋情，着重表达的是对某些人生经历的内心深层体验，写得朦胧隐约，交织着希望、失望以至绝望的复杂心情，却没有明确的对象，表现的是一种执着的感情追求和深沉的痛苦。在无题诗中，李商隐善于通过比兴手法创造深邃的意境，利用典故进行象征性的烘托，使诗歌呈现出朦胧、幽约的美。如《锦瑟》一诗连用五个在逻辑上并无必然联系的意象，以迷惘感伤的情思贯串起来，充满象征与暗示，给读者留下了广阔的想象天地。语言上汲取了齐梁诗的浓艳色彩，但因诗中深沉热烈的情思，曲折层深的表达方式，使他的爱情诗艳而不俗，有一种凄艳的美。像“春心莫共花争发，一寸相思一寸灰”（《无题》），“红楼隔雨相望冷，珠箔飘灯独自归”（《春雨》），莫不如此。艺术上的独特创造使李商隐把爱情诗推上了高峰。在体裁上，他古近体兼擅，尤其是七律、七绝，有较高的成就。他的爱情诗充分发挥了这两种诗体在抒写情感、表达心理方面的潜能，既有真情实感，婉曲蕴藉的意境，又有精美雕工的形式，是晚唐近体诗中的瑰宝。李商隐以惊人的才华为唐诗开拓出一个充满朦胧幽约之美的全新境界，扩大了诗歌的感情容量，为诗歌提供了一种更细腻、更复杂的表现方法，给唐诗发展以重大的推进，把诗歌的艺术表现力提高到了一个新的高度。他是晚唐最杰出的诗人，是唐诗发展史上最后一座高峰。人们把他同杜牧并称为“李杜”，同温庭筠并称为“温李”，但从成就与影响来说，他是高于杜牧并远胜温庭筠的。晚唐后期的韩偓、唐彦谦，宋初杨亿、刘筠代表的西昆派都是学习宗法李商隐的。宋词婉约派也是继承了李诗工细深婉的笔法。他对后世的影响极为深远。

三、唐诗的尾声

到了晚唐后期，党争虽已逐渐消停，但宦官势力仍很猖獗，藩镇也更加跋扈。此时又爆发了王仙芝、黄巢农民起义，军阀更是夺地争城，战火不熄 。生活在这一时代的诗人，尽管仍然按照常规寻觅科举入仕之途，但对唐王朝已丧失信心，对现实与前途悲观绝望。晚唐诗人在诗歌创作上呈现出两种不同的倾向，其中罗隐、聂夷中、皮日休、杜荀鹤、陆龟蒙、曹邺等诗人有极少量写民生疾苦、揭露讥刺社会弊端的优秀作品，如罗隐的《雪》、《燕昭王墓》；聂夷中的《咏田家》、《伤田家》；杜荀鹤的《橡媪叹》、《山中寡妇》；皮日休的《正乐府十篇》等，写得真切朴实，深刻有力。他们的诗风有一个突出的共性是尚俚俗，求尽意，好简洁。无论是古诗还是近体，都极少长篇，不喜用典，不事雕琢，体现了一种朴实畅快的作风，成为现实主义诗歌的余辉。但数量不多，又常流于粗率，深厚含蓄不足，因而影响较小。他们写得最多的还是羁旅行役、怀乡伤别、嗟叹沉沦、感慨浮生、留连光景之类的内容，充满着愤世之情和末世之哀。当时诗歌创作的主要倾向是以韦庄、司空图为代表的追求淡泊情思和清丽诗境的诗风，比之于皮、陆，他们更多凄婉之音，而少愤激之调。虽也有像韦庄《秦妇吟》这样反映现实的作品，但多数是借羁旅行役离合酬赠来抒写身世之感、丧乱之悲的。他们的诗比较雅丽含蓄，有较浓的书卷气。此外还有深受温庭筠、李商隐影响，以韩偓、吴融为代表的追求绮艳之美的诗人，他们的诗多写艳情绮思，词藻华美，致密工细。晚唐诗人虽然成就不一，在艺术技巧上也有可取之处，但由于他们的情思境界较为狭窄，思想感情不够深重，表现手法上也没有突出的创造，因而他们的诗歌可以说是唐诗发展到结束时朝的一个缺乏光彩但又余韵悠远的尾声。

【思考题】

1. 为什么说唐诗是中国古典诗歌的顶峰？简析唐诗兴盛繁荣的原因。
2. 简述唐诗的流变和初、盛、中、晚唐的主要代表诗人和代表作。
3. 简述“初唐四杰”和陈子昂对唐诗的贡献。
4. 盛唐气象指的是什么？谈谈你的理解。
5. 简述山水田园诗派的主要特点和贡献。
6. 简述边塞诗派的主要特点和贡献。
7. 为什么说李白、杜甫是中国诗歌史上的两座高峰？试析他们的异同。
8. 简述险硬诗派和新乐府诗派的主要特点和贡献。
9. 与李白相比，李贺诗歌的浪漫主义风格有何特点？
10. 为什么说李商隐是晚唐诗歌的高峰？

【参考书目】

1. 《全唐诗》，（清）彭定求等编纂，中华书局。
2. 《唐诗纪事》，（宋）计有功，上海古籍出版社。
3. 《唐才子传》，（元）辛文房，中华书局。

4. 施蛰存：《唐诗百话》，上海古籍出版社。
5. 《唐诗选注》，中国社会科学院文学研究所选注，北京出版社。
6. 闻一多：《唐诗杂论》，人民文学出版社。
7. 《唐诗鉴赏辞典》，上海辞书出版社。
8. 罗宗强：《唐诗小史》，陕西人民出版社。
9. 罗根泽：《隋唐文学批评史》，上海商务印书馆。
10. 《王右丞集笺注》，（清）赵殿成注，上海古籍出版社。
11. 《李白集校注》，瞿蜕园、朱金城校注，上海古籍出版社。
12. 《杜诗详注》，（清）仇兆鳌注，中华书局。
13. 《白居易集笺校》，朱金城笺校，上海古籍出版社。
14. 《李贺诗歌集注》，蒋凡等标点，上海古籍出版社。
15. 《樊川诗集注》，（清）冯集梧注，中华书局。
16. 《李商隐诗歌集解》，刘学锴、余恕诚集解，中华书局。

唐诗作品选

和晋陵陆丞早春游望[1]

杜审言

独有宦游人，偏惊物候新[2]。
云霞出海曙，梅柳渡江春。
淑气催黄鸟[3]，晴光转绿苹[4]。
忽闻歌古调[5]，归思欲沾巾。

【注释】

［1］晋陵：即今江苏省常州市。陆丞：作者的朋友，其名不详，时在晋陵做县丞。因游览春景而引起了乡思之情，写了一首诗《早春游望》。杜审言写了这首和诗。“和”：依照别人诗词的韵脚或意思而写的诗词。［2］物候：自然的现象变化反映出季节的不同叫“物候”。如开花、发芽等等。［3］淑气：春天温暖的气候。黄鸟：即黄莺，又名仓庚。仲春二月“仓庚鸣”（《礼记·月令》）［4］晴光：即春光。绿苹：即浮苹。［5］古调：指陆丞的诗。

【提示】

陆县丞的诗本是《早春游望》，按说和诗的开头也应该从景物写起。但这里却先写人，以宦游人对季节的变换、景物各异的敏感来描写，这是因情见景的写法。这样就把唱和双方都包括了。诗中的“物候新”，标志着早春，于是由它起领，下面两联就在“游望”中勾画了一幅绚丽明媚的早春画面。“云霞出海曙，梅柳渡江春。淑气催黄鸟，晴光转绿苹。”前两句是写远景，后两句写近景；这里有温暖和煦的阳光、五彩缤纷的朝霞、缤纷的梅花和青青的柳色，以及鸣啼的黄莺和嫩绿的浮苹。这一切显得生气勃勃，春意盎然，给人以美的享受，使人感到春光的活跃。惊新是由于怀旧，这两联所写的江南物候，寓含着诗人对中原故乡的思念之情，与首联的矛盾心情相呼应，很自然地转入尾联，最后两句用“忽闻”暗接“偏惊”，既点明自己伤春的本意，又点出“和”的意思，切合题意。首尾相连，贯通一致，巧妙地抒发了宦游在外的思乡之情。

【思考题】

1. 前人欣赏这首诗，常偏爱首尾两联，你认为此诗最精彩的地方在哪里？
2. 以此诗为例，谈谈杜审言诗歌的特点。

独　不　见[1]

沈佺期

卢家少妇郁金堂[2]，海燕双栖玳瑁梁[3]。
九月寒砧催木叶，十年征戍忆辽阳[4]。
白狼河北音书断[5]，丹凤城南秋夜长[6]。
谁为含愁独不见，更教明月照流黄[7]。

【注释】

[1]《独不见》：乐府旧题，所写多系闺中感伤之情，属“闺怨”之类。本篇是用乐府旧题所写的一首完整七律诗，内容是写少妇思念出征的丈夫。[2] 卢家句：梁武帝萧衍《河中之水歌》：“河中之水向东流，洛阳女儿名莫愁。十五嫁为卢家妇，十六生儿字阿侯。卢家兰室桂为梁，中有郁金苏合香。”此句用其意。郁金：郁金香，可浸酒涂壁，百合科，旧谓出大秦国，即今小亚细亚。[3] 海

燕：又名越燕，燕的一种。因为越地近海所以称之为“海燕”。玳瑁：海产动物，甲光滑，有文彩，可制装饰品。［4］辽阳：今辽宁省一带地区，是古代东北边防要地。［5］白狼河：白狼水，即今辽宁境内的大凌河。《唐书·奚传》说奚国国境南接白狼河，即此。［6］丹凤城：唐代长安城的宫阙中有丹凤门，所以这里用丹凤城借指长安。［7］流黄：一种黄紫间色的丝织品，这里指帏帐。

【提示】

这首诗是用乐府题目来写思妇愁怨的七律诗。诗篇开端先以浓墨重彩夸张地描绘女主人公闺房的华美，写夫妇双栖于京都，犹如海燕双栖玳瑁之梁。以卢家少妇往日夫妻间的美满幸福生活，反衬出今日独宿的苦寂。然后写到阔别十载，少妇思夫之苦。一扬一抑，其意自现。闺中少妇的急切情态和内心痛苦，反映出征戍给人民带来的离难和不幸。五、六两句是从“白狼河”、“丹凤城”两地出发来分写少妇的感受。在这极端的愁苦中，最后两句唱出了闺中少妇难以忍受的悲愤，她不胜其愁而迁怒于明月，极大地开拓了前人写望月怀远的意境，对后来的张若虚等诗人有直接的影响。

在艺术上诗人构思新巧，处处借描绘环境、渲染气氛，来烘托人物心情，增强了诗歌的抒情色彩。如以“海燕双栖”，烘托少妇独处；以寒砧木叶、城南秋夜，烘托“十年远戍”、“音书断”之思愁；以“月照流黄”烘托“含愁独不见”的愁绪。多方面、多角度地抒写了思妇孤独愁苦的情状，很能打动人心，引起共鸣。

【思考题】

1. 这首诗在艺术手法上与前人同类诗篇相比，有何突破？
2. 这首诗对后人有何影响？

滕王阁诗

王　勃

滕王高阁临江渚，佩玉鸣鸾罢歌舞[1]。
画栋朝飞南浦云[2]，珠帘暮卷西山雨。
闲云潭影日悠悠，物换星移几度秋。
阁中帝子今何在[3]？槛外长江空自流。

【注释】

[1] 鸣鸾：车上鸾铃的声音。鸾，指安在车衡上的铃，车行时摇动出声。[2] 画栋：滕王阁上有彩绘的栋梁。南浦：南岸。[3] 帝子：指建滕王阁的滕王李元婴。

【提示】

唐高宗上元三年（676），诗人去交趾省亲，途经洪州（今江西南昌），参与了阎督宴会，即席作《滕王阁序》，序末附了这首凝炼、含蓄的诗篇，概括了序的内容。

诗篇开门见山第一句先写空间，点出了滕王阁形势，兴致勃勃。第二句写时间，岁月如流，人去楼空，意兴阑珊，和首句形成了鲜明的对照。三、四两句，紧承第二句加以发挥，不但写出了滕王阁的居高临远，而且写出了滕王阁的寂寞，画栋、珠帘只能与冷雨、飞云相伴，以景写情，寄意遥深。五、六两句进一步宕开，导发出怀古伤今之感，点明盛衰无常的主题。云在天上，潭在地面，一俯一仰，是在写空间，“日悠悠”三字，又把空间转入时间。最后一问一答，“阁中帝子”与首句照应，既点出了题目，又以景结情，余韵无穷。

情景交融、妙合无垠是这首诗在艺术上的突出特点。全诗情融于景，景合于情。在结构上也独具特色，一般说来对偶句多用来放在中段，起铺排作用，而这里却用在结尾，一开一合，给人以流动之美，而不觉其为对偶，对后人影响很大。

【思考题】

1. 和《滕王阁序》联读，谈谈你的感受。
2. 改写这首诗。
3. 背诵全诗。

在狱咏蝉[1]

骆宾王

西陆蝉声唱[2]，南冠客思侵[3]。
那堪玄鬓影[4]，来对白头吟[5]。

露重飞难进，风多响易沉。
无人信高洁，谁为表余心？

【注释】

［1］本诗作于高宗仪凤三年（678），骆宾王在长安做侍御史时，因为多次上书论事，得罪了武则天，遭诬，以贪赃罪下狱。这首诗是他在牢里听蝉鸣时有感写成的。诗前有一篇长序，说明借咏蝉寄托怨恨的用意，今不录。［2］西陆：指秋天。古人观察北斗星的运转以定历法，并以它的移动来测定“日月之行”。他们认为日行到西陆（即地之西。其实是地球绕日，处于太阳的东边），算是秋天。［3］南冠：楚国的帽子，这里是囚犯的代称。据《左传》记载，春秋时楚国有个官员叫钟仪的，被郑国所俘，押送到晋国。晋国的君主有一次视察军事机关，看到了他，就问：“戴着南方式的帽子被囚禁的是谁?”主管者答道：“郑国人所献的楚国俘虏。”后来就以“南冠”称囚犯。侵：侵扰，一作“深”。［4］玄鬓：指蝉的黑色翅膀，古代有的妇女将鬓发梳为蝉翼之状，称为玄鬓，这里以玄鬓称蝉。也比喻自己正当盛年。［5］白头吟：乐府曲名，《乐府诗集》解题说是鲍照、虞世南诸作，皆自伤清直却遭诬谤。两句意谓，自己正当玄鬓之年，却来默诵《白头吟》那样哀怨的诗句。

【提示】

这是一首因蝉起兴、以蝉自喻、借物咏志的诗篇。首联借蝉声起兴，引起客思，由“南冠”切题。分别用“蝉声”和“南冠”来点明“咏蝉”和“在狱”。这是两个互为因果句，以蝉的艰难处境，比喻自己的境遇。表面说蝉，实则抒怀；于咏物中寄情寓兴。颔联以“不堪”和“来对”的流水对，阐发物我之关系，揭露朝政的丑恶和自我的凄伤。用比兴手法，委婉地表达了仕途艰险、自伤老大的凄恻情怀。颈联运用比喻，以“露重”、“风多”喻世道污浊，环境恶劣。“飞难进”比喻宦海浮沉难于上进。“响易沉”喻言论受压，忠诚难辩。尾联以蝉的餐风饮露，不食人间烟火，比喻自己高洁的品性，结句以设问点出冤狱未雪之恨。这是一首很好的咏物诗，取比确切，语言简炼，借咏物寓抒情，由物到人，由人到物，物我浑然一体。含有沉郁哀伤的情感，感染力很强。与虞世南、李商隐的同题诗被誉为唐代诗坛的“咏蝉”三绝。

【思考题】

1. 这首咏物诗的突出特点何在？

2. 本诗与虞世南、李商隐的同题诗被誉为唐代诗坛的“咏蝉”三绝，试对读，有何不同？

3. 咏物诗作为诗歌的一类，有何特点？

感遇三十八首（其二）

陈子昂

兰若生春夏[1]，芊蔚何青青[2]！
幽独空林色，朱蕤冒紫茎[3]。
迟迟白日晚，袅袅秋风生。
岁华尽摇落，芳意竟何成！

【注释】

［1］兰：香草，多年生草本。若：杜若的简称，也是水边草。［2］芊蔚：花草茂盛。［3］朱蕤（ruí）：即红花。

【提示】

这是一首用比兴手法写成的抒情诗，全诗寓意凄婉，寄慨深远。诗首先从兰若的枝叶上着笔，用“芊蔚”与“青青”两个词来形容花枝的茂盛，中间贯一“何”字，充满了诗人对绚烂美丽的香兰杜若的赞美之情。然后由茎及花浓墨重彩从正面刻画，绘形绘色。一个“冒”字不但画出了兰若的身姿，而且突出了它花簇纷披的情态，一个“空”字，以群花的失色来反衬兰若的秀色超群，“幽独”写出了兰若的孤芳自赏。诗的前四句赞美兰若的秀丽，后四句转而感叹其芳华的凋零。用“迟迟”二字写出由夏入秋、季节变化的特点，用“袅袅”形容秋风乍起，寒而不冽，十分传神。但芬芳的鲜花带着幽怨在这秋风中凋零了，充满了美人迟暮之感。“岁华”、“芳意”一语双关，借花草之凋零，悲叹自己年华老去，壮志难成。

这首诗继承了阮籍《咏怀诗》的传统手法，托物感怀，寄意深远，实践了陈子昂以复古为革新的理论主张。

【思考题】

1. 本诗在艺术上采用了何种手法？表达了怎样的思想内涵？
2. 和张九龄的《感遇诗》、王维的《辛夷坞》对读，谈谈它们的不同。

春江花月夜[1]

张若虚

春江潮水连海平，海上明月共潮生。
滟滟随波千万里[2]，何处春江无月明。
江流宛转绕芳甸[3]，月照花林皆似霰[4]。
空里流霜不觉飞，汀上白沙看不见。
江天一色无纤尘，皎皎空中孤月轮。
江畔何人初见月？江月何年初照人？
人生代代无穷已，江月年年只相似。
不知江月待何人，但见长江送流水。
白云一片去悠悠，青枫浦上不胜愁[5]。
谁家今夜扁舟子？何处相思明月楼？
可怜楼上月徘徊，应照离人妆镜台。
玉户帘中卷不去，捣衣砧上拂还来。
此时相望不相闻，愿逐月华流照君。
鸿雁长飞光不度，鱼龙潜跃水成文。
昨夜闲潭梦落花，可怜春半不还家。
江水流春去欲尽，江潭落月复西斜。
斜月沉沉藏海雾，碣石潇湘无限路[6]。
不知乘月几人归，落月摇情满江树。

【注释】

[1]《春江花月夜》：乐府《清商曲辞·吴声歌曲》旧题。创制者是谁，说法不一。[2] 滟滟：水波溢满的样子。[3] 芳甸：长满花草的原野。[4] 霰（xiàn）：雪住。[5] 青枫浦：今湖南省浏阳县有此地名，一名双枫浦，此处是泛指。[6] 碣石：山名，在今河北省。潇湘：水名，在今湖南省。

【提示】

这首七言歌行描写春江月夜的景色，重点写月，从月升写到月落，通过望月生感，抒写月下情人的离愁别恨、闺情客思，并提出对人生哲理的思索。

此诗的成功之处在于以下两个方面，一是对景物的描写，二是对宇宙、人生哲理的探索。题目“春江花月夜”五字即五种景物，是“永恒”与“短暂”的统一，代表的是最美丽的良辰美景，全诗的景物描写紧扣这五字来写，但又有重点——这就是“月”。春、江、花、夜，都围绕着月作陪衬，从月生到月下江流、月下花甸、月下花林、月下沙汀，然后就月下思妇反复抒写，最后以月落收结，有主有从，主从配合。景物描写的角度多变，在这一轮多变的明月下，衬托着海潮、芳甸、花林、白云、青枫、玉户、闲潭、落花、海雾、江树，可谓极尽变化之能事，使全诗呈现出斑斓迷离的效果。诗人沉浸在春江花月夜的美景之中，提出了“江畔何人初见月？江月何年初照人?”这个永无答案的问题。前人后人对这个问题也做过很多探索，但诗人并未落入前人的窠臼，而是翻出了新意。“人生代代无穷已，江月年年只相似。”人生、宇宙，只是一个无始无终的过程，一个人的生命是短暂飘忽的，但人类却代代无穷，犹如江水、明月，年年如斯。在这美丽的世界中，生命是多么可贵！人们更当因此奋发，这就是这篇歌行的积极意义。它在怅惘和感伤之余，能令人警醒，这是唐代时代精神的反映。

《春江花月夜》相传创始于陈后主，是宫体诗用来写艳情的常用题目。张若虚此诗演五言短章为七言歌行，变艳体以寓哲理，成为初唐诗坛扬弃六朝旧习、开创一代诗风的代表作品。张若虚因此诗而“孤篇横绝，竟为大家。”闻一多誉此诗为“诗中的诗，顶峰上的顶峰”，几成初唐诗坛的压卷之作。(《宫体诗的自赎》)

【思考题】

1. 本诗在结构上有何特点？诗人是怎样描写变幻的月光的？
2. “人生代代无穷已，江月年年只相似”这两句诗好在哪里？
3. 闻一多为什么称此诗为“诗中的诗，顶峰上的顶峰”？谈谈你的理解。

望洞庭湖赠张丞相[1]

孟浩然

八月湖水平，涵虚混太清[2]。
气蒸云梦泽[3]，波撼岳阳城。
欲济无舟楫[4]，端居耻圣明[5]。
坐观垂钓者，徒有羡鱼情。

【注释】

[1] 这首诗的题目一作《临洞庭》。张丞相：指张九龄。[2] 涵虚：包含天空，指天倒映在水中。混太清：与天混成一体。[3] 气蒸：水气弥漫蒸腾。云梦泽：古时云泽和梦泽指湖北南部、湖南北部一代低洼地区。[4] 济：渡。[5] 端居：闲居，这里指隐居。

【提示】

这是一首干谒诗。玄宗开元二十一年（733），张九龄为丞相，孟浩然西游长安，以此诗献之，以求录用。首二句总写洞庭湖，点明时间正是中秋季节。“平”字写出了秋水上涨后，湖水的深广。“混”字，写出水天相接、茫不可分的浩瀚景象。三四句具体写湖水丰厚的蕴积和澎湃动荡的气势，被誉为描写洞庭的佳句。洞庭湖波澜壮阔的宏大景色，既是写实，又是开元盛世清明政治的象征。后半即景生情，抒发个人进身无路、闲居无聊的苦衷，表达了急于用世的决心。诗人巧妙地运用了《淮南子·说林训》中“临渊羡鱼，不如退而结网”的古语，紧扣湖水，委婉含蓄地表达了希望对方援引的心愿。全诗称颂对方，而不过分；乞求引荐，而不自贬，不亢不卑，不露寒乞相，十分得体，是干谒诗中一首难得的杰作。

【思考题】

1. 这首诗在孟浩然集中有何不同？这首诗反映了盛唐社会的哪些特点？
2. 和杜甫的《登岳阳楼》对读，有何不同？

辋川闲居赠裴秀才迪[1]

王　维

寒山转苍翠，秋水日潺湲。
倚仗柴门外，临风听暮蝉。
渡头余落日，墟里上孤烟[2]。
复值接舆醉[3]，狂歌五柳前[4]。

【注释】

［1］辋川：在今陕西省蓝田县西南，宋之问在此地建了一所蓝田别墅，中有竹里馆、柳浪等二十景，后来王维隐居于此。裴秀才迪：即裴迪，是王维的诗友。［2］墟里：村落。［3］复值：又遇到。接舆：春秋时楚国隐士陆通，字接舆，因不愿做官而假装疯狂，被称为楚国狂士。这里以接舆比裴迪。［4］五柳：晋代陶渊明因其住宅旁有五株柳树，自称五柳先生，这里诗人以五柳先生自比。

【提示】

这是一首描写辋川秋日景色，抒写隐居山中飘然物外的闲情逸致的诗。诗中描绘了辋川秋日的一幕暮色，表现了诗人隐居的乐趣和对友人的真切情谊。

首联写景，从大处着笔，以山水对起写辋川的山色、水声，并点明季节。着意刻画水色山光之可爱，虽深秋，山依然苍翠，水依旧潺流。这里上句写山色，下句写水声，仅用十个字就勾画出一幅有声有色、动静结合的画面。三、四两句，转而写情。倚杖柴门，临风听蝉，神驰邈远，自由自在。五、六句又写景致：渡头落日，墟里孤烟，地道的山村黄昏风物。虽从陶诗中点化而来，却别具一格。“余”、“上”二字，用得极其准确、生动，写出了落日与孤烟的动态和意境，历来为人称道。最后两句再写人情。接舆、五柳，洁身自好，高风脱俗。这里王维以五柳先生自喻，既照应了题目，也表现了诗人与裴迪的友情，和他安适自得的心境，也是诗人爱好自然的情怀流露。

这是一首诗、画、音乐完美结合充满诗情画意之美的五律，是王维晚年隐居辋川时的代表作。诗人以其生花妙笔把一幅自然恬静、优美动人的山秋景色生动地呈现在我们眼前。诗中的无限风光和疏狂人物，怎不叫人情趣陶然，心向往之！

【思考题】

1. 这首诗描绘了怎样的画面？有何独到之处？
2. 和陶渊明的田园诗相比，王维诗有何不同？

燕　歌　行[1]

高　适

汉家烟尘在东北，汉将辞家破残贼[2]。男儿本自重横行，天子非常赐颜色[3]。摐金伐鼓下榆关，旌旆逶迤碣石间[4]。校尉羽书飞瀚海，单于猎火照狼山[5]。山川萧条极边土，胡骑凭陵杂风雨[6]。战士军前半死生，美人帐下犹歌舞。大漠穷秋塞草腓，孤城落日斗兵稀[7]。身当恩遇恒轻敌，力尽关山未解围。铁衣远戍辛勤久，玉箸应啼别离后[8]。少妇城南欲断肠，征人蓟北空回首[9]。边庭飘摇那可度，绝域苍茫更何有。杀气三时作阵云，寒声一夜传刁斗[10]。相看白刃血纷纷，死节从来岂顾勋。君不见沙场征战苦，至今犹忆李将军[11]。

【注释】

［1］《燕歌行》是乐府旧题。《燕歌行》的“燕”，是地名，在今河北省北部或关外一带。这是一首描写征战生活的诗，内容丰富，思想复杂，牵扯到各个方面，是战士在不同情况下的内心活动的反映。［2］汉家：汉朝，这里借指唐朝。下文“汉将”，即唐将，用法与“汉家”同。烟尘：烽烟和尘土，这里指战争。［3］赐颜色：给面子，指给予赞赏、奖励。［4］摐（zhuāng）：敲击。金：古代军中乐器。伐：敲打。榆关：山海关。旌旆：军中的各种旗帜。碣石：山名，在今河北省昌黎县北。这里的“碣石”和上句的“榆关”，都是泛指渤海地区。［5］瀚海：大戈壁，这里指内蒙古自治区的大沙漠。单于：匈奴的领袖，这里是泛指。狼山：在今内蒙古自治区境内。这里“狼山”和上句的“瀚海”，都是泛指。［6］凭陵：凭借暴力进行侵犯。［7］腓（fēi）：枯萎。［8］铁衣：战士穿的铁甲，这里代指战士。玉箸：玉做的筷子，用以形容妇女眼泪长流的样子，这里代指少妇。［9］蓟北：蓟州以北，唐时蓟州指今天津蓟县以北地区，泛指塞外。［10］三时：整天。一天分早午晚三时。［11］李将军：指汉代名将李广，他以体恤士兵、骁勇善战著称。

【提示】

开元二十六年，幽州节度使张守珪曾两次出兵讨伐奚和契丹，战败后却隐匿败状而向朝廷妄奏有克捷之功，高适针对此事，写了这首针砭时弊的诗篇，因此具有很强的现实性。诗中所表达的思想感情极为复杂，诗人在不长的篇幅中，描写了敌人的凶猛和战斗的危险艰苦，颂扬了战士们不畏艰险、浴血奋战、以死报国的精神，同时又以同情的态度，写出了他们离家远戍的痛苦，揭露了军中将士苦乐不均的现象以及他们对待卫国战争的不同态度；“战士军前半死生，美人帐下犹歌舞”，对将帅的骄奢淫逸、不恤士卒进行了有力的鞭挞，真实地展示了战士们复杂的内心世界。高度的艺术概括和思想深度使这首诗基本涵括了边塞诗的各个方面。

在艺术上，这首诗也很有特色，首先，诗人善于描写塞外风物，渲染边地生活气氛，以简练传神的笔墨为读者勾画了一幅广漠苍凉而又壮美的边塞图。其次，时序上的叙事转换，和空间上的跳跃不定既扩展了诗篇的容量，又表现出大开大合的豪壮气势。第三，诗中采用了写战士出征作战和写征夫思妇思念之情的双线结构，有主有次，相互配合，增强了作品的深度感和表现力。另外诗中多用对比手法，通过对比描写深化主题，极大地加强了诗歌的讽刺力量。“燕歌行”虽是乐府古题，但诗人锐意经营，成功地运用各种艺术手段进行创造，从而使这篇诗歌在融会前人征夫思妇内容的基础上另铸新意，取得了突破性的成就，成为唐人边塞诗的压卷之作。

【思考题】

1. 为什么说这首诗是唐人边塞诗的压卷之作？试析之。
2. 和岑参等其他边塞诗人相比，高适诗有何特点？

走马川行奉送封大夫出师西征[1]

岑　参

君不见，走马川行雪海边[2]，平沙莽莽黄入天。轮台九月风夜吼[3]，一川碎石大如斗，随风满地石乱走。匈奴草黄马正肥，金山西见烟尘飞[4]，汉家大将西出师。将军金甲夜不脱，半夜军行戈相拨，风头如刀面如割。马毛带雪汗气蒸，五花连钱旋作冰[5]，幕中草檄砚水凝。虏骑闻之应胆慑，料知短兵不敢接，车师西门伫献捷[6]。

【注释】

［1］这首诗是岑参于唐玄宗天宝十三载（754）任安西、北庭节度判官时为

送封常清西征播仙时而作的。播仙城即左末城，在今新疆维吾尔自治区轮台县。走马川：就是左末河。行：古诗的一种体裁。[2] 雪海：泛指西北边疆寒冷多雪地区。[3] 轮台：今新疆轮台县，封常清西征时在此驻兵。[4] 金山：即阿尔泰山。[5] 五花：毛色斑驳的马叫五花马。连钱：指马身上的圆形花纹像一个个金钱似的。[6] 车师：唐安西都护府所在地，在今新疆维吾尔自治区吐鲁番县。

【提示】

这是一首洋溢着爱国热情的震人心魄的战歌，雄浑壮美。诗人以饱满的的激情颂扬官军的声威，表现出征将士不畏艰苦奋勇抗战的英雄气概和必胜信心。诗一开头，就以歌行体常用的“君不见”作为提示，把读者带到充满神奇色彩的边地绝域中。诗人围绕“风”字，极力渲染出征环境的恶劣、风沙遮天蔽日的险恶环境反衬出战士们的英勇无敌。接着写匈奴借草黄马壮之机入侵，而封将军不畏天寒地冻、严阵以待。最后写敌军闻风丧胆，并预祝凯旋。此诗虽叙征战，却以写寒冷为主，立意奇特，构思新颖；诗人善于描写典型环境和典型细节，来渲染气氛，烘托人物，突出冒雪征战之伟功。语句豪爽，多有夸张，如风发泉涌，夸张得不同凡响，出人意表，为他人笔下所无，给人以深刻的印象。全诗句句用韵，三句一转，形成强烈的声势与急促的音调，和紧张的军事情势相配合，于苦寒之中，表现了将士们乐观振奋的精神面貌。激越豪壮，别具一格。充分体现了岑参边塞诗雄伟豪迈、奇峻峭拔的特色。

【思考题】

1. 这首诗描写边塞景物有何独特之处？
2. 和《白雪歌送武判官归京》对读，两诗在风格上有何不同？

从军行七首（其一）

王昌龄

烽火城西百尺楼[1]，黄昏独坐海风秋[2]。
更吹羌笛关山月[3]，无那金闺万里愁[4]。

【注释】

[1] 烽火：古代在边境筑高台，如有敌情，则白日举烟，晚上举火。城西：

烽火台筑在城的西面，因为敌人是在西方。百尺楼：瞭望敌情的高楼。[2] 海：指青海湖，今在青海省。[3] 更：一遍又一遍地。羌笛：羌人的乐器，“羌”是古代西北部少数民族的名称。关山月：曲调名，其歌辞内容都是写征戍之苦、夫妻离别之情。[4] 无那：义同无奈，指无法消除思亲之愁。

【提示】

这是王昌龄采用乐府旧题所写的七首边塞诗的第一首，诗人通过景色的描写，表达出征夫对妻子、家乡的思念之情。诗的开头两句交代了征夫思亲的时间和地点，创造出一个边塞黄昏、秋风萧萧的特定的环境气氛。诗的后两句描写笛声引起的人物的思想活动。诗人的本意是写征人的思乡心情，但这里却不直接去正面描写，而用思妇的愁怀来衬托征人的乡思，这样，就把征人和思妇的感情完全交融在一起了，更真切地表现出戍卒思妇思念亲人故土的深挚感情；同时，也表露了人民对统治阶级穷兵黩武所造成的无数家庭长期离散的极大不满。

这首诗在表现手法上很有特色。诗人巧妙地处理了叙事与抒情的关系，前三句叙事，描写环境，渲染气氛，为第四句抒情作了充分的铺垫，使抒情的句子显得突出有力，起到了画龙点睛的作用。

【思考题】

1. 这首边塞诗描写征人思乡，和其他同类边塞诗有何不同？
2. 联系王昌龄的其他边塞诗，总结他诗歌的特点。

古风（其十九）[1]

李　白

西上莲花山[2]，迢迢见明星[3]。
素手把芙蓉[4]，虚步蹑太清[5]。
霓裳曳广带[6]，飘拂升天行。
邀我登云台[7]，高揖卫叔卿[8]。
恍恍与之去，驾鸿凌紫冥[9]。
俯视洛阳川，茫茫走胡兵。
流血涂野草，豺狼尽冠缨[10]。

【注释】

［1］古风：即古体诗。李白集中有《古风》59首，都是五言古诗。这组诗非一时一地所作，内容涉及很广，大体有论诗、言志、感遇、咏史、寓言等类，有很强的现实性。这里选的是其中第19首。［2］莲花山：即西岳华山的最高峰莲花峰。［3］明星：神话中的华山仙女，“明星”是她的名字。［4］把：捧。芙蓉，即莲花。［5］虚步蹑（niè）太清：指凌空而行。虚步，脚不着地。蹑，踏，这里指飞行。太清，太空，这是道家的说法。［6］霓裳曳广带：（穿着）彩虹做的衣裳，拖曳着宽广的飘带。这是形容仙女服饰的美好。［7］云台：即云台峰，华山的北峰。［8］卫叔卿：仙人名。传说他曾乘云车、驾白鹿去见过汉武帝。［9］紫冥：天空。［10］豺狼：指安禄山及其部下。

【提示】

这是一首是用游仙体写的古诗，大约作于至德元年（756）正月安禄山攻占洛阳以后。诗人以游仙的方式反映灾难深重、血流遍地的动乱现实，表现了诗人忧国忧民的沉痛感情和出世入世的思想矛盾。开篇诗人以其丰富大胆的想象力，融会道家神仙传说创造了一个瑰丽奇伟的艺术境界，记叙诗人在西岳华山的莲花峰上跟明星仙女相遇，受仙女邀请一同去云台峰拜访仙人卫叔卿，随后又跟着卫叔卿驾着鸿雁遨游太空。诗人在前十二句中给我们绘出了一幅缥缈优雅的神女飞天图，写得恍恍惚惚，神奇迷离。然而当飞到洛阳时，他低头望见生灵涂炭的大地时，他的幻梦破灭了。后面四句写现实的惨象，诗人也是以一幅豺狼遍地、血腥污秽的图画呈现出来的，两幅图画构成鲜明的对比，诗歌也在此戛然而止，给读者留下了巨大的想象空间。

李白早就为自己设计了功成身退的人生理想，然而，终其一生，功未成，身未退，挣扎在出世入世的矛盾中，他想在求仙学道中超脱黑暗的现实，但盛世培养的那种忧国忧民的参与意识又使他始终不能忘怀现实，这种矛盾贯穿他的一生，从这首诗悠扬飘逸到悲壮沉郁的急速变化中我们不难看到这一点。

【思考题】

1. 这首诗反映了李白怎样的思想矛盾？和一般的游仙诗相比有何不同？
2. 和杜甫的《悲陈陶》对读，谈谈两人的风格差异。

悲陈陶

杜 甫

孟冬十郡良家子，血作陈陶泽中水。
野旷天清无战声，四万义军同日死。
群胡归来血洗箭，仍唱胡歌饮都市。
都人回面向北啼，日夜更望官军至。

秋兴八首（其一）[1]

杜 甫

玉露凋伤枫树林，巫山巫峡气萧森[2]。
江间波浪兼天涌，塞上风云接地阴。
丛菊两开他日泪，孤舟一系故园心[3]。
寒衣处处催刀尺，白帝城高急暮砧[4]。

【注释】

[1] 秋兴：因秋而发兴。此诗作于唐代宗大历元年（766），时杜甫在夔州。[2] 玉露：白露，即秋霜。李密《淮阳感秋》有“玉露凋晚林”句，诗意由此脱化而来。巫山巫峡：巫山在今四川省巫山县境，属巴山支脉，绵长共达一六〇里。长江流经其中，称为巫峡。[3] 丛菊两开：杜甫在代宗永泰元年（765）的五月离开成都，秋天到达云安。第二年，即大历元年（766），他又从云安到达夔州，前后经过将近两年，两度丛菊花开，所以说：“丛菊两开”。一系（jì）：永系，紧系。故园心：返回故乡的希望。故园即故乡，或故国，指洛阳和长安。[4] 刀尺：剪裁衣服用的剪刀和尺。砧（zhēn）：捶衣服时垫在底下的石具。

【提示】

《秋兴八首》是杜甫晚年律诗的代表作。原诗是一个内容相连，体裁规整，感叹身世，忧国伤时的组诗，这首诗可谓组诗的序曲和总纲。通过对巫山巫峡萧瑟阴森的深秋景象的描绘和对塞上风云笼罩天地的环境气氛的的渲染，抒发了诗人身居异乡的羁旅之感和心怀故园的沉郁之情。咏的是自然之秋，是人生之秋，更是家国之秋，充分地体现了杜诗沈郁顿挫的艺术风格。

全诗因景寄情，情景结合，水乳交融，浑然一体，可分为两个部分。前四句写夔州秋景。用萧瑟阴森的景象，隐喻社会的动荡不安。客观景象上熔铸了诗人强烈的主观感情色彩。所以王嗣奭说：首章“发兴四句，便影时事，见丧乱雕残景象。”后四句是触景伤情。由眼下秋菊的花开，想到自己孤舟飘泊，又引起了对故园的怀念。更因人们赶制冬衣，耳听捣衣之声，倍增寄居客地凄凉之感。但全诗的景与情，很难截然分开。深秋的冷落荒凉，心情的寂寞凄楚，国家的衰败残破始终交织在一起，有力地揭示了诗人复杂的内心世界，这正是诗人高超的艺术手法的表现。

【思考题】

1. 杜甫此诗的主旨是什么？怎样理解其悲秋的内涵？
2. 颔联描绘的骇浪滔天、阴云迫地的景象有何象征意义？
3. 背诵这首诗。

长　恨　歌[1]

白居易

汉皇重色思倾国[2]，御宇多年求不得[3]。杨家有女初长成，养在深闺人未识[4]。天生丽质难自弃，一朝选在君王侧。回眸一笑百媚生，六宫粉黛无颜色[5]。春寒赐浴华清池[6]，温泉水滑洗凝脂。侍儿扶起娇无力，始是新承恩泽时。云鬓花颜金步摇[7]，芙蓉帐暖度春宵。春宵苦短日高起，从此君王不早朝。承欢侍宴无闲暇，春从春游夜专夜。后宫佳丽三千人，三千宠爱在一身。金屋妆成娇侍夜，玉楼宴罢醉和春。姊妹弟兄皆列土，可怜光彩生门户[8]。遂令天下父母心，不重生男重生女。骊宫高处入青云[9]，仙乐风飘处处闻。缓歌慢舞凝丝竹，尽日君王看不足。渔阳鼙鼓动地来[10]，惊破霓裳羽衣曲[11]。九重城阙烟尘生，千乘万骑西南行[12]。翠华摇摇行复止，西出都门百余里。六军不发无奈何，宛转蛾眉马前死[13]。花钿委地无人收，翠翘金雀玉搔头[14]。君王掩面救不得，回看血泪相和流。黄埃散漫风萧索，云栈萦纡登剑阁[15]。峨嵋山下少人行，旌旗无光日色薄[16]。蜀江水碧蜀山青，圣主朝朝暮暮情。行宫见月伤心色，夜雨闻铃肠断声[17]。天旋地转回龙驭[18]，到此踌躇不能去。马嵬坡下泥土中，不见玉颜空死处[19]。君臣相顾尽沾衣，东望都门信马归[20]。归来池苑皆依旧，太液芙蓉未央柳[21]。芙蓉如面柳如眉，对此如何不泪垂。春风桃李花开日，秋雨梧桐叶落时。西宫南内多秋草[22]，落叶满阶红不扫。梨园弟子白发新[23]，椒房阿监青娥老[24]。夕殿萤飞思悄然，孤灯挑尽未成眠。迟迟钟鼓初长夜，耿耿星河欲曙天。鸳鸯瓦冷霜华重，翡翠衾寒谁与共[25]。悠悠生死别经年，魂魄不曾来入梦。临邛道士鸿都客[26]，能以精诚致魂魄。为感君王辗转思，遂教方士殷勤觅。排空驭气奔如电，升天入地求之遍。上穷碧落下黄泉[27]，两处茫茫皆不见。忽闻海上有仙山，山在虚无缥缈间。楼阁玲珑五云起，其中绰约多仙子[28]。中有一人字太真，雪肤花貌参差是[29]。金阙西厢叩玉扃[30]，转教小玉报双成[31]。闻道汉家天子使，九华帐里梦魂惊[32]。揽衣推枕起徘徊，珠箔银屏迤逦开[33]。云鬓半偏新睡觉，花冠不整下堂来。风吹仙袂飘飖举，犹似霓裳羽衣舞。玉容寂寞泪阑干[34]，梨花一枝春带雨。含情凝睇谢君王，一别音容两渺茫。昭阳殿里恩爱绝[35]，蓬莱宫中日月长[36]。回头下望人寰处，不见长安见尘雾。惟将旧物表深情，钿合金钗寄将去[37]。钗留一股合一扇[38]，钗擘黄金合分钿[39]。但教心似金钿坚，天上人间会相见。临别殷勤重寄词，词中有誓两心知。七月七日长生殿[40]，夜半无人私语时。在天愿作比翼鸟[41]，在地愿为连理枝[42]。天长地久有时尽，此恨绵绵无绝期。

【注释】

[1] 这首诗是元和元年白居易做周至（今陕西省周至县）县尉时所作。诗成后，友人陈鸿为作《长恨歌传》。“传”和“歌”都以唐玄宗和杨贵妃爱情故事为题材，可以互相印证。因为它是一个悲剧的结局，故以《长恨歌》命题。恨：遗恨，遗憾。[2] 汉皇：本指汉武帝刘彻，这是借指唐玄宗李隆基。[3] 御宇：治理天下。[4] 杨家有女：指杨贵妃。杨玉环本是蜀州司户杨玄璞之女，随叔父杨玄琰入京，嫁与玄宗之子寿王李瑁为妃。后被玄宗看中，先让她出宫作了女道士，然后迎归宫中，成为玄宗的宠妃。白居易此处是故意隐讳。[5] 六宫：是皇后和妃子居住的地方。粉黛：脂粉和画眉用的青黑色的颜料。这里指后妃宫女。无颜色：黯然失色。[6] 华清池：唐代修的温泉池名，在今陕西临潼骊山上。[7] 云鬓：蓬松如云的黑发。金步瑶：古代贵族妇女首饰的名称。上面缀有珠宝，随步行而摇动。[8] 姊妹弟兄：指杨氏一家，杨贵妃的大姐、三姐、八姐封为韩国夫人、虢国夫人、秦国夫人，堂兄杨铦官鸿胪卿，杨锜官侍御史，杨钊赐名国忠，官右丞相。列土：列土受封。[9] 骊宫：即华清宫，因在骊山上，故称骊宫。唐玄宗常和杨贵妃在这里欢宴作乐。[10] 渔阳鼙（pí）鼓：指安禄山在渔阳起兵叛乱。渔阳，唐郡名，是范阳节度使安禄山所辖八郡之一。鼙鼓，

古代军中所用的小鼓。[11] 霓裳羽衣曲：唐代著名舞曲。传说是唐玄宗根据西凉节度使杨敬述所献乐曲加工而成的。[12] 九重城阙：指京城长安。古人认为天有九重，京城为天子所居之地，故云。烟尘生：指发生战乱。天宝十五载（755）六月，安禄山破潼关，李隆基出长安，仓皇逃奔西南。[13] “翠华”四句：李隆基西奔至距长安百余里的马嵬驿（今属陕西兴平县），扈从禁卫军发难，不肯行进，请诛杨国忠、杨贵妃兄妹以平民怨，为保住自己，玄宗只得照办。翠华：皇帝仪仗队的旗帜用翠鸟的羽毛装饰，这里是指皇帝的车驾。六军：《周礼》说天子有“六军”。这里指皇帝的护卫军。蛾眉：美女的代称，此指杨贵妃。[14] 花钿：镶嵌金花的首饰。翠翘：翠鸟尾上的长毛叫“翘”，此处指形似翠翘的首饰。金雀：雀形的金钗。玉搔头：玉簪。[15] 云栈：高入云端的栈道。萦纡（yū）：回环曲折，剑阁即剑门关，在今四川剑阁县北。[16] 峨眉山：在今四川峨眉县。玄宗奔蜀途中，并未经过峨眉山，这里泛指蜀中高山。[17] “夜雨”句：《明皇杂录・补遗》：“明皇既幸蜀，西南行，初入斜谷，霖雨涉旬，于栈道中闻铃声，与山相应。上既悼念贵妃，采其声为《雨霖铃曲》以寄恨焉。”这里暗咏此事。[18] 天旋日转：比喻国家从倾覆后得到恢复。这里指郭子仪收复长安，肃宗派太子太师韦见素至蜀迎玄宗回京。龙驭：皇帝的车驾。[19] 空死处：空见死处。空，徒然。[20] 信：任，任随。[21] 太液：汉代池名，故址在今陕西长安县西北，这里借指唐宫中的池苑。未央：汉代宫名，故址在今陕西长安县西北，这里指唐宫。[22] 西宫：指太极宫，玄宗还京后，初居兴庆宫，后迁居于此，近于变相的软禁。南内：指兴庆宫。因在皇城东南，所以称南内。[23] 梨园：唐玄宗亲自教习乐工的地方。[24] 椒房：古代后妃居住的宫殿以椒和泥抹墙，称为椒房。阿监：宫内女官。青娥：指年轻美貌的宫女。[25] 鸳鸯瓦：屋瓦一俯一仰，扣合在一起，故称。霜华：即霜花。翡翠衾：绣着翡翠鸟的被子。[26] 临邛：今四川邛崃县。鸿都：洛阳的宫门名，这里借指长安。客：寄居外地的人。[27] 碧落、黄泉：古人认为，天有九重，最上的一层叫碧落；地有九层，最下的一层叫黄泉。因此也称九天、九泉。[28] 五云：五彩云霞。绰约：形容风姿美好。[29] 参差：仿佛，差不多。[30] 金阙：金碧辉煌的神仙宫殿。扃（jiōng）：门闩。[31] 转教句：意谓仙境庭院重重，须经辗转通报。小玉、双成：均为古代神话传说中的女子名，小玉：吴王夫差的小女名。双成：董双成，西母王的侍女。这里借指杨玉环所在仙境的侍婢。[32] 九华帐：绘饰华美的帐幔。相传是西王母所有之物。[33] 珠箔：用珠子穿成的帘子。银屏：银制的屏风。迤逦开：一个接一个，连绵不断。[34] 阑干：纵横流淌。[35] 昭阳殿：汉成帝宠妃赵飞燕住的宫殿名，此代杨贵妃住过的宫殿。[36] 蓬莱宫：传说中海上仙山的宫殿，这城指杨贵妃所住的仙境。[37] 钿合：镶嵌着珠宝金花的盒子。金钗：金簪。寄将去：请人带回去。[38] 钗留一股合一扇：钗有两股，捎去一股，留下一股。盒有两爿，捎去一爿，留下一爿。前面"花钿委地无人收"两句，已暗示杨贵妃绝命之时，花钿等物散失，也许被人拾取暗藏，后被方士所得，用以欺骗玄宗。[39] 擘（bò）：剖开。盒分钿：钿盒是用两个金属花片嵌合起来的，分成两半。[40] 长生殿：在骊山上，天宝元年建，名"集灵台"以祀神。[41] 比翼鸟：雌雄相比而飞，常用以比喻恋人。[42] 连理枝：两树的枝干连结在一起，常用以比喻夫妻。以上两句是他们的誓言，表示两情相好。

【提示】

《长恨歌》是白居易诗中最脍炙人口的名篇。诗人根据唐明皇与杨贵妃的故事传说来结构全篇，运用想象和虚构手法，用回环往复的艺术形式，抒写了一个缠绵悱恻、婉转动人的爱情悲剧。浓烈的抒情贯穿于叙事的全过程，成为唐代最杰出的抒情叙事长诗。

从开篇至"不重生男重生女"为《长恨歌》第一部分，从杨玉环的入宫叙起，着力于渲染她的得宠，而以安史之乱爆发为结。这既是对历史事实的基本概括，也是诗题"长恨"的因由。全诗的基本矛盾在本段已显露出来。"汉皇重色思倾国"是全篇纲领，既揭示了故事的悲剧因素，又统领全诗。对于李隆基夺儿媳为己妃的举动，作者采取了避讳的态度，这不仅是为尊者讳，也是为全诗的基调考虑，他想赞美和慨叹李、杨的爱情和"长恨"，就不能将这种关系写得过于直露和不堪。但作者却从李隆基的废政批判了李、杨关系带来的后果。这一部分重在写史，写出了长恨的内因，是悲剧故事的基础。"骊宫高处入青云"至"不见玉颜空死处"写马嵬之变，但不是写过程，而是写感情，突出的是玄宗的无奈和悲痛。从结构上说，此段是全诗转关，上承明皇的荒淫废政，显示了可怕的结果；下接明皇的独自回宫，导引出无穷的遗恨。但写得非常概括，作者把充满刀光血火的马嵬之变以过场戏处理之，目的是留下篇幅大写此后的长恨，可谓独巨匠心。"天旋日转回龙驭"至"此恨绵绵无绝期"是《长恨歌》的主题，这一部分重在虚构，写"长恨"本身。诗人采用浪漫主义手法，极力渲染李杨生死相隔两情相依的爱情悲剧。先写唐明皇，写他在年老、无权、寂寞孤独的境遇里对杨妃的刻骨思念。临邛道士的出场，把叙述的重心移向了杨妃。从"闻道汉家天子使”直到结束，杨妃占据了舞台的中心。诗人借助想象，构思了一个妩媚动人的仙境，把悲剧故事的情节推向高潮。诗人不仅写出了杨妃之美，而且把笔触深入到人物内心，写出了她内心的寂寞、哀惋和悠悠长恨，倾注了无限同情。

这是一首抒情成分极浓的长篇叙事诗，是白居易对叙事诗的一大发展创造。诗人把安史之乱、马嵬之变、平乱回京等历史事件作为抒情的桥梁，一笔带过，而将大量笔墨集中在铺写玄宗对贵妃的思恋上，写得缠绵悱恻，动人心魄。人物十分单纯，诗中通过心理刻画着力塑造的是李、杨两个人物形象。细致入微的心理描写，成功地展示了人物的内心世界，推动了悲剧故事的发展。此外，诗人把人物语言与作者语言融合在一起，运用对偶、排比、顶真等手法，使诗歌流畅自然、明丽生动，具有极大的艺术魅力，成为古代长篇叙事歌行中的绝唱。

【思考题】

1. 你认为这首诗的主题是什么？诗人对李、杨悲剧持什么态度？
2. 这首叙事诗和传统的叙事诗有何不同？
3. 和李商隐《马嵬》诗对读，谈谈两首诗的异同。

山　石

韩愈山石荦确行径微[1]，黄昏到寺蝙蝠飞。
升堂坐阶新雨足，芭蕉叶大栀子肥[2]。
僧言古壁佛画好，以火来照所见稀。
铺床拂席置羹饭，疏粝亦足饱我饥[3]。
夜深静卧百虫绝[4]，清月出岭光入扉。
天明独去无道路，山入高下穷烟霏[5]。
山红涧碧纷烂漫，时见松枥皆十围[6]。
当流赤足踏涧石，水声激激风吹衣。
人生如此自可乐，岂必局束为人鞿[7]。
嗟哉吾党二三子，安得至老不更归[8]。

【注释】

[1] 荦（luò）确：山石不平的样子。[2] 栀（zhī）子：常绿灌木，夏天

开花，色白而香。[3] 疏粝（lì）：简便的饭食。粝指糙米。[4] 百虫绝：各种虫声均息。[5] 烟霏：山中云雾。[6] 枥：同“栎”，一种落叶乔木。[7] 局束：局促，拘谨不自然。鞿（jī）：马络头，这里作动词用，控制的意思。[8] 吾党二三子：指志同道合的朋友。不更归：即“更不归”，即长期留在山中之意。

【提示】

诗题为《山石》，只是用诗的开头二字作题，但并非咏山石，而是一篇诗体的山水游记。诗人按照时间顺序，记叙了游山寺之所遇，所见，所闻，所思。记叙的时间由黄昏而深夜至天明，层次分明，环环相扣，前后照应，耐人寻味。前四句写黄昏到寺之所见，点出初夏景物；“僧言”四句，是写僧人的热情接待；“夜深”二句，写山寺之夜的清幽，留宿的惬意；“天明”六句，写凌晨辞去，一路所见所闻的晨景；“人生”四句，写对山中自然美、人情美的向往。“人生如此自可乐，岂必局促为人鞿”点明全诗主旨。全诗气势遒劲，风格壮美，为后人所称道。

这首诗不同于传统的纪游诗，吸取了游记散文的特点，按照行程的顺序逐层叙写游踪。作者用轻灵的画笔，把在山中和古寺里所见的景物，一幅幅地展示了出来，有人有物，一句一种景色，一句一样境界，描绘得有声有色，别有情趣。“黄昏到寺蝙蝠飞”，“芭蕉叶大栀子肥”，“山红涧碧纷烂漫”，虽是常见的景物，但经作者写入诗中，就极有特色，表现出诗人特有的敏感。他非常善于捕捉自然界的典型景象，把看来十分平凡的山野古寺景物，描写得具有浓郁的诗意，给人以新鲜的印象，充分显示了韩愈诗歌的创造性，为纪游诗开拓了新领域，对后世产生了深远的影响。

【思考题】

1. 这首诗体现了韩愈诗歌怎样的特点？
2. 和唐人其他纪游诗相比，本诗有何不同？

题李凝幽居[1]

贾　岛

闲居少邻并，草径入荒园。
鸟宿池边树，僧敲月下门。

过桥分野色，移石动云根[2]。
暂去还来此，幽期不负言。

【注释】

［1］李凝：生平事迹不详，当是作者的一位很要好的朋友。幽居：幽静的居处，这里指隐居处。并：合。［2］云根：古人认为云触石而出，所以称石为“云根”。

【提示】

这是一首描述好友李凝幽居的五言律诗，以“鸟宿池边树，僧敲月下门”一联著称。这首诗从表面上看，似乎写得平淡，缺乏动人的情味。但仔细吟咏，却是平而有逸趣，淡而有幽味。它通过闲居少邻、草径园荒、归鸟宿林、“僧敲月下门”等一些典型景物的渲染、烘托，描写出了李凝幽居环境的清幽、荒僻的景象，表现了隐居生活的闲逸，反映了作者对这种生活境地的向往。全诗并无华美的词句，只以平淡的语言便把眼前的情景描写了出来。诗中所写景物，无一不是寻常之景，闲居、敲门、过桥，无一不是常见之事，然而作者正是通过这些景与事，创造出平淡自然、韵味淳厚的艺术境界，表达了悠闲自得的情趣。

值得重视的是，诗中表现出的作者在锻句炼字上用心极苦的谨严态度。据《诗话总龟》记载：贾岛初次赴京应试，就是以“鸟宿池边树，僧敲月下门”两句诗与韩愈共论诗道，成为布衣之交。“推敲”一词，成为千载传诵的佳话。韩孟诗派这种锻句炼字、精益求精的创作态度，是值得我们钦敬学习的。

【思考题】

1. 苏轼说“郊寒岛瘦”，在这首诗中是如何体现的？

2. “鸟宿池边树，僧敲月下门”为什么用“敲”比“推”好？谈谈你的看法。

苏小小墓[1]

李　贺

幽兰露，如啼眼。
无物结同心，烟花不堪剪。
草如茵，松如盖，

风为裳，水为珮[2]。
油壁车[3]，夕相待。
冷翠烛[4]，劳光彩[5]。
西陵下[6]，风吹雨。

【注释】

［1］苏小小：南齐时钱塘名妓。［2］珮：身上挂的玉饰。［3］油壁车：古时妇女所乘的车子，因车壁以油涂饰而得名。［4］冷翠烛：指鬼火，即磷火。［5］劳：犹费。［6］西陵：地名，在今杭州，钱塘江西。

【提示】

这是李贺“鬼”诗的代表作。全诗由景起兴，通过丰富联想，用一系列美丽的景象刻画出苏小小飘忽不定的鬼魂形象。

诗的前四句直接刻画苏小小的形象，一、二句是写她美丽的容貌，用带露的幽兰比喻她含泪的眼睛，一个“啼”字为全诗定下凄怨的基调。三、四句写她的心境。生前未能绾结同心的苏小小，死后仍然痴心不改。中间六句写苏小小的鬼魂形象：“小草”、“青松”、“春风”、“流水”，就是她身在鬼蜮的服饰，她依然是那样美丽多情，乘着生前坐的油壁车，去和情人幽会。最后四句描写西陵下景象；情人不能如约相会，翠烛虚设，有烛无人，只有一片凄风苦雨。这是用景物描写来渲染气氛，把怅惘哀怨的内心世界，表现得淋漓尽致。从苏小小牢落不偶的遭遇上我们分明可以看到诗人自己有志难申，沉沦不遇的情怀。

这首诗以景起兴，通过景物幻出人物形象，把写景、拟人融为一体，写景即是写人。通过苏小小的形象表现诗人自己空寂幽冷的心境。这是李贺借鬼魂对冷酷人间的控诉。

【思考题】

1. 以此诗为例，谈谈李贺“鬼”诗的特点。
2. 和屈原的《山鬼》对读，分析他们的异同。

登柳州城楼寄漳、汀、封、连四州刺史[1]

柳宗元

城上高楼接大荒[2]，海天愁思正茫茫。
惊风乱飐芙蓉水[3]，密雨斜侵薜荔墙[4]。
岭树重遮千里目[5]，江流曲似九回肠[6]。
共来百越文身地[7]，犹自音书滞一乡[8]。

【注释】

［1］漳、汀、封、连：即漳州（州治在今福建省漳州市）、汀（州治在今福建省长汀县）、封（州治在今广东省封川县）、连（州治在今广东省连县）。四刺史即韩泰、韩晔、陈谏、刘禹锡。柳宗元当时任柳州（州治在今广西壮族自治区马平县）刺史。［2］城：指柳州城。接：与目相接，即看到的意思。［3］飐（zhǎn）：风吹浪动。芙蓉：荷花。［4］薜荔（bì lì）：一种常绿的蔓生植物，常攀援墙壁而生，古人把它看成是一种香草。［5］岭：指柳州城附近的山。重（chóng）：层层。千里目：远望的视线。［6］江流：指柳州城外的柳江。九回肠：很弯曲的愁肠，比喻愁思很多。［7］共：同。百越：也写作“百粤”。古代把散居在广东、广西和福建等地的一些少数民族称为“百越”。这里借指南方的广东、广西、福建等偏远地区。文身：在身上刺画花纹，古地南方少数民族有“文身断发”的习俗。［8］犹自：仍然。滞：阻隔。一乡：一方。

【提示】

永贞革新挫败后，柳宗元、刘禹锡等革新派人物纷纷遭到打击、迫害，被贬为远州司马，称为“八司马”。元和十年春，柳宗元等五人一起被召还京。但不出一月，宪宗又把他们贬逐出京，到更远的柳、漳、汀、封、连为刺史。这首七律就是柳宗元初到柳州时写的。

诗的开头两句是总写，写登楼极目，愁思茫茫，触景伤怀，思念远方战友。开篇起势很高，意境阔远，情景俱包，悲凉之气笼罩全诗，很自然地开启了下句万分感伤的对愁思的动人描写。中间四句，紧承上句，就登楼所见景象，分别描写，借景抒情。前两句写近景，写夏天的风雨景象，上句写艳洁的荷花被吹打得在水上东倒西伏，飘摇动荡，下句写芳香的薜荔突遭暴雨斜打，备受摧残。从屈原的《离骚》中我们知道，芙蓉与薜荔，象征着高洁与美好的人格，因此，这两句是赋中兼用比兴，急风暴雨对荷花薜荔的肆意吹打暗喻着腐朽势力对革新派的打击和迫害。景中之情，境中之意，巧妙曲折，不露痕迹。后两句写远景，写山重水复的景象，也是上下两句分写，仍是托景寓情。树木重重，遮断了远望的视线，江流回环，恰似自己的回荡愁肠，使他不禁黯然神伤，很自然地引起最后两句对共同的不幸遭遇的慨叹，直抒情怀，点明寄书寓意。

这首诗托景抒怀，通过登柳州城楼所见景物的描写，曲折地谴责了当时朝廷保守势力对革新之士的打击和迫害，委婉地表达了诗人的悲愤心情和对同贬战友们的深切怀念。全诗构思精密，抒情委曲深沉，兴寄手法运用得很巧妙，情调虽较低沉，却有很强的感染力量。

【思考题】

1. 结合这首诗的写作背景分析本诗的思想内涵和艺术特点。
2. 中间两联有何寓意？妙在何处？

将赴吴兴登乐游原[1]

杜　牧

清时有味是无能，闲爱孤云静爱僧。
欲把一麾江海去[2]，乐游原上望昭陵[3]。

【注释】

[1] 吴兴：又名湖州（今浙江省湖州市）。乐游原：在长安南，是当时京城著名的游览区。[2] 把：拿。麾：古代指挥军队的旗子。[3] 昭陵：唐太宗的陵墓，在今陕西省醴泉县九嵕山。

【提示】

这首诗是唐宣宗大中四年（850）杜牧将赴吴兴郡任刺史离开长安时登尔游原有感而作。诗中表达了作者想出守外郡为国出力，又不忍离京的忠君爱国之情。

诗的开头两句是反言其意。唐宣宗时，牛、李党争正烈，宦官专权，藩镇相争，唐王朝日趋衰败。可是诗不仅称其时为“清时”，并进一步指出没有才能的自己反倒可以藏拙，得有“闲”“静”的情趣了。以自己之闲爱孤云之闲；以自己之静爱僧之静。这实际上是讽刺统治者不重视人才，表露自己的寂寞心情。诗的第三句转到“将赴”的正题。一个“欲”字，把当时将行而又留恋京城的复杂心情写了出来。因此第四句写登上“乐游原”而望“昭陵”。这里独望昭陵，别有深意，是因为唐太宗是唐代杰出的皇帝。他建立了大唐帝国，能知人善任、惟才是举，诗人在结尾这样写，表达了诗人对盛世的追念和怀才不遇的愤慨。

这首诗采用了托事于物的兴体写法，以登乐游原起兴，以望昭陵戛止。热爱祖国，追怀盛世之情，空怀大志，未能施展之意皆蕴含其中。简练深刻，沉郁含蓄，余味无穷。

【思考题】

1. 杜牧在这首诗中表达了怎样的思想情怀？
2. 这是一首咏史诗吗？你怎样理解？

无题二首（其一）

李商隐

昨夜星辰昨夜风，画楼西畔桂堂东。
身无彩凤双飞翼[1]，心有灵犀一点通[2]。
隔座送钩春酒暖[3]，分曹射覆蜡灯红[4]。
嗟余听鼓应官去[5]，走马兰台类转蓬[6]。

【注释】

［1］彩凤：长满彩羽的凤鸟。［2］灵犀：指犀牛角。传说犀牛是灵异之兽，角上有条白纹，从角端直通大脑，感应灵敏，故称灵犀。这里借以比喻彼此心意相通。［3］送钩：又称藏钩，古代宴席上的一种游戏，参与者分为两组，把钩互相传递，一人藏于手中，令众人猜，以猜中多寡分胜负。［4］分曹：分组。射覆：古代游戏，以巾或盂覆盖一物令众人猜，猜中为胜。［5］“嗟余”句：可惜催人上班的晨鼓已响，应差的时间已到。唐时五更二点时分宫中鼓响，诸街之鼓继之而响，开启坊市门，行人可上街，官员应上班。应官：到官府应差。［6］“走马”句：自己又要匆匆骑马到兰台，就像随风飘转的蓬草一样。走马：骑马快跑。兰台：汉代珍藏图书秘籍的宫观叫兰台，这里指秘书省。唐高宗龙朔

（661—663）初曾改秘书省为兰台。李商隐曾任秘书省正字。

【提示】

这首诗大约写于开成四年（839）李商隐任秘书省校书郎时。此题共有两首，此为第一首。从诗中看，作者恋慕的可能是一位贵家女子。诗中抒写的就是对偶然相识旋即分离的意中人的深切怀念。

诗起手就用重复的“昨夜”，强调那天夜晚在他心灵深处留下的难忘记忆，诗人极力渲染当时的环境和气氛的美好，晴朗的星空，微拂的夜风，华美的楼堂，优雅的庭院。但只字不提所遇佳人的容貌，给读者留下了无穷的想象空间。我们可以想见在这一切美好景物映衬下的佳人是何等地美丽动人，以至诗人爱屋及乌，把这个夜晚的一切都定格在脑海之中。三四两句从追忆昨夜回到现实，抒写分离引起的复杂微妙的心理感受。这里诗人创造了一个极为新颖而贴切的比喻，表现了爱情阻隔的痛苦和心灵契合的喜悦，成为脍炙人口的警句。五六句可以理解为是诗人对昨夜经历的实境的描绘，也可以看作是今夕因身受阻隔无法会合引起的诗人对意中人处境的想象。无论是怎样理解，诗中描绘的宴会上热烈温暖的气氛都表达了诗人的向往和羡慕之情，并和诗人今夕的寂寞孤独形成鲜明的对照。因而尾联将爱情受阻的怅惘和身世漂泊的伤感融合起来，从而扩大了诗歌的内涵，深化了诗的意蕴。

李商隐的无题诗写得真挚深沉而又迷离飘忽，表现的是一种执著的感情追求和沉重的身世之悲。他注重通过描述事件与场面来突出人物的心理活动，这首诗主要采用赋的手法，虚境实境交替展现，跳跃变幻，极富创造性。

【思考题】

1. 这首无题诗表现了什么？仅仅是一首爱情诗吗？
2. “身无彩凤双飞翼，心有灵犀一点通”妙在何处？

再经胡城县[1]

杜荀鹤

去岁曾经此县城，县民无口不冤声。
今来县宰加朱绂[2]，便是生灵血染成[3]。

【注释】

［1］胡城县：故城在今安徽阜阳县北。［2］县宰：县令。朱绂（fú）：红色官服。唐制五品服浅绯，四品服深绯。［3］生灵：生民。

【提示】

这是一首控诉统治者荼毒百姓的诗作。诗中最突出的特点是对于典型事物的高度概括。诗人通过对于“曾经”与“今来”胡城县见闻的巧妙安排，概括了当时社会的面貌，揭示了人民悲惨命运的根源，语言沉郁悲愤，批判力极强。

诗人谋篇布局十分精巧，写“曾经”时的所见所闻，只从“县民”方面落墨；是谁使得“县民无口不冤声”？没有写。写“今来”时的所见所闻，只从“县宰”方面着笔；他凭什么“加朱绂”？也没有说。在摆出这两种典型现象之后，紧接着用“便是”作判断，而以“生灵血染成”作为判断的结果。“县宰”的“朱绂”既是“生灵血染成”，那么“县民无口不冤声”正是“县宰”一手造成的。而“县宰”之所以“加朱绂”，正是由于屠杀了无数冤民。在唐代，“朱绂”是四品官的官服，“县宰”而“加朱绂”，表明他加官受赏。诗人不说他加官受赏，而说“加朱绂”，并把“县宰”的“朱绂”和人民的“鲜血”这两种颜色相同而性质相反的事物联系起来，用“血染成”揭示二者的因果关系，就无比深刻地暴露了封建统治者荼毒百姓的罪恶本质。结句引满而发，不留余地，但仍然有余味可寻。“县宰”未“加朱绂”之时，已经逼得百姓怨声载道，如今因屠杀冤民而立功，加了“朱绂”，他还会干些什么呢？试读诗人在《题所居村舍》里所说的“杀民将尽更邀勋”便知这首诗的言外之意了。

【思考题】

1. 这首诗反映了怎样的社会现实？在晚唐诗中有何异彩？
2. 分析这首诗的艺术特点。

第七专题
唐宋散文

唐宋是中国散文史上继先秦两汉之后的一个黄金时代。作家成就之高，作品数量之多是后代难以企及的。《全唐文》收文一万八千多篇，作家三千余人，《全宋文》作者一万余人，收文十万余篇。唐宋两次有目的、有理论主张、有广泛参与者并且有深远影响的文学革新运动使散文经历了由骈而散的历史过程，奠定并开辟了宋元以后散体文的发展道路，涌现出韩愈、柳宗元、欧阳修、苏轼等一大批散文巨匠。唐宋散文取得了堪与唐诗、宋词媲美的辉煌成就。在中国散文史上占有相当重要的地位。

第一节 唐代散文

在唐代，散文的发展变化与诗歌的发展变化并不同步。当诗歌已经高度繁荣的时候，散文的文体文风改革才开始。唐代散文作家一方面对骈文进行改造，写出了许多具有鲜明时代特征的骈文佳作；另一方面革除六朝旧习，有意识地创作散体的以经世致用为目的的古文。经过一百多年的努力，到中唐以韩愈、柳宗元为首掀起了革新文体文风的“古文运动”，文体文风的改革，自内容言，是明道载道，把散文引向政教之用，和当时的政治形势有密切的关系；自形式言，是由骈体而散体，是散文自身发展的一种要求。这次文学革新，把散文从骈四俪六的束缚中解放出来，形成精练流畅、刚健朴茂的风格，使散文更适宜于叙事、说理、抒情。尽管晚唐文坛又被骈文占领，但唐代散文的革新创造为宋代的新古文运动指明了方向，在散文发展史上起着承先启后的重要作用。

一、古文运动前的散文

唐建国以后，文体仍沿南朝骈俪之习，上至诏敕，下至书牍碑刻，无不习用骈体，从贞观初至开元末的一百一十余年间，如今可看到的策文全是骈体，无一例外。但不少人已清醒地认识到浮艳文风的危害，主张文章应有实际内容。初唐陈子昂提倡风雅兴寄，在唐代影响很大，虽然当时并未形成文体文风改革的普遍风气，但文体的由骈而散，在开元时期已有相当的发展。一些作家的创作虽用骈体，但已不同于六朝骈文的华艳，而有了新的风貌。魏征的奏疏已无浮词赘典，直言极谏。王勃的《滕王阁序》、骆宾王的《为徐敬业讨武曌檄》、李华的《吊古战场文》都是铿锵有力、脍炙人口的名篇。进入盛唐以后，骈体文风有了更大的改变。玄宗时被誉为“燕许大手笔”的张说、苏颋，他们的骈文中已运散入骈，文风趋于朴素自然，表现出浑厚雍容的气势，对后人影响很大。

对骈文进行改造而成绩卓著的是许多诗人的序和书信等抒情小文。如李白的《春夜宴桃李园序》，叙事转折自如，感情浓郁酣畅，词采优美自然，虽为骈体，而其风貌则如同一首凝炼的抒情诗。王维的《山中与裴秀才迪书》也和他的山水诗一样宁静明秀，耐人寻味。代宗时的骈文大家陆贽在写作技巧上充分利用“运单成复”的手法，用散文风格写骈文，既保存了骈文排比铺张、句式整饬的特点，又呈现出一种明白晓畅的新气象，使骈文得到了进一步的解放，成为唐代骈文中最切实用的大家。他的奏议在使骈文平易化、应用化的过程中有着重要的贡献。

在对骈文进行改造的同时，散体文的创作逐渐增多，陈子昂大张复古的旗帜，他的政论文都是用散体写的。他的好友卢藏用的散体文创作也很有成绩，他把散体从奏疏扩及到序传，其《陈子昂文集序》就是一篇简洁流畅的散体文。盛唐时李白、崔颢、王昌龄等人用散体写的书牍文很有生气，如李白的《与韩荆州书》、《上安州裴长史书》，写得如行云流水，了无滞碍。其感情之浓烈奔放，神采之激昂飞扬，实为此时散体文的最高成就。

天宝中期以后，文章由骈而散已成不可阻挡之势。元结、李华、萧颖士和继之而起的独孤及、梁肃、柳冕、权德舆等人，或友朋游从，或师生相继，形成了若干个文人群落。他们以复古宗经相号召，不仅在理论上进行了反复探讨，明确地提出了文章应本乎道，以五经为源泉，重政教之用的主张，而且在创作上积极实践，以古文创作为旨归，从文体的角度倡导改革，成为古文运动的先驱者。他们已写出了简洁真切、不事华藻取胜的散体文，如李华的《著作郎厅壁记》、《御史中丞厅壁记》，元结的《述命》、《述时》等。在古文运动先驱者的创作实践中，元结的成就最高。他的文章力变排偶为散文，从中已完全看不到骈文的痕迹。以极明白简洁的语言说理、叙事、抒情，是元结文章的显著特征。他的山水游记对柳宗元有直接的启迪和影响。

尽管古文运动先驱者们的理论主张带有一些空言明道的性质，创作上也缺乏与现实紧密结合的鲜活的生命力，但他们提出的宗经复古、以道领文、充实文章内容而反对浮靡文风主张的影响，在当时却具有积极意义。建中元年（780），令狐峘知贡举，制策和对策开始用散体。自此以后，历年策问，皆散多而骈少。这说明文体的改革已为朝野所普遍接受。它的进一步发展和完成，只待韩愈、柳宗元等人的最后努力了。

二、古文运动及韩愈、柳宗元的散文

1．古文运动

唐德宗贞元年间，韩愈大力倡导古文，正式提出了“古文”的名称，把学习秦汉文章传统、奇句单行的散体文称为“古文”，与“时文”，即六朝以来流行的骈文相对立。他的主张与创作在当时产生了极大的影响，一时“韩门弟子”甚众。到宪宗元和年间，又得到柳宗元的有力支持，古文臻于全盛。从贞元到元和的二三十年间，古文压倒了骈文，成为文坛的主要风尚。从贞元八年韩愈登上文坛到长庆四年他去世这段时间，是韩愈、柳宗元及其追随者们提倡古文，进行文体文风改革取得巨大成就的时期。这就是文学史上的“古文运动”时期。

古文运动是安史之乱后地主阶级知识分子为衰落的唐王朝寻找出路的改革思潮在文体文风问题上的反映。它要用儒家的伦理道德观念匡时救弊，复圣人之权，行先王之道。韩愈、柳宗元在继承先驱者的基础上进行了革新创造，提出了更为明确、更具有现实针对性的古文理论，取得了巨大成就。

首先，韩愈、柳宗元明确提出“文以明道”的主张。韩愈一再说自己“修其辞以明其道”（《争臣论》），其主要目的，除了致力于建立儒家道统外，便是用“道”来充实文的内容，使文成为参预现实政治的强有力的舆论工具。柳宗元最初“以辅时及物为道”（《答吴武陵论〈非国语〉书》），将全副精力都投入到了更具实效性的政治改革运动中去，改革失败、被贬南荒之后，从而主张以文来明其“道”。他们要明的道，就是他们的社会政治主张。他们从空言明道走向参预政治、参预现实生活。将文体文风的改革作为其政治实践的组成部分，赋予文章以强烈的政治色彩和鲜明的现实品格，去其浮靡空洞而返归质实真切，创作了大量包含政治激情、具有强烈针对性和感召力的古文杰作。他们的文章多论说世态，干预社会现实，因而使“古文”有了强大的生命力，走向了更为广阔的天地，与六朝骈文不仅在文体上，而且在文风上有了本质的区别。

其次，韩愈、柳宗元重“道”也重“文”，重视文学与生活、创作与作家道德修养的关系。韩愈多次强调：“愈之志在古道，又甚好其言辞。”（《答陈生书》）柳宗元也说：“言而不文则泥，然则文者固不可少耶！”（《答李翊书》）韩愈还发展了孟子的“养气说”，提出了“气盛则言之长短与声之高下者皆宜”的观点（《答李诩书》）。他进一步发展了司马迁的“发愤著书”思想，提出了著名的“不平之鸣”说（《送孟东野序》）。柳宗元也认为：“君子遭世之理，则呻呼踊跃以求知于世。……于是感激愤悱，思奋其志略以效于当世，必形于文字，伸于歌咏。”（《娄二十四秀才花下对酒唱和诗序》）这表明韩、柳不仅把文章当作明道的工具，并解释为鸣不平、批判现实的武器。对文学抒情特点的正确认识，正是韩、柳不同于他们前辈的重要特点之一。“不平则鸣”为古文运动注入了生机。韩、柳的文章多是悲愤不平之作，有着强烈的感情色彩，是善鸣其不平者的最好表现。在古文运动中，韩愈还以文坛盟主的地位，对从事古文写作的人予以大力扶持和称赞，在他周围，聚集了张籍、李翱、李观、皇甫湜、樊宗师、侯喜等一大批古文作者，声势颇为强盛。柳宗元当时身在南方，创作古文的声势和影响虽不及韩愈，但据《旧唐书》本传载：“江岭间为进士者，不远数千里皆随宗元师法，凡经其门，必为名士。”身边也不少追随者。

另外，韩愈、柳宗元都主张向前人学习，博采众长，提出了创造新体古文的具体标准。对前人他们主张“师其意不师其辞”（韩愈《答刘正夫书》），提倡创新，要求“词必己出”，“不蹈袭前人一言一句”（韩愈《南阳樊绍述墓志铭》），努力做到“引笔行墨，快意累累，意尽便止。”（柳宗元《复杜温夫书》）“唯陈言之务去”，“文从字顺各识职”（韩愈《南阳樊绍述墓志铭》），

"因事陈词"，"辞事相称"（韩愈《进撰平淮西碑文表》），写出形式内容统一独具特色的文章。他们大量使用"古文"、"文章"之类词语，将经、史、子乃至碑、铭、杂说等一切有韵无韵之文统统包罗在内，并在理论上予以倡导，在写作实践中赋予这些应用文体以文学的特质。将南朝人想从"文"中排除出去的大量应用文体重又收罗进来，施以新的写法，从而极大地提高了古文的地位。"二公者，实乃站于纯文学之立场，求取融化后起诗赋纯文学之情趣风神以纳于短篇散文之中，而使短篇散文亦得侵入纯文学之阃域而确占一席之地。"（钱穆《杂论唐代古文运动》）他们的写作实践正是其创新理论的最好的说明。正由于他们的古文成就了一种全新的艺术风貌，才使韩、柳成为散文史上独标风韵的大家。

2. 韩、柳散文的艺术成就

韩愈现存古文 355 篇，内容丰富博杂，形式变化多样。他最擅长的是论、辩、书、序、祭文和碑志。他的论辩体散文多"发言真率，无所畏避"，申明他的态度和观点，这类文章写得尖锐泼辣，战斗性很强。韩愈的论说文从内容上可分为两类，一类重在宣扬道统和儒家思想，如《原道》、《原性》、《原人》等，过去的评论家曾给以较高的评价，但今天看来，文学价值不高；另一类重在反映现实，揭露矛盾，作不平之鸣。其中《师说》、《原毁》、《讳辩》、《争臣论》、《论佛骨表》，都是反映时代精神、抒发愤慨不平、深刻批判社会现实的佳作。大气磅礴、笔力雄健、感情激烈是这类论说文的共同特点。韩愈横溢的才气和雄奇奔放的风格，在他的论说文中表现得最充分。

韩愈的杂文形式多样，或长或短，或庄或谐，不拘一格。如《进学解》、《送穷文》两篇作品重在发牢骚、鸣不平，写得颇有文采。两篇都采用问答对话体，将叙事、议论、抒情融于一炉，嘻笑怒骂，别具一格。《杂说》、《获麟解》、《伯夷颂》等旨在嘲讽现实，揭露时弊。以精悍短小、议论犀利见长。

韩愈是善于撰写赠序的大家，清代姚鼐曾赞誉他"其文冠绝前后作者"。（《古文辞类纂·序目》）他的赠序除叙友谊、道别情外，还议时事，述主张，咏怀抱，劝德行，言简意赅，表达对现实社会的各种感慨，反映复杂的社会人生，题材不一，手法多样，叙事、议论都能各极其妙。他的许多思想性极强的名篇，如《送李愿归盘谷序》、《送石处士序》、《送董邵南序》都是用赠序体写的。

韩愈传记、碑志写得非常精采，表现了他状物叙事的杰出才能。如《毛颖传》用当时流行的传奇小说的笔法为毛笔立传，借毛笔始而见用、老而被疏的故事为遭遇不平的功臣鸣不平，以戏谑滑稽的形式来讽刺现实。传记文《张中丞传后叙》记叙张巡、许远守睢阳抗击安史乱军之事，议论和叙事融为一体。议论部分主要辩驳世人对张、许的污蔑责难，写得理足辞胜，气势逼人；叙事部分选择几个典型事例，补叙张巡等人的斗争事迹，描写慷慨悲壮，感人至深。尤其是对南霁云的描写最为精彩，寥寥几笔就塑造了一个血肉丰满、虎虎有生气的英雄形象。

韩愈是写墓志铭的高手，他的75篇碑志，其中虽有一部分“谀墓之文”，但多数具有较高的真实性，在写法上却能不拘格套，灵活多变，描摹生动形象，笔墨之间常带有深厚的感情色彩，成为一篇篇生动的人物传记，历来为人所称赏。如《试大理评事王君墓志铭》叙写王适生平时，通篇围绕一个“奇”字写，绘声绘色，形象生动，如同一篇精彩绝伦的小小说，让人忍俊不禁。文章风格的“奇”和描写对象性格的“奇”取得了和谐一致，充分表现了韩愈的墓志铭不为传统所囿，奇特而富有创造性的特点，极大地加强了墓志铭这种应用文的文学性。明人吴讷说墓志铭文“古今作者，惟昌黎最高。行文叙事，面目首尾，不再蹈袭”（《文章辨体序说》），堪称的评。

韩愈的祭文也写得极为出色，《祭十二郎文》在内容和写法上都打破了一般祭文的常套，以朴素的文辞、款款叙述与侄儿的骨肉之情和生离死别的哀伤，围绕家庭、身世和生活琐事，尽情抒写作者对亡侄的伤痛，缠绵悱恻，凄切无限。被誉为“祭文中千年绝调”。

韩愈散文既有儒家的谆谆说理之长，又有法家辩论的锋芒，既有庄子奇特变幻的想象，又有屈骚的激越抒情，既吸收各家之长，又匠心独运，形成了汪洋恣肆、雄奇奔放的艺术风格。他的散文最主要的特征是气势雄浑，有如长江大河，变幻万千，字句怪奇，具有阳刚之美。韩文语言的表现力在散文史上也是空前的，他善于从人民的口头语言中吸取营养，借鉴古人语言中有生命力的部分，推陈出新，加以创造，形成了韩文简约生动、新鲜活泼的语言特点，实践了他“务去陈言”、“文从字顺”的散文理论。他文章中许多独创的词语，如俯首帖耳、摇尾乞怜、熟视无睹、细大不捐、佶屈聱牙、动辄得咎、垂头丧气等至今仍活在汉语里，韩愈为丰富我国的语言宝库作出了重大贡献。

柳宗元一生遭遇坎坷而又过于执著，悲剧色彩很浓，是唐代作家中少见的极有政治头脑的人。他存有五百余篇古文，他的论说文说理严密，犀利有力，突出地表现了他对政治、对社会的求实精神，有一种朴素的唯物主义倾向。柳宗元的优秀作品多产生于贬谪之后。首先值得注意的是那些抨击社会黑暗的愤懑之作，他在文中真实地反映了社会生活的许多方面，具有强烈的现实主义精神。既有如《贞符》、《封建论》、《时令论》等逻辑性极强的哲学论文，也有形象生动意味隽永的短篇杂文。

他的杂文善于正话反说，借问答体抒发自己被贬被弃的一怀幽愤。在《愚溪对》中，作者通过虚拟的梦境，写了他与溪神的一段辩论，将其哀怨全部包容于“智者用，愚者伏，用者宜迩，伏者宜远”的反语之中。这种看似平静的正话反说，正深刻地透露出作者对混浊世事的强烈不满。他还善于巧借形似之物，抨击政敌和现实，如《骂尸虫文》、《宥蝮蛇文》、《憎王孙文》、《斩曲几文》等，或以动物的阴险邪恶来比喻奸毒小人，或以物体的欹形诡状来象征现实社会，愤慨、冷峻，嘻笑怒骂，痛快淋漓，充满了对人生浓烈的执著之情。

柳宗元共有11篇以动物为题材的寓言文，大都结构短小，以形象生动、嘲讽辛辣、思想深刻、语言简洁而极富哲理意味的特色著称。其中《三戒》借麋、驴、鼠的故事，沉痛而深刻地讥刺了那些“不知推己之本，而乘物以逞，或依势以干非其类，出技以怒强，窃时以肆暴，然卒迨于祸”（《三戒序》）者。其中《黔之驴》的故事广为传诵，那只蠢笨而自大的驴子已成为某些外强中干者的绝妙象征，而“黔驴之技”、“庞然大物”也作为富有形象性的成语流传下来。《蝜传》刻画那些贪得无厌的人物，惟妙惟肖，令人回味不已。寓言在先秦诸子文中仅仅是一种说理论辩的手段，而柳宗元创造性地继承了前人的成就，使寓言成为一种独立完整的文学形式，对寓言文学的发展起了重要的推动作用。

柳宗元的传记散文也有独特的创造。他多取材于下层社会一些不知名的小人物。如《捕蛇者说》通过对蒋氏三代经历的描写，深刻揭示了蒋氏宁可死于毒蛇，也不愿承担赋税的内心痛苦，表现了“孰知赋敛之毒有甚是蛇者乎”的深刻主题；《种树郭橐驼传》记述长安西乡一位以种树为业的农夫的事迹，揭示为官之道；《童区寄传》讲述一位少年英雄的故事来揭露当时人口买卖的罪恶；《梓人传》写一个普通工匠的品德与技能。在写法上，柳宗元不拘于一般历史人物传记的格套，而是对人物事迹的某个方面，加以生动具体的描绘和思想上的发挥，从而使这些散文，既具有深刻的思想，又富有感人的艺术魅力，成为古代传记文学的杰作。

柳宗元散文成就最高的是山水游记。其中最著名的代表作是他被贬永州十年所写的《永州八记》，即《始得西山宴游记》、《钴潭记》、《钴潭西小丘记》、《至小丘西小石潭记》、《袁家渴记》、《石渠记》、《石涧记》、《小石城山记》。它们就像电影的连续画面一样，一幕接一幕地展现了永州的山水胜景。这些记游之作，呈现的大都是奇异美丽却遭人忽视、为世所弃的自然山水。在这些作品中，他不是简单地描摹山水，而是采用象征手法在景物描写中寄托着浓烈的情思，使山水人格化、感情化，抒写他的不幸遭遇和对现实的强烈不满，所以他的山水游记在结构上都是前半段写景物，后半段写人事，景物与感情交融，很少有只写山水而不写人事，不发议论的情形。柳宗元善于细致入微地观察生活，精雕细刻地进行创作，细腻生动地写出山水的个性特征，因而他的山水游记是真正的艺术性的文学，美的文学。如《钴潭西小丘记》写石："其石之突怒偃蹇，负土而出，争为奇状者，殆不可数：其嵚然相累而下者，若牛马之饮于溪；其冲然角列而上者，若熊罴之登于山。"化静为动，把每块石头都写活了，山水的个性呼之欲出。他的山水游记还善于创造意境，借对山水的传神写照来表现一种永恒的宇宙情怀，如《始得西山宴游记》描写登上西山绝顶之后的所见所感："悠悠乎与灏气俱，而莫得其涯；洋洋乎与造物者游，而不知其所穷。引觞满酌，颓然就醉，不知日之入。苍然暮色，自远而至，至无所见，而犹不欲归。心凝形释，与万物冥合。"创造了一种蕴含着悲愤情怀，明秀中透出清冷，凄神寒骨的意境，在中国散文史上是空前的。柳宗元的山水游记以其高度的艺术成就在我国古代游记史上起着继往开来的重要作用。

韩愈和柳宗元的散文，既共同体现了唐代古文运动的结晶，开辟了我国古代散文创作的新纪元，又各有千秋，独具特点。他们在中国散文史上可说是双星闪耀，两峰并峙。

和韩愈、柳宗元同时，中唐文坛还活跃着刘禹锡、白居易、元稹、李观、张籍、吕温、裴度、欧阳詹等一大批古文作家。其中刘禹锡是古文运动中的重要人物，他一生创作了大量的散文。除了公文、应酬文一类作品外，大都言无虚发，具有深刻的思想内容。尤其是他的政论文，更以富于才辩，说理透彻、批判性强而著称，如《天论》三篇对客观事物的运动规律作了大胆的探索，有力地批判了宿命论观点，表现了刘禹锡的朴素辩证法思想，是我国唯物主义发展史上的重要文献。白居易、元稹之文写得平易畅达、浅近真切，如白居易的《醉饮先生传》、《庐山草堂记》都以自然浅近见长，在元和、长庆年间自树一帜。从散文创作的实践来看，刘禹锡、白居易对古文运动作出了一定的贡献。宋谢采伯《密斋日记》说："唐之文风，大振于贞元、元和之时，韩柳倡其端，刘白继其轨。"可谓公允之见。然而，随着韩愈及其同道们的相继谢世，古文领域已没有力能扛鼎的领袖人物了，韩门弟子如李翱、皇甫湜、孙樵等人，或把文与道割裂开来，使古文变成了宣扬讨论儒家孔孟之道的道学，或片面地发展了韩愈提倡的创新主张，追求奇异怪僻，与众不同，使得散体文创作逐渐丧失了内在的生命力，古文运动走向衰落。

三、晚唐古文的衰落与小品文的发展

晚唐，宦官专权、朋党交争、藩镇割据、社会矛盾日益尖锐，政治腐败，社会黑暗，人民生活更加困苦，唐朝国势摇摇欲坠。追求享受、躲避现实的唯美主义浪潮兴起，古文运动进一步走向衰落，骈文又得到了发展，出现了令狐楚、温庭筠、李商隐等骈文名家。李商隐把骈文发展到了更工整、更细密的高度。除一些祭文写得凄恻感人之外，大多数文章则因过分用典和追求工整而影响了思想内容的表达。

晚唐散文创作上较有成就的是杜牧、孙樵、沈亚之等人。杜牧作文重视文章的思想内容，他的许多文章都是有感而发，具有针砭时事的政治内容。他坚持使用散体，笔锋犀利，明白晓畅。他还把散文的笔法、句式引进赋的创作，写出了《阿房宫赋》那样融叙事、抒情、议论于一炉的新体散赋，突破了六朝以来赋作日益骈偶化、声律化的趋势，对赋的发展有重要的影响。孙樵自称为韩愈古文的再传弟子，他是晚唐坚持写作古文的代表作家，他的作品有一定的现实意义，被清人列入“唐宋十大家”。

在古文运动走向衰落的同时，小品文却异军突起，大放异彩。继承和发扬了韩、柳古文运动的现实主义精神，是韩、柳杂说、寓言小品等类文体在新形势下的发展，也是晚唐日趋尖锐的各种社会矛盾下的产物。

小品文是散文的一种随笔、杂感等短小文章的统称 ，它的特点是深入浅出、夹叙夹议地讲一些道理，或简明生动地叙述一件事情。晚唐小品文的代表作家有皮日休、陆龟蒙、罗隐等人。

皮日休与陆龟蒙交往密切，时相唱和，并称皮、陆。他们的小品文分别载于《皮子文薮》和《笠泽丛书》中。这些文章有三个基本特点：一是强烈的现实性。他们的小品文与现实社会生活息息相关，多是针对现实有感而发的。如皮日休《鹿门隐书》：“古之官人也，以天下为己累，故己忧之；今之官人也，以己为天下累，故人忧之。古之决狱，得民情也，哀。今之决狱，得民情也，喜。哀之者，哀其化之不行；喜之者，喜其赏之必至。古之杀人业，怒；今之杀人业，笑。古之用贤也，为国；今之用贤也，为家。古之置吏也，将以逐盗；今之置吏也，将以为盗。”托古讽今，虽然是三言两语，却能一针见血地揭露黑暗的现实，具有较强的战斗性。二是大胆的批判精神。皮、陆的小品文深刻地揭露当时社会的种种弊端，大胆地抨击时政，有如匕首和投枪，锋利而切实。如皮日休《读司马法》开篇明义：“古之取天下也，以民心；今之取天下也，以民命。”揭露了所谓开国之君的凶残面目。三是短小精悍、活泼有力。皮、陆的小品文在形式上大都篇幅短小，但短而不浮，小而不浅，文笔简练，深刻有力。和皮、陆相比，罗隐的愤激不平更为强烈。《谗书》的历史短评，无论是思想的新颖，笔锋的犀利，都超越了此前的同类文章，其中如《英雄之言》、《梅先生碑》等在唐末杂文小品中可谓压卷之作。

晚唐散文的创作虽然不及中唐那样波澜壮阔，但是讽刺小品文这种形式却随着社会矛盾的尖锐化而得到了更为广泛深入的发展，以其鲜明的时代特征受到后人的喜爱和称赞。所以鲁迅说：“唐末诗风衰落，而小品却放了光辉。但罗隐的《谗书》几乎全部是抗争和愤激之谈；皮日休和陆龟蒙自以为是隐士，别人也称之为隐士，而看他们的《皮子文薮》和《笠泽丛书》中的小品文，并没有忘记天下，正是一塌糊涂的泥塘里的光彩和锋芒。”（《小品文的危机》）

第二节　宋代散文

宋代散文继承了唐古文运动的优良传统而进一步发展，取得了巨大的成就。北宋初年，文坛承袭晚唐五代的浮艳文风，一味追求词藻的典丽和声律的谐美，内容空虚，引起了有识之士的不满。仁宗时，欧阳修主持文坛，领导新古文运动取得了决定性的胜利。他团结了大批古文作者，理论与创作实践并进，经过三十多年的努力，终于奠定了一代文风。北宋后期是宋代散文发展的黄金时代，苏洵、曾巩、王安石、苏轼、苏辙等人以各自不同的风格创作了大量的散文，取得了丰硕的成果。南宋时期的散文大家不多，但其中的优秀作品以其普遍具有的爱国热情，成为别于其他时代的重要特征。

宋代的骈文继承了唐代骈文的传统，以古文之势写骈文，骈文散体化的倾向更为显著。

一、宋代新古文运动

宋初杨亿、刘筠为领袖的贵族官僚文人，承袭晚唐五代的唯美主义和形式主义文风，以李商隐的“四六体”骈文为指导，形成了专写华艳雕镂文字的“西昆派”，他们公开宣称自己的作品是“雕章丽句，脍炙人口”，写作目的是“历览遗篇，研味前作，挹其芳润，发于希慕，更迭唱和，互相切摩”（杨亿《西昆酬唱集序》），他们作品的特点是“穷研极态，缀风月、弄花草，淫巧侈丽，浮华纂组”，但影响极大，“杨、刘风采，耸动天下”，号称“时文”，擅长这种时文，可以中科举，得功名，霸占文坛三十多年。首倡“革弊复古”，与这种浮华文风进行斗争的是柳开，稍后的王禹偁再倡古文，成为新古文运动的先驱。西昆体遭到越来越强烈的反对，朝廷也下诏复古，申戒浮华。仁宗天圣初年，穆修、石介、尹洙、欧阳修、梅尧臣、苏舜钦等人同时发难，互相声援，尤其是欧阳修，通过科举考试来提倡平实朴素的文风，严厉批评怪诞浮靡文风，并校补韩愈的文集作为典范，运用自己的政治地位和社会影响，团结和培养了大批古文作者，从理论和实践两方面奠定了宋代散文的发展基础。

欧阳修领导的新古文运动，虽然直接继承韩、柳古文运动的精神，但又有自己的时代特点。首先，在文与道的关系上，欧阳修提出文道并重、道先文后的观点，而且这个道，除了指儒家圣人之道外，还指它的社会功用。把“道”与现实生活密切联系起来，主张文以致用，反对“弃百事不关于心”，“务高言而鲜事实”的文章，他的道趋于平实。文道并重、道先文后的主张既扫清了西昆派只重视艺术形式轻视思想内容的迷雾，又纠正了李翱重道轻文和柳开把文道混为一谈的弊病，成为新古文运动的写作原则。其次，欧阳修提出作家必须有不同的个性特色，不能千人一面，千篇一律。他在《与乐秀才第一书》中说：“古之学者非一家，其为道虽通，言语文章，未尝相似。孔子之系《易》，周公之作《书》，奚斯之作《颂》，其辞皆不同，而各以为经。子由、子夏、子张与颜回同一师，其为人皆不同，各由其性而就于道耳。”强调艺术风格的独创性，反对因袭摹仿。再者，明确提出尊韩、尊柳的主张，继承和发展唐代古文运动的传统。石介、穆修首先对准“雕镂篆刻，浮文缘饰”的西昆体，推尊韩柳的作品。欧阳修补缀校订韩愈文集，刊印流传，作为新古文运动作家们的学习对象，“韩文遂行于世”，经过三十多年，“学者非韩不学也，可谓盛矣。”（欧阳修《书旧本韩文后》）最终确立了新古文运动奋斗努力的方向。第四，欧阳修还继承了韩愈的“不平则鸣”说，进一步提出了“穷而后工”论。他说：“凡士之蕴其所有而不得施于世者，多喜自放于山巅水涯外，见虫鱼草木风云鸟兽之状类，往往探其奇怪。内有忧思感愤之郁积，其兴于怨刺，以道羁臣寡妇之所叹，而写人情之难言，盖愈穷则愈工。然则非诗之能穷人，殆穷者而后工也。”（《梅圣俞诗集序》）揭示了文学和现实的密切关系。新古文运动的倡导者们从一开始就把平易通顺作为创作实践的标准，柳开宣称：“古文者，非在僻涩言苦，使人难读诵之；在于古其理，高其意，随言短长，应变作制，同古人之行事，是谓古文也。”（《应责》）欧阳修更是注重发展韩愈文论中“易”的一面，他曾特别告诫王安石，创作应“取其自然”。他们以自己的创作实践建立了平易畅达的文风，后世散文家大都继承和发展了这一风格，这也正是宋代古文运动的主要贡献。

二、欧阳修、苏轼等北宋散文六大家的散文成就

宋仁宗嘉祐年间以欧阳修为领袖，在他周围聚集起一批当时最优秀的作家，即被后人推崇的“唐宋八大家”中的宋代六大家：苏轼、王安石、曾巩、苏洵和苏辙。出现了一个古文创作的全盛时期。他们以丰富多彩的创作出色地完成了古文运动的历史任务。

欧阳修有五百余篇散文，形式多样，大体上可以分为三类：一类称为“经旨”、“辩”、“论辩”、“时论”，包括对儒家经典旨意的质疑，对传统见解和史载的辩驳，对时事政策的评论，属于政论、史论和时事述评的性质。这类文章常直言谠论，用典较少，无所顾忌，雄辩滔滔，具有很强的说服力，是直接为现实政治服务的。如《朋党论》反击保守派对范仲淹等人的污蔑，划出“君子之朋”与“小人之朋”的界限，引用大量史实，说明国家兴亡治乱的关键在于人君“退小人之朋用君子之朋”，给政敌以致命的打击。《五代史伶官传序》借后唐之兴亡，说明国家的盛衰之理，表现了他朴素的唯物主义见解，“忧劳可以兴国，逸豫可以亡身。”“祸患常积于忽微，而智勇多困于所溺。”至今仍发人深思。对这类文章，苏轼作了极好的概括：“其言简而明，信而通，引物连类，析之于至理，以服人心。”（《六一居士集序》）另一类称为“序”、“书”、“杂题跋”、“杂文”、“试笔”、“笔说”，属于文学批评和各种随笔、杂文和小品。这类散文也以议论为主，但并不剑拔弩张，锋芒毕露，而以婉转曲折、纡缓从容见长。如《与高司谏书》本是盛怒之下骂人的文章，态度非常鲜明，言辞也相当激愤，一股刚正不阿的浩然正气充溢于字里行间。但从全文来看，尽管文章揶揄挖苦，犀利泼辣，直刺高若讷之流的要害，但在行文和语气上纡徐委曲，从容不迫，显示出欧阳修议论文柔中见刚的典型风格。第三类是“记”、“传”、“祭文”。他平易自然而又委婉曲折的风格在记事抒情文这类文章中体现得最充分，如《醉翁亭记》是欧阳修“记”中最著名的杰作，通过描写亭子的命名原由和优美景色，抒发了作者寄情山水的旷达情怀。文笔灵活生动，写景如画，句式骈散相间，连用二十一个“也”字，造成一种曲折婉转的咏叹语调，使文章极富音乐性和感染力，如同一首情文并茂的散文诗。《泷冈阡表》、《祭石曼卿文》是欧阳修墓志

祭文中的名篇，前者偏于叙事，后者重在抒情，但都写得情真意切，生动感人。

欧阳修用古文体裁写赋，打破了赋体的严格规律，如《秋声赋》变唐以来的“律体”为散作，写景、抒情、议论融于一炉，开创了散文赋的新传统，对赋的发展具有重要影响。他还开了宋代笔记文创作的先声。他的笔记文如《归田录》、《笔说》等，写得生动活泼，富有情趣。欧阳修的《诗话》还开创了以随笔形式论诗的形式，宋以后，诗话著作大量涌现。

欧阳修是北宋第一个散文大师，开一代文风，苏轼称他为“今之韩愈也”（《居士集序》）。他的文章发展了韩愈“文从字顺”的一面，议论迂徐有致，叙事简括有法，章法曲折变化，语言平易自然，富有情韵之美，奠定了宋代散文平易畅达的基本风格。他不仅是宋代六大家之首，提携奖掖了其他五大家，而且对他们产生了直接的影响，对散文的发展作出了重大贡献。

曾巩（1019 年—108 年），字子固，江西南丰人。由欧阳修荐拔延誉而身登仕籍。他是欧阳修的积极追随者和支持者，受其影响较大。他是一个颇有政声、深于儒学的古文家，论文更重于道，儒学正统气味较重。著有《元丰类稿》。

曾巩的散文创作十分丰富，其中成就较高的是杂记、序文和书信。他的杂记写得柔婉跌宕，章法细密，议论成分较重。代表作《墨池记》，主要不是记叙情事景物，而是因小见大，借事立论。行文不枝不蔓，中心突出，层次分明，边叙边议，善于生发，耐人寻味。此外，像《宜黄县学记》、《越州赵公救灾记》等都体现了他严于章法、雍容平和的总体特点。前人对曾巩为整理古籍所写的序文评价很高，方苞说：“南丰之文长于道古，故序古书尤佳。”（引自刘大魁《唐宋八家文百篇》）这类文章内容上主要进行封建说教，道学气很重，但写得沉着稳重，纡徐委曲，如《南齐书目录序》、《战国策目录序》等。曾巩的书信语意婉曲，文辞高妙，写得较有情致。其中写给欧阳修的《寄欧阳舍人书》最为著名。他从虚到实，层层递进，纡徐百折，婉转写来，把感激推重之意表达得既自然又深挚，含蓄蕴藉，余意深长。

曾巩的文名在当时仅次于欧阳修，是新古文运动的重要骨干，但散文成就远不如欧阳修。虽然风格相近，但他没有欧阳修那样丰富的政治生活经历，也缺少欧文的文采和情韵。他议论时事，陈说得失，大都偏于冲和平顺，以含蓄典重、古雅平正见长。

王安石（1021 年—1086 年），字介甫，号半山，江西临川人。二十三岁中进士，为官颇有政绩。神宗时任他为相，实行变法，遭到旧党的猛烈攻击，后退居江宁，忧愤而死。

王安石是中国十一世纪的改革家，一生为实现自己的政治理想而斗争。他把文学与政治密切联系起来，提倡文章以实用为主，强调其“有补于世”的现实作用，因而他的散文长于议论，善于说理，概括力和逻辑性极强，具有深刻的思想意义和浓厚的政治色彩，直接为政治斗争服务。

王安石的散文诸体皆备，尤以议论文的成就最高，也最能显著地表现出他散文雄健劲峭、瘦硬奇绝的特点。这些文章立意超卓，逻辑严密，言词犀利，说理透彻。大都针对时弊，根据深刻的分析，提出明确的主张，具有极强的说服力，如《上仁宗皇帝言事书》、《本朝百年无事札子》、《答司马谏议书》等，组织严密，析理精微，措词大胆而有分寸，极有鼓动性和说服力。他的杂文和小品文如《原过》、《读孟尝君传》、《书刺客传后》、《伯夷》等，对世俗之见和传统观点加以批驳，表现了他政治和学术上的高深见解和独创精神。这类文章虽篇幅短小，却文意精深，正如近代刘师培所说：“介甫之文最为峭刻，而短作尤悍厉绝伦，且立论极严，如其为人。”（《论文杂记》一二）王安石的传记、碑铭文不下百篇，在构思写法上不落常套，以简峻著称，如《给事中孔公墓志铭》、《泰州海陵县主簿许君墓志铭》等。梁启超称之为“无体不备，无美不搜，昌黎而外，一人而已。”（《王安石评传》）王安石的山水游记也体现了他好议论的特色，如《游褒禅山记》把记游和议论紧密而自然地结合起来，文章布局曲折变化，说理生动形象，读来不觉枯燥。在王安石的抒情文中，以祭文成就为最高。姚鼐认为，哀祭之文，“后世惟退之、介甫而已”。他的祭文感情深挚，气势豪健，行文自然，有很强的艺术感染力，确是古代祭文中的佼佼者。其中尤以《祭欧阳文忠公文》为世所推重。

王安石的散文内容充实，立意超卓，富于现实性和浓厚的政治色彩，其思想性之强，在八大家中是除柳宗元外最突出的一位。在艺术上以结构缜密，语言精练，文笔曲折，辩理透彻，显示出一种刚劲峭拔、雄健奇崛的风格，在宋代散文史放射出独特的光彩。

苏洵、苏轼、苏辙父子的古文理论和创作时间比较接近，他们在宋代新古文运动中占有重要地位，合称“三苏”。其中以苏轼最为著名，是当时继欧阳修之后的文坛领袖。苏辙的文风与苏轼相似，但成就远不及其兄。他们两人都受苏洵很大的影响。

苏洵（1009 年—1066 年），字明允，号老泉，四川眉山人。嘉祐元年率二子赴京考试，苏轼、苏辙同时考中进士，他的文章也得到欧阳修等人的赞许和称颂，一时“父子隐然名动京师，而苏氏文章遂擅天下”（欧阳修《故霸州文安县主簿苏君墓志铭并序》)。苏洵具有正统的儒家思想，又兼取法家和纵横家之说。他主张散文要“有为而作”，反对“慕远而忽近，贵华而贱实”的形式主义文风，崇尚自然为文。他的散文以史论文和政论文最为出色，他的文章深受《孟子》、《战国策》的影响，格调高古，笔力雄健，逻辑严密，语言古朴简劲。如《衡论》、《上皇帝书》等文中，他提出了一整套政治革新的主张，其中虽不免迂阔之论，但大多还是切中时弊的。他颇喜言兵，论述军事问题的文章很多。其中《六国论》采用正反相生、双管齐下的手法论征战秦则存，贿秦则亡的道理，意在借古讽今，指责宋王朝的屈辱政策。行文干练老辣，议论纵横摇曳，最能反映苏洵论辩文的艺术风格。在书、记、序等体裁的文章中，如《上欧阳内翰书》、《木假山记》、《名二子说》等，写得婉转曲折，言近旨远，体现了苏洵另一种文风。他的文章虽不能与韩、柳、欧、苏（苏轼）四大家媲美，但也自成一家，形成了“自京师至于海隅障徼，学士大夫，莫不人知其名，家有其书”的局面（曾巩《苏明允哀辞并引》），同时对苏轼、苏辙的思想和创作起了很好的熏陶作用。因此，苏洵在宋代新古文运动中，是有其特殊贡献的。

苏辙（1039 年—1112 年），字子由，号颍滨遗老。苏辙生平思想深受父兄影响，思想涉及经史百家，而以儒学为主。和父兄一样，大力写作古文，在当时也是一位著名的散文家。他发展了韩愈“气盛言宜”的观点，在《上枢密韩太尉书》中提出了著名的“养气”说，主张创作要和生活实践密切结合，比起韩愈靠“行之乎仁义之途，游之乎诗书之源”来养气的观点，又前进了一步。

苏辙散文创作十分丰富，早期散文议论风发，充满锐气，后屡遭贬谪，文章也趋于澹泊沉静。他擅长政论与史论。成就虽不如父兄，但也自有其独特之处。在政论文中纵谈天下大事，如《六国论》、《三国论》以古鉴今，寄慨婉深，虽没有父兄那样雄健神奇，但运笔巧妙，结构缜密，翻腾跌宕，自有一种温粹疏宕之气。苏辙散文成就最高的是记叙文，汪洋澹泊，疏宕酣畅，体现了小苏文的特点。如代表作《黄州快哉亭记》，写景、叙事、抒情、议论融为一体，描写生动逼真，寓情于景，融情于论，并连用排比对偶句，文势汪洋，辞采绚烂，给人以雄伟奔放而又委备畅达的感觉，清人谓之为苏辙集中“第一乘文字”，确不为过。

苏辙缺乏苏洵雄奇纵横的气势，更没有苏轼那挥洒自如的风姿，但他的散文别树一帜，“汪洋澹泊，有一唱三叹之声，而其秀杰之气，终不可没。”（苏轼《答张文潜书》）

苏轼（1037 年—1101 年），字子瞻，号东坡居士。21 岁中进士，他主张改革弊政，但不赞同王安石的变法，因而既同新党发生矛盾，又与司马光为首的保守派有所抵牾。他始终坚持自己的政治主张，经常充当反对派，因此在北宋新旧党争起伏过程中，他屡遭贬谪，被迫要求放外任，曾在杭州、密州、徐州、湖州、颍州、扬州、定州任地方官，颇有政绩。哲宗元祐八年（1093），苏轼又被新党贬至惠州（今广东惠阳）、琼州（今海南岛）。徽宗继位，被赦北归，第二年病死在常州。苏轼仕途上的坎坷波折之多，在古代作家中是罕见的。但被贬生活的磨难，和社会底层及人民群众的接触，所贬各地奇山异水的陶冶，使他不仅在散文、诗、词等方面取得了卓越的成就，成为北宋最杰出的文学家，而且在书法、绘画方面造诣也很高，是我国文化史上少有的全才。

苏轼学识渊博，思想通达，儒、释、道兼而有之。儒家的济世爱民思想和《易经》中“天行健，君子自强不息”的观点是他一生始终积极用世的思想动力，老庄超然物外和禅宗以平常心对待一切变故的思想对他的人生态度有直接的影响。执著于人生而又能超然物外使苏轼一生能在逆境中以乐观旷达的精神保持着浓郁的生活情趣和旺盛的创作活力，成为后世士大夫的人生典范。

苏轼论文最具有创造性的地方是反对文道合一和文政合一的主张，强调把文学当作作家自己生活感受的表现，把“能道意所欲言”看作是文章的理想境界。（《答王庠书》）他更重视文学创作技巧的研究，强调文的独立性，认为“有道有艺，有道而不艺，则物虽形于心，不形于手。”（《书李伯时山庄图后》）主张要“技道两进”，提倡文章内容、形式风格的多样化和独创性，主张从不同的内容出发，自由表达，摆脱种种形式上的束缚，“常行于所当行，常止于不可不止，文理自然，姿态横生”（《答谢民师书》），这些观点对提高散文的地位，加强散文的形象性和文学色彩，具有划时代的意义。他的散文笔力纵横，挥洒自如，发展了欧阳修平易舒缓的文风，为散文创作开拓了新的天地，体现出宋代新古文运动在创作实践上的最高水平。

苏轼的政论文包括奏议、进策、史论等，这些作品大都与现实政治密切相关，其中有不少有的放矢的优秀篇章。如《刑赏忠厚之至论》、《教战守策》、《留侯论》等都写得明晰透彻，雄辩滔滔，深受《孟子》、《战国策》和贾谊等散文的影响，有着雄奇奔放的气势和自然流畅的语言，艺术技巧较高，在封建社会中深得士子们的喜好，成为他们学做试文的范本。

叙事记游的散文在苏轼文中艺术价值最高，也更典型地体现了他散文挥洒自如、变化莫测、姿态横生的特点，有不少广为传诵的名篇。这些作品中描写、叙述、议论错杂并用，结构布局随主题而变化多端。如《超然亭记》开头先发一段议论，然后才进入叙事；《放鹤亭记》的议论在中间，《凌虚台记》则以议论作结。《喜雨亭记》立意新，构思巧，正反、虚实、分合都紧扣主题，淋漓尽致，风趣轻松。充分表达了他关心稼穑，与民同乐的思想。苏轼善于捕捉景物特色，于其中寄寓理趣，如《石钟山记》写夜泊绝壁，情调森冷，耸人毛发。前后《赤壁赋》，一写清风明月的秋色，一写水落石出的冬景，都绘景逼真，境界若画，即地兴感，借景寓理，达到诗情画意和理趣的统一，显示了他高超的艺术技巧。

书札、题记、叙跋等杂文在苏轼文中也占有相当重要的地位。他的书札大多随笔挥洒，不加雕饰，使人洞见肺腑。题记、叙跋多是品评诗文书画的，紧扣文艺创作的特征，阐发真知灼见。其中《文与可画筼筜谷偃竹记》最为著名。文章不仅说理形象、具体，而且在议论中透出浓重的感情色彩，十分感人。苏轼的笔记文《东坡志林》也突出地表现了驾驭语言的能力，寥寥数笔，情意自现，意境深远。如《记承天寺夜游》全文仅用八十多字，就勾画出一幅清逸秀美的月夜图，清冷的月景和心境融为一体，写得旷逸隽永，动人心魄。

苏轼继承唐代古文运动和宋代欧阳修以来新古文运动的成果，融合韩愈文章雄奇奔放和欧阳修文章平易自然的特点，形成了文理自然、姿态横生的散文风格，把古文的表现力发展到更高的水平，把古文的应用范围扩大到更广泛的领域，使古文的文学色彩和接近口语的程度推进到前所未有的境地。苏轼是北宋古文运动的最后完成者，是宋代最杰出的散文家，他的作品标志着北宋古文运动的最高成就，对后世具有深远的影响。

三、南宋散文

南宋散文的艺术成就和影响，虽不及唐与北宋，没有产生像欧阳修、苏轼、王安石那样的大家，也不及同时的诗和词，但在某些特殊文体上，对前人有所发展和超越，同样有它不容低估的艺术成就和特色。

南宋散文一直在反侵略的斗争中发展，始终贯穿着反对民族压迫的高昂基调，而且越到后期，南宋面临灭亡，这种基调越激烈昂扬。在艺术上，南宋散文继承了唐宋古文的成就而加以发展。南宋散文，大体可分为三个发展阶段，即南渡初期、南宋中叶和南宋末期。

南渡初期，因靖康之耻而导致了和与战的激烈论争，散文成为论争的有力武器。这时期的散文，在内容上集中反映了当时各阶层的深重哀怨；在艺术形式上，由于作家们没有从容的创作环境，因而文章多是一挥而就，自然流畅地表达作家们的肺腑之言，这时期的优秀作品多是议论文，其共同的特点是富有鼓动性，具有极强的艺术感染力。如宗泽的《乞毋割地与金人疏》、李纲的《议国是》等，其中最著名的是抗金名将岳飞的《五岳盟誓记》和胡铨的《戊午上高宗封事》，前者慷慨激昂，气壮山河；后者情辞激切，锋芒直指宋高宗。李清照所遗散文不多，但同词相比，那种“至今思项羽，不肯过江东”的豪迈气势在散文中表现得更为充分感人。

南宋中叶，偏安局面已形成。这时士大夫阶层总体上情绪较为消沉。反映在散文创作上，一方面由于环境稍安，一些文士在苟安中刻意求工，出现了一些艺术上较好的作品，另一方面有许多作家仍始终表现着强烈的爱国热情，但同时又流露着对朝廷的失望和壮志难酬的愤懑。这时的政论文以为朝廷出谋划策为主要内容，极大地提高了散文的政治功能和社会意义，在艺术上以气势雄伟、逻辑严密见长。其中叶适的《上孝宗皇帝札子》对时弊进行了深刻剖析，极有远见卓识。辛弃疾的《美芹十论》和《九议》分析敌我形势，提出进取方略，写得酣畅淋漓，极有说服力。陈亮的《上孝宗皇帝第一书》，力主恢复，见解深刻。

这一时期笔记散文得到了空前发展，出现了一些优秀的笔记散文，取得了较高的成就。如范成大的《吴船录》，洪迈的《容斋随笔》等。陆游是其中的代表作家，他的散文大多结构整饬，平易自然，被后人誉为南宋宗匠。他的散文，无论是论国计民生，还是写生活琐事，都贯穿着强烈的爱国精神。他的《入蜀记》中，有不少精采的记游小品，《老学庵笔记》中也有一些文学性很强的小品文。

南宋的理学家大多能文，他们虽然继承了北宋理学家“作文害道”的理论，但也写出了不少优秀的文学性散文，如朱熹的《百丈山记》、《云谷记》描写山水胜景，记叙游览见闻，都表现出很高的文学技巧。他的论说文，论述时事，具有鲜明的政治色彩，风格与曾巩相近。

南宋末，散文中爱国精神极为昂扬，怀恋故国、不甘臣服的壮烈意气充溢于文中，风格上也一变质朴静重而更为沉郁悲壮，文章中贯注着一股终天不没的浩然正气，创造了宋代散文中一大批最为光彩照人的篇章。如文天祥的《指南录后序》、《正气歌序》，字里行间悲愤交加，迸发着夺目的光芒，为后世广为传诵。谢翱的《登西台恸哭记》为祭文天祥而作，曲折地表达了满腔悲愤之情，感人至深。郑思肖的《心史总后叙》、《文丞相叙》，陆秀夫的《拟景炎皇帝遗诏》，邓牧的《君道》等对社稷倾亡进行深刻的反思，歌颂了对民族压迫的不屈反抗，这些作品构成了南宋散文辉煌的尾声。

【思考题】

1. 为什么说唐宋是中国散文史上继先秦两汉之后的黄金时代？
2. 简述“古文运动”前唐代散文的发展状况。
3. “古文运动”的内涵和意义何在？
4. 简述韩愈倡导“古文运动”的理论主张。
5. 简述韩愈散文的特色、成就及影响。
6. 简述柳宗元散文的特色、成就及影响。
7. 简述晚唐小品文的特点及成就。
8. 和唐代“古文运动”比较，北宋“新古文运动”有何特点？
9. 简述北宋六大家散文的特点及影响。
10. 简述南宋散文的特点。

【参考书目】

1. 章培恒、骆玉明主编，《中国文学史》（中册），复旦大学出版社。
2. 乔象钟、陈铁民主编，《唐代文学史》，人民文学出版社。
3. 孙望、常国武主编，《宋代文学史》，人民文学出版社。
4. 《唐宋八大家文章精华》，山东人民出版社。
5. 《唐代散文选注》，上海古籍出版社。
6. 《宋代散文选注》，上海古籍出版社。
7. 《韩愈散文选集》，顾易生、徐粹育编撰，上海古籍出版社。
8. 《柳宗元散文选集》，汪贤度编撰，上海古籍出版社。
9. 《古文名篇新议》，朱成器、仇宏伟主编，对外经济贸易大学出版社。
10. 《欧阳修散文选集》，陈必祥编撰，上海古籍出版社。
11. 《苏轼散文选集》，刘乃昌、高洪奎编撰，上海古籍出版社。
12. 《苏洵苏辙散文选集》，沈惠乐编撰，上海古籍出版社。
13. 《王安石散文选集》，王水照、高克勤编撰，上海古籍出版社。
14. 《曾巩散文选集》，鲍敬第、陈文华编撰，上海古籍出版社。
15. 《古代散文鉴赏辞典》，上海古籍出版社。

唐宋散文作品选

春夜宴从弟桃李园序

李白夫天地者，万物之逆旅也[1]；光阴者，百代之过客也。而浮生若梦[2]，为欢几何？古人秉烛夜游，良有以也[3]。况阳春召我以烟景，大块假我以文章[4]。会桃李之芳园，序天伦之乐事[5]。群季俊秀，皆为惠连[6]；吾人咏歌，独惭康乐[7]。幽赏未已，高谈转清。开琼筵以坐花，飞羽觞而醉月[8]。不有佳咏，何伸雅怀？如诗不成，罚依金谷酒数[9]。

【注释】

［1］逆旅：旅舍。逆：迎。古人以生为寄，以死为归。［2］浮生若梦：《庄子·刻意》："其生若浮，其死若休。"又《庄子·齐物论》称庄周梦为胡蝶："不知周之梦为胡蝶与，胡蝶之梦为周与？"［3］秉：持，拿着。原出自曹丕《与吴质书》："年一过往，何可攀援？古人思秉烛夜游，良有以也。"［4］大块：指大自然。假：借。文章：原指错杂的色彩、花纹。此指大自然中各种美好的形象、色彩、声音等。［5］序：同"叙"。天伦：天然的伦次，此指兄弟。［6］季：少子为季，此指弟弟。惠连：谢惠连，南朝宋文学家。幼而聪慧，十岁便能作文。深为族兄灵运所赏爱，常一同写作游玩。［7］康乐：谢灵运，南朝宋诗人，名将谢玄之孙，袭封康乐公。以写作山水诗著名。［8］琼筵：美好的筵席。琼，美玉。羽觞：酒器，形如雀鸟。［9］金谷酒数：晋石崇有金谷园，曾与友人宴饮其中，作《金谷诗序》云："遂各赋诗，以叙中怀。或不能者，罚酒三斗。"

【提示】

本文一作《春夜宴桃李园序》，是李白与诸从弟聚会赋诗，为之而作的序文。从弟即堂弟。但唐代风气喜联宗，凡同姓即结为兄弟叔侄等，所谓从弟未必真有血缘关系。序中具体描写了能工诗文的诸兄弟在桃李盛开的美丽花园一起欣赏美景、高谈清论、饮酒作诗的情景。文章写得清新俊逸，在展示作者博大的胸襟中，慨叹人生的短暂，虽有"浮生若梦"等悲凉之语，但主要是抒发诗人热爱大自然、热爱生活的豪情逸兴，表达出诗人的豪爽洒脱之气。激励人们更加珍惜人生，在有限的生命中，作出更大的贡献。在基调上是健康向上的。

全文仅百数十字，但紧扣题目，句无虚设，而层次井然。写景优美如画，叙事转折自如，用典贴切自然。文章以骈偶句式为主，铿锵动听，琅琅上口。又间以适当的关联词，潇洒流动，无板滞之弊，如同一首凝练的抒情小品，显示了唐代骈文的新变化。

【思考题】

1. 本文用了哪几个典故？有何妙处？
2. 你怎样看待文中关于人生若梦的叹息？
3. 作为骈文，本文有何特点？

进　学　解[1]

韩　愈

国子先生，晨入太学[2]，召诸生立馆下[3]，诲之曰："业精于勤荒于嬉[4]。行成于思毁于随[5]。方今圣贤相逢，治具毕张[6]。拔去凶邪，登崇俊良[7]。占小善者率以录[8]，名一艺者无不庸[9]。爬罗剔抉，刮垢磨光[10]。盖有幸而获选，孰云多而不扬[11]？诸生业患不能精，无患有司之不明[12]。行患不能成，无患有司之不公。"

言未既[13]，有笑于列者曰[14]："先生欺余哉！弟子事先生，于兹有年矣[15]。先生口不绝吟于六艺之文，手不停披于百家之编[16]。记事者必提其要，纂言者必钩其玄[17]。贪多务得，细大不捐[18]。焚膏油以继晷，恒兀兀以穷年[19]。先生之于业，可谓勤矣。觝排异端，攘斥佛老[20]。补苴罅漏，张皇幽眇[21]。寻坠绪之茫茫，独旁搜而远绍[22]。障百川而东之，回狂澜于既倒[23]。先生之于儒，可谓有劳矣[24]。沈浸醲郁，含英咀华[25]。作为文章，其书满家。上规姚姒，浑浑无涯[26]；《周诰》《殷盘》，佶屈聱牙[27]；《春秋》谨严，左氏浮夸[28]。《易》奇而法，《诗》正而葩[29]；下逮《庄》《骚》，太史所录，子云相如，同工异曲[30]；先生之于文，可谓闳其中而肆其外矣[31]！少始知学，勇于敢为，长通于方，左右具宜[32]。先生之于为人，可谓成矣[33]。然而公不见信于人，私不见助于友。跋前踬后[34]，动辄得咎[35]。暂为御史，遂窜南夷[36]。叁年博士，冗不见治[37]。命与仇谋，取败几时[38]！冬暖而儿号寒，年丰而妻啼饥。头童齿豁，竟死何裨[39]？不知虑此，而反教人为[40]！"

先生曰："吁！子来前[41]。夫大木为杗，细木为桷，欂栌侏儒，椳闑扂楔[42]。各得其宜，施以成室者，匠氏之工也[43]；玉札丹砂，赤箭青芝，牛溲马勃，败鼓之皮[44]，俱收并蓄，待用无遗者，医师之良也[45]；登明选公，杂进巧拙[46]，纡馀为妍，卓荦为杰[47]，校短量长，惟器是适者，宰相之方也[48]。昔者孟轲好辩，孔道以明。辙环天下，卒老于行[49]。荀卿守正，大论是弘。逃逸于楚，废死兰陵[50]。是二儒者，吐辞为经，举足为法，绝类离伦，优入圣域，其遇于世何如也[51]？今先生学虽勤而不繇其统，言虽多而不要其中[52]。文虽奇而不济于用，行虽修而不显于众[53]。犹且月费俸钱，岁靡廪粟[54]。子不知耕，妇不知织。乘马从徒，安坐而食[55]。踵常途之促促，窥陈编以盗窃[56]。然而圣主不加诛，宰臣不见斥，兹非其幸欤[57]？动而得谤，名亦随之[58]。投闲置散，乃分之宜[59]。若夫商财贿之有亡[60]，计班资之崇庳[61]，忘己量之所称[62]，指前人之瑕疵[63]。是所谓诘匠氏之不以杙为楹[64]，而訾医师以昌阳引年，欲进其豨苓也[65]。"

【注释】

[1] 进学：指在学业和品行上取得进益。解：对疑难的辨析。是古代论说文的一种，指解释疑难的文章。[2] 国子先生：就是国子博士，指韩愈自己，当时他任国子博士。唐朝主管国家教育政令的官署是国子监。国子监管国子学、太学、广文馆、四门学、律学、书学、算学七个学。七学各置博士，即国子监博士、太学博士等。太学：唐朝的国子学和太学是分开的。韩愈是国子博士，这里的太学应指国子学，因为唐朝的国子学相当于古时的太学。[3] 观：学舍。[4] 诲：教导。业精于勤荒于嬉：学业由勤奋而精进，由嬉游而荒废。[5] 行成于思毁于随：德行有深思远虑而获得成就，有因循随便而招致毁败。[6] 圣贤相逢：圣主贤臣相遇，即君臣融洽之意。治具：法令。《史记·酷吏列传》："法令者，治之具。"毕张：全部建立起来。毕，全，尽。张，举。[7] 拔去凶邪：除掉坏人。登崇：提拔、推重。畯良：俊贤，德才兼备的人。畯，同"俊"。[8] 占小善者：具有一点优点的人。率以录：都已录用。以，同"已"。[9] 名一艺者：有一技之长的人。名：即有的意思。庸：用。[10] 爬罗剔抉：爬，爬疏，整理。罗，搜罗。剔，区别，剔除。抉，选择。刮垢磨光：刮去污垢，磨出亮光。这里比喻造就人才、搜罗人才，并加以教育培养。[11] 盖有幸而获选，孰云多而不扬：大概有（学问不足）侥幸获选的，谁说会因多才反而不被举用呢？幸，侥幸。孰云：谁说。多，指多才多艺的人。扬，举，用。[12] 患：担

心，忧虑。有司：主管管吏。[13] 既：完，尽。[14] 列：诸生的行列。[15] 于兹：到现在。有年：多年。[16] 绝：断，停。吟：吟诵，朗读。六艺：指六经，即《诗》、《书》、《礼》、《乐》、《易》、《春秋》。披：翻阅。百家之编：诸子百家的著作。[17] 记事者：记事的书，指史书。提其要：提挈其要点。纂言者：指学术著作。纂，同“撰”。钩其玄：探索书中的精深义理。钩，探索；玄，深奥。这两句句首省略了“于”字。[18] 贪多务得，细大不捐：不自满而多学，力求有所收获，大小都不舍弃。务，追求。捐，舍弃。[19] 焚膏油以继晷，恒兀兀以穷年：点上油灯以接续日影，指夜以继日地苦读钻研。一年到头都勤奋不已。膏油，指灯烛。晷（guǐ），日影。恒，经常。兀兀，辛勤不懈的样子。[20] 觝（dǐ）排异端，攘斥佛老：抵斥异端邪说。攘斥，排斥。佛老，佛教和道家。老，指老子，道家的创始人。[21] 补苴（jū）罅（xià）漏，张皇幽眇：填补儒学的不足，阐发其精微的义理。苴，原指鞋底中垫的草，此处作动词，填补。罅漏，裂缝，缺口。这里指儒学的缺漏不足。张皇：张大鲜明。[22] 寻坠绪之茫茫，独旁搜而远绍：寻求茫无头绪的失传了的道（儒学），独自广为搜求，远承前圣。坠，落，中断。绪，事业，这里指儒学道统。茫茫，茫无头绪的样子。旁，广泛，各处。绍，继承。[23] 障百川而东之，回狂澜于既倒：防堵百川泛滥使它东流入海，这里是说使百家之说都归于儒。把已经倾斜四溢的狂涛挽转过来。障，堤障，这里用作动词，即防堵的意思。东之，使百川向东流。东，使动用法，使……向东。回，挽转。狂澜，狂涛。[24] 有劳：有功劳，尽了力。[25] 沈浸秾郁，含英咀华：沉浸在浓厚馥郁的典籍之中，仔细地咀嚼其中的精华。沉浸，潜心。秾郁，本指酒味醇厚，此处指内容醇厚的儒家经典。咀，含在嘴里细细玩味。英、华，都是花，指精华。[26] 上规姚姒（sì），浑浑无涯：对上古的则学习取法《尚书》中的《虞书》和《夏书》。传说虞舜姓姚，夏禹姓姒。规，取法，学习。浑浑，渊博的样子。无涯，没有边际。[27]《周诰》：指《尚书》中的周书。《殷盘》：借指《尚书》中的商书。佶（jié）屈聱（áo）牙：读起来曲折拗口，古奥艰涩。佶屈，曲折。聱（áo）牙，读不顺口。[28]《春秋》：孔子根据鲁国史官记述整理而成的史书，记载鲁隐公元年（前 722 年）到鲁哀公十四年（前 481 年）间的史事。往往在一字之中寓有褒贬之意，所以说“谨严”。左氏：这里指鲁国史官左丘明编著的《左传》。浮夸：这里指《左传》叙事详细，富有文采，不含贬义。[29]《易》奇而法，《诗》正而葩：《易经》文思诡奇变化而合于法则。《诗经》内容纯正而富于文采。《易》，指《易经》。葩，花，此处指词藻华美。[30]“下逮《庄》《骚》”

四句：往下说到《庄子》和以《离骚》为代表的《楚辞》，还有太公的《史记》，扬雄、司马相如的辞赋，堪称绝妙，而又各有千秋。子云，扬雄的字。同工异曲：乐曲虽不同，但同样美妙动听。[31] 闳（hóng）其中而肆其外：内容博大而形式自由畅达。闳，大。中，指文章内容。肆，奔放。外，文章形式。[32]“少始知学”四句：少年时开始懂得学习，就勇于实践；长大后通晓了做人处事的道理，对待各个方面无不适宜。通，通宵。方，道理。左右，或左或右。具，全，都。[33] 成：完备、成熟。[34] 跋（bá）前踬（zhì）后：进退不得自由。跋，践踏。踬，阻碍。[35] 动辄得咎：动不动就获罪惹祸。[36] 暂为御史，遂窜南夷：刚做御史（韩愈于贞元十八年作监察御史），随后就被贬到南方（韩愈因上表谏德宗迎佛骨，德宗怒，贬职为潮州刺史）。窜，斥逐。南夷，南方边远地区。[37] 三年博士，冗不见治：指韩愈多年来担任的都是闲散官职，不足以显示其治理政事的才能。冗，闲散。见，通“现”。[38] 命与仇谋，取败几时：先生的命运好像同仇敌谋划，不时地会受到挫折。几时，不时。[39] 头童：头发光秃。齿豁：牙齿缺落。竟死：一直到死。裨：补益。[40] 而：却。为：语助词，表疑问，反诘。[41] 吁：叹词，唉。[42] 宋（máng）：屋梁。桷（jué）：椽子。欂（bó）栌（lú）：斗拱。侏儒：梁上短柱。椳（wēi）：户枢。闑（niè）：门中央所竖的短木，在两扇门相交处。扂（diàn）：门闩。楔：左右门框。[43] 各得其宜，施以成室者，匠氏之工也：每一种都得到对它的合理使用，施工造成房屋，这是工匠的技巧。[44] 玉札：地榆。丹砂：朱砂。赤箭：天麻。青芝：灵芝的一种。以上四种都是名贵药材。牛溲（sōu）：车前子。马勃：马屁菌。败鼓之皮：坏了的鼓皮。这三种都是一般药材。[45] 俱收并蓄，待用无遗者，医师之良也：对上面所说的药材，无论贵贱，都备齐待用，没有遗漏，这是医生的良术。[46] 登明选公，杂进巧拙：提拔选用人才，巧拙不同的人才，一并进用。[47] 纡馀：屈曲的样子，这里是从容稳重之意。妍：美好。卓荦（luò）：超群出众。杰，杰出。[48]“校短量长”三句：比较优劣，选用的人才都能使之适合他的才具，这是宰相的治国之术。方，（治国的）道、术。[49]“昔者孟轲好辩”四句：孟轲长于辩才，孔子的儒道得以张扬广大，他周游天下，最终在旅途中度过一生。辙，车迹。卒，终究。[50]“荀卿守正”四句：荀子坚守儒道，写出长篇论文来弘扬儒学，最后却被废为平民，死在兰陵。荀卿即荀子，赵国人，在齐国做祭酒，被人谗毁，逃到楚国。楚国的春申君让他做兰陵令，春申君死后，被废为平民，死在兰陵。于，介词，往。[51]“是二儒者”六句：孟子、荀子这两个大儒，他们的言论成为经典，举止成为准则，远远地超出一般人，高超到圣人的境地，他们在当时社会上的遭遇怎么样呢？是，这。吐辞，言论。举足，行为。绝、离，都是超越的意思。类、伦，都是指所有的儒者。[52] 先生：韩愈自称。以下所述，明抑暗扬，都是反话 。不繇（yóu）其统：不遵循儒家的道统。繇，同“由”。不要（yāo）其中（zhòng）：不切合儒家的主旨。要，合。[53] 不济于用：无济于事。行虽修：行为虽有修养。显于众：出人头地。[54] 犹且：尚且。岁靡廪粟：每年耗费禄米。靡，耗费。[55] 从徒：随从服侍的人。[56] 踵常途之促促，窥陈编以盗窃：谨小慎微地随从世俗，窃取旧说而无创见。踵，本指脚后跟，此处是跟随意。促促，拘谨的样子。窥，看。陈编，古旧书籍。盗窃，剽窃，抄袭。[57] 圣主：皇帝。诛：责罚。见：被。斥：革职。[58] 动而得谤，名亦随之：一动就受到毁谤，名声也跟着毁坏。[59] 投闲置散，乃分（fèn）之宜：把我安置在闲散的职位上，是理所当然的。乃，事。[60] 若夫：至于。商财贿之有亡：计较、算计俸禄的有无。商，计较。财贿，此处指俸禄。亡，通“无”。[61] 计班资之崇庳（bēi）：算计品级的高低。班资，品级。崇庳，高低。[62] 忘己量之所称（chèn）：忘记了自己的能力和什么职位相称。[63] 指：指责。前人：职位高于自己的人，指权贵。瑕疵：玉石上的斑点，用来比喻人的缺点。[64] 诘：责问。杙（yì）：小木橛。楹（yíng）：柱子。[65] 訾（zǐ）：诋毁。昌阳：菖蒲，古人认为久服可以长寿。引年：延年。豨苓（xī líng）：又名猪苓，利尿药，与延年无关。

【提示】

《进学解》是韩愈论说文中很有代表性的一篇文章。全文共三个部分，第一部分写韩愈对太学生们的训诲，“业精于勤荒于嬉。行成于思毁于随。”既是立论的前提，也起到了点题的作用。第二部分是文章的中心，通过学生之口，形象地突出了自己学习、捍卫儒道以及从事文章写作的努力与成就，有力地衬托了遭遇的不平。第三部分是国子先生解嘲式的答辩。韩愈用反语曲笔，正话反说，把自己和孟、荀对比，不但没使自己相形见绌，反而起到了相得益彰的作用。

本文受东方朔《答客难》、扬雄《解嘲》的影响，假托主客问答，借客伸主，“以怨怼无聊之词托之人，自咎自责之词托之己”，使用反语，变相地发牢骚，巧妙地为自己鸣不平。《旧唐书·韩愈传》载：“执政览其文，以为有史才，改比部郎中，史馆修撰。”在语言结构上以散文句式为主，同时运用排比对偶，骈散相间，流畅自如。既有散体的气势，又有骈文的整齐上口。同时提炼和创造了大量的语汇，如“同工异曲”、“动辄得咎”、“含英咀华”至今还为我们所用。

【思考题】

1. 翻译第一部分。
2. 试分析这篇文章在艺术上的特色。
3. 以“业精于勤荒于嬉。行成于思毁于随”为题，写一篇读后感。

钴潭西小丘记

柳宗元

得西山后八日[1]，寻山口西北道二百步，又得钴潭[2]，潭西二十五步，当湍而浚者为鱼梁[3]。梁之上有丘焉，生竹树。其石之突怒偃蹇[4]，负土而出，争为奇状者，殆不可数。其嵚然相累而下者[5]，若牛马之饮于溪；其冲然角列而上者，若熊罴之登于山[6]。

丘之小不能一亩，可以笼而有之。问其主，曰：“唐氏之弃地，货而不售。”问其价，曰：“止四百。”余怜而售之。李深源、元克己时同游[7]，皆大喜，出自意外。即更取器用，铲刈秽草[8]，伐去恶木，烈火而焚之。嘉木立，美竹露，奇石显。由其中以望，则山之高，云之浮，溪之流，鸟兽之遨游，举熙熙然回巧献技，以效兹丘之下。枕席而卧，则清泠之状与目谋[9]，瀯瀯之声与耳谋[10]，悠然而虚者与神谋，渊然而静者与心谋。不匝旬而得异地者二[11]，虽古好事之士，或未能至焉。

噫！以兹丘之胜，致之沣、镐、鄠、杜[12]，则贵游之士争买者，日增千金而愈不可得。今弃是州也，农夫渔父过而陋之，贾四百[13]，连岁不能售。而我与深源、克己独喜得之，是其果有遭乎！书于石，所以贺兹丘之遭也。

【注释】

[1] 西山：在永州（今湖南零陵县）城西五里。[2] 钴：熨斗。因潭形似熨斗，故名钴潭。[3] 浚：深。鱼梁：阻水的坝，中间留有空缺，可放置捕鱼的竹篓。[4] 偃蹇（jiǎn）：曲折起伏的样子。[5] 嵚（qīn）然：山石耸立的样子。[6] 罴（pí）：熊的一种，体形比熊大，俗称人熊。[7] 李深源、元克己：二人均为柳宗元友人。李深源名幼清，原任太府卿。元克己原任侍御史。二人此时同贬居永州。[8] 刈（yì）：割。[9] 清泠（líng）：清澈明净。[10] 瀯

(yíng) 潆：泉水声。[11] 匝旬：周旬，即十天。[12] 沣 (fēng)：在今陕西户县东，周文王建都处。镐 (hào)：在今陕西西安市西南，周武王建都处。鄠 (hù)：今陕西户县。杜：亦称杜陵，在今西安市东南。以上四地都是唐都长安附近豪门贵族聚居之地。[13] 贾：同价。

【提示】

本文是"永州八记"中的第三篇。描写的是永州郊野的一个无名山丘。作者以工巧生动的笔触描绘了钴潭上小丘的美景，通过小丘弃而遇合的遭际，抒发了自己怀才不遇的悲愤和不平，寄托自己的难言之隐，情真意深，动人心弦。

形容如画，生动传神是本文写景的突出特点。文章一开篇在交代了景物的位置、形势后，着重刻画山石，采用独特的比喻手法，化静为动，把丘石比作神态各异的动物，赋予丘石以生命和动态，使丘石有血有肉，形神毕现，颇有气势，极富创造性和感染力。

寓情于景，借景抒怀是这篇游记的又一特征。本文描写景色佳胜的小丘成为"唐氏之弃地"，"货而不售"寄寓着作者委屈复杂的内心情感，隐喻着自己被唐王朝摈弃蛮荒，长期得不到有力者的同情援引的痛苦。如果说那"突怒偃蹇，负土而出"的山石是他不屈服于逆境的精神写照，那么他开拓整治后的小丘风光更是一种"有我之境"。那种具有清冷晶莹之美的山水、云天、鸟兽正是他徜徉自然以消忧的心境写照。小丘深邃幽寂的环境，与作者寂寥凄苦的心情达到自然的合一，表现了一种永恒的宇宙情怀。这是写景，更是抒情，是景语更是情语，充溢着浓郁的诗情，引人遐想，耐人寻味。

【思考题】

1. 这篇游记是如何描写小丘景色的？有何特点？
2. 作者写小丘的遭际，有何寓意？
3. 阅读《永州八记》，试析柳宗元山水游记的创造性。

原　谤

皮日休

天之利下民，其仁至矣！未有美于味而民不知者，便于用而民不由者，厚于生而民不求者[1]。然而暑雨亦怨之，祁寒亦怨之[2]，己不善而祸及亦怨之，己不俭而贫及亦怨之。是民事天[3]，其不仁至矣！天尚如此，况于君乎？况于鬼神乎？是其怨訾恨讟[4]，蓰倍于天矣[5]！有帝天下、君一国者[6]，可不慎欤！故尧有不慈之毁，舜有不孝之谤[7]。殊不知尧慈被天下[8]，而不在于子；舜孝及万世，乃不在于父。呜呼！尧、舜，大圣也，民且谤之；后之王天下[9]，有不为尧舜之行者，则民扼其吭[10]，捽其首[11]，辱而逐之，折而族之[12]，不为甚矣！

【注释】

[1] 厚于生：是人民生活充足富裕。[2]“然而暑雨”二句：出自《尚书·君牙》：“夏暑雨，小民惟曰怨咨；冬祁寒，小民亦惟曰怨咨。厥惟艰哉！”祁寒：大旱。[3] 是：这。因此，据此。[4] 怨訾（zǐ）恨讟（dú）：怨恨咒骂。訾，诋毁，咒骂。讟，诽谤。[5] 蓰（xǐ）倍：数倍。[6] 帝、君：均用作动词。“为……帝”、“为……君”的意思。[7]“故尧”二句：尧把天下传给舜而不传给儿子丹朱，后来有人说他不慈爱；舜因为得不到父亲的欢心，所以有人说他不孝。参见《史记·五帝本纪》。[8] 殊：极，甚。被：普及，达到。[9] 王（wàng）：作动词，统治。[10] 扼：用力掐住。吭（háng）：喉咙。[11] 捽（zuó）：揪。[12] 折：推翻，打倒。族：灭族。

【提示】

本文是皮日休的《十原》中的一篇，也是他的代表作。文章论述了人民谤毁暴君的必然性和正当性，不仅反映了皮日休儒家思想中忧国忧民、积极用世的进步因素，表达了当时人民的愤懑反抗情绪，而且标志着晚唐封建君权观念的动摇与民本思想的发展，是晚唐小品文的杰作，也是我国政治思想史上的重要文献。

作者采取层层推进、一气呵成的写作手法，先从人民对天的怨恨，说明他们对现状的不满，然后写到人民对国君的怨恨。即使对泽被万世的贤君尧舜尚有不满之处，那么当权者若不以仁爱治理天下，实行良政取信于民，人民必然会群起而攻之，将他推翻、打倒。三层内容环环相扣，渐次推出全文主旨。开篇之所以用大段文字描写人民对天、对贤君看似不近情理的苛求，实际上是作为后文的伏笔和陪衬。文章的主旨是警告当世君王，不行仁政，必将灭亡。见解大胆，言辞激烈，从这篇如同匕首一样的檄文中不难看出作者反叛封建统治、投身农民起义的动机。

【思考题】

1. 本文的主旨是什么？和此前的政论文相比有何特点？

2. 文中反映了怎样的社会现实？

3. 中国文学史上骆宾王、皮日休、辛弃疾都参加了起义，比较一下他们有何差异？

与高司谏书[1]

欧阳修

修顿首再拜，白司谏足下[2]：某年十七时，家随州[3]，见天圣二年进士及第榜[4]，始识足下姓名。是时予年少，未与人接[5]，又居远方，但闻今宋舍人兄弟，与叶道卿、郑天休数人者[6]，以文学大有名，号称得人[7]。而足下厕其间，独无卓卓可道说者，予固疑足下不知何如人也[8]。其后更十一年[9]，予再至京师，足下已为御史里行[10]，然犹未暇一识足下之面。但时时于予友尹师鲁问足下之贤否[11]。而师鲁说足下："正直有学问，君子人也。"予犹疑之。夫正直者，不可屈曲；有学问者，必能辨是非。以不可屈之节，有能辨是非之明，又为言事之官，而俯仰默默，无异众人，是果贤者耶！此不得使予之不疑也。自足下为谏官来，始得相识。侃然正色[12]，论前世事，历历可听，褒贬是非，无一谬说。噫！持此辩以示人，孰不爱之？虽予亦疑足下真君子也。是予自闻足下之名及相识，凡十有四年而三疑之。今者推其实迹而较之，然后决知足下非君子也。

前日范希文贬官后，与足下相见于安道家[13]。足下诋诮希文为人[14]。予始闻之，疑是戏言；及见师鲁，亦说足下深非希文所为[15]，然后其疑遂决。希文平生刚正、好学、通古今，其立朝有本末[16]，天下所共知。今又以言事触宰相得罪。足下既不能为辩其非辜，又畏有识者之责己，遂随而诋之，以为当黜，是可怪也。夫人之性，刚果懦软，禀之于天，不可勉强。虽圣人亦不以不能责人之必能。今足下家有老母，身惜官位，惧饥寒而顾利禄，不敢一忤宰相以近刑祸[17]，此乃庸人之常情，不过作一不才谏官尔。虽朝廷君子，亦将闵足下之不能，而不责以必能也。今乃不然，反昂然自得，了无愧畏[18]，便毁其贤以为当黜，庶乎饰己不言之过[19]。夫力所不敢为，乃愚者之不逮；以智文其过，此君子之贼也[20]。

且希文果不贤邪？自三四年来，从大理寺丞至前行员外郎，作待制日，日备顾问，今班行中无与比者[21]。是天子骤用不贤之人？夫使天子待不贤以为贤，是聪明有所未尽[22]。足下身为司谏，乃耳目之官，当其骤用时，何不一为天子辨其不贤，反默默无一语，待其自败，然后随而非之？若果贤邪？则今日天子与宰相以忤意逐贤人，足下何得不言？是则足下以希文为贤，亦不免责；以为不贤，亦不免责，大抵罪在默默尔。

昔汉杀萧望之与王章，计其当时之议，必不肯明言杀贤者也[23]。必以石显、王凤为忠臣，望之与章为不贤而被罪也。今足下视石显、王凤果忠邪？望之与章果不贤邪？当时亦有谏臣，必不肯自言畏祸而不谏，亦必曰当诛而不足谏也。今足下视之，果当诛邪？是直可欺当时之人[24]，而不可欺后世也。今足下又欲欺今人，而不惧后世之不可欺邪？况今之人未可欺也。

伏以今皇帝即位已来[25]，进用谏臣，容纳言论，如曹修古、刘越虽殁，犹被褒称[26]。今希文与孔道辅皆自谏诤擢用[27]。足下幸生此时，遇纳谏之圣主如此，犹不敢一言，何也？前日又闻御史台榜朝堂[28]，戒百官不得越职言事，是可言者惟谏臣尔。若足下又遂不言，是天下无得言者也。足下在其位而不言，便当去之，无妨他人之堪其任者也。昨日安道贬官，师鲁待罪，足下犹能以面目见士大夫，出入朝中称谏官，是足下不复知人间有羞耻事尔。所可惜者，圣朝有事，谏官不言而使他人言之，书在史册，他日为朝廷羞者，足下也。《春秋》之法，责贤者备[29]。今某区区犹望足下之能一言者[30]，不忍便绝足下，而不以贤者责也。若犹以谓希文不贤而当逐，则予今所言如此，乃是朋邪之人尔。愿足下直携此书于朝，使正予罪而诛之，使天下皆释然知希文之当逐，亦谏臣之一效也[31]。

前日足下在安道家，召予往论希文之事。时坐有他客，不能尽所怀。故辄布区区，伏惟幸察[32]，不宣[33]。修再拜。

【注释】

[1] 高司谏：即高若讷，当时担任左司谏。司谏为谏官，掌规谏讽喻。[2] 顿首：头叩地行拜礼，是古人书信中表示客气的常用语。白：禀告。足下：对人的敬称，一般用于同辈。[3] 某：旧时书信中自己的代称。随州：今湖北随州市。[4] 天圣：宋仁宗年号。天圣二年为公元 1024 年。及第：科举考中。[5] 接：交往。[6] 宋舍人兄弟：指宋庠、宋祁兄弟，二人都曾做过翰林学士、知制诰，相当于中书舍人之职。叶道卿：即叶清臣，字道卿，当时任太常丞。郑天休：即郑戬，字天休。以上四人与高若讷同为天圣二年进士。[7] 得人：指选

中的人才众多。[8] 固：确实。[9] 其后更十一年：即宋仁宗景祐元年（1034年）。更：经过。[10] 御史里行：御史中丞的副职，专门负责监察、执法。[11] 尹师鲁：即尹洙，字师鲁。否（pǐ）：坏，不贤。[12] 侃然：刚毅正直的样子。[13] 范希文：即范仲淹，字希文。安道：即余靖，字安道。以直谏闻名，官至工部尚书，因为范仲淹辩护而被贬官。[14] 诋诮（qiào）：诋毁污蔑。[15] 非：非难、责怪。[16] 有本末：指是非分明，有原则。[17] 忤（wǔ）：违背，触犯。[18] 了（liǎo）：完全。[19] 便（piǎn）毁：巧言诋毁。庶乎：但愿。[20] 贼：败类。[21] 大理寺丞：朝廷掌管刑狱的副职官员。前行员外郎：宋代尚书六部分为前行、中行、后行三等，吏部、兵部为前行，范仲淹曾任尚书吏部员外郎。从大理寺丞至前行员外郎，官职升迁了十五级。待制：皇帝身边的侍从顾问官员，范仲淹曾任天章阁待制。班行：班次行列，指同僚。[22] 聪明：听觉灵敏为聪，视觉敏锐为明，指人的智慧。[23] 萧望之：汉宣帝时任太子太傅，受遗诏辅佐幼主元帝。因反对宦官弘恭、石显等把持朝政，遭到排挤陷害，被迫饮鸩自杀。王章：汉元帝时任左曹中郎将，因反对石显而被罢官。成帝时任京兆尹，因得罪外戚大将军王凤，被诬陷下狱而死。[24] 直：只。[25] 伏：下对上陈述自己想法时用的敬词。今皇帝：指宋仁宗赵祯。[26] 曹修古：仁宗幼年即位，章献太后垂帘听政。曹修古当时任侍御史，遇事敢言，无所回避。仁宗亲政后，曹已死，为表彰其忠直，特赠右谏议大夫。刘越：曾任秘书丞，与滕宗谅联名上疏请章献太后还政。仁宗亲政后，刘越已死，追赠右司谏。殁（mò）：死。[27] 孔道辅：仁宗明道二年任御史中丞，率范仲淹等台、谏官十人谏阻废郭皇后，获罪被贬。因耿直敢言，三年后复被擢升任用。擢（zhuó）：选拔提升。[28] 御史台：中央政府的监察机构。榜：张榜通告。[29] 责：责难，要求。备：完备。[30] 区区：不重要。自谦之词。[31] 朋邪：结党营私。效：功效，功劳。[32] 伏惟：下对上的敬词。多用于奏疏或信函。表希望，愿望。此处是自谦之词。幸：敬词，表示对方能这样做是自己的幸运。[33] 不宣：不再一一细说。旧时书信结尾的客套语。

【提示】

宋仁宗景祐三年（1036），范仲淹向宋仁宗进呈《百官图》指斥宰相吕夷简任人唯亲、政事多弊，得罪了权臣，因此被贬官饶州。余靖、尹洙等支持范仲淹秉公直言的朝中大臣也被诬作“朋党”，相继贬官外放，而身为司谏的高若讷非但坐视不救，反而落井下石，大肆诋毁攻击范仲淹。欧阳修义愤填膺，不顾

“禁止百官越职言事”的诏令，奋笔疾书，写下了这封感情充沛、极富正义感的书信来痛斥高若讷。

全篇首尾呼应，一气呵成。巧妙地采用欲抑先扬、欲破先立的行文方法，先写从“闻名”到“相识”十四年间，自己对高若讷的印象，以及对他道德、人品的三次怀疑，最后作出了“决知足下非君子也”这样斩钉截铁的判断。接着对高若讷的卑鄙言行和心理进行揭露、抨击，并援古述今，以萧望之、曹修古、余靖、尹洙等人为对照，进一步剖析了他口是心非、貌似君子实为小人的嘴脸。“不复知人间有羞耻事尔”的怒斥，更是鞭挞见骨，痛快淋漓！文章至此达到了高潮，笔势纵横，陈词慷慨，正气凛然，高若讷丑恶卑劣的面目暴露无遗，欧阳修疾恶如仇的傲然风骨，敢作敢为的非凡胆识也得以充分体现。文章叙述议论相结合，层层铺叙，环环紧扣，虽铺张扬厉却无散漫零乱之感，虽充满激情，但委婉曲折，所以古人说：“高司谏一书，发之最急，而不掩其往复百折之常度”，体现了欧文的委婉有致的总体风格。

本文是欧阳修三十岁时第一次运用文学武器直接参加政治斗争的成名之作，也使他遭受到第一次政治打击被贬为夷陵县令。但他支持改革的政治眼光，刚正不阿的襟怀，鞭辟入里的犀利文笔，从此广为人知，这一切都为他日后成为政坛、文坛双重领袖打下了基础。

【思考题】

1. 了解本文的写作背景。
2. 联系《朋党论》，谈谈欧阳修政论文的特点。
3. 和王安石《答司马谏议书》对读，本文有何不同？

祭欧阳文忠公文[1]

王安石

夫事有人力之可致，犹不可期；况乎天理之冥漠，又安可得而推[2]？惟公生有闻于当时，死有传于后世。苟能如此足矣，而亦又何悲？

如公器质之深厚[3]，智识之高远，而辅以学术之精微，故充于文章[4]，见于议论，豪健俊伟，怪巧瑰琦。其积于中者[5]，浩如江河之停蓄；其发于外者[6]，烂如日星之光辉；其清音幽韵，凄如飘风急雨之骤至；其雄辞闳辩，快如轻车骏马之奔驰。世之学者，无问乎识与不识，而读其文，则其人可知。

呜呼！自公仕宦四十年，上下往复[7]，感世路之崎岖。虽屯邅困踬[8]，窜斥流离，而终不可掩者，以其公议之是非[9]。既压复起，遂显于世[10]。果敢之气，刚正之节，至晚而不衰。

方仁宗皇帝临朝之末年，顾念后事，谓如公者，可寄以社稷之安危。及夫发谋决策，从容指顾，立定大计，谓千载而一时[11]。功成名就，不居而去[12]，其出处进退[13]，又庶乎英魄灵气，不随异物腐散[14]，而长在乎箕山之侧，与颍水之湄[15]。然天下之无贤不肖，且犹为涕泣而歔欷，而况朝士大夫，平昔游从，又予心之所向慕而瞻依[16]！

呜呼！盛衰兴废之理，自古如此，而临风想望，不能忘情者，念公之不可复见，而其谁与归？

【注释】

［1］欧阳文忠公：即欧阳修，文忠是其谥号。欧阳修卒于宋神宗熙宁五年（1072）八月，本文作于此时。［2］天理之冥漠：天道的不可揣度。冥，幽暗。漠，寂静。冥漠形容幽暗。［3］器质：器局（才能、度量）和品质。［4］充于文章：表现在文章里。充，充塞。［5］其积于中者：蕴藏在胸中的。［6］其发于外者：表现在文章方面的。［7］上下往复：上，升官；下，降职。往复，指贬官外调和召回朝中。［8］屯（zhūn）邅（zhān）困踬（zhì）：意即遭遇很多困难。屯邅，难行不进的样子。困踬，事情不顺利。［9］以其公议之是非：因为谁是谁非自有公论。［10］既压复起，遂显于世：宋仁宗景祐三年（1036），欧阳修因支持范仲淹被贬为夷陵县令，经过几次迁调，到宋仁宗康定元年（1040）召回朝中，以后逐渐显达。［11］“方仁宗皇帝临朝之末年”八句：指嘉祐八年（1063）三月十日夜，仁宗突然病死，当时赵曙尚为皇子，未成太子。次日黎明，宰相韩琦、参知政事欧阳修入朝，协助皇后，当机立断让赵曙（英宗）即位。指顾：手指眼看，言其行动迅速。［12］功成名就，不居而去：欧阳修在英宗朝极受尊重。治平四年（1067）英宗死，神宗即位。欧阳修因受朝臣的攻击，称病请求解职。居，居功自傲。［13］出处：即进退。出，出仕；处，退隐。［14］庶乎：庶几乎，大概可以说。异物：指尸体。［15］箕山之侧，与颍水之湄：指隐士居住的地方。相传上古隐士巢父、许由就住在颍水之南的箕山下。箕山，在今河南登封县南。颍水，源于登封颍谷，流经颍州入淮河。欧阳修晚年退居颍州，故用此典。［16］瞻依：瞻仰，凭依。

【提示】

这是一篇悼念欧阳修的祭文。文中王安石满怀深情盛赞欧阳修文章事业的辉煌成就和为人处事的高风亮节，抒发了真挚深沉的悼念之情。清人蔡上翔在《王荆公年谱考略》中说："欧公薨，而安石为文祭之，于是欧公之其人其文，其立朝大节，其坎坷困顿，与夫平生知己之感，死后临风想望之情，无不具见于其中。"

这篇文章在艺术上的突出之处首先表现在文章立意奇崛，格调高远。文章开篇没有像一般祭文那样抒写自己的悲痛之情，而是用一个反问句感叹天理的不可推测，从而把欧阳修之死与不可推测的天道联系在一起，得出像欧阳修这样功德盖世的人虽死犹生，因此不用悲痛。起笔就下一总论，高奇险绝，不同一般。其次是采用灵活多样的写法来盛赞欧阳修的文章功业和为人行事，详略得当，层次井然。在赞扬欧阳修的文章风格时，用的是高度概括的笔法；歌颂他的高尚气节功德伟业时，用的又是概括叙述和具体描绘相结合的手法。用欧阳修为仁宗料理后事，"立定大计"的典型事例表彰他的功业气节。在颂扬中，叙述、议论、抒情融为一体，形成一种壮美的悲剧气氛，感人肺腑。此外，形象精彩的比喻，富有文采的语言，也是文章取得成功的重要原因。

【思考题】

1. 本文在艺术上有何特点？深入文章作具体分析。

2. 韩愈、欧阳修也是写祭文的大家，可对读他们的代表作，总结各自的特点。

3. 欧阳修、王安石在变法问题上有分歧，但从这篇文章中，你可以看到作者怎样的胸襟？对你有何启发？

后赤壁赋

苏　轼

是岁十月之望[1]，步自雪堂[2]，将归于临皋[3]。二客从予，过黄泥之坂[4]。霜露既降，木叶尽脱；人影在地，仰见明月，顾而乐之，行歌相答。

已而叹曰："有客无酒，有酒无肴，月白风清，如此良夜何！"客曰："今者薄暮，举网得鱼，巨口细鳞，状如松江之鲈[5]。顾安所得酒乎[6]？"归而谋诸妇。妇曰："我有斗酒，藏之久矣，以待子不时之需。"

于是携酒与鱼，复游于赤壁之下。江流有声，断岸千尺，山高月小，水落石出。曾日月之几何[7]，而江山不可复识矣。予乃摄衣而上，履巉岩，披蒙茸[8]，踞虎豹，登虬龙[9]，攀栖鹘之危巢[10]，俯冯夷之幽宫[11]。盖二客不能从焉。划然长啸[12]，草木震动，山鸣谷应，风起水涌。予亦悄然而悲[13]，肃然而恐[14]，凛乎其不可留也[15]。返而登舟，放乎中流，听其所止而休焉。时夜将半，四顾寂寥。适有孤鹤，横江东来。翅如车轮，玄裳缟衣[16]，戛然长鸣，掠予舟而西也。

须臾客去，予亦就睡。梦一道士，羽衣蹁跹[17]，过临皋之下，揖予而言曰："赤壁之游乐乎？"问其姓名，俯而不答。"呜呼噫嘻！我知之矣。畴昔之夜[18]，飞鸣而过我者，非子也耶？"道士顾笑，予亦惊悟[19]。开户视之，不见其处。

【注释】

［1］是岁：指作《赤壁赋》的同一年，即宋神宗元丰五年（1082）。［2］雪堂：苏轼贬官黄州后在东坡新建的厅堂。因在雪天落成，四壁绘有雪景，故名。［3］临皋：亭名。在今湖北黄冈县南、长江岸边。苏轼家居于此。［4］黄泥之坂：东坡附近的山坡名。坂（bǎn），山坡。［5］松江之鲈：松江县的鲈鱼。松江，县名，今属上海市。鲈，体扁狭，头大，味美。［6］顾：但是。安所：从什么地方。［7］曾：才，刚刚。［8］蒙茸：杂乱的草丛。［9］虬（qiú）龙：古代传说中一种无角的小龙。［10］鹘（hú）：鹰一类的猛禽。危巢：高高的鸟巢。［11］冯（píng）夷：黄河之神，又名河伯，也泛指水神。［12］划然：形容长啸的声音，好像物之划裂似的。啸：嘬口发声。［13］悄然：忧愁的样子。［14］肃然：静默屏息的样子。［15］凛乎：使人畏惧。［16］玄：黑色。裳：下裙。缟（gǎo）：白色的丝织品。衣：上衣。［17］羽衣：用鸟羽制成的衣服。后称道士所穿的衣服为羽衣。蹁跹（pián xiān）：本指旋转的舞姿，这里指步履飘然轻快的样子。［18］畴昔：往昔，过去，这里指昨天。［19］悟：通"寤"，醒。

【提示】

苏轼的《赤壁赋》可以说是一赋两篇，《后赤壁赋》写三个月后重游赤壁的所见所感。苏轼有意另辟蹊径，避免重复，因此这两篇赋是独立成篇的，作品主旨、艺术构思、具体描写手段以及情调氛围意境都有显著不同。

前赋侧重议论说理，后赋通篇写景叙事。作者写冬景，能捕捉住突出特征，"江流有声，断岸千尺，山高月小，水落石出。"绘影绘声，随物赋形，白描传神，字字如画，似一幅剪影。用“虎豹”“虬龙”写山石之险怪，“履”、“披”、“踞”、“登”、“攀”、“俯”，六个动词传神逼真地描绘出登山涉险的情景，渲染出可惊可怖气氛，同时又暗寓比兴，寄托着作者在政治斗争漩涡中由急流勇进到被迫害后惶恐悲凉，最后在大自然怀抱中放浪自适的思想感情变化历程。末段最奇，亦幻亦真，纯是无中生有的写法，从“庄周梦蝶”中来。孤鹤化为道士，梦中与他晤对，写得迷离惝恍，从这种虚无缥缈的氛围中透出物我有如梦幻般的瞬息变化，蕴含着深邃的哲理意味。最后以孤鹤、道士、诗人自我三者合一，对天地万物与我融为一体的自然妙旨予以形象的表达。拈花一笑，相忘江湖，正是苏轼旷达潇洒的人生境界。

读《赤壁赋》应将前后两篇连起来看。前赋以神思驰骋、意气纵横扣人心弦；后赋则以空灵奇幻、含蓄蕴藉发人深省。若无后赋，前赋表达的思想便显得不够明朗；如无前赋，后赋就觉得过于神秘荒诞，前后两赋，相映生辉，无愧为我国散文史上的双璧。

【思考题】

1.《前赤壁赋》、《后赤壁赋》的主旨、艺术构思、描写手段以及情调、意境都有显著不同，具体表现在哪里？

2. 两赋之中，你更喜爱哪一篇？为什么？

3. 通过学习前后《赤壁赋》，对你的人生观有何启示？人应该怎样对待人生困境？

黄州快哉亭记[1]

苏　辙

江出西陵，始得平地，其流奔放肆大。南合沅湘，北会汉沔[2]，其势益张。至于赤壁之下，波流浸灌，与海相若。清河张君梦得，谪居齐安[3]，即其庐之西南为亭，以览观江流之胜，而余兄子瞻名之曰“快哉”。

盖亭之所见，南北百里，东西一舍[4]。涛澜汹涌，风云开阖。昼则舟楫出没于其前，夜则鱼龙悲啸于其下。变化倏忽，动心骇目，不可久视。今乃得玩之几席之上，举目而足[5]。西望武昌诸山，冈陵起伏，草水行列，烟消日出，渔夫樵父之舍，皆可指数[6]。此其所以为“快哉”者也。至于长洲之滨，故城之墟[7]，曹孟德、孙仲谋之所睥睨，周瑜、陆逊之所骋骛[8]，其流风遗迹，亦足以称快世俗。

昔楚襄王从宋玉、景差于兰台之宫，有风飒然至者，王披襟当之[9]，曰："快哉此风！寡人所与庶人共者也？"宋玉曰："此独大王之雄风耳，庶人安得共之！"玉之言盖有讽焉。夫风无雄雌之异，而人有遇不遇之变。楚王之所以为乐，与庶人之所以为忧，此则人之变也，而风何与焉？士生于世，使其中不自得[10]，将何往而非病[11]？使其中坦然，不以物伤性，将何适而非快？今张君不以谪为患，窃会计之余功[12]，而自放山水之间，此其中宜有以过人者。将蓬户瓮牖无所不快[13]，而况乎濯长江之清流，揖西山之白云，穷耳目之胜以自适也哉！不然，连山绝壑，长林古木，振之以清风，照之以明月，此皆骚人思士之所以悲伤憔悴而不能胜者[14]，乌睹其为快也哉[15]！

元丰六年十一月朔日赵郡苏辙记[16]。

【注释】

［1］快哉亭：为宋元丰年间，清河人张梦得所建。坐落于湖北黄冈市黄州区城南江滨，后因战火被毁。［2］肆大：开阔浩荡。湘沅：湘江、沅江的合称。汉沔：汉水、沔水的合称。［3］张梦得：即张怀民，字梦得，河北清河县人。宋神宗元丰六年，被贬黄州，结识东坡。齐安：郡名，即黄州。参看苏轼《水调歌头·黄州快哉亭赠张偓佺》、《记承天寺夜游》。［4］舍：里程单位。一舍，30里。［5］足：舒适，满足。［6］烟消：喻雾散。指数：用手指指点点，数数记记。［7］长洲：武昌与黄州之间的沙洲。孙权在此慰劳军队，名叫吴王散花滩，早已湮没。故城：黄州对岸的武昌城。［8］睥睨：斜着眼睛看。骋骛：奔走，追逐。［9］楚襄王：战国时楚怀王之子。宋玉、景差：战国楚辞赋家，后于屈原。兰台：楚国宫苑，在今湖北省钟祥县。自汉代起，就为宫内藏书阁之处。以御史中丞掌管之，后世因称御史台为兰台。可参考宋玉《风赋》。飒然：风的摹拟声。披襟：敞开衣襟。当之：当面迎着它。［10］使：假若。中：内心。［11］病：忧虑，痛苦。［12］会计：管理财物等事，与今意同。馀功：闲余功夫，空闲时间。［13］将：即令。蓬户瓮牖（wèng yǒu）：用蓬草编成的门户，用破瓮砌成的窗子。喻指贫寒之家。［14］骚人思士：文人和士大夫。胜：承受。［15］乌睹：哪里看出。［16］元丰六年：即公元1083年。朔日：农历每月的初一。赵郡：古郡名，今河北赵县。苏辙祖籍为赵郡栾城（唐天宝、至德时归入赵郡），所以他自称"赵郡苏辙"。

【提示】

宋神宗元丰六年，苏轼的好友张怀民谪居黄州，在其住宅西南长江边上建了一所亭台，苏轼名之为“快哉亭”并以词相赠。当时谪居筠州的苏辙写了此文。文中苏辙紧紧扣住“快哉”二字，从此落笔，融抒情、叙事、议论与一炉，借览山水风物，寄托旷达胸怀，既描绘了壮丽的景色，又阐述了人生哲理，成为一篇非常独特的以“记”名篇的上乘之作。

不同于一般的台阁名胜记和山水游记，作者对快哉亭本身的形貌未作任何描绘，但所有的描述又都是以快哉亭为着眼点的。无论是开篇对长江壮观奇景的铺叙，还是对三国历史陈迹的陈述，都是为了点明“快哉亭”“此其所以为快哉”和“足以称快世俗”的原因，揭示苏轼命名的意义，为后半部分的议论张本。在第三段中，作者借用宋玉同楚襄王游兰台时对“快哉此风”的问答与感叹，发表了一番精辟的议论，得出了“士生于世，使其中不自得，将何往而非病？使其中坦然，不以物伤性，将何适而非快？”的结论。对苏轼和张怀民在遭遇困境仍能以自然山水为乐的达观倔强情怀，表示由衷的倾慕和赞赏。文章通篇都围绕“快”字来发挥，文笔随意晓畅如行云流水，而又结构严密，毫无散漫之感。

“比海洋更大的是天空，比天空更大的是心灵”，苏辙这种超然物外，不以得失荣辱为怀的旷达乐观精神，对我们今天如何对待生活中的坎坷艰难，仍有很大的启迪作用。

【思考题】

1. 本文在艺术上有何创造？

2. 你怎样理解“士生于世，使其中不自得，将何往而非病？使其中坦然，不以物伤性，将何适而非快？”

3. 本文对你有何启迪？

《金石录》后序

李清照

右《金石录》三十卷者何[1]？赵侯德父所著书也[2]。取上自三代，下迄五季，钟、鼎、甗、鬲、盘、匜、尊、敦之款识[3]，丰碑大碣、显人晦士之事迹[4]，凡见于金石刻者二千卷[5]，皆是正讹谬，去取褒贬，上足以合圣人之道，下足以订史氏之失者，皆载之，可谓多矣。呜呼！自王播、元载之祸[6]，书画与胡椒无异；长舆、元凯之病[7]，钱癖与传癖何殊？名虽不同，其惑一也。

余建中辛巳始归赵氏[8]，时先君作礼部员外郎[9]，丞相作吏部侍郎[10]，侯年二十一，在太学作学生[11]。赵、李族寒，素贫俭，每朔望谒告出[12]，质衣取半千钱，步入相国寺[13]，市碑文、果实归，相对展玩咀嚼，自谓葛天氏之民也[14]。后二年，出仕宦，便有饭蔬衣綀[15]，穷遐方绝域，尽天下古文奇字之志[16]，日就月将，渐益堆积。丞相居政府，亲旧或在馆阁[17]，多有亡诗、逸史，鲁壁、汲冢所未见之书[18]，遂尽力传写，浸觉有味[19]，不能自已。后或见古今名人书画，一代奇器，亦复脱衣市易。尝记崇宁间，有人持徐熙《牡丹图》[20]，求钱二十万。当时虽贵家子弟，求二十万钱，岂易得耶？留信宿[21]，计无所出而还之。夫妇相向惋怅者数日。

后屏居乡里十年，仰取俯拾[22]，衣食有余。连守两郡，竭其俸入以事铅椠[23]。每获一书，即同共校勘，整集签题。得书画彝鼎，亦摩玩舒卷，指摘疵病，夜尽一烛为率[24]。故能纸札精致，字画完整，冠诸收书家。余性偶强记，每饭罢，坐归来堂烹茶[25]，指堆积书史，言某事在某书某卷第几页第几行，以中否角胜负，为饮茶先后。中即举杯大笑，至茶倾覆怀中，反不得饮而起。甘心老是乡矣！故虽处忧患困穷，而志不屈。

收书既成，归来堂起书库大橱，簿甲乙[26]，置书册。如要讲读，即请钥上簿，关出卷帙[27]。或少损污，必惩责揩完涂改，不复向时之坦夷也。是欲求适意而反取憀栗[28]。余性不耐，始谋食去重肉，衣去重采，首无明珠翡翠之饰，室无涂金刺绣之具，遇书史百家字不刓阙[29]、本不讹谬者，辄市之，储作副本。自来家传周易、左氏传，故两家者流，文字最备。于是几案罗列枕藉，意会心谋，目往神授，乐在声色狗马之上。

至靖康丙午岁，侯守淄川，闻金人犯京师[30]，四顾茫然。盈箱溢箧，且恋恋，且怅怅，知其必不为己物矣。建炎丁未春三月，奔太夫人丧南来[31]。既长物不能尽载[32]，乃先去书之重大印本者，又去画之多幅者，又去古器之无款识者，后又去书之监本者[33]，画之平常者，器之重大者。凡屡减去，尚载书十五车。至东海，连舻渡淮[34]，又渡江，至建康。青州故第，尚锁书册什物，用屋十馀间，期明年春再具舟载之。十二月，金人陷青州，凡所谓十馀屋者，已皆为煨烬矣[35]。

建炎戊申秋九月，侯起复，知建康府[36]。己酉春三月罢，具舟上芜湖，入姑孰，将卜居赣水上[37]。夏五月，至池阳，被旨知湖州，过阙上殿[38]。遂驻家池阳，独赴召。六月十三日，始负担舍舟，坐岸上，葛衣岸巾[39]，精神如虎，目光烂烂射人，望舟中告别。余意甚恶，呼曰："如传闻城中缓急[40]，奈何？"戟手遥应曰[41]："从众。必不得已，先去辎重，次衣被，次书册卷轴，次古器。

独所谓宗器者[42]，可自负抱，与身俱存亡，勿忘也！”遂驰马去。途中奔驰，冒大暑，感疾。至行在，病痁[43]。七月末，书报卧病。余惊怛[44]，念侯性素急，奈何病痁？或热，必服寒药，疾可忧。遂解舟下，一日夜行三百里。比至，果大服柴胡、黄芩药，疟且痢，病危在膏肓。余悲泣，仓皇不忍问后事。八月十八日，遂不起，取笔作诗，绝笔而终，殊无分香卖履之意[45]。

葬毕，余无所之。朝廷已分遣六宫[46]，又传江当禁渡。时犹有书二万卷，金石刻二千卷，器皿茵褥可符百客，他长物称是[47]。余又大病，仅存喘息，事势日迫，念侯有妹婿任兵部侍郎，从卫在洪州，遂遣二故吏先部送行李往投之[48]。冬十二月，金人陷洪州，遂尽委弃。所谓连舻渡江之书，又散为云烟矣。独馀少轻小卷轴、书帖，写本李、杜、韩、柳集，世说，盐铁论，汉唐石刻副本数十轴，三代鼎鼐十数事，南唐写本书数箧，偶病中把玩，搬在卧内者，岿然独存。

上江既不可往[49]，又虏势叵测。有弟远，任敕局删定官[50]，遂往倚之。到台[51]，台守已遁。之剡，出陆[52]，又弃衣被走黄岩[53]，雇舟入海，奔行朝。时驻跸章安[54]。从御舟海道之温[55]，又之越[56]。庚戌十二月，放散百官，遂之衢[57]。绍兴辛亥春三月[58]，复赴越。壬子[59]，又赴杭。先侯疾亟时，有张飞卿学士[60]，携玉壶过视侯，便携去，其实珉也[61]。不知何人传道，遂妄言有颁金之语[62]，或传亦有密论列者[63]。余大惶怖，不敢言，亦不敢遂已，尽将家中所有铜器等物，欲赴外廷投进[64]。到越，已移幸四明[65]。不敢留家中，并写本书寄剡。后官军收叛卒，取去，闻尽入故李将军家。所谓岿然独存者，无虑十去五六矣。惟有书画砚墨可五七簏[66]，更不忍置他所，常在卧榻下，手自开阖。在会稽，卜居土民钟氏舍，忽一夕，穴壁负五簏去[67]。余悲恸不已，重立赏收赎。后二日，邻人钟复皓出十八轴求赏，故知其盗不远矣。万计求之，其余遂牢不可出。今知尽为吴说运使贱价得之[68]。所谓岿然独存者，乃十去其七八。所有一二残零不成部帙书册，三数种平平书帖，犹复爱惜如护头目，何愚也邪！

今日忽阅此书，如见故人。因忆侯在东莱静治堂[69]，装卷初就，芸签缥带[70]，束十卷作一帙。每日晚吏散，辄校勘二卷，跋题一卷。此二千卷，有题跋者五百二卷耳。今手泽如新而墓木已拱，悲夫！

昔萧绎江陵陷没，不惜国亡而毁裂书画[71]；杨广江都倾覆，不悲身死而复取图书[72]。岂人性之所著，死生不能忘之欤？或者天意以余菲薄，不足以享此尤物耶？抑亦死者有知，犹斤斤爱惜，不肯留在人间耶？何得之艰而失之易也？呜呼！余自少陆机作赋之二年[73]，至过蘧瑗知非之两岁[74]，三十四年之间，忧患得失，何其多也！然有有必有无，有聚必有散，乃理之常。人亡弓，人得之[75]，又胡足道！所以区区记其终始者，亦欲为后世好古博雅者之戒云。

绍兴二年玄黓岁壮月朔甲寅，易安室题[76]。

【注释】

[1]《金石录》：是金石学的名著，宋代著名金石学家赵明诚编著。金，指古代铜器，如钟、鼎等，上刻的文字是研究古文字及古史的重要材料。石，指丰碑石刻，如纪功碑、墓志铭等，也是重要的文献资料，可以补订史传的缺失。[2] 赵侯德甫：即赵明诚。古时州牧称侯，赵明诚作莱州、淄州、建康守，故李清照称他为“侯”。德甫，赵明诚的字，亦作德父、德夫。[3] 钟、鼎、甗（yǎn）、鬲（lì）、盘、匜（yí）、尊、敦（duì）：商周时的铜器名称。这类铜器是古代王公大人所铸，用来记事或表彰功绩。有的仅刻爵氏姓名。款识（zhì）：古代铜器上所刻的文字。款，刻也。识，指钟鼎等铜器上的刻文。[4] 丰碑：高大的纪功德的碑。碣（jié）：圆顶的碑石。方者称碑，圆者称碣。显人：有地位、有声望的人。晦士：没有地位、声望的人；[5] 凡：共。二千卷：指金石拓本共二千件，每件称为一卷。拓本是用纸贴在器物上，用墨拓出来的文字。[6] 王播：唐文宗时人，官职为尚书左仆射，不闻其爱好书画，亦未有祸，非传写之错，即李清照用典之误。清人何焯以为当作“王涯”，唐文宗时宰相。《新唐书·王涯传》中说，他家收藏的名书画很多，与宫中收藏相等，平时秘不示人。他在甘露之变中死去后，被人破垣而入，剔取其金银财宝，而将书画委弃于道。元载：唐代宗时宰相，因贪赃专横而被诛杀，抄没他家产时，仅胡椒就多至八百多石（见《新唐书·元载传》）。[7] 长舆：晋人和峤的字，家产丰厚如王者，但本性悭吝，人讥之为有钱癖。元凯：晋人杜预的字，酷好《左传》，著有《春秋经传集解》。《晋书·杜预传》中记载，杜预常说王济有马癖，峤有钱癖，晋武帝便问杜预：“卿有何癖？”杜回答：“臣有左传癖。”[8] 建中辛巳：宋徽宗建中靖国元年，即公元 1101 年。[9] 先君：指李清照的父亲李格非。因写《后序》时，李格非已去世，故称先君。礼部：中央掌管礼仪、祭享、贡举的官署。员外郎：为各司的次官。[10] 丞相：指李清照的公公赵挺之。吏部侍郎：吏部是中央掌管全国官吏的官署。长官是尚书，侍郎是副长官。赵挺之最后官至尚书右仆射，所以文中称他为丞相。[11] 太学：中国古代的大学，传授儒家经典的最高学府。宋制国子监下设国子学与太学，高级官员子弟入国子学，八品以下官员子弟入太学，实际界限并不严格。[12] 告：请。谒告，即告假。

［13］相国寺：北宋汴京城最大的庙宇。寺内有书市，每月开放四五次。［14］葛天氏：我国传说中的古帝号。典出于陶渊明《五柳先生传》，文中称赞不慕荣利、悠然自得的五柳先生是“无怀氏之民欤？葛天氏之民欤？”［15］饭蔬：素食。綀（shū）：粗布。［16］古文奇字：指先秦文字。［17］馆阁：宋代修史藏书、校雠的处所，总名叫馆阁。宋初有三馆：昭文馆、史馆、集贤院。太宗时建崇文院，把三馆藏书迁入，又设书库，叫秘阁。赵挺之任相，在宋神宗元丰改制之后，三馆秘阁已改为秘书省。清照是沿用旧称，实即指秘书省。清照亲友有在秘书省任著作郎、校书郎等职的。［18］亡诗：指在《诗经》三百零五首以外亡佚的诗。逸史：正史以外的史书。鲁壁：孔安国《古文尚书序》中说，鲁恭王在拆孔子旧宅时，在壁中发现《古文尚书》。汲冢：晋太康二年，汲郡人不准，盗发魏襄王墓，得竹书数十车。见《晋书·束皙传》。［19］浸：渐进。［20］崇宁：宋徽宗赵佶年号（1102—1106）。徐熙：南唐名画家，善画花木、禽鱼、蜂蝶、蔬果。［21］信宿：两日两夜。再宿为信。［22］屏居：不做官，退居乡里。徽宗大观元年（1107）三月，赵挺之罢相逝世后，李清照夫妇服丧居住在青州乡里。仰取俯拾：《史记·货殖列传》说，鲁人风俗俭朴，其中曹邴氏尤为俭吝，富至巨万，然而家中自父兄子孙都需俯有所拾，仰有所取。故仰取俯拾意为勤俭节约，博取无遗。［23］连守两郡：从宣和初到靖康元年，赵明诚连任莱州、淄州两州知州。铅椠（qiàn）：铅为铁条，椠为木板，均为古代印书的工具，此处意为刻印书籍。［24］率：一定的标准。［25］归来堂：赵明诚故乡青州宅第的名称。［26］簿甲乙：意为分类编目录，登记造册。［27］请钥：领钥匙。上簿：登记。关出：领出。卷帙：书籍。［28］憀（liáo）栗：惊惧不安。［29］刓（wán）阙：磨损、缺少。［30］靖康丙午岁：即靖康二年，公元 1126 年。淄川：宋时又名淄州，今山东淄博市。［31］建炎：南宋高宗赵构年号。建炎丁未，即建炎元年，公元 1127 年。［32］长物：多余之物。［33］监本：宋代国子监刻印的书，称为监本，公开出售，故较易得。［34］东海：今江苏灌云县。连舻：指船很多，前后衔在一起。［35］煨烬：烧剩的灰。［36］建炎戊申：即建炎二年，公元 1128 年。起复：旧时官员守丧期满复职，叫起复。当时赵明诚守母丧期满。［37］己酉：建炎三年，公元 1129 年。姑孰：今安徽省当涂，因有姑孰溪，故称。卜居：选择住处。赣水：今江西之赣江。［38］池阳：令安徽贵池。湖州：今浙江湖州。［39］岸巾：古人巾本应覆额，这里指露出额的头巾，叫岸巾，表示不受拘束的打扮。［40］缓急：偏义复词，意紧急。［41］戟手：用食指中指指点。手形如戟，故称戟手。［42］宗器：古代帝王宗庙祭祀礼乐之器，如钟磬之

类。此指拓本。[43] 行在：帝王行宫所在，当时高宗的行在在建康。病痁（shān）：病，名词作动词用，即患病。痁，疟疾。[44] 惊怛（dá）：惊恐。[45] 分香卖履：曹操临终遗令说把多余的香料分给他的各位夫人，又让他的妻妾们学做鞋去挣钱谋生。后人借指关于家事的遗嘱。[46] 六宫：皇后妃嫔居住处。皇帝后宫的总称。分遣六宫，指建炎三年七月，隆祐太后逃往洪州（今江西南昌）事。[47] 他长物称是：其他顶用的东西，数目略同。[48] 从卫：随从保卫皇室。部送：部署护送。[49] 上江：当时李清照在建康，上江指到南京以西的上游长江，即今安徽省一带。江苏省一带称为“下江”。[50] 迒（háng）：李清照之弟李迒。敕局删定官：属尚书省，职能是“裒集（聚集）诏旨，纂类成书”。[51] 台：台州，今浙江临海。[52] 剡（shàn）：即今浙江嵊县。陆：即今浙江建德县。[53] 黄岩：今浙江黄岩县。[54] 行朝：即行在。驻跸（bì）：皇帝临时住地。跸，帝王出行时开路清道，禁止行人往来，因此跸指帝王车驾。当时赵构暂住在章安镇（今黄岩、临海一带）。[55] 温：今浙江温州。[56] 越：今浙江绍兴。[57] 庚戌：为建炎四年，公元 1130 年。放散百官：这年朝廷下令自郎以下官吏得自便，不须随皇帝行动。衢：今浙江衢县。[58] 绍兴：南宋高宗年号（1131—1162）。绍兴辛亥：即绍兴元年（1131）。[59] 壬子：为绍兴二年，公元 1132 年。[60] 张飞卿：阳翟人，喜书画。学士：宋制三馆职事皆称学士，元丰改官制后，秘书省职事称学士，后来学士几为泛称。张飞卿可能曾任馆职，而名位不显，故虽称学士，而各书都未载其人行事，或未为馆职而人以学士泛称之。[61] 珉（mín）：似玉之石。[62] 传道：谣言。颁金：有的本子作“颂金”，以玉壶赠给金人而得赏，这是通敌的行为。[63] 论列：宋代言官上书检举弹劾叫论列。[64] 外廷：朝廷。有别于内廷、宫廷而言。[65] 移幸：御驾转移。四明：明州附近的山名，在今浙江嵊县与宁波市之间。[66] 可：大约。簏（lù）：竹箱。[67] 会稽：今浙江绍兴。穴壁：掘壁偷窃。[68] 吴说：当时著名的书法家，所书自成一体，叫“游丝书”。因任福建路转运判官，故称运使。[69] 东莱：即莱州，今山东掖县。静治堂：莱州府衙中的堂名。[70] 芸签：书签的别称，古人藏书多用芸香驱蠹虫，所以称书籍为芸编，称书签为芸签。缥带：用青白色帛做的系书囊的带子。[71] 萧绎：南朝梁元帝萧绎即位于江陵，博览群书，整日著书、赋诗、作画，对政治军事不大关心，在位三年。公元 554 年，魏兵攻陷江陵，萧绎聚图书十四万卷焚毁，自己被虏身死。[72] 杨广：即隋炀帝，他于大业十二年（616）游江都，十四年为宇文化及所杀，死于江都，故云江都倾覆。杨广平日酷爱书史，虽积如山丘，然一字不许外出，平日藏书画极富，游江都时携行，临死时曾烧书三十七万卷。[73] 陆机作赋：西晋诗人陆机二十岁作《文赋》。此句即指自己十八岁与赵明诚结婚。[74] 蘧瑗（qúyuàn）：春秋卫国大夫，字伯玉，他五十岁时而知四十九年之非。后世就用“知非之年”代指五十岁。超过蘧瑗知非之年二岁，即五十二岁，也就是李清照写后序之年。[75] 人亡弓，人得之：《孔子家语》卷二：“楚王出游，亡弓，左右请求之。王曰：‘止！楚王失弓，楚人得之，又何求之?’孔子闻之曰：惜乎其不大也，不曰：‘人遗弓，人得之’而已，何必楚也。”文中李清照以人亡弓、人得之的道理来宽慰自己。亡：失落。[76] 绍兴五年：即公元1135年。玄黓（yì）：干支纪年的别称，太岁在壬叫玄黓。壮月：即八月。易安室：李清照书斋名，用来自称。

【提示】

一般书序，或就书论书，谈与著作有关的事；或对著者、著作多颂扬赞誉之词，文字难免平实乏味。而李清照这篇后序却写得不同寻常。除开头至“可谓多矣”，简明地交代作者、卷数、内容并对该书作出评价等必需的文字外，大部分篇幅都是以所藏金石书画的聚散为线索，以金兵南侵、北宋灭亡、宋室南渡为背景，详细地叙写金石书画的搜集与散佚的过程，并通过这一叙述，铺写了自己的家世、经历、颠沛流离的一生，抒发了遭罹变故后的悲痛情怀。所以，这篇后序不仅是李清照的自叙传，是研究李清照生平的重要资料，而且反映了当时动乱苦难的时代，是一幅生动的宋室流亡图，具有极高的文学价值和史学价值。

序文在艺术上采用叙事与抒情紧密结合的手法，以事件发生的先后为次序，逐层写来，文理自然，略无雕饰，笔端饱含感情。前一部分写他们夫妇二人节衣缩食搜集金石古籍，并沉浸其中的乐趣，声情并茂，文采斐然；后一部分写他们的逃亡生活和古物的丧失过程，伤痛之情，溢于言表。这篇动人的抒情纪实散文奠定了李清照在南宋散文史上的地位。

【思考题】

1. 作为序跋文，本文在艺术上有何特点？
2. 从序文中，你了解了作者怎样的人生遭际？
3. 写一篇读后感，谈谈你的思考和感受。

第八专题

唐五代词与宋词

第一节　唐五代词与宋词概述

词有音乐文学之称，是一种句式长短不齐的配乐歌唱的抒情诗；其特点是每首词都有固定的词调，而且“调有定句，句有定字，字有定声”，不能随意增减变换；词的格律变化繁富而严格，与传统的诗歌体式有鲜明的区别。

词初名曲、曲子、曲子词，简称“词”，又名诗余、长短句等。它们或因其音乐特征，或因其独特形式而得名，体现人们对词的性质与特征的各个侧面的体认过程。唐宋之词，系配合新兴乐曲（燕乐）而唱的歌词，也可说是前代乐府民歌的变种。当时新兴乐曲主要系民间乐曲和边疆少数民族及域外传入的曲调，其章节抑扬顿挫、变化多端，与以“中和”为主的传统音乐大异其趣；歌词的句式也随之长短、错落、奇偶相间，比起大体整齐的传统古近体诗歌来大有发展，具有特殊表现力。曲子词、诗余、长短句之名由此而得。作词一般是按照某种乐调曲拍之谱填制歌词。曲调的名称如《定风波》、《蝶恋花》、《浣溪沙》等叫做“词调”或“词牌”，按照词调作词称为“倚声”或“填词”。

词有严格的格律，倚声填词，每个字都须按照曲拍的谱填写，各个词调的句式的长短与句中词语的平仄也有严格的规定。大部分词的句式长短不齐，押韵也变化多端。它在审音协律方面有比律诗要求更加严密之处，这使词的语言音调显得特别精美。

词的篇制不一，前人按各词调的字数多少分别称之为“小令”、“中调”或“长调”。有的以58字以内为小令，59字到90字为中调，91字以上为长调；有的主张62字以内为小令，以外称“慢词”，都未成定论。词调中除少数小令不分段称为“单调”外，大部分词调分成两段，甚至三段、四段，分别称为“双调”、“三叠”、“四叠”，称为“片”或“阕”。“片”即“遍”，指乐曲奏过一遍。“阕”原是乐终的意思。一首词的两段分别称上、下片或上、下阕。

关于词的起源，历来众说纷纭。前人主要从诗与词的关系、词的长短句样式之渊源、音乐与词的关系三个角度入手，探讨词的起源。较为流行的说法是：词是配合隋唐之际新兴的燕乐演唱的，后经中唐、晚唐五代文人的努力，逐渐成熟，成为一种句式长短不一并有严格格律的抒情诗体。

词，作为一种新兴的诗体，它最初广泛流传于民间。隋至晚唐以前，词基本上以民间流传为主；中唐，文人填词的逐渐增多，李白、白居易、刘禹锡等天才诗人的实践，开创了文人作词的先声；晚唐至五代，温庭筠、韦庄、冯延巳、李璟、李煜等词家崛起，词在经历了漫长的文雅化、精致化过程后，进入了词史上第一个创作高潮。至宋代，伴随宋诗“言情”功能的衰退和让位，宋词终于最后独立并取得可以和诗抗衡的地位，涌现出欧阳修、晏殊、晏几道、柳永、周邦彦、秦观、李清照、姜夔、吴文英等一流词家，使词的意境、形式、技巧都发展到鼎盛状态。以他们为代表的婉约词派和以苏轼、辛弃疾、陈亮等为代表的豪放词派共同把词的艺术成就推上了至今难以攀越的高峰。豪放词派的苏轼、辛弃疾等以词言志、以词抒发个人的情怀，他们以重大题材入词、使词寄托更多的社会内容，气概豪雄，风格旷放沉郁，和恪守传统的婉约词派代表了词坛的两种截然不同的词风。

从中国词史的发展过程来看，从隋唐到清代历时一千多年，大致以隋唐五代为形成期，两宋为鼎盛期，金元明为中衰期，清为复兴期。宋代是词发展的巅峰时期，它与“唐诗”、“元曲”一样，成为一代“独艺”。

第二节 唐、五代词

一、敦煌曲子词

词源于民间，但在敦煌曲子词被发现以前，民间词曲创作的面貌和成就一直是研究的空白。敦煌词数量多，作者广泛，除了署名温庭筠等有限的几首词外，其余都是无名氏，可能包括了乐工、歌妓、百姓和下层文人。就现在发现的敦煌民间词来看，其内容是相当广阔的。其中“有边客游子之呻吟，忠臣义士之壮语，隐君子之怡情悦志；少年学子之热望与失望，以及佛子之赞颂，医生之歌诀，莫不入调。”（见王重民《敦煌曲子词集·叙录》）但在敦煌曲子词中写得最好、最多的依然是言男女情爱的作品。作为词的初期形态，敦煌曲子词也明显不同于后来成型的歌词。体制上还带着初期形态的特征：有衬字、字数不定、平仄不拘、叶韵不定、咏调名本意者多、曲体曲式丰富多样。同时在艺术表现上，许多作品还过于俚俗粗糙，带有民间创作和词创作初始形态的明显特征。

二、中唐文人词

词在民间流传过程中，文人倚声填词也散见于世。现存最早的文人词，有人认为是李白的《菩萨蛮》（平林漠漠烟如织）和《忆秦娥》（箫声咽）。但多数人认为这两首词是伪作。中唐时期，填词的文人逐渐多了起来。其中著名的有张志和、韦应物、刘禹锡、白居易等。张志和的《渔歌子》：“西塞山前白鹭飞，桃花流水鳜鱼肥。青箬笠，绿蓑衣，斜风细雨不须归。”有较大影响。它词语清丽，画面精美，词中渔父的形象写得生动传神。而且因其传达出一种淡泊闲适的情感，表现了诗人悠远旷达的人生情趣，一时间流传甚广。白居易和刘禹锡是中唐时期填词比较多的大诗人。白居易的《忆江南》：“江南好，风景旧曾谙。”描绘江南美丽迷人的自然风光，风格清新明快，也曾广为流传。刘禹锡在洛阳时以《忆江南》词调相唱和，并自注云：“和乐天春词，依《忆江南》曲拍为句。”“依曲拍为句”的提出，总结了唐代配乐填词的经验，把词的写作自觉地提高到倚声填词的新阶段。其“春去也，多谢洛城人。弱柳从风凝举袂，丛兰浥露似沾巾。独坐亦含嚬。”突破了歌咏词调本意的局限，着意于细腻感觉的描述，委婉言情，更具词的意境和风格。

综合来看，这一时期文人词的创作，都是向民歌学习的结果。所以，依然保持着民歌风韵天然、质朴浅白的特征。从初、盛唐到中唐，相对而言，“曲子词”的创作局面仍然比较沉寂。

三、晚唐、五代文人词

晚唐、五代是我国词史上的第一个创作高潮。中晚唐以来骄奢华靡的世风，以及知识分子政治理想的幻灭，由社会生活退缩到自我生活的狭小圈子中耽于享乐，为“曲子词”的成熟提供了大好时机，并最终促使词的委婉言情的文体特征的形成。五代十国时期世风的华靡浮艳继续为词的发展提供最为有利的环境，并形成了两个词人创作群体：西蜀花间词人和南唐词人。

西蜀文人创作的词主要收入了《花间集》。这是文学史上最早的词的总集之一，由后蜀赵崇祚编成，共收18家词人的500首词。《花间集》中描写恋情相思与男欢女爱的作品占有相当比重，词风浮艳。在“花间词人”当中，影响最大的是温庭筠和韦庄。

温庭筠是晚唐著名的诗人和词人，被后人称之为“花间”鼻祖。《花间集》选录他的词有66首之多。可以说他的词创作是文人词成熟的标志。温庭筠精通音律、才情俱盛，他把晚唐诗中的含蓄婉曲，色彩明丽，言尽而意不尽，表现细腻的特点移植到了词的创作中，开拓了词的一个新境界。他的词长于以密集的意象、华美的语言、精巧的结构来描摹事物，曲折表达感情，表现出了一种深婉隐曲与华美秾艳的艺术风格。如《菩萨蛮》：“小山重叠金明灭，鬓云欲度香腮雪。懒起画娥眉，弄妆梳洗迟。照花前后镜，花面交相映。新帖绣罗襦，双双金鹧鸪。”全词以艳丽细腻的笔调精描细画出一个慵懒娇媚的女子晨起对镜梳妆的情景。全词借助于标举名物和客观形象的罗列，如“小山”、“鬓云”、“香腮”、“娥眉”、“花镜”“绣罗襦”“金鹧鸪”来描写女性的体态服饰等等，以“双双金鹧鸪”曲折地反衬女子的孤单。感情比较深隐，意境比较朦胧。温词也有一些清疏明朗的词，如《梦江南》：“梳洗罢，独倚望江楼。过尽千帆皆不是，斜晖脉脉水悠悠，肠断白洲。”张惠言《词选序》：“唐之词人，温庭筠最高，其言深美闳约。”后世词人如冯延巳、周邦彦、吴文英等多受他影响。

韦庄生活于唐末与五代这一变乱时期。韦庄不仅是晚唐著名的诗人，也是五代著名的词人。在词史上温、韦并称，但词风有明显不同。韦庄词的特点是以热烈的主观抒情见长，他的词“明白如画，蕴情深至”（杨慎《升庵外集》）。如《思帝乡》：“春日游，杏花吹满头。陌上谁家年少，足风流，妾拟将身嫁与，一生休。纵被无情弃，不能羞。”他著名的五首《菩萨蛮》也都具有率直显露的特点，其二云："人人尽说江南好，游人只合江南老。春水碧于天，画船听雨眠。炉边人似月，皓腕凝霜雪。未老莫还乡，还乡须断肠。"韦庄变温庭筠代闺中女子婉转言情而为直抒胸臆，与温词的朦胧深隐判然有别。晚清词学大家况周颐《蕙风词话》称他"尤能运密如疏、寓浓于淡，花间群贤，殆鲜其匹"。

五代词除西蜀以外，另一创作中心便是南唐。南唐词保留下来的作品不多，有影响的只有李璟、冯延巳和李煜等少数几个词人。因作者主要是皇帝和权臣，所以，南唐词的题材和内容与花间词有明显不同。南唐国势颓危，在他们心理上烙上了沉重的没落感。这种沉重的没落感也渗透到词的创作之中，明显超出了"花间"的范围。南唐中主李璟多才艺，年轻时也曾有雄心大志，颇好读书，但由于南唐大势已去，他继位后也无甚作为。他的作品流传至今的很少，以两首《摊破浣溪沙》著名。其二："菡萏香销翠叶残，西风愁起绿波间。还与韶光共憔悴，不堪看！细雨梦回鸡塞远，小楼吹彻玉笙寒。多少泪珠无限恨，倚阑干。"其中秋日的萧瑟凋零与闺中的思远念别交织在一起，感慨无端，蕴涵深沉。冯延巳是南唐元老，曾经身居相位，他的词作数量居五代词人之首，但他的作品却常常流露出一种淡淡的哀愁。他善于以清丽的笔墨抒写离情别绪，也善写景，他的作品中寄寓着时代的悲凉、家国兴亡的凄苦，大大突破了前代词人一己之情的表达。他的《鹊踏枝》："谁道闲情抛掷久，每到春来，惆怅还依旧。日日花前常病酒，不辞镜里朱颜瘦。河畔青芜堤上柳，为问新愁，何事年年有？独立小桥风满袖，平林新月人归后。"《更漏子》："雁孤飞，人独坐，看却一秋空过。瑶草短，菊花残，萧条渐向寒。帘幕里，青苔地，谁信闲愁如醉，星移后。月圆时，风摇夜合枝。"已经突破了具体情事的摹写，不写因缘、不写内容，直写一种心境，给读者留下了无穷的想象空间。冯延巳"以景写情"的手法，标志着五代词继温、韦之后在意境上和艺术手法上已大大向前跨进了一步，对后代的影响很大。千古传诵的名句"风乍起，吹皱一池春水。"也出自冯延巳之手。

四、李煜

李煜（937—978），初名从嘉，字重光，号钟隐，是南唐中主李璟的第六子，是南唐最后一个小皇帝，世称南唐后主。在李煜嗣位的前一年，赵匡胤已在中原建立了宋政权。宋太祖开宝八年（975），宋灭南唐，李煜亡国被俘，在汴京过了三年囚徒生活，后被毒死。李煜早期的词多描写耽溺于享乐的宫廷生活，继承的是词创作的香艳风格。但其中部分作品已经掩饰不住内心的悲凉与沉重，《清平乐》说："别来春半，触目愁肠断。砌下落梅如雪乱，拂了一身还满。雁来音信无凭，路遥归梦难成。离恨恰如春草，更行更远还生。”这些词的格调与冯延巳近似，带有一种无可挽回的没落感。亡国之后，李煜沦为阶下囚，安危不能自保，感情陷于极度悲痛之中，词调是悲苦沉痛的。生活巨变导致他内心巨大的落差，由此所体会的痛苦也就显得极其深沉。当这种个人痛苦被泛化，成为一种人世无常的悲叹时，这种人生悲剧性的体验和审视就别具一种动人心魄的艺术魅力。加之他无比真挚的摹写，其后期作品多写得意境阔大，感慨深沉，力量充沛，具有很强的感染力。

代表李煜最高成就的后期词作，内容主要写亡国的愁苦、悔恨和绝望：《相见欢》（林花谢了春红）写时光倏忽、人生长恨；同调《相见欢》（无言独上西楼）写秋绪、写离愁；《浪淘沙》写“梦里不知身是客”的伤感；《虞美人·感旧》写故国之思。艺术上，以“情”灌注，情真意切，以真感人。李煜的词没有辞藻的堆积、没有秾丽的装饰，他不靠外在的描摹来烘托气氛，而是以自己的心境去观照事物、去想像，以情御景；他的词，清词丽句，纯净凝炼，善用白描，由此词显得自然流畅、情景交融，极富感染力。

从温庭筠到李煜，词的创作从感情的深隐转到直接抒写亡国之痛，词的内容丰富多彩，手法也多姿多样，艺术上也臻于成熟，为宋词的发展创造了条件，做好了艺术上的准备。

第三节　北宋词坛

在文学史上，词以宋称，体现了宋词作为一代文学的重要地位。长短句歌词在唐代兴起之时，尚未能与一代声诗相抗衡，入宋以后，却以崭新的面目出现于诗坛、乐坛，迅速发展成为一代之胜。这不仅是由于宋代特定的社会历史环境所造成的，而且也是文学自身发展演化的结果。

两宋是词的全盛期。词之所以独盛于宋，除唐五代词为宋词的发展做好了准备以外，主要是和当时政治稳定，经济、文化、艺术的全面繁荣联系在一起的。北宋前期社会财富的积累与“太平盛世”社会局面的逐渐形成，为宋词的兴盛做好了准备。北宋都城汴京是当时政治、经济、文化艺术的中心，它自然成为“新声”（即“曲子词”）创作的总汇之地。

词在北宋时期的发展大致经历了三个阶段：第一个阶段，晏殊、张先、晏几道、欧阳修等人承袭“花间”余绪，为由唐入宋的过渡；第二个阶段，柳永、苏轼在形式与内容上所进行的新的开拓以及秦观、贺铸等人的艺术创造，促进宋词出现多种风格竞相发展的繁荣局面；第三个阶段，周邦彦在艺术创作上的集大成，体现了宋词的深化与成熟。

一、北宋前期的第一阶段

北宋前期，词在形式上主要是小令，题材上开始比五代时有所扩展。这一时期小令作者为数众多，主要有王禹偁、潘阆、林逋、宋祁、范仲淹、晏殊、欧阳修、张先等等。晏几道的创作时代较晚，但他的成绩依然是在小令方面，也可以并入此阶段。首先，这些词人的视野都比较开阔，多种题材都可以入词。其次，就沿袭发展而言，从直抒胸臆的角度来看，他们更多地接受了南唐词人的影响；从题材的活跃、语言风格的清丽平易来看，他们又接受了中唐文人词乃至敦煌词的影响，是二者的有机结合。再次，小令上片写景、下片抒情的情景交融形式，缅邈深婉的抒情风格，含蓄精练的表达方式，在这一时期都臻于成熟。

就成就和影响而言，此一阶段的代表作家应属晏殊和欧阳修。他们的作品比较多地反映了这一时期的创作倾向和艺术风格。

晏殊和欧阳修的词主要是小令，他们在艺术风格上继承五代词的传统，受冯延巳的影响尤深。晏殊的深婉含蓄的风格和冯延巳如出一辙，但具体的表现却有很大的不同。晏殊喜欢写他贵族生活的景致和在这种生活状态中的闲愁闲绪，且善于写富贵的“气象”而非堆积金玉锦绣来夸示富有。如他的“楼台侧畔杨花过，帘幕中间燕子飞”就是他标榜的“惟说其气象”的典型代表。因此他的词有一种雍容的大家气度和文人式的儒雅。从对后人的影响看，晏殊的感伤时光易逝、人生苦短的词较有影响。他自己感情深细、多愁善感，他在词中说“无情不似多情苦，一寸还成千万缕”（《玉楼春》），他能体味见暮春的“春风不解禁杨花，蒙蒙乱扑行人面”（《踏莎行》），能感叹、吟诵“一曲新词酒一杯，去年天气旧亭台。夕阳西下几时回？无可奈何花落去，似曾相识燕归来。小园香径独徘徊”（《浣溪纱》）……他正是以一个敏感文人对生命和人生的细致体悟感染了一代又一代和他一样多愁善感的人。

和晏殊相比，欧阳修虽也未脱花间路数，但他的新变成分要多一些。在北宋前期，欧阳修词的题材最为丰富多彩。欧阳修是一位兼擅古文诗词的大文学家，在北宋文坛上具有举足轻重的地位。他论诗主张“触事感物，文之以言，善者美之，恶者刺之”。但在词的创作上他仍恪守传统，主要以“诗余”之情写词。其《玉楼春》云：“人生自是有情痴，此恨不关风与月。”他的词也多是写恋情游宴、感时怨别的题材。但由于他身高位重、性情率真，他在词的创作领域，也时常突破“艳科”的藩篱，率意表现自己的性情怀抱。受词坛创作主流倾向影响，欧阳修词主要表达的依然是“艳情”相思，但词人张扬的个性也处处留下痕迹，词人并不以某一类题材自我限制，当情感激涌而来时，就随意地在词中做自由抒发。在词里欧阳修常抒发人生不得意的牢骚不平，其中有时光流逝的哀伤、仕途风波的忧患，更有对前景的达观和生命力的昂扬，塑造了极富个性特征的自我形象。如他的《朝中措·平山阑》：“平山阑槛倚晴空，山色有无中。手种堂前垂柳，别来几度春风。文章太守，挥毫万字，一饮千钟。行乐直须年少，尊前看取衰翁。”描述自己在扬州任上的豪纵形象。“文章太守”的“挥毫万字”、“一饮千钟”之豪情，是一种极度自信的表现。表现在词中的个人品格，与《醉翁亭记》气脉相通。

欧阳修在词坛的诸多作为都是具有开拓性的。从题材方面来说，抒情、写景、咏怀、叹古，他几乎无所拘束；从风格方面来说，雅俗兼收并蓄，或精深雅丽，或浅俗泼辣，或雅俗相互融合；从形式方面来说，侧重小令，同时也有慢词创作，且只曲、联章齐头并进。但从欧阳修的创作主流和其影响看，他的婉约词风的词仍是主流，形式主要是小令。相对而言，同时代的范仲淹词调上的革新表现得更为突出，但其影响却十分有限。

二、发展变革的第二阶段

北宋第二期的词，其特点全在奔放铺叙，其中，第一位变革者就是柳永。

柳永（987？—1055？），原名三变，字景庄，后改名永，字耆卿。排行第七，人称“柳七”，祖籍河东（今山西永济），徙居崇安（今福建）。柳永少时流连于汴京，在秦楼楚馆中恣情游宴。后曾西游成都、京兆，遍历荆湖、吴越。景祐元年（1034）登进士第，历任睦州团练推官、余杭令等职，官终屯田员外郎，世称“柳屯田”。柳永是北宋第一个精通词律的专业词人，有《乐章集》收词近二百首，其中十之七八为慢词。

柳永属北宋前期的歌词作家，但是他的影响波及整个北宋词坛。柳永的社会地位和晏、欧不同，是个“失意无聊，流连坊曲”不得志的的落魄文人。穷困潦倒的境遇影响了柳永词的题材变化，除了男女恋情，他的词还反映了都市生活的某些侧面，在一定程度上体现了一部分城市下层人民的生活和思想情感。但从创作主流看，柳永的词的题材和思想内容基本没有超出唐末五代和北宋初期，他的主要贡献是在形式的革新上。柳永精通音律，创作了大量的脍炙人口的新曲调，创作了大量的慢词，有效地扩大了词的体制。慢词是宋词的主要体式之一，它与小令一起成为宋代词人最为常用的曲调样式。小令文字少，篇幅短，多捕捉一刹那间的感受，或只描写景物的一个或几个侧面。因此，特点全在含蓄二字上。慢词指依慢曲所填写的调长拍缓的词。由于曲调长、字句多、节奏缓慢，与小令相比慢词在音乐上的变化更加繁多，旋律更加悠扬动听，内容上也就适宜表达更为曲折婉转、复杂变化的个人情感。在慢词体制的发展过程中影响最大的词人当属柳永。柳永的慢词做了许多新的改变。他善于向民间汲取营养，学习通俗的语言和铺叙手法，把慢词的层次结构组织得井井有条。同时他还善于把抒情、叙事、写景融成一体。而且，柳永还发展了词的俚俗性特征，使之符合市民阶层的审美口味，开创了“俚俗词派”，被称为“凡有井水处，即能歌柳词。”

从题材内容上讲，柳永的词写艳情相思的占了大多篇幅。文学史上最为著名的是他写送别的《雨霖铃·寒蝉凄切》、写离愁的《八声甘州·对潇潇暮雨洒江天》、写思乡怀人感情的《卜算子慢·江枫渐老》和《蝶恋花·伫倚危楼风细细》、描绘都市繁华景象的《望海潮·东南形胜》。

北宋中后期，苏轼登上词坛，为北宋词的发展打开了新的局面。苏轼“以诗为词”（陈师道），在柳永开拓疆界、扩大体制的基础上，进一步加以变革。词至苏轼，“无意不可入，无事不可言”（刘熙载《艺概》卷四），已成一种独立的抒情诗体，而且可以直接用以言情、述志。苏轼是文人抒情词传统的最终奠定者。从整体上观照，词的发展进程，是逐渐向诗靠拢的过程、努力跨越“言志”与“言情”界限的过程。苏轼以前，这个过程是渐进的，至苏轼却是一种突飞猛进的演变。苏轼的出现，促进了北宋词朝着多极方向发展。他不仅倡导豪放词风，“指出向上一路”（王灼《碧鸡漫志》），而且婉约风格的词境也有拓展。他外出打猎，便豪情满怀地说：“会挽雕弓如满月，西北望，射天狼。”（《江城子》）他望月思念弟弟，便因此悟出人生哲理：“人有悲欢离合，月有阴晴圆缺，此事古难全。”（《水调歌头》）他登临古迹，便慨叹：“大江东去，浪淘尽、千古风流人物。”（《念奴娇》）苏轼之性情、襟怀、学问悉见于词，上至文章道德，下至儿女私情。出现在苏轼词中的往往是清奇阔大的景色，词人的旷达胸襟也徐徐展露在其中。苏轼的词扩大了词境，提高了词品，改造了词风。传统区分宋词风格，有“婉约”、“豪放”之说，苏轼便是“豪放”词风的开创者。凡此种种“诗化”革新，都迅速地改变着词的内质。

其后，苏门弟子及追随者秦观、黄庭坚、贺铸等都能各自开辟蹊径，卓然成家，在词坛呈现万紫千红的繁荣景象。尤其秦观的词深婉而疏荡，与周邦彦的典雅精工、李清照的清新跌宕如天际三峰，各超婉约词之顶巅。秦观词多见柳永的影响，但较之柳永，其词意境和韵味已经迥然不同。秦观词虽然仍囿于传统范围之内，但已不是纯粹应歌娱乐消遣之作，其中多有寄托，别有怀抱。在词艺方面，秦观的创作也多受人推崇。宋初的小令，语言含蓄，结构缜密，意境深婉，但体制短小，韵味有余而容量不足；而柳永的慢词，篇幅容量大，又长于铺叙，但有些结构单一疏散，语言俚俗，过于直露，而缺乏深长的韵味。秦观则以小令作法的长处弥补慢词创作中存在的不足，从而达到情韵兼胜的审美效果。宋人蔡伯也早已指出："苏东坡辞胜乎情，柳耆卿情胜乎辞，辞情兼称者，唯秦少游而已。"（见孙兢《竹坡老人词序》，《百家词》本《竹坡老人词》卷首）秦观以善写愁而著名，词中多流露出其气质中脆弱、敏感的一面。秦观是苏门四学士之一，与苏轼情兼师友，关系密切，政治上的挫折把他们牵连在一起，秦观因此而终生不幸。但是苏轼、秦观两人的性格与词风却截然不同。苏轼面对挫折，乐天知命，旷达不羁，对生活、对未来仍充满信心，他虽也产生过消极思想，但并未颓唐不振。秦观则有所不同。他年轻时虽然也曾一度"强志盛气，好大而见奇"，但是从他所写作的诗与词来看，性格偏于柔弱。如其诗云："一夕轻雷落万丝，霁光浮瓦碧参差。有情芍药含春泪，无力蔷薇卧晚枝。"（《春雨》）格调与婉约词接近。他的词作更是呕心沥血，字字沉重，声声凄苦："恨悠悠。几时休。飞絮落花时候一登楼。便做春江都是泪，流不尽，许多愁。"（《江城子》）"日边清梦断，镜里朱颜改。春去也，飞红万点愁如海。"（《千秋岁》）"郴江幸自绕郴山，为谁流下潇湘去。"（《踏莎行》）

北宋后期的贺铸则以比兴入词，使词真正有了喻托之意，提高了词的品质。贺铸作词，像苏轼一样，也是"满心而发，肆口而成"（张耒《东山词序》），抒发自我的人格精神。而贺铸作为一生不得志的豪侠，他的词具有独特的情感内涵：在宋代词史上他第一次表现出英雄豪侠的精神个性和悲壮情怀；这类词作的情感形态不同于秦观等词人感伤性的柔情软调，而是激情的爆发，怒火的燃烧，具有强烈的震撼力和崇高感。如《六州歌头》："少年侠气，交结五都雄。肝胆洞，毛发耸。立谈中，死生同，一诺千金重。推翘勇，矜豪纵。轻盖拥，联飞鞚，斗城东。轰饮酒垆，春色浮寒瓮，吸海垂虹。闲呼鹰嗾犬，白羽摘雕弓，狡穴俄空，乐匆匆。似黄粱梦。辞丹凤，明月共，漾孤篷。官冗从，怀倥偬，落尘笼。簿书丛，鹖弁如云众，供粗用，忽奇功。笳鼓动，渔阳弄，思悲翁。不请长缨，系取天骄种，剑吼西风。恨登山临水，手寄七弦桐，目送归鸿。"北宋词人大多是儿女情长，英雄气短。唯有贺铸是英雄豪气与儿女柔情并存。贺铸真挚凄婉的浓情也常倾泄于词，其中感人至深的是与苏轼悼亡词《江城子》（十年生死两茫茫）前后辉映的《鹧鸪天》："重过阊门万事非。同来何事不同归。梧桐半死清霜后，头白鸳鸯失伴飞。原上草，露初晞。旧栖新垄两依依。空床卧听南窗雨，谁复挑灯夜补衣。"另一首写柔情的《青玉案》（凌波不过横塘路）更为著名，其中"若问闲愁几许，一川烟草，满城风絮，梅子黄时雨"，连用三种意象表现出愁思的广度、密度和长度，化抽象无形的情思为具体可见的形象，构思奇妙，堪称绝唱。贺铸因此词而得"贺梅子"的雅号。

三、宋词发展的第三阶段

在此阶段，贡献最大、成就最高的是以周邦彦为代表的大晟词人。周邦彦是苏轼之后出现的另一大词人，前代论者称他是词艺的"集大成"者，是婉约词派中承上启下的人物。他以自己独到的艺术成就而成为词史上最有影响的人物之一，被称为格律派的创始人。

大晟词人在前辈作家努力的基础上，将精力集中于歌词字面、句法、布局、修辞、音韵等诸多技巧方面的精雕细琢、"深加锻炼"之上；他们广泛地吸取了前辈婉约词人的种种长处，促使宋词朝着精致工整的醇雅方向发展。他们将北宋词人创作以自然感发为主，转变为"以思索安排为写作之推动力"（叶嘉莹《灵谿词说·论周邦彦词》），为南宋雅词作家确立"家法"。具体表现为四个方面：其一，大晟词人喜化用前人诗语，形成自觉的创作风气。如最典型的周邦彦的《西河·金陵怀古》云："佳丽地，南朝盛事谁记。山围故国绕清江，髻鬟对起。怒涛寂寞打孤城，风樯遥度天际。断崖树，犹倒倚。莫愁艇子曾系。空余旧踪郁苍苍，雾沉半垒。夜深月过女墙来，伤心东望淮水。酒旗戏鼓甚处市。想依稀、王谢邻里。燕子不知何世。入寻常、巷陌人家，相对如说兴亡，斜阳里。"全词系化用唐刘禹锡《金陵五题》的《石头城》、《乌衣巷》和古乐府《莫愁乐》三首诗而成。语言既经重新组合，意境更富新意，浑然天成，如从己出。名作《瑞龙吟》（章台路）也融化了杜甫、李贺、杜牧、李商隐等十余人的诗句，几乎字字有来历，句句有出处，既显博学，又见工巧，因而深受后人推崇。其二，推敲章法结构以求精雅。大致说来，大晟词人在章法结构安排上多用"逆挽"手法，倒叙、插叙相结合，收纵自如，回环往复，且辅之以多种技巧的变化，使整个结构变得肌肤丰满、缤纷多彩，如顿挫、递进、勾勒、点染、对比、虚实、设想、夸张、用典、拟人、化用、对偶、细节描绘等等手法，保证歌词不断翻出新意，不落陈套。其三，追求韵外之旨。大晟词人对传统的艳情题材加以改造，追求表达的含蓄化、深沉化。时而"将身世之感打并入艳情"，触动墨客骚人江湖流落、仕途不遇的愁苦之情，使歌词仿佛若有寄托，别具象外之意、韵外之旨。大晟词人追求韵外之旨最具代表性的作品是咏物词，周邦彦《大酺》咏春雨、《兰陵王》咏柳，王灼将它们上比《离骚》。其四，注重音韵声律。这一点从周邦彦的创作中也能见出。周词音律和谐，格律严整，特别注重词调的声情与宫调的音色情调协调一致，宫调不同，声情各异。周词审音用字，也非常严格精密。为使音律和谐，他用字不仅分平仄，而且严分仄字中的上去入三声，使语言字音的高低与曲调旋律的变化密切配合。

作为苏轼前后相继的词坛领袖，周邦彦具有与苏轼不同的艺术追求和贡献，他们各自开辟出不同的创作方向。袁行霈指出："苏轼注重抒情言志的自由，遵守词的音律规范而不为音律所拘，词的可读性胜于可歌性；周邦彦则注重词的协律可歌，情感的抒发有所节制而力避豪迈，对词艺的追求重于对词境的开拓。""苏轼如唐诗中的李白，追求创作的自由，强调性情的自然流露，力图打破词作原有的创作规范；周邦彦则如杜甫，创作时精心结撰，追求词作的艺术规范性。"其后的南宋词，就是沿着这两种方向分别发展。

第四节　南宋词坛

南宋一百五十年中，词的发展也可分两个时期，前期为从宋高宗赵构建炎初到宁宗赵扩开禧末年辛弃疾之死，后期为从宁宗赵扩嘉定初到宋亡。南宋以后，由于民族矛盾的尖锐，从宋金抗争到元蒙灭宋，爱国歌声始终回荡词坛，悲壮慷慨之调，应运发展，把豪放词风提高到一个新层次。张元幹、向子、岳飞、张孝祥、陆游、辛弃疾、陈亮、刘过、刘克庄、吴潜、刘辰翁、文天祥等，如连峰叠嶂，峥嵘绵亘。其中以辛弃疾的成就为最高。

南宋前期的词是沿着健康的道路发展的，反映民族矛盾这样一个有重大政治意义的题材的词占着主导地位。这时，金贵族统治者占领了淮河以北的北方广大地区；宋朝的政权被迫南迁，在相当长的一段时间内，它的生存受到威胁。宋朝统治集团中有一部分人主张抗金，但另一部分人却主张屈膝求和、纳币上贡。围绕着战和降的问题，宋朝统治者中展开了激烈的政治斗争。

从南宋初年开始，词的创作中就反映了民族斗争和由于民族斗争所引起的上述的政治斗争。它在这个时期所起的战斗作用和鼓舞作用非常突出，在词的历史上，写下了光辉的一页。

南宋初期最早拿起笔来发挥词的战斗作用的，是一些抗金的将领。李纲写词表示他不畏朝廷当权者阻挠，他的抗金决心：“纵使岁寒途远，此志应难夺。”岳飞的《满江红》(怒发冲冠)，南宋时人陈郁就称它“忠愤可见”，千百年来，它常常是那样地激励读者。他的《小重山》，也正如陈郁所说，指诉了“和议之非。”

一些在北宋后期开始创作生活的词人，这时的词风也有所转变。例如叶梦得，早年的词“甚婉丽，卓有温李之风”，晚年却是“落其华而实之，能于简单中见雄杰”。向子把自己的词分为“江北旧词”和“江南新词”，表明它有区别。他们词风的转变，正是说明了历史的巨大事变所引起的词人的觉醒。

李清照（1084—约 1151）是中国文学史上最优秀的女作家，婉约词派的代表作家。号易安居士，齐州章丘（今属山东）人。父李格非为当时著名学者。李清照，幼有才藻，十八岁嫁给金石学家赵明诚，夫妇感情甚笃。早期生活优裕，与明诚共同致力于书画金石的搜集整理。南渡后，赵明诚病故，她颠沛流离于江浙皖赣一带，在孤寂中度过晚年。

李清照的创作以南渡为界分为前后两期，前期词作，大致表现了她闺中少女的生活情怀、婚姻的甜蜜与夫妻的深情、对丈夫的别后相思等几方面内容。最能体现李清照词的思想深度和艺术成就的作品出现于南渡之后。但李清照卓越的艺术才华，在前期词作中同样有着熠熠闪光的表现。词人之大胆真率的心灵描写和清丽自然、流转如珠的语言运用等艺术特色，也贯穿于前期词作之中。后期词主要反映了她经历国破、家亡、夫死逃难到南方的颠沛流离，融入家国之恨与身世之感，词风由明丽而变为凄清，充满凄婉哀伤的情调。她常用所独擅的不假雕琢而又深婉动人的语言表现她那国破家亡的流离生活，真实感人。她令、慢兼长，每能创意出奇，以经过提炼的口语表达其独特真切的感受，形成辛弃疾所称道的“易安体”。有《漱玉词》。在两宋时期，李清照是独一无二的。她卓然于诸大家之外，自成一体，后人无法将之归属于某一群体或流派，她那独立不羁的个性和艺术风格，新人耳目。沈谦谓：“男中李后主，女中李易安”（见《填词杂说》)，与李煜相提并论，确也当之无愧。另外李清照著《词论》，正式宣布了词的独立地位。她提出词“别是一家”之说，反对以作诗文之法作词，总结了词的特殊创作规律，把那些“学际天人”的大学问家、诗人、文章家视为门外汉，而睥睨一切，大有惟我独尊的豪气。李清照倾注其主要精力于词。南宋王灼《碧鸡漫志》说她：“作长短句，能曲折尽人意，轻巧尖新，姿态百出，闾巷荒淫之语，肆意落笔，自古搢绅之家能文妇女，未见如此无顾忌也。”从其论的侧面可以看到李清照词的独特艺术成就及其词中的反传统精神。

南宋初期的词人，在词的创作中反映了充沛的战斗精神，同时在艺术上也达到较高成就的，有张元幹和张孝祥。他们的一些优秀作品，和当时的政治斗争发生了密切的联系。胡铨上书赵构，乞斩秦桧，被贬外放，张元幹写了一首《贺新郎》（梦绕神州路）给他送行，也连带被“除名”。张元幹写了一首《贺新郎》（曳杖危楼去）寄给受到主和派排斥罢职的李纲，表示对他的支持和同情。两首词都写得慷慨悲愤。张元幹在编自己的词集时，特意把两首词压卷。张孝祥的《六州歌头》，是在当时著名将领张浚主持的一次宴会上所作，曾使张浚“流涕而起”。

辛弃疾（1140—1207），字幼安，号稼轩，历城（今山东济南）人。出生时，山东已为金兵所占。二十一岁参加抗金义军，不久归南宋，历任湖北、江西、湖南、福建、浙东安抚使等职。任职期间，采取积极措施，招集流亡，训练军队，奖励耕战，打击贪污豪强，注意安定民生。一生坚决主张抗金。在《美芹十论》、《九议》等奏疏中，具体分析当时的政治军事形势，对夸大金兵力量、鼓吹妥协投降的谬论，作了有力的驳斥；要求加强作战准备，鼓励士气，以恢复中原。他所提出的抗金建议，均未被采纳，并遭到主和派的打击，曾长期落职闲居江西上饶、铅山一带。晚年韩侂胄当政，一度起用，不久病卒。有《稼轩长短句》。

辛弃疾在两宋词人中创作最为丰富，成就地位也最高，历来与北宋苏轼并称“苏辛”。由于个人身世和时代的不同，他们的创作虽皆有风格各异的佳作，但风格和主题却有明显的差异。“东坡胸次广，稼轩力如虎。”（陈毅《吾读》）辛弃疾一生作词六百多首，其词多抒写力图恢复国家统一的爱国热情，倾诉壮志难酬的悲愤，豪纵奔放，沉郁悲壮，在南宋爱国词中领袖一代。也有不少对自然风景、田园风光的赞美，深挚情意的低诉。风格以雄深雅健、激昂慷慨为主，也有潇洒超逸、清丽妩媚的。就内容境界、表现方法和语言的丰富性、创造性而言，辛词都可以说是空前绝后的。他独创出“稼轩体”，影响十分深远。辛派词人刘克庄评辛词“大声鞺鞳，小声铿鍧，横绝六合，扫空万古，自苍生以来所无。”

同辛弃疾一起的，还有张孝祥、韩元吉、陆游、陈亮、刘过以及稍后的刘克庄、文天祥、刘辰翁、汪元量等。他们的词密切反映现实斗争，闪耀着爱国主义的光辉，构成了南宋词坛的主流。

南宋时期还有许多杰出词人对婉约词风进一步开拓。南宋中后期，以姜夔为代表的格律派雅词兴起。姜夔（1155？—1221？），字尧章，号白石道人，饶州鄱阳（今江西波阳）人。一生飘泊江湖，依人作客，却绝不曳裾侯门，逢迎取合。他深谙音律，集中十七首自度曲，都旁缀音谱，是流传至今的惟一完整的宋代词乐资料。有《白石道人歌曲》。

姜夔继承和发展了诗派的瘦硬笔法人词，创造了一种清刚峻峭的风格，在艺术上取得了新的成就。从周邦彦到姜夔构成了一个严密的格律派体系，对后世有着深远的影响。姜夔一生以游士终老，但白石词并不仅仅是游士生涯的反映，展现在他笔下的是折射出多种光色的情感世界。但由于生活道路和审美情趣的制约，较之辛词，姜词的题材较为狭窄，对现实的反映也略显淡漠。在南宋婉约词创作的系列中，姜夔的"清空"、"骚雅"，史达祖的"奇秀清逸"，吴文英的"如七宝楼台"，王沂孙的"运意高远"、"吐韵妍和"，张炎的"清远蕴藉"、"凄怆缠绵"等等，各具风采。他们都是在词的音律与修辞艺术上精益求精，有时也在所作中寓托家国之感。

与南宋大略同时北方金朝地区元好问的词作也颇多建树，艺术上以苏、辛为典范，兼有豪放、婉约诸种风格，词风雄浑博大，如他著名的写大雁生死相依，为伴殉情的改调《摸鱼儿》："恨人间，情是何物，直教生死相许。天南地北双飞客，老翅几回寒暑。欢乐趣，别离苦，是中更有痴儿女。君应有语。渺万里层云，千山暮雪，只影为谁去？……"写得柔婉之极而又沉雄之至。清人刘熙载评元好问词时说："疏快之中，自饶深婉，亦可谓集两宋之大成者矣。"（《艺概. 词曲概》）。

【思考题】

1. 简述词的不同名称，词的篇制，并指出和诗相比，它有哪些特点？
2. 试以重要词家为例，说明词体于唐宋间的演进情形。
3. 简述李煜词创作的前后期变化及其贡献所在。
4. 简析词兴盛于宋代的主要原因。
5. 简述北宋词的分期及代表作家。
6. 简析苏轼词的特色、成就及影响。
7. 简述南宋词的发展与重要词派。
8. 简述李清照前后期词创作内容和风格的变化。
9. 简析辛弃疾词的特色、艺术成就与影响。
10. 姜夔词创作有哪些突出的艺术成就？

【参考书目】

1. 袁行霈：《中国文学史》（第三卷），高等教育出版社。
2. 章培恒、骆玉明：《中国文学史》（中），复旦大学出版社。
3. 胡云翼：《宋词选》，中华书局。
4. 《宋词三百首笺注》，（清）朱孝臧辑、唐圭璋笺注，上海古籍出版社。
5. 陈迩冬：《苏轼诗词选》
6. 王学初：《李清照集校注》
7. 朱东润：《陆游选集》、《陆游传》
8. 邓广铭：《稼轩词编年笺注》、《辛弃疾传》
9. 夏承焘：《唐宋词欣赏》
10. 龙榆生：《唐宋词格律》

唐五代词与宋词作品选

乌　夜　啼[1]

李　煜

林花谢了春红[2]，太匆匆，无奈朝来寒雨晚来风。
胭脂泪[3]，留人醉，几时重[4]？自是人生长恨水长东。

【注释】

［1］此调原为唐教坊曲，又名《相见欢》、《秋夜月》、《上西楼》。［2］谢：凋谢。［3］胭脂泪：指女子的眼泪。女子脸上搽有胭脂，泪水流经脸颊时沾上胭脂的红色，故云。［4］几时重：何时再度相会。

【提示】

此词将人生失意的无限怅恨寄寓在对暮春残景的描绘中，是即景抒情的典范之作。起句“林花谢了春红”，即托出作者的伤春惜花之情；而续以“太匆匆”，则使这种伤春惜花之情得以强化。狼藉残红，春去匆匆；而作者的生命之春也早已匆匆而去，只留下伤残的春心和破碎的春梦。因此，“太匆匆”的感慨，固然是为林花凋谢之速而发，但其中不也糅合了人生苦短、来日无多的喟叹，包蕴了作者对生命流程的理性思考。“无奈朝来寒雨晚来风”，此句既是叹花，亦是自叹。“无奈”云云，充满不甘听凭外力摧残而又自恨无力改变生存环境的感怆。换头“胭脂泪”三句，转以拟人化的笔墨，表现作者与林花之间的依依惜别之情。“留人醉”，一“醉”字，写出彼此如醉如痴、眷恋难舍的情态，极为传神，而“几时重”则吁出了人与花共同的希冀和自知希冀无法实现的怅惘与迷茫。结句“自是人生长恨水长东”，一气呵成益见悲慨。“人生长恨”似乎不仅仅是抒写一己的失意情怀，而涵盖了人类所共有的生命的缺憾，是一种融会和浓缩了无数痛苦的人生体验的浩叹。

【思考题】

1. 结合李煜的生平，联系中学时学过的李煜的词，简析李煜后期词作的内容、主题。

2. 李煜是怎样以自己的心境去观照事物、去想像，以情寓景的，又是怎样做到情景交融的？

蝶　恋　花[1]

晏　殊

槛菊愁烟兰泣露[2]，罗幕轻寒[3]，燕子双飞去。明月不谙离恨苦[4]，斜光到晓穿朱户。

昨夜西风凋碧树，独上高楼，望尽天涯路。欲寄彩笺兼尺素[5]，山长水阔知何处！

【注释】

［1］此词原为唐教坊曲，调名取义简文帝“翻阶蛱蝶恋花情”句。又名《鹊踏枝》、《凤栖梧》等。双调，六十字，仄韵。［2］槛（jiàn）：窗下或长廊旁的栏杆。［3］罗幕：丝罗的帷幕，富贵人家所用。［4］谙（ān）：熟悉。［5］尺素：书信的代称。古人写信用素绢，通常长约一尺，故称尺素，语出《古诗》：“客从远方来，遗我双鲤鱼。呼儿烹鲤鱼，中有尺素书。”

【提示】

这首词是晏殊写闺思的名篇。词人以疏澹的笔墨、温婉的格调、谨严的章法，传达出作者的暮秋怀人之情。词之上片运用移情于景的手法，选取眼前的景物，注入主人公的感情，点出离恨；下片承离恨而来，通过高楼独望把主人公望眼欲穿的神态和无处寄书的无奈生动地表现了出来。

在婉约派词人许多伤秋怀远之作中，这是一首颇负盛名的词。它不仅具有情致深婉的共同特点，而且具有一般婉约词少见的寥阔高远的特色。起句七字写出了景物、地点、季节、时间、人物的情绪和感觉，精练且有韵味。一“愁”一“泣”将形象和意境都以美的形式传达了出来，借外物抒写心情、渲染气氛。次句“罗幕轻寒”写新秋清晨，并用燕的双飞反衬人的孤独。“明月不谙离恨苦，斜光到晓穿朱户。”用无理的对月不解人的埋怨，表现了女主人公在离恨的煎熬中对月彻夜无眠的情景和外界事物所引起的怅触。和张泌的“多情只有春庭月，犹为离人照落花”（《寄人》）及陆游的“多情谁似南山月，特地暮云开”（《秋波媚》）对比，同是以拟人写法写月，但感情和色彩迥然不同。过片承上“到晓”，折回写今晨登高望远，“独上”应上“离恨”，反照“双飞”，而“望尽天涯”正从一夜无眠生出，脉理细密。“西风凋碧树”，不仅是登楼即目所见，而且包含有昨夜通宵不寐卧听西风落叶的回忆。“凋”字传达出自然的无情，也表达人的强烈感受。景既萧索，人又孤独，在几乎言尽的情况下，作者又出人意料地展现出一片无限广远寥廓的境界：“独上高楼，望尽天涯路。”既有凭高望远的苍茫之感，也有不见所思的空虚怅惘，且有一种空阔、毫无窒碍的境界。这三句尽管包含望而不见的伤离意绪，但感情是悲壮的，没有纤柔颓靡的气息；语言也洗净铅华，纯用白描，是本词中流传千古的佳句。结句一纵一收，将主人公音书寄远的强烈愿望与音书无寄的可悲现实对照起来写，更加突出了“满目山河空念远”的悲慨，词在这渺茫无着落的怅惘中结束。

【思考题】

1. 简析作者在词中是怎样移情于景的。

2. 对读晏殊《采桑子》：“时光只解催人老，不信多情，长恨离亭，泪滴春衫酒易醒。梧桐昨夜西风急，淡月胧明，好梦频惊，何处高楼雁一声？”和《浣溪沙·一曲新词酒一杯》，体会深蕴在晏殊词中的人生感慨和复杂的感情，总结他体物写意的特点。

蝶恋花

欧阳修

庭院深深深几许，杨柳堆烟[1]，帘幕无重数。玉勒雕鞍游冶处[2]，楼高不见章台路[3]。

雨横风狂三月暮，门掩黄昏，无计留春住。泪眼问花花不语，乱红飞过秋千去[4]。

【注释】

［1］堆烟：形容杨柳浓密。［2］玉勒：玉制的马衔。雕鞍：精雕的马鞍。游冶处：指歌楼妓院。［3］章台：汉长安街名。《汉书·张敞传》有“走马章台街”语。唐许尧佐《章台柳传》，记妓女柳氏事。后因以章台为歌妓聚居之地。［4］乱红：落花。

【提示】

这首词以生动的形象、清浅的语言，含蓄委婉、深沉细腻地表现了闺中思妇复杂的内心感受，是闺怨词中传诵千古的名作。词的上片着重写景，下片着重写情。景与情融合无间，浑然天成，构成了一个深远的意境。词人刻画意境很有层次。从环境来说，它是由外景到内景，以深邃的居室烘托深邃的感情，以灰暗凄惨的色彩渲染孤独伤感的心情。从时间来说，上片是写浓雾弥漫的早晨，下片是写风狂雨暴的黄昏，由早及晚，逐次打开人物的心扉。过片三句，近人俞平伯评曰：“‘三月暮’点季节，‘风雨’点气候，‘黄昏’点时刻，三层渲染，才逼出‘无计’句来。”（《唐宋词选释》）暮春时节，风雨黄昏；闭门深坐，情尤怛恻。个中意境，仿佛是诗，但诗不能写其貌；是画，但画不能传其神；唯有通过这种婉曲的词笔才能恰到好处地勾画出来。尤其是结句，近人王国维认为这是一种“有我之境”。所谓“有我之境”，便是“以我观物，故物皆著我之色彩”（《人间词话》）。乱红飞过秋千，借客观景物的反应来烘托、反衬人物主观感情，而情思之绵邈，意境之深远，尤令人神往。

【思考题】

1. 欧阳修的这首词是怎样表现闺中思妇复杂的内心感受的？

2. 比较欧阳修的《踏莎行》：“候馆梅残，溪桥柳细，草薰风暖摇征辔。离愁渐远渐无穷，迢迢不断如春水。寸寸柔肠，盈盈粉泪，楼高莫近危阑倚。平芜尽处是春山，行人更在春山外。”（它是上下片分别描写与离别有关的两个场景，上片写行者的离愁，下片写行者的遥想即思妇的别恨，并用相思这根线把二者紧密地串连起来，从游子和思妇两个不同的角度深化了离别的主题。）看看它们在构思和描写上有什么不同？

天　仙　子[1]

张　先

时为嘉禾小倅[2]，以病眠，不赴府会。

水调数声持酒听[3]，午醉醒来愁未醒。送春春去几时回？临晚镜，伤流景[4]，往事后期空记省。

沙上并禽池上暝[5]，云破月来花弄影。重重帘幕密遮灯，风不定，人初静，明日落红应满径。

【注释】

［1］唐教坊曲名。来自西域，或云本名《万斯年》，后用为词牌。有单调、双调两体，单调三十四字，有五仄韵、四仄韵、两仄韵、三平韵、五平韵数种。双调六十八字，仄韵。［2］倅（cuì），副职。当时作者正在嘉禾（今浙江嘉兴市）任通判这一副职。［3］《水调》：歌牌名，旋律悲怨激切。［4］流景：指流逝的年华。［5］暝：日暮，夜晚。

【提示】

此词为临老伤春之作，为张先词中的名作，也是宋词中的名篇。全词将作者慨叹年老位卑，前途渺茫之情与暮春之景有机地交融在一起，工于锻炼字句，体现了张词的主要艺术特色。

虽然这首词写的不外是伤春自伤之情，庭园楼阁之景，但是，由于词反映了作者独特的艺术感受，并且通过直接抒情与客观景物的描写，把这种感情表达得细腻传神，独具特色。“云破月来花弄影”是词中名句，尤其能给人以美的享受。

张先作此词时，已五十二岁。年老伤春，自与少男少女不同，多了一重迟暮的涩重。其愁绵延而下，深沉且执着。“临晚镜，伤流景”是自杜牧“自悲临晓镜，谁与惜流年”（《代吴兴妓春初寄薛军事》）的诗句改换的，意味相同，但情景大异。“送春春去几时回”一句中的伤感更多一重意蕴：流年堪悲，人事可叹，一切都显得渺茫。下片景物在此基础上进一步烘托词人伤春亦复自伤的心情。“云破月来花弄影”，“着一‘弄’字而境界全出矣。”（王国维《人间词话》）但末句“风不定，人初静，明日落红应满径。”以惜花作结，与开篇伤春持酒听歌的情绪再度呼应。

【思考题】

1. 请在心底用想象描画“云破月来花弄影”的场景。

2. 北宋陈师道《后山诗话》称张先善写词，世称为“张三影”，除本词“云破月来花弄影”句属“一影”外，哪两首带有“影”字句的词，被《诗话》列入“三影”？对读一下，有何不同？

蝶恋花

柳永

伫倚危楼风细细[1]，望极春愁，黯黯生天际[2]。草色烟光残照里，无言谁会凭阑意？

拟把疏狂图一醉[3]，对酒当歌[4]，强乐还无味。衣带渐宽终不悔[5]，为伊消得人憔悴[6]。

【注释】

[1] 危楼：高楼。[2] 黯黯：迷蒙不明。[3] 拟把：打算。疏狂：粗疏狂放，散漫，不检点。[4] 对酒当歌：语出曹操《短歌行》。当：与“对”意同。[5] 衣带渐宽：指人逐渐消瘦。语本《古诗》：“相去日已远，衣带日已缓”。[6] 消得：值得。

【提示】

这首词采用“曲径通幽”的表现方式，抒情写景，感情真挚。巧妙地把飘泊异乡的落魄感受，同怀恋意中人的缠绵情思融为一体。

这首词上片写登高望远，离愁油然而生。“伫倚危楼风细细”，说登楼引起了“春愁”。全词只此一句叙事，但却把场景像一幅画那样勾画了出来。“伫倚”写主人公凭栏之久与怀想之深，“风细细”，带写一笔景物，构成背景，也突写了作者对事物的细腻的感觉，而且奠定了词的温婉的格调。其后，由此发展，“望极春愁，黯黯生天际”。在远眺和凝视中，带出诗的情绪和蕴含在其中的感情，至“草色烟光残照里，无言谁会凭阑意”，主人公的孤单凄凉之感一笔带出，且意境耐人寻味。“草色烟光”，写春天一种极为萋美的景色：春草铺地如茵；夕阳“残照”，闪烁着一层迷蒙的如烟似雾的光色，暗蕴一层感伤的色彩，为下一句抒情定下基调。

下片写主人公为消释离愁，决意痛饮狂歌：“拟把疏狂图一醉”。但强颜为欢，终觉“无味”。从“拟把”到“无味”，笔势开阖动荡，颇具波澜。末句“衣带渐宽”二句以健笔写柔情，自誓甘愿为思念伊人而日渐消瘦与憔悴。至此，作者才透露这种“春愁”是一种坚贞不渝的感情。表现了主人公的坚毅性格与执着的态度，词境也因此得以升华。后来，王国维在《人间词语》中谈道“古今之成大事业、大学问者，必经过三种境界”，被他借用来形容“第二境”的便是“衣带渐宽终不悔，为伊消得人憔悴”。大概正是柳永的这两句词概括了一种锲而不舍的坚毅性格和执着态度。

这首词妙在紧扣“春愁”即“相思”，却又迟迟不肯说破，只是从字里行间向读者透露出一些消息，眼看要写到了，却又煞住，掉转笔墨，如此影影绰绰，扑朔迷离，千回百折，直到最后一句，才使真相大白。词在相思感情达到高潮的时候，戛然而止，激情回荡，感染力更强了。

【思考题】

简析柳永这首词的艺术特色。

江城子·乙卯正月二十日夜记梦[1]

苏　轼

十年生死两茫茫。不思量，自难忘。千里孤坟，无处话凄凉。纵使相逢应不识，尘满面，鬓如霜。

夜来幽梦忽还乡，小轩窗，正梳妆。相顾无言，惟有泪千行。料得年年肠断处，明月夜，短松冈[2]。

【注释】

[1] 苏轼十九岁与同郡王弗结婚，嗣后出蜀入仕，夫妻琴瑟调和，甘苦与共。十年后王弗亡故，归葬于家乡的祖茔。这首词是苏轼在密州一次梦见王弗后写的，距王弗之卒又是十年了。生者与死者虽然幽明永隔，感情的纽带却结而不

解，始终存在。乙卯：熙宁八年（1075年）。[2] 孟启《本事诗·徵异第五》载张姓妻孔氏赠夫诗："欲知肠断处，明月照孤坟。"

【提示】

宋神宗熙宁八年，苏东坡任密州太守，年已四十。正月二十日这天夜里，他梦见爱妻王弗，便写下了这首"有声当彻天，有泪当彻泉"（陈师道语）的悼亡词。

苏东坡的这首词是"记梦"，而且明确写了做梦的日子。但实际上，词中记梦境的只有下片的五句，其他都是真挚朴素、沉痛感人的抒情文字。"十年生死两茫茫"，生死相隔，转瞬已十年了。这中间发生的多少变故，经历了多少宦海沉浮。这期间，东坡因反对王安石的新法，颇受压制，心境悲愤；到密州后，又忙于处理政务，生活困苦。"不思量，自难忘"，想当初年方十六的王弗嫁给了十九岁的苏东坡，少年夫妻情深意重，更难得她蕙质兰心，明事理。在与她共同生活的十年中，她时时提醒个性张扬、不懂人心叵测的苏东坡，谨慎地待人接物。因而他拥有了一生中最稳定的十年。也是在这十年中，苏东坡名扬天下，官运亨通。"不思量"极似无情，"自难忘"则在回转后达到高峰。作者将"不思量"与"自难忘"并举，利用这两组看似矛盾的心态之间的张力，真实而深刻地揭示自己内心的情感。年年月月，朝朝暮暮，虽然不是刻意地去想，但也时刻未曾忘却！"纵使相逢应不识，尘满面，鬓如霜。"这三个长短句，把"死别"后的个人忧愤，包括在苍老衰败之中，寄寓了自己的身世之感。下片的头五句，入题，开始"记梦"。"夜来幽梦忽还乡"，是记叙，"小轩窗，正梳妆"是对记忆情景的描述。"相顾无言，惟有泪千行"是相见情景的想像。这首词"外枯而中膏，似淡而实美"，用语平淡无奇，但表达的感情却极深厚，体现了苏轼一贯追求的艺术风格。

【思考题】

1. 这里所选的苏轼的词属婉约风格。在词史上他是豪放、旷达、婉约风格兼具，各类风格都有千古传诵的名篇。熟读其词，并结合你中学课程里学过的《江城子·密州出猎》、《定风波·莫听穿林打叶声》，体会苏轼"以诗为词"、对词抒写"诗余"之情传统的变革，并指出他是怎样述志、言情的。

2. 请比较其他著名的悼亡作品，浅谈苏轼在本词中是怎样表达他深切的情感的。

醉　花　阴[1]

李清照

薄雾浓云愁永昼[2]，瑞脑消金兽[3]。佳节又重阳，玉枕纱橱[4]，半夜凉初透。

东篱把酒黄昏后[5]，有暗香盈袖[6]。莫道不消魂，帘卷西风，人比黄花瘦[7]。

【注释】

［1］此词调首见于北宋毛滂词，词中有“人在翠阴中”、“劝君对客杯须覆”等句。因据其意，取作调名。双调，五十二字，仄韵。［2］永昼：悠长的白天。［3］瑞脑：即龙脑，香料名。金兽：兽形的铜香炉。［4］纱厨：纱帐，一称碧纱帐。［5］东篱：陶渊明《饮酒》诗：“采菊东篱下，悠悠见南山”。后即以东篱指代赏菊之处。［6］暗香：幽香。这里指菊花的香气。［7］黄花：指菊花。

【提示】

这是一首著名的重阳词。作者在自然景物的描写中，加入自己浓重的感情色彩，使客观环境和人物内心的情绪融和交织。用黄花比喻人的憔悴；以瘦暗示相思之深。上片咏节令，“半夜凉初透”句，尖新在一“透”字。下片“帘卷西风”两句，千古艳传；不但句意秀颖，且以“东篱”、“暗香”，为“黄花”预作照应，有水到渠成之妙。

据说这首重阳词是李清照寄给她丈夫赵明诚的。元伊世珍《琅環记》卷中引《外传》：“易安以重阳《醉花阴》词函致明诚。明诚叹赏，自愧弗逮，务欲胜之。一切谢客，忘食寝者三日夜，得五十阕。杂易安作，以示友人陆德夫。德夫玩之再三，曰：‘只有三句绝佳’。明诚诘之，答曰：‘莫道不消魂，帘卷西风，人比黄花瘦’。政（正）是易安作也。”

【思考题】

1. 结合你所知道的李清照词和她的身世，简析她南渡前后词风的变化。

2. 李清照是怎样在自然景物的描写中，加入自己浓重的感情色彩的？

摸　鱼　儿[1]

辛弃疾

淳熙己亥自湖北漕移湖南，同官王正之置酒小山亭，为赋[2]。

更能消几番风雨[3]，匆匆春又归去。惜春长怕花开早，何况落红无数。春且住，见说道、天涯芳草无归路[4]。怨春不语，算只有殷勤，画檐蛛网，尽日惹飞絮。

长门事，准拟佳期又误[5]。蛾眉曾有人妒[6]。千金纵买相如赋，脉脉此情谁诉。君莫舞，君不见玉环飞燕皆尘土[7]。闲愁最苦。休去倚危栏，斜阳正在，烟柳断肠处。

【注释】

［1］又名《贾陂塘》。双调，一百一十六字，仄韵。　［2］淳熙六年(1179)，辛弃疾从湖北转运副使调任湖南，将从鄂州至潭州主持漕运。小山亭在湖北转运使官署内。［3］消：消受，禁得。［4］见说：听说。［5］传说汉武帝时陈皇后失宠，幽居长门宫，以千金请司马相如作《长门赋》以抒悲愁。准拟，约定。［6］蛾眉：语出《离骚》："众女嫉余之峨眉兮。"［7］玉环：杨贵妃小字玉环。飞燕：汉成帝宠爱赵后，号飞燕。

【提示】

本篇作于淳熙六年（1179）春。时辛弃疾四十岁，南归至此已有十七年之久了。在这漫长的岁月中，作者满以为扶危救亡的壮志能得施展，收复失地的策略将被采纳。然而，事与愿违。不仅如此，作者反而因此遭致排挤打击，不得重用，接连四年，改官六次。这次，他由湖北转运副使调官湖南。这一调转，并非奔赴他日夜向往的国防前线，而是照样去担任主管钱粮的小官。现实与他恢复失地的志愿相去愈来愈遥远了。行前，同僚王正之在山亭摆下酒席为他送别，作者见景生情，借这首词抒写了他长期积郁于胸的苦闷之情。

这首词表面上写的是失宠女人的苦闷，实际上却抒发了作者对国事的忧虑和屡遭排挤打击的沉重心情。词中对南宋小朝廷的昏庸腐朽，对投降派的得意猖獗表示强烈不满。此词上片写惜春、怨春、留春的复杂情感。起句喷薄而出，有声彻天，其后，层层深入。先是"惜春长怕花开早"，继则留"春且住"，终而"怨春不语"。三者皆属痴情，情之所钟，不能自已，可谓忠爱缠绵之至。下片咏怀，借陈阿娇“长门事”谈到蛾眉见妒的遭遇，借屈原《离骚》以美人香草之辞比喻君臣遇合。寄托遥深，身世之感与爱国忧时之心，悠悠不尽，蕴积其中。

这首词有着鲜明的艺术特点。一是通过比兴手法，创造象征性的形象来表现作者对祖国的热爱和对时局的关切。拟人化的手法与典故的运用也都恰到好处。二是继承屈原《离骚》的优良传统，用男女之情来反映现实的政治斗争。三是缠绵曲折，沉郁顿挫，呈现出别具一格的词风。表面看，这首词写得“婉约”，实际上却极哀怨，极沉痛，写得沉郁悲壮，曲折尽致。

【思考题】

1. 简析《摸鱼儿》一词比兴寄托的手法的运用。
2. 辛弃疾的词喜欢用典，结合他的词创作，试述他用典的特色。

第九专题

元曲

中国文学发展到元代，出现了一个重大的转折，以往独霸文坛的“雅”文学退居次要位置，“俗”文学占据了文坛的主流地位。这个从雅到俗转变的重要标志便是一向被中国士大夫们视为正统文学的诗、文等抒情文学渐渐地隐退，代之而起的是元曲这种代表通俗文艺和通俗文化的、偏于叙事的文学形式，它代表了元代世俗文学的最高成就。

元代是我国历史上比较短暂的一个朝代，即使从蒙古王朝灭金（1234 年），实现北方的统一算起，至惠宗妥欢帖木儿至正二十八年（1368 年）灭亡，也不过 134 年。但就在这短短的一百多年中，元曲却取得了极其辉煌的成就，继唐诗、宋词之后，成为一代文学之盛。

元曲是在元代社会生活的基础上，融合了唐宋大曲、宋词、金元音乐和各种民间曲艺发展而来的。它实际包括元杂剧与元散曲两部分内容，前者属于戏剧范畴，后者属于诗歌范畴，是元代新兴的艺术形式。换句话说：元散曲是一种产生于宋金而大盛于元明的合乐演唱的新诗体；元杂剧是以这种新诗体演唱的诗的戏剧，它们有着不可分割的联系——都是用当时的北曲配乐演唱的，都是依曲谱填词的。散曲分小令和套数，用以清唱，无宾白和科范相联系；杂剧是由套数组成的杂剧曲文，它间杂以宾白和科范，在舞台上演出。散曲主要是抒情、写景、叙事；杂剧用科范、宾白、套数等一整套戏曲元素演述故事。

从影响和成就看，元杂剧表现得更为突出。

第一节　元代社会与元曲

曲在元代的兴起，是社会现实和艺术自身发展规律综合作用的结果。从其产生的情形看，大体可以归结为各民族文化的融合带动下的音乐发展、宋词的衰落、市民文学的兴起和士人地位的变化等原因。

首先，宋代北方外族的势力逐渐南侵，他们把其慷慨粗犷的胡乐带入了中原地带，原来典雅绮丽的词已不能与之配合。宋金对立时期，北方少数民族的乐曲和汉族北方地区粗犷的民间歌曲相结合，便逐渐形成了曲的形式。从金人入主中原到元人统一全国，异族的音乐大量流入，汉族地区原有的音乐变更为急剧，同时产生了与之相适应的新的歌词，这就是所谓“北曲”，也就是后来所说的“元曲”。在北曲酝酿成熟的过程中，金代的说唱艺术诸宫调对于音乐的整理定型和文字表达的提高也起了重要的作用。其次，词原来是配合乐谱填制的诗，但发展到南宋后期，词调逐渐失传，词人又多不懂得音乐，填词逐渐变为纯文字的创作。文字技巧和典雅的过度追求，使其渐渐走上僵化的道路，也使它失去了原有的娱乐功能和原有的生机。于是，曲作为一种新的通俗音乐体裁便起而代之。再次，唐宋以来，社会生活日趋复杂。随着城市经济的繁荣和市民阶层的壮大，他们的思想意识，影响到包括戏剧创作在内的各个方面。更为通俗的文艺形式：杂剧和散曲，遂成为时人最喜闻乐见的文艺形式，并影响到中国文化的走向。

作为统治者的蒙古族对歌舞音乐的喜好，也为杂剧立足社会并茁壮成长起了极其重要的作用。此外，元代科举时废时兴，读书人固有的靠读书求取功名从而获得稳定的社会地位的渠道闭塞了，新的实现自我价值的途径尚未建立起来。地位的变化和无路请缨的痛苦，需要以一种适宜的方式宣泄，因此他们积极参与到元曲的创作中，并在其中寻找新的人生道路和精神寄托。

第二节　元代的戏剧

我国戏剧艺术经过漫长的发展在元代走向成熟，其剧本创作的成就，代表了当时文学的最高水平。

中国戏剧的起源，可以追溯到很远。从原始歌舞开始，后代宫廷、民间的许多娱乐表演都与此有关。从元杂剧的直接源头来说，则主要是两条：一是从宋到金的说唱艺术：诸宫调；一是从宋到金的以调笑为主的短剧：宋杂剧、金院本。

一、元代戏剧的体制

元代的戏剧，有杂剧和南戏两种类型。这两个剧种的剧本虽然也都包括曲词、宾白、科（介）三个部分，但体制又有不同。元杂剧是用北方的曲调演唱的，风行于大江南北。南戏是在东南沿海地区，自南宋以来就流传的、用南方曲调演唱的南方戏剧形式。但它的繁盛程度远不如杂剧，留存的优秀作品也很少。

元杂剧的体制，可以概括为“四折一楔子”。它是元杂剧的基本结构形式，通常以四折外加一段楔子为一本，表演一种剧目。少数剧目是多本的，楔子可以没有，也可以用到两三个。元杂剧的折，大致相当于现在的幕。折，不仅是戏剧发展的自然段落，也是音乐组织的单元。元杂剧每一折用一套曲子，曲子可多可少，但都属于同一宫调并一韵到底。四折可以选用四种不同的宫调。

“四折一楔子”，是就剧本的结构而言，而组成剧本内容的主要是曲词、宾白和科范三部分。元杂剧的剧本以唱为主，因而曲词是最重要的。元杂剧通常限定每一本由正旦或正末两类角色中的一类主唱；正旦所唱的本子为“旦本”，正末所唱的本子为“末本”。这既有突出剧中主要人物的意味，同时恐怕也与突出某个主要演员以招徕观众有关系。元杂剧以说为辅，故剧中人物的念白称作宾白。宾白有散白与韵白之分。前者用当时的口语，后者用诗词或顺口溜式的韵文。宾白在元杂剧中也起重要作用，故事情节主要是通过宾白交代出来。宾白既可以插在各支曲子之间，也可以插在一支曲子之中（称为“带白”）。它不仅用于叙事，还用作除主角以外人物的抒情，表现剧情和人物性格。在唱词和宾白之外，在剧本中表示舞台效果和演员所要做的动作、表情等提示叫“科范”，简称“科”。由于中国戏曲的传统（虚拟和程式化表演系统）和舞台条件的限制（没有西洋剧的布景和道具），时空转换、道具安排、动作行为，以及情景氛围都是由演员的宾白和科范来表现的。虽然元杂剧的剧本以唱为主，但宾白和科范却有极其重要的作用。

元杂剧也有角色之分，其角色大致可分为末、旦、净、杂四类。每大类下又分若干小类，以此把剧中各种人物分为若干类型，以便于程式化的表演。

南戏的体制与杂剧有很大不同。首先，是南戏的剧本由若干“出”组成，“出”数不作规定，南戏的剧本结构不像杂剧那样因为受音乐限制而形成“四折一楔子”的固定模式，而是以人物的上下场的界限分场。其次，南戏曲词的宫调也没有规定。第三，南戏角色分为生、旦、净、末、丑等五类，均可歌唱。歌唱的形式多种多样，既有独唱，又可对唱、合唱、轮唱。总的来说，就是它在各方面都要比杂剧来得自由。南戏后来演化为明清戏剧的主要形式——传奇。

二、元代戏剧的特点

中国古典戏剧是包含有歌、音乐、科白、杂技、美术等多方面的综合性艺术，它以富于艺术魅力的表演形式，为历代人民群众所喜闻乐见。而且，在世界剧坛上也占有独特的位置，与古希腊悲喜剧、印度梵剧并称为世界三大古剧。

中国古典戏剧的表演形式是以主要演员的演唱为主，兼之念白和做功。中国古典戏剧的主体部分是曲词，曲词既能抒情，也能起渲染场景、穿插情节的作用。

中国戏剧的表现手法是高度程式化的。戏曲的程式化，是指在表演过程中的那些固定的一招一式。在具体的表现手法上，它们分别通过唱腔、身段、行当、脸谱等等方式呈现在我们面前。戏曲的程式化特征渗透在戏曲舞台的所有方面，戏曲中的“行当”就是这种特征的突出代表。元代戏曲的角色分为生旦净丑四大行当，每一种行当内又有细致的进一步分工，每个行当意味着一套相对完整的表演程式。“生”是除了大花脸以及丑角以外的男性角色的统称。里边又分为老生（须生）、小生、武生、娃娃生。“旦”是女性角色的统称，内部又分为正旦、花旦、闺门旦、武旦、老旦、彩旦（摇旦）。“净”，俗称花脸，大多是扮演性格、品质或相貌上有些特异的男性人物，化妆用脸谱，音色洪亮，风格粗犷。“净”又分为以唱工为主的大花脸，如包拯；以做工为主的二花脸，如曹操。“丑”，扮演喜剧角色，因在鼻梁上抹一小块白粉，俗称小花脸。

和中国传统美学的写意特点相一致，我国戏曲的另一特点是“虚拟没有实物的表演”。比如用几个龙套演员就代表千军万马，舞台上开门关门等也往往用虚拟的动作来表现。另外，戏曲中的唱腔、龙套（三五步行遍天下，七八人百万雄兵)、脸谱、服饰以及演出场地所涉及的露台、庙台、舞台等也都有它们特殊的韵味。

三、元代的戏剧创作

在元代文学中，首先异军突起的是杂剧。元代的杂剧创作和演出十分繁盛。它广泛涉及元代社会生活的各个方面，并折射出那一时代文人的精神世界，题材极为丰富。主要分为爱情婚姻剧、社会剧、历史剧、公案剧、神仙道化剧等几大种类。

元杂剧一般以元成宗元贞、大德年间（1295—1307）为界，分为前后两期。

前期杂剧作家主要集中在北方，杂剧中心在大都（今北京）。大德年间，杂剧创作出现高峰。关汉卿、王实甫、马致远、白朴、纪君祥、杨显之、康进之等是元杂剧前期最重要的作家。关汉卿作有《窦娥冤》、《救风尘》、《望江亭》、《调风月》、《拜月亭》、《单刀会》等。白朴作有《梧桐雨》、《墙头马上》等。马致远作有《汉宫秋》和《岳阳楼》、《任疯子》、《陈抟高卧》、《踏雪寻梅》等。王实甫作有五本杂剧《西厢记》等。元贞、大德年间的杂剧代表作品还有康进之的《李逵负荆》、高文秀的《双献功》、纪君祥的《赵氏孤儿》、杨显之的《潇湘雨》、石君宝的《秋胡戏妻》、尚仲贤的《柳毅传书》、李好古的《张生煮海》、李直夫（女真族）的《虎头牌》、无名氏的《包待制陈州粜米》等。

前期杂剧创作不仅数量多，而且作品题材丰富，风格多样，内容涉及元代社会的各个角落，尤以描写市井生活及妇女的婚姻及其不幸最为突出。由于元杂剧作家们的社会地位和身份比较特殊，他们有的是“书会才人”，有的是“勾栏艺人”，更多的是怀才不遇或身为下级官吏的文人。这就决定了他们的作品能够真实地反映百姓的思想感情和生活愿望。以往传统文学中很少表现的一些名不见经传的小人物在元杂剧中的大量涌现并被作为正面人物描写和歌颂，使前期杂剧创作充满了勃勃生机并使它享有“黄金时代”的美誉。

关汉卿被誉为中国戏剧之王。他一生共创作了六十多种杂剧，流传至今的有十种，其中最能代表他创作成就的重要作品是《窦娥冤》、《望江亭》、《救风尘》。尤其是《窦娥冤》，曾被王国维誉为“列入世界悲剧之林都毫不愧色”。

关汉卿擅长写妇女戏（“旦本”戏占他流传至今的作品的四分之三），是元杂剧中写妇女戏最多的一个作家。他笔下的妇女形象大多出身低微、美丽聪慧，性格却无一雷同。他也很善于通过心理描写去塑造这些不同性格的妇女形象，使人物形神皆备。在这一方面，世界戏剧史上只有莎士比亚可与之媲美。关汉卿的创作特色还表现在现实主义和理想主义的高度结合，借助舞台，让正义得以伸张，使罪恶得到制裁。王国维称赞其创作："摹写胸中之感想与时代之情状，而真挚之理与秀杰之气时流露于其间。"关汉卿也是驾驭语言艺术的大师，他的创作"一空依傍，自铸伟词"，"曲尽人情，字字本色"。其剧作如"琼筵醉客"，汪洋恣肆，慷慨淋漓，具有震撼人心的力度。关汉卿在元杂剧语言方面起到了开一代风气的作用，从而使他成为本色的代表。

如果说关汉卿是以众多的世态剧描写了大众百姓的苦难，从而透露出他对当时政治的不满，那么，马致远则以他的神仙道化剧写出了一代文人精神的苦闷、不平和愤慨。马致远号东篱，大都人。年轻时热衷过功名，但仕途并不得意，后隐居杭州。他好仙慕道，曾皈依全真道。其创作随处表现出一种遁世逃名和隐居乐道的思想。贾仲明在其《凌波仙》中道："万花丛中马神仙，百世集中说致远，四方海内皆谈羡。战文场、曲状元，姓名香贯满梨园。"给予他的创作以极高的评价。马致远一生共创作杂剧十三种，今存八种，多数为神仙道化剧，如《任风子》、《陈抟高卧》、《岳阳楼》等。在众多的元杂剧作家中，马致远的创作最集中地表现了当代文人的内心矛盾和思想苦闷，并由此反映了一个时代的文化特征。以实写心、以史写愤是马致远创作的个性所在。这也体现在他的代表作《汉宫秋》中。这是一部以昭君出塞为题材的历史剧。《汉宫秋》借汉元帝和王昭君的爱情悲剧，抒发了一代汉人的亡国之痛，并直接抒发了作者对历史变迁、人生无常的感受。马致远擅长写"末本"戏，他的戏曲语言的锤炼也颇显功力，精致又不失豪放，而且富有表现力。马致远大多数杂剧的戏剧效果不是很强，但抒情性突出，特别受文人的喜爱。

和马致远的《汉宫秋》一同传为绝唱的另一部描写帝王爱情悲剧——唐明皇与杨贵妃——的作品是白朴的《梧桐雨》。《汉宫秋》是写生离，《梧桐雨》则写死别，都是借历史上的兴亡聚散抒写作者的一腔愁怀。关于《梧桐雨》的主题，一直存在着不少争议：有"爱情主题"说；有所谓的"评判政治得失"说；也有"沧桑之叹"说。主题的复杂性是此剧内容上的特点，而这部悲剧在艺术上是以浓郁的抒情取胜，尤其是第四折，秋雨梧桐的萧瑟与唐明皇凄楚感伤的心情融为一体，曲词哀艳、婉丽。

在以平民爱情为题材的杂剧中，当以《西厢记》为佼佼者。如果以单部作品而论，《西厢记》可以说是元杂剧中影响最大的。此剧在当时就蜚声于剧坛，被推为"杂剧之冠"。作者王实甫也因此享誉文学史和戏曲史。《西厢记》无论在形式还是内容方面，都具有创新意义。且不论其内容，单从它的艺术成就看，就可浓墨重彩地展开描述。《西厢记》的结构规模在中国戏剧史上是空前的。它突破了元杂剧的一般惯例，用长篇巨制来表现一个曲折动人的完整的爱情故事。首先，它以五本二十一折的鸿篇巨制打破了元杂剧一本四折的惯例，而且部分地打破了一折由一人主唱的限制。其次，它成功地塑造了栩栩如生、性格各异的人物形象。王实甫很善于按照人物的地位、身份、教养以及彼此之间的具体关系，准确地把握人物的性格特征；并且调动多种艺术手段，生动、鲜明地将其表现出来。崔莺莺、张生、红娘、老夫人都由于王实甫的卓越才能而成为不朽的艺术典型。再次，王实甫善于选择和融化古代诗词里优美的词句和提炼民间生动活泼的口语，熔铸成自然而华美的曲词。与关汉卿杂剧以本色为主、朴素流畅的特色明显地不同，形成一种诗剧的风格。《长亭送别》一折里莺莺的一段唱词最能集中体现《西厢记》在语言方面的成就，第一支曲《端正好》："碧云天，黄花地，西风紧，北雁南飞。晓来谁染霜林醉？总是离人泪。"化用范仲淹《苏幕遮》词句，既写秋天之景，又写离人之情，情景交融，臻于化境，遂成千古绝唱。第二支曲《叨叨令》："见安排着车儿、马儿，不由人熬熬煎煎的气；有甚么心情花儿、靥儿，打扮得娇娇滴滴的媚；准备着被儿、枕儿，只索昏昏沉沉的睡；从今后衫儿、袖儿，都揾做重重叠叠的泪。兀的不闷杀人也么哥？兀的不闷杀人也么哥！久已后书儿、信儿，索与我凄凄惶惶的寄。"用经过锤炼的口语，一泻无余地倾诉了别离的愁闷。此外在戏剧冲突、结构安排等方面，《西厢记》也表现出作者极高的文学素养。

元代前期杂剧中的名作还有纪君祥的《赵氏孤儿》和康进之的《李逵负荆》，其中《赵氏孤儿》的影响更大、流传更广。它是元杂剧中一部历史大悲剧，写赵氏孤儿由程婴等人救护，长大后杀屠岸贾报仇的故事。王国维在《宋元戏曲考》里将此剧与关汉卿的《窦娥冤》相提并论。

至大德末年以后，杂剧创作中心逐渐由大都南移杭州，开始趋向衰落。在作家阵容、作品数量方面，后期明显不如前期。这时期，除郑光祖的《倩女离魂》、宫天挺的《范张鸡黍》、秦简夫的《东堂老》等少数作品引人注目外，大多数作品题材偏狭，艺术上，剧作家也多追求以文采雕饰的文人情趣，不少剧作家甚至以作诗赋的方法作剧。元杂剧本身是一种表演艺术，片面追求抒情表志而脱离现实和大众，片面追求文学趣味而忽视舞台规律，其后果便是在失去观众的同时也使这种艺术失去了生命力。

关汉卿、白朴、马致远、郑光祖四位元代杂剧作家，因代表了元代不同时期、不同流派的杂剧创作成就，后人称他们为"元曲四大家"。

南戏自南宋以来长期流行于民间，但由于北杂剧的南下，造成了南北剧交流的机会，一些北方作家参与了南戏声腔的改造和剧本的编写，一些北方演员参与了南戏的演出。在这过程中，南戏发生了一些重要变化。如改编杂剧的剧目，在一定程度上吸收杂剧曲牌联套的方法，采用杂剧的一些曲调而形成“南北合套”的形式等等，南戏的艺术因而得到进一步提高。到元末，《琵琶记》等剧本出现，标志着南戏达到了成熟的阶段，并且为明清传奇的兴起奠定了基础。

第三节　元代的散曲

一、元散曲的体制

散曲的体制主要有小令、套数。小令，又称“叶儿”，是不成套的散曲，是散曲体制的基本单位。小令是单支独曲，每支一段，调短字少是其最基本的特征。套数，又称“套曲”、“散套”、“大令”，是从唐宋大曲、宋金诸宫调发展而来，统属于一个宫调的成套的散曲。它往往由同一宫调的若干首曲牌联缀而成，一般有头有尾，前后贯通；其组成少则由两个统一宫调的曲子相联，多的可以由二三十调组成，各曲同押一部韵，不能换韵；套数曲牌的排列次序大致有规律可寻。小令和套数是散曲最主要的两种体制，它们一为短小精练，一为富赡雍容，各具不同的表现功能。从风格上看，它们也有不同，一般是小令雅而套数俗。

除此之外，散曲体制中还有一种带过曲，是介于小令和套数之间的一种特殊体式。

散曲的题目由三部分组成：宫调、曲牌、内容提示。如马致远的一套散套《双调·夜行船·秋思》，“双调”是调式，“夜行船”是第一支曲子的曲牌，“秋思”是内容提示。马致远还有一支小令《越调·天净沙·秋思》，“越调”是调式，曲牌是“天净沙”，“秋思”是咏唱内容的标题。

宫调是指中国古代音乐的调式。小令和散套都要按一定的宫调来演唱。每一个宫调都有它的音律风格，或悲伤或雄壮，或缠绵或沉重。元曲中的戏曲套数和散曲套数，就是按同一宫调的不同曲牌连缀而成的。

曲牌或称“曲子”是对各种曲调的泛称，各有专名，如《点绛唇》、《山坡羊》等，每一个曲牌都有一定的曲调、唱法，同时也规定了该曲的字数、句法、平仄等，据此可以填写新曲词。曲牌大都来自民间，一部分由词发展而来，曲牌名也有和词牌名相同的，但是内容并不完全一致。

元曲在押韵方面严守《中原音韵》十九部的要求而分平、上、去。曲的对仗要求比较自由，可平仄相对，也可平声相对。曲的对仗形式有“两字对”、“首尾对”、“衬字对”等十三种。

散曲还可以根据内容表达的需要，在曲调规定的字数之外另加衬字。衬字多数用在句首和句子的两个词组之间，句子中间大多用虚词。例如〔南吕·黄钟尾〕开头两句按正格字数该是七、七，但关汉卿在〔一枝花〕《不伏老》套中却增加到五十三字：“我是（个蒸不烂煮不熟捶不扁炒不爆响珰珰）一粒铜豌豆，（恁子弟每谁教你）钻入（他锄不断斫不下解不开顿不脱慢腾腾）千层锦套头。”（括号内为衬字。）

二、散曲的特点

散曲是继诗、词之后出现的新诗体，在形式上最直接的表现是和词的密切关系，是词在元代特定历史和文化背景下的演化形态。从前人对诗词曲的评价看，人们对他们总体风格的认识是：诗庄、词媚、曲俗。曲俗，换一句话说是“本色”。虽然这种概括是以牺牲了个体的丰富性和特性为前提的，但它也的确道出了曲不同于传统诗、词的特点。表现为：

1. 相对灵活的句式

散曲与词一样，采用长短句句式，但句式更加灵活多变。词创作中词牌句数的规定是十分严格的，不能随意增减，而散曲则可以根据内容的需要，突破规定曲牌的句数，进行增句；词的句式在一两字至十一字间，而散曲的句式，长的可达几十字，伸缩变化极大。另外，曲最具有特色的是：散曲可以在曲调规定的字数之外，根据内容表达的需要增加“衬字”。衬字的使用对严谨的曲律也是一种相对的补偿，很好地解决了生动活泼的口语和曲调固定字数之间的矛盾。

2. 口语化、散文化的语言风格

传统的抒情文学诗、词的语言以典雅为尚，讲究庄雅工整，言简意赅，含蓄蕴藉，元曲则追求通俗易懂，不避俚俗、不避繁复，尽量铺张。散曲的名作中语言虽也有典雅精工的，但从总体倾向来看，却是以俗为美、追求自然。元杂剧的曲文在抒情的同时兼有叙事的功能，因而在曲文中出现了许多有口语特点的句子。散曲也受此影响，口语化倾向突出。再有是衬字的使用，也推动了散曲语言向口语化、通俗化方向转变。此外，散曲的句法讲求完整连贯，较少语法上的省略或罗列意象，和前代诗词相比，散文化的特点十分突出。

3. 明快、自然、酣畅淋漓的审美取向

在元代抒情性文学的创作中，自然酣畅之美，同样是最为鲜明而且备受推崇的。以散曲而言，其审美要求明显与诗词不同。诗词作者追求雅，曲则雅俗俱可，无所不容。从总体上说，它崇尚的是明快、自然、刻露之美。它是社会尚俗的习俗和散曲形式的特殊韵味综合作用的结果。从实际创作的情况看，时代背景不同，作者的身份、文学素养不同，创作目的不同，作品的风格也不尽相同，但在总的时代审美情趣影响下，无论作者追求什么样的风格：清丽、质朴、豪放、泼辣或谐谑，却总离不开自然酣畅这一总的趋向。因而，散曲作者多以赋的手法，白描直陈，契合北曲慷慨激越的风格，把所写的情与物展露无余，淋漓尽致。

从上述散曲的特点可见，比之传统的抒情文学样式诗、词，散曲身上刻有较多的俗文学的印记。它是金元之际民族大融合所带来的乐曲的变化，知识分子由于地位的下降导致的对以往精英文化传统的背离，以及市民欣赏趣味的影响等一系列因素综合作用的结果。

三、元散曲的创作

元代散曲作家约200余人，作品4 300多首，其中小令3 850余首，套曲450余套。加上散佚的作品，对一个立国不到百年的朝代来说，应该是非常丰硕的成果。正如著名文学史家冯沅君所言：“散曲到了元代，宛如词在宋代。它是轮方薄中天的太阳。”（《中国诗史》卷三）

和杂剧的创作情况类似，元代散曲创作也分为前、后两期。前期的重要作家是元好问、杨果、刘秉忠、关汉卿、王和卿、白朴、王实甫、胡祗遹、马致远、姚燧、卢挚、冯子振、张养浩等。前期是散曲的草创时期，尚有诗词的痕迹。散曲创作或抒情遣性或自娱自乐或资青楼歌妓弹唱。前期散曲作家的活动中心在大都，这是散曲创作的兴盛时期，作家队伍中有地位显赫的达官贵人、文人雅士，如刘秉忠、杨果、卢挚、姚燧等；有著名的杂剧作家，如关汉卿、白朴、马致远等；还有教坊艺人，如珠帘秀等。由于作家的社会地位高下不同，思想感情各异，艺术素养差别也很大，使前期散曲呈现出丰富多彩的局面。而散曲作为一种新的诗歌形式也逐步走向成熟。在各类作家中，最有成就的是那些兼作杂剧的作家，如关汉卿、白朴、马致远等人。他们的作品既有民间文艺的通俗平易、质朴自然的意趣，又经过锤炼开拓，提高了散曲的境界，如关汉卿的《南吕·一枝花·不伏老》套曲，马致远的《双调·夜行船·秋思》套曲，白朴的《仙吕·

点绛唇·金凤钗分》套曲以及他们的小令等都是元散曲中脍炙人口的佳作。他们对于散曲成长为一种富有特色的诗歌体裁，作出了很大贡献。

后期，散曲深入到生活的各个层面，散曲作家的活动中心，逐渐移至杭州一带。随着散曲的繁盛和发展，这一时期的作家队伍有了新的变化，出现了一批专攻散曲，或主要精力、主要成就在于散曲创作的作家，如张可久、乔吉、贯云石、徐再思等人。他们对于散曲的体制和规律勤于探究，写出不少好作品，丰富了散曲园地。后期创作在数量上比前期更多。从发展趋势来看，虽然继承和发扬了前期散曲通俗直白、生动活泼的特色，出现了像睢景臣的套曲《般涉调·哨遍·高祖还乡》、刘时中的套曲《正宫·端正好·上高监司》、张养浩的《中吕·山坡羊·潼关怀古》、张可久的《中吕·卖花声·怀古》等难得的揭露黑暗现实，嘲讽抨击封建统治者、同情百姓苦难的优秀作品，但是总的创作倾向，却是趋于过分追求形式上的典雅工巧，逐渐失去了朴素自然的本色。在这一时期，曲学评论与音律研究的著作也应运而生：贯云石的《阳春白雪序》是最早出现的散曲评论文章；周德清的《中原音韵》对于曲韵及曲的格律的研究，不论对杂剧还是散曲的创作，都有重要意义。此外，还出现了一些散曲选集，其中以杨朝英的《阳春白雪》和《朝野新声太平乐府》最为著名，人称“杨氏二选”。

元代散曲创作的风格是多样的，主要可以分豪放、清丽两派。豪放派以马致远称首，清丽派则以张可久为魁。如从前、后期作品的倾向来看，前期是以豪放本色为主流，但是尖新清丽之作也有重要地位。到了后期，则以清丽为主，豪放为辅。后期即使以疏放豪宕著称的作家如贯云石等人，他们的作品也与前期豪放派不同，带有江南文学传统的妩媚的色彩。到了元末，南戏音乐融入散曲，不少作家采用南北合套的方式，使元代散曲的发展出现了新面貌，向明代散曲以南曲为主的局面，迈出了第一步。

【思考题】

1. 简述元代戏剧的体制。
2. 元代戏剧有哪些特点？
3. 简述元代的戏剧创作。
4. 简述元散曲的体制。
5. 元散曲有哪些特点？
6. 简述元散曲的创作。

【参考书目】

1. 《中国文学史》（第三卷），袁行霈主编，高等教育出版社。
2. 《中国文学史》（下），章培恒、骆玉明编著，复旦大学出版社。
3. 《元人杂剧选》，顾学颉，作家出版社。
4. 《元杂剧选注》，王季思等选注，北京出版社。
5. 《宋元戏曲史》，王国维著，中国戏剧出版社。
6. 《元曲鉴赏辞典》，蒋星煜主编，上海辞书出版社。
7. 《元曲选》，（明）臧晋叔编，中华书局。
8. 《全元散曲》，隋树森编，中华书局。
9. 《元曲选外编》，隋树森编，中华书局。
10. 《元人小令集》，陈乃乾辑，中华书局。

元曲作品选

双调·小圣乐·骤雨打新荷[1]

元好问

绿叶阴浓，遍池亭水阁，偏趁凉多。海榴初绽[2]，朵朵簇红罗。乳燕雏莺弄语，有高柳鸣蝉相和。骤雨过，珍珠乱撒，打遍新荷。

人生百年有几？念良辰美景，休放虚过。穷通前定[3]，何用苦张罗。命友邀宾玩赏，对芳尊浅酌低歌。且酩酊[4]，任他两轮日月，来往如梭。

【注释】

[1] 双调·小圣乐：据《九宫大成谱·总论》引《宋史·燕乐志》，双调，小石调，俱属商声七调。因此《太平乐府》以此曲入双调。从格调看，它就是词里的慢词。又一般曲谱、曲选，都据《太平乐府》称此曲为“聚雨打新荷”，现据《辍耕录》改用原名，另补题目为骤雨打新荷。[2] 海榴初绽：石榴花初开。[3] 穷通前定：这是一种唯心的迷信说法，意思是个人命运的好坏是前世就注定了的。[4] 酩酊：酒醉状。

【提示】

这是元人散曲名篇。元陶宗仪《辍耕录》卷九："小圣乐乃小石调曲，元遗山先生好问所制，而名姬多歌之，俗以为聚雨打新荷者是也。"上片咏景，写盛夏景色：绿叶阴浓、石榴花初开，在"乳燕雏莺弄语，有高柳鸣蝉相和"热闹、喧闹的气氛中出现一场打遍新荷的骤雨，使人感到一阵凉意。下片对景抒怀，抒写元代文人追求的花间樽前浅斟低唱的生活和及时行乐的思想，流露出元代文人对现实的消极态度。

【思考题】

1. 简析此曲是怎样寓情于景的。
2. 从词中流露的情绪看，它反映了哪些时代特征？

南吕 · 一枝花 · 不伏老[1]

关汉卿

攀出墙朵朵花，折临路枝枝柳[2]。花攀红蕊嫩，柳折翠条柔，浪子风流。凭着我折柳攀花手，直煞得花残柳败休。半生来折柳攀花，一世里眠花卧柳。

【梁州】我是个普天下郎君领袖[3]，盖世界浪子班头。愿朱颜不改常依旧，花中消遣，酒内忘忧。分茶攧竹，打马藏阄[4]；通五音六律滑熟[5]，甚闲愁到我心头！伴的是银筝女银台前理银筝笑倚银屏，伴的是玉天仙携玉手并玉肩同登玉楼，伴的是金钗客歌《金缕》捧金樽满泛金瓯[6]。你道我老也，暂休。占排场风月功名首，更玲珑又剔透。我是个锦阵花营都帅头[7]，曾玩府游州。

【隔尾】子弟每是个茅草冈、沙土窝初生的兔羔儿乍向围场上走[8]，我是个经笼罩、受索网苍翎毛老野鸡蹅踏的阵马儿熟[9]。经了些窝弓冷箭镴枪头[10]，不曾落人后。恰不道"人到中年万事休"[11]，我怎肯虚度了春秋。

【尾】我是个蒸不烂、煮不熟、捶不匾、炒不爆响当当一粒铜豌豆，恁子弟每谁教你钻入他锄不断、斫不下、解不开、顿不脱慢腾腾千层锦套头[12]。我玩的是梁园月，饮的是东京酒，赏的是洛阳花，攀的是章台柳[13]。我也会围棋、会蹴踘、会打围、会插科、会歌舞、会吹弹、会咽作、会吟诗、会双陆[14]。你便是落了我牙、歪了我嘴、瘸了我腿、折了我手，天赐与我这几般儿歹症候，尚兀自不肯休[15]。则除是阎王亲自唤，神鬼自来勾，三魂归地府，七魄丧冥幽，天那，那其间才不向烟花路儿上走[16]！

【注释】

［1］“南吕·一枝花”是宫调名，“梁州”、“隔尾”、“尾”是曲牌并组成套数，“不伏老”是该套曲的标题。［2］出墙花、临路柳：皆指妓女。［3］郎君：嫖客。［4］分茶攧（diān）竹：分茶，宋代流行的一种茶道。攧竹，一种赌博性质的抽签。打马：弹棋博戏名。藏阄：一种始于汉代的游戏。［5］滑熟：熟练、熟悉。［6］银筝女、玉天仙、金钗客：均指歌伎、妓女。金瓯：瓯，一种小盒子，这里指精美的酒具。［7］都帅头：总头目。［8］子弟每：嫖客们。每：宋元口语，相当于“们”。围场：本指猎场，这里指妓院。［9］此句和上句相对。蹅（zhā）踏的阵马儿熟：原指进行实地勘察，对阵地、行列很熟悉。［10］窝弓冷箭：比喻作者所受的暗算。［11］恰不道：却不想想。［12］恁（nín）：您。套头：套子。［13］章台柳：指妓女。章台：汉代都城长安的地名，是娼妓聚居的地方。［14］蹴踘（cùjū）：我国古代的一种球类游戏，类似于现代的足球运动。插科：这里指谈笑，说笑话。咽作：歌唱。双陆：一种棋的名称。［15］落了：打掉了。歹症候：坏毛病。兀自：尚且，还是。［16］烟花路儿：指勾栏妓院。

【提示】

这套曲子是关汉卿晚年的自叙生平之作，也是他散曲的代表作。同时，在文学史上也是具有相当地位的一篇奇文。在这套曲中，关汉卿以第一人称出场，用酣畅淋漓的通俗语言自我介绍、自我欣赏、自我调侃，从而塑造出特殊环境下的特殊人物形象，并表现不伏老的主题。

关汉卿此曲重彩浓墨，层层晕染，集中而又夸张地塑造了“浪子”的形象。关于此曲的理解，历来有较大差异。客观地看，元代文人的出路很窄，地位也较低，他们的追求和以往的士大夫相比已有很大不同；再有，儒家思想影响力下降，传统思想、观念相对松弛，人们的个性比较张扬。在时代风尚和社会现实的复杂影响下，元代文人精神激变，浪子风流和隐逸情调成了元代文人的一种人生理想。关汉卿是最杰出的浪子风流的时代化身，他的《南吕·一枝花·不伏老》可视为一个这样的宣言。在这一“浪子”的形象身上所体现的对传统文人道德规范的叛逆精神、任性所为无所顾忌的个体生命意识，以及不屈不挠顽强抗争的意志。从另一个角度说，以风流自夸，滑稽调侃，也是元代文人对市民意识、市民文化认同的一种表现。

此曲在艺术上也很有特色。曲中一系列短促有力的排句，节奏铿锵，具有精神抖擞、斩钉截铁的意味。全曲把衬字运用的技巧发挥到了极致。如首两句，作者在本格七、七句式之外，增加了39个衬字，使之成为散曲中少见的长句。而这些长句，实际上又以排列有序的一连串三字短句组成，从而给人以长短结合、舒卷自如的感觉。曲中大量排句的运用，随心所欲地加入衬字，使语风泼辣，有一种奔腾不竭的气势，配合以第一人称直抒胸臆的方式，更富有高亢激昂的斗争性，形成了关汉卿独特的曲风风格。这种浪漫不羁的表现形式，恰能表达浪漫不羁的内容，以及风流浪子无所顾忌的品性。

【思考题】

1. 在《不伏老》里关汉卿以浪子风流自夸，表现了什么样的思想倾向？
2. 在此曲中，关汉卿是怎样表现他放浪不羁的性格的？

双调·夜行船·秋思

马致远

【夜行船】百岁光阴一梦蝶[1]，重回首往事堪嗟。今日春来，明朝花谢，急罚盏夜阑灯灭[2]。

【乔木查】想秦宫汉阙[3]，都做了衰草牛羊野。不恁么渔樵没话说[4]，纵荒坟横断碑，不辨龙蛇[5]。

【庆宣和】投至狐踪与兔穴[6]，多少豪杰！鼎足三分半腰折，魏耶？晋耶[7]？

【落梅风】天教你富，莫太奢。没多时好天良夜。富家儿更做道你心似铁，争辜负了锦堂风月[8]？

【风入松】眼前红日又西斜，疾似下坡车。不争镜里添白雪[9]，上床与鞋履相别。休笑巢鸠计拙[10]，葫芦提一向装呆[11]。

【拨不断】利名竭，是非绝。红尘不向门前惹，绿树偏宜屋角遮，青山正补墙头缺，更那堪竹篱茅舍。

【离亭宴煞】蛩吟罢一觉才宁贴[12]，鸡鸣时万事无休歇。何年是彻[13]？看密匝匝蚁排兵[14]，乱纷纷蜂酿蜜，急攘攘蝇争血。裴公绿野堂[15]，陶令白莲社[16]。爱秋来时那些：和露摘黄花，带霜烹紫蟹，煮酒烧红叶。想人生有限杯，浑几个重阳节。嘱咐俺顽童记者[17]：便北海探吾来，道东篱醉了也[18]！

【注释】

［1］梦蝶：典出《庄子.齐物论》："昔者庄周梦为胡蝶，栩栩然胡蝶也，自喻适志与！不知周也。俄然觉，则蘧蘧然周也，不知周之梦为胡蝶与？胡蝶之梦为周与？"此句谓人生就如一场梦境。［2］急罚盏夜阑灯灭：赶紧行令罚酒，直至夜深灯灭。夜阑：夜深。［3］秦宫汉阙：秦代的宫殿和汉代的陵阙。［4］不恁么：不如此，不这么。［5］龙蛇：指碑上刻的文字。李白《草书歌行》："时时只见龙蛇走，左盘右蹙如惊电。"［6］投至：乃至。［7］"鼎足三分半腰折"以下三句：三国时魏、蜀、吴三国鼎立，但不久也消亡了，胜利的究竟是魏还是晋呢？［8］锦堂风月：锦堂代指富贵人家，风月泛指生活享受。［9］添白雪：添白发。［10］巢鸠计拙：比喻不善于生计。《诗．召南．鹊巢》："维鹊有巢，维鸠居之。"朱熹注："鸠性缺拙不能为巢，或有居鹊之成巢者。"［11］葫芦提：糊涂。［12］蛩（qíng）：蟋蟀。［13］彻：尽头，了结。［14］密匝匝：众多，稠密，密密麻麻。［15］裴公绿野堂：裴公，唐人裴度，唐宪宗时官至中书侍郎同平章节事，封晋国公。后退居洛阳，筑绿野草堂，与白居易等吟酒咏诗其中，不问政事。［16］陶令白莲社：陶令指晋诗人陶渊明。白莲社典出晋·阙名《莲社高贤传》，谓晋释慧远等十八人在庐山结社，同修净土之业。谢灵运在山上凿池植莲，故称"白莲社"。但陶渊明未曾入社，此处或是曲辞对仗之需，姑且用之。［17］嘱付俺：一本作"人问我"。记者：记着。者：语助词。［18］北海：指东汉时孔融，因其首出任北海相，故后世称其为孔北海。尝自谓："座上客常满，樽中酒不空，吾无忧矣。"

【提示】

本篇为马致远代表作，曾被誉为元散套之绝唱。全曲由七首曲子构成，纵论古今，左右开合，抒情、叙事、言理融于一体，深刻地表现了马致远对人生的领悟和放逸的情怀。

马致远散曲中最有特色最能体现元代散曲风貌的是其叹世、咏史、恬退的作品，而套曲《秋思》则是集其一切叹世、咏史和恬退作品之大成。作者眼界开阔，襟怀博大，思想浑脱飘逸，才气纵横驰骋。曲中时而秦宫汉阙，三国魏晋，时而荒坟断碑，锦堂风月，时而豪杰渔樵，时而巢鸠梦蝶，时而愤世疾俗，时而怡然自得，笔触所及，古往今来，社会人生，包罗万象，应有尽有。马致远看破尘世嚣嚷、历代盛衰、名利富贵、是非曲直，主张及时行乐、恬退隐居、装呆守拙的思想表现得淋漓尽致。

马致远早年热衷于功名，但他的仕途却并不得意，所任最高官职不过是从五品的江浙行省务官。在封建社会中，对现实绝望的知识分子，最容易产生人生的幻灭感和历史的虚无感，并进而乞灵于老庄的保身哲学，将与世无争、超尘绝世的隐居生活作为理想的人生境界，并希冀以精神上的遁隐作为消解痛苦、疗治创伤的药方。此曲之关键是由两个鼎足对所创造的意境："红尘不向门前惹，绿树偏宜屋角遮，青山正补墙头缺。""和露摘黄花，带霜烹紫蟹，煮酒烧红叶。"这是作者所要表达的人生追求和生活境界，而围绕这一追求，作者从历史的虚无、豪杰的无常到人生之短暂、社会之恶俗直逼出了"利名竭，是非绝"的大彻大悟，从而使上述境界更具深味。全曲形象精练，比喻贴切自然，语言通俗，极富情趣。如曲中以下坡车比落日之快，光阴之迅速，以蚁排兵、蝇争血比喻世俗争名夺利的丑态，都十分形象、贴切。两组鼎足对凝练匀称，形象自然，色彩鲜明，真切生动地描绘出了隐居生活的恬适情趣。王世贞《艺苑卮言》称其"俱入妙境"。全曲悠长之意境、透彻之理趣、奔放之情思交织成了一个有机整体，有着极高的艺术魅力。

【思考题】

1. 简析《双调·夜行船·秋思》的语言特色。
2. 请在《双调·夜行船·秋思》选出最能表现马致远情怀的曲句。

双调·水仙子·自足

杨朝英

杏花村里旧生涯[1]，瘦竹疏梅处士家[2]，深耕浅种收成罢。酒新篘鱼旋打[3]，有鸡豚竹笋藤花。客到家常饭，僧来谷雨茶[4]，闲时节自炼丹砂。

【注释】

[1] 杏花村里旧生涯：杜牧《清明》："借问酒家何处有，牧童遥指杏花村。"此指作者的"诗酒生涯"，旧生涯，已熟悉的、长久的生活。[2] 处士：隐士。[3] 酒新篘（chōu）：滤酒的器具，也指过滤（酒）。[4] 谷雨茶：谷雨时采的嫩茶。

【提示】

此曲是写作者隐居生活的闲适与情趣的。“自足”是元散曲中的一个常见主题，是元代文人在现实压抑下所寻求的一种心灵慰藉，故这种所谓“自足”的生活图景不一定是诗人生活的真实写照，而往往是诗人内心向往的理想生活。此曲即然，诗人“诗酒”自娱，植梅种竹，往来无俗客，内心无尘染，不为世事所拘，躬耕田园，自给自足，这种恬淡、这份闲适，无疑是诗人胸中的理想境界。

【思考题】

1. 这首散曲表现了怎样的人生情调?
2. 对照唐人的田园诗、隐逸诗，有何不同?

双调·水仙子·夜雨

徐再思

一声梧叶一声秋[1]，一点芭蕉一点愁[2]，三更归梦三更后。落灯花棋未收[3]，叹新丰孤馆人留[4]。枕上十年事[5]，江南二老忧[6]，都到心头。

【注释】

[1] 一声梧叶：指梧桐叶落的声音。[2] 一点芭蕉一点愁：指雨点滴在芭蕉上的声音引人愁思。一点：指雨点。[3] 灯花：油灯结成花形的余烬。此句从宋代诗人赵师秀的“有约不来过半夜，闲敲棋子落灯花”诗句化出。[4] 新丰孤馆：用唐初大臣马周的故事，见《新唐书·马周传》。新丰：在陕西新丰镇一带。马周年轻时，生活潦倒，外出时曾宿新丰旅舍，店主人见他贫穷，供应其他客商饭食，独不招待他，马周命酒一斗八升，悠然独酌。[5] 枕上十年事：伏枕回忆往事。借黄粱一梦故事。事见唐人李泌所作传奇《枕中记》：卢生在邯郸遇道人吕翁，生自叹贫困，吕翁将一枕头授予，说：“枕此，当令子荣适如意。”时店主正蒸黄粱，生梦入枕中，娶崔氏女，生举进士，累官至节度使，大破戎虏，为相十年，子孙皆荣贵，生年逾八十而卒。至此生醒，时主人所蒸黄粱尚未熟。[6] 二老：指年老的双亲。

【提示】

这首曲摹写旅人的秋夜愁怀：孤馆夜宿，适逢秋雨，听着雨打芭蕉，风吹落叶的声音，作者倍感孤寂。再想到自己漂泊他乡，空有才华，无人赏识，徒为江南二老添忧，种种忧愁一起袭上心头。

在内容上说，本曲写得并无新意，无非是传统的羁旅乡愁的又一次重复，但它写得十分精巧，情景交融、自然流畅。起三句鼎足对，贴切自然，没有一点锻造的痕迹，且一句之中又前后重叠，各自相对，以景寓情，很能见出作者的功力。从落花句开始，由景过渡，后面转为正面的抒情，到结尾，一句简单的“都到心头”，语尽而意无穷。

第十专题
明清小说

第一节　明代小说

从元末明初开始，小说这种文学形式充分显示出它的社会作用和文学价值，打破了正统诗文的垄断地位，出现了空前繁荣的局面，在文学史上，取得了与唐诗、宋词、元曲相提并论的地位。明代小说特别是白话小说，内容丰富，形式多样，既有长篇巨帙，又有短小精悍之作。据明、清两代著录及近人搜集，长篇小说有目可考者，不下百种，流传至今的有五六十部之多；短篇小说则数以百计，形成了中国小说创作的一个高潮。中国古代长篇小说的体裁——章回小说是在明代定型的。章回小说分章叙事，分回标目，每回故事相对独立，段落整齐，但又前后勾连，首尾相接，构成一个统一的整体。艺术表现方面，明代长篇小说日趋成熟。《三国演义》、《水浒传》、《西游记》、《金瓶梅》“四大奇书”，标志着明代长篇小说艺术发展的历程：成书过程由世代累积集体编著到个人创作；创作意识从借史演义、寓言寄托到直面现实、关注人生；表现题材从战争兴废、国家大事到日常生活、家庭琐事；小说人物从帝王将相、英雄豪杰到寻常百姓；小说语言从半文半白到大量运用口语、方言。这些都足以说明明代小说的巨大成就。同时，明代短篇白话小说、文言小说的艺术成就也不容忽视。

中国白话小说发展到明代，处于承上启下的转折时期，即由世代累积型集体创作的话本、平话，向文人作家个人独创的过渡。明代成书的几部著名长篇小说，如《三国演义》、《水浒传》、《西游记》，都带有这一鲜明特点。明代文人创作的白话短篇小说称为“拟话本”，就是直接摹拟学习宋元话本的产物。由宋元民间创作的短篇话本、长篇平话，发展成文人创作的短篇、长篇小说，并非一蹴可及，而是经历了一个循序渐近的漫长行程，其间也必然有一个过渡。关于这个发展过程，可以归结为：世代累积型集体创作话本——文人加工写定——作家个人创作。文人加工写定，恰处这个过渡阶段，承上启下，不可或缺。文人加工写定，不同于改编，特别是篇幅浩繁的长篇小说，从简单回目对仗、整齐划一，到复杂的结构布局、人物形象塑造，都是一项艰苦的创作性劳动。因此，罗贯中、施耐庵、吴承恩，以及一大批不知名的加工写定者，都为中国白话小说的发展，建立了不朽业绩。他们一方面广泛吸取民间集体创作的丰富养料，作了创造性的艺术加工；一方面又为作家个人独创，作了有益的尝试和艺术实践。

明代白话小说就题材而言，大致可以分两大类。第一类是非现实题材，包括历史、传奇和神怪故事，尤以前者居多。依此分类，有历史演义小说、英雄传奇小说和神怪小说，《三国演义》、《水浒传》和《西游记》分别是其优秀代表。有明一代，历史演义小说非常多，上自盘古开天辟地，下至明代，各朝各代都有通俗演义小说。与七分史实、三分虚构的历史演义不同，英雄传奇小说不拘囿于史实，而是撷取一些历史人物和事件的某个侧面或片断，铺张扬厉，虚构谋篇。神怪小说借历史事件描写神魔鬼怪之争，内容虚幻，风格奇特。《西游记》之唐三藏西天取经，《封神演义》的武王伐纣，在历史上或可捕捉到身影，而有些作品则在历史上毫无踪迹。这些作品，毋宁说是传统道教、佛教逐渐世俗化的一个反映。第二类是现实题材，直面人生，可谓明代社会生活的一面镜子。诸凡封建统治集团的骄奢淫佚、忠奸斗争、社会腐败、政治黑暗、市井生活的芸芸众生，声情画貌，情趣心态，尽入笔端，构成了一幅生动的明代社会生活的风俗画卷。《金瓶梅》发其端，大批拟话本继其后，间以海瑞、况钟的断狱公案，数量可观，而以反映爱情婚姻题材的篇幅最多。爱情婚姻题材，是传统小说乃至整个文学史上的重要内容，然而到了明代，却赋予了新的内涵。它们从肯定人的生存价值出发，大胆肯定人的性欲为正当要求，描写青年男女突破封建礼教的樊篱，追求挚着的爱情生活，带有明显的人文主义色彩，标志着一个时代的觉醒。这类小说也存在两个严重的缺陷，即一夫多妻制的肯定和淫秽描写的泛滥。至于通篇淫乱，“着意所写，专在性交”的一批淫书，更是一个反动，形成了明代小说创作的一股逆流。

明代白话小说创作一个最鲜明的艺术特色，就是语言更加通俗易晓，朝着俚俗化方向发展，有很强的表现力，词汇丰富，鲜明生动。如果说明代前期成书短篇和长篇还夹杂着大量文言词汇的话，那么明代后期之作则洗荡一空，完全口语化了。《三国演义》使用的语言虽然简洁流畅，但也半文半白，更多的是浅近的文言。比之《三国演义》，《水浒传》的语言更接近口语，洗练明快。《金瓶梅》使用的就是当时的白话口语，谚语、成语、歇后语随处可见，隐语、江湖切口，比比皆是，带有浓厚的市井独特风格，显得异样的生动泼辣。明代白话小说另一个艺术成就，是结构完整严谨，细节真实生动，人物性格饱满鲜明。不同题材，采用了不同的塑造人物方法，艺术性格饱满丰富，琳琅满目。明代后期，冯梦龙、凌濛初、李渔等创作的一大批拟话本小说，篇幅不长，但精雕细镂，玲珑剔透。不难看出，文人作家迈入明代通俗小说的创作园地，从他们为世代累积型集体创作加工写定，到自己匠心独运，独立创作，为中国古典小说的艺术，开拓了一个崭新的天地，作出了不可磨灭的贡献。

与明代通俗小说空前繁荣相比，文言小说的创作，就其总体而言，成就不高。因袭传统的灵怪、艳情题材，多以因果报应出之，示意劝惩，削弱了小说艺术的感人力量，笔记杂俎又多侧重于自然现象的变异，带有较多的迷信色彩。中国古代文言小说发展到宋代，衰微之势，已见端倪，元、明两代继之，至清《聊斋志异》出现后，始有改观。在文言小说发展史上，明代处于创作的转折时期，承上启下，为清代文言小说的兴盛创造了条件。

一、《三国演义》

《三国演义》是我国第一部长篇章回小说，也是历史演义小说中的开山之作。《三国演义》用“依史演义”（李渔《三国志演义序》）的独特的文学样式，描写了起自黄巾起义，终于西晋统一的近百年历史。三国故事早在唐代就广为流传，罗贯中依据陈寿《三国志》和裴松之《三国志注》，因循尊刘抑曹的正统史观，吸收宋元民间艺人演唱三国故事的成果，完成了这部具有开创意义的长篇历史小说。

《三国演义》的所谓“演义”，渗透着作者主观的价值判断，用自以为理想的“义”，去褒贬人物，重塑历史，评价是非。作者显然是以儒家的政治道德观念为核心，同时也糅合着千百年来广大人民群众的心理，表现了对昏君贼臣的痛恨，对清平世界的明君良臣的渴望。这就是《三国演义》的主旨。

东汉末年到西晋统一的百年间，战争频仍，杀伐不断，英雄辈出。因此，战争描绘就不能不是《三国演义》的主要内容，对战争描绘得成功与否，就成了这部小说成功与否的关键。恰恰在这方面，罗贯中显示出了超人的功力，描绘了一场场惊心动魄、扣人心弦的战争，尤其是官渡之战、赤壁之战、彝陵之战这类大规模的会战，场面宏伟，波澜壮阔，跌宕起伏，惊心动魄。《三国演义》全书共写 40 多次重大战役，上百个战斗场面，百年间所有重大战争都写进了小说中。罗贯中笔下的战争，各具特点，并不雷同。罗贯中描写战争，不但写出了众多重大战役各自的特点，而且善于写交战双方的力量对比、战略战术，在此消彼长的力量变化中说明双方胜负的必然性。罗贯中描写的战争不仅场面宏大，在两军对垒、战场厮杀中突出将领的英武，而更重要的是善于挖掘战场背后的主帅间的斗智，刻画将帅运筹帷幄、决胜千里的过程，使得情节更加曲折生动。尤其堪称典范的是作者对赤壁之战的生动铺叙。作者笔下的赤壁之战，场面大，篇幅长，小说的主要人物差不多都在这次战争中出场，并在错综复杂的矛盾中呈现出每个人的性格特征。罗贯中一方面大体上尊重史实，一方面却又在诸葛亮草船借箭、群英会蒋干中计、曹操横槊赋诗等精彩情节上，调动虚构的艺术手段，用大量篇幅把这场战役从曹操兴师下江南至关羽义释华容道的战事，写得风浪迭起，色彩纷呈，令人叹赏。整个战役的描写场面壮观，情节有张有弛，人物栩栩如生。作者描写战争，并不一味表现战争的紧张激烈，常常在波澜壮阔大场面中穿插意趣横生的小场面，使小说疏密相间，张弛结合。在赤壁大战中插入“横槊赋诗”、“草船借箭”、“群英会蒋干盗书”等等，体现了壮美与优美祥和的美学风格。

《三国演义》描写了四百多个人物，塑造了一系列不朽的艺术形象。《三国演义》在刘备、曹操、孙权三个政治集团中，把曹操集团与刘备集团作为主要对立面，并把刘备集团放在中心地位。孙权集团虽然也是刘备集团的敌手，但更多的是作为刘备集团对抗曹操集团的联合力量。作品紧紧抓住曹、刘两个集团矛盾的主线，刻画了曹操、刘备、诸葛亮、关羽等艺术形象。作为艺术形象的曹操，在《三国演义》里是一个极端利己主义者的典型，概括了历史上封建统治者的本质特征。作者成功地刻画了曹操诡谲多变、心狠手毒的思想性格，把曹操这个野心家、阴谋家的形象描写得十分生动、丰富。作者也表现曹操的雄才大略，在与董卓、袁绍等人的对比中，描写他的政治远见与政治气度，但主要还是为了刻画他的“奸雄”，在渲染他雄才大略的同时来表现他老谋深算、善于玩弄权术。相反，《三国演义》对刘备无论是政治品质还是道德品质都加以美化，把他塑造成仁君的典范。为了歌颂刘备，作者还描写了刘备集团的内部关系，他们君明臣贤，彼此了解，互相信任，团结融洽，不但非曹操集团能比，也超过孙权集团。《三国演义》对曹操的谴责和对刘备的歌颂，反映封建正统观念，但更主要的是反映了封建社会人民群众在不能改变统治秩序的情况下，希望君主仁慈宽厚，而反对暴虐统治者的愿望。《三国演义》在刘备集团中选取了诸葛亮、关羽、张飞等人加以着意刻画。刘备对诸葛亮，自称“如鱼得水”，不仅言听计从，而且托付军国大事。诸葛亮为报答刘备“三顾茅庐”的知遇之恩，真正做到了“鞠躬尽瘁，死而后已”。作者在民间创作的基础上，以自己的美学理想，把诸葛亮塑造成了一个忠贞智慧的军事家、政治家的艺术典型。在他身上集中了许多政治家的美德，最显著的特色是他的足智多谋，甚至掺入了一些神化的因素。《三国演义》描写刘备与关羽、张飞的关系，着重表现他们的“义”。作者描写了关羽的勇武刚强，但主要是歌颂他“义重如山”。关羽身上草莽英雄的气质被“深明春秋大义”的儒将风度所冲淡，而在“义”中则特别强调“恩怨分明”。关羽“身在曹营心在汉”，不为曹操的金银美女所诱惑，一旦得知刘备下落，不惜“千里走单骑”，“过五关斩六将”护嫂来奔。关羽“义释曹操”，也是因为他“想起当日曹操许多恩义”，不惜放走刘备集团的主要敌人。张飞也以勇武著称，但作者突出的是他的率直鲁莽、勇猛爆烈、疾恶如仇的性格。此外，赵云的一身是胆、黄忠的老当益壮、周瑜的聪明自信与忌刻好胜、孙权的狐疑与短视、鲁肃的忠厚老实、司马懿的老奸巨滑等等，也都给人留下了深刻的印象。

《三国演义》产生于长篇小说的草创期，在艺术上尚有不足之处，主要是它对人物描写过实，写好人简直一点坏处都没有；写不好的人又是一点好处也没有。有些人物的性格陷入单一的绝对化模式，与现实品格相去较远。自《红楼梦》出现后，《三国演义》这种人物性格的描写模式才逐渐被突破。

按照历史事件写成的《三国演义》成为后代长篇历史演义的典范，在它的巨大影响下出现了一大批历史演义小说。上自开辟演义下至清宫演义，几乎每个朝代都有自己的多种历史演义小说。但是这些历史演义的作者，往往追求无一事无来历，虽仿效《三国演义》半文半白的浅近文字进行创作，却因无视虚构和想象的艺术规律，事事拘泥于正史，忽视人物性格的塑造，所以作品审美价值不高，与《三国演义》无法比拟。

二、《水浒传》

和《三国演义》一样，《水浒传》这部中国古典小说典范之作的出现，也经历了长时期的民间演化和复杂的聚合累积过程。宋江起义见于史料，这些史料中的宋江主要是以一个“以三十六人横行齐、魏”“勇悍狂侠”的“淮南盗”的形象出现。由历史中勇悍狂侠的淮南盗宋江一伙三十六人，到后来《水浒传》中的水泊梁山一百单八将，经过了一个长时期的演变过程。宋时即有民间艺人讲说“石头孙立”、“青面兽”、“花和尚”、“武行者”故事，宋末元初周密《癸辛杂识》中录有龚开《宋江三十六人赞》，出现了宋江、卢俊义、关胜、阮小七、刘唐等三十六好汉的姓名，此外，元代《大宋宣和遗事》中的部分内容，讲述的也是水浒英雄故事，这一部分内容字数不多，但已经有了后来《水浒传》中“杨志卖刀”、“智取生辰纲”、“宋江私放晁盖”、“宋江杀惜”、“征方腊”等故事的雏形。再有，就是元杂剧和明初杂剧中的一些水浒戏，如《梁山泊黑旋风负荆》、《梁山七虎闹铜台》等，也为《水浒传》的最初形成做了一定准备。

施耐庵以宋江起事为线索，汇集民间流传的水浒故事，完成了《水浒传》这部英雄传奇巨著。其创作过程与《三国演义》等历史演义小说相似，主要人物和题材都有一定的历史依据。但英雄传奇小说以塑造一个或几个传奇式英雄人物为重点，后者则着眼于一个或几个朝代的兴废；前者虚多于实，后者注重依傍史实，前者能够突破历史事实的制约，将目光投向日常生活和普通的人。《水浒传》所描写的故事大多在历史上并无翔实的记载，水浒故事在民间流播时已经溶入虚构和想象的成分，因此到施耐庵写定时，它事实上是以遵循虚构的艺术规律构筑成篇的崭新面貌崛起于文坛的，这是《水浒传》对于中国小说艺术的发展所作的创造性贡献。

《水浒传》版本在中国文学史上呈现极为罕见的复杂情形，综合起来说，《水浒传》有繁本简本之分。繁本描写细密，艺术上润色不少。明末金圣叹将《水浒传》删成七十回本，把第一回改为楔子，把七十一回后梁山义军受招安等情节删去，增写卢俊义“惊噩梦”一回作结。此后三百多年来，金圣叹的“腰斩本”一度成为《水浒传》的主要通行本。简本文字粗糙，却包含了全部水浒故事，从排座次到受招安、征辽、征田虎、征王庆、征方腊以及宋江被毒死等均被编织在内。

《水浒传》以北宋末年宋江起义的史事为背景，描写了整个一代有广泛的社会基础的绿林英雄反叛、发展和失败的历史过程，热情地歌颂了民间的反抗斗争，赞美梁山好汉无所畏惧、勇武豪爽、豁达磊落的英雄气概，描绘出这些非凡人物极具英雄传奇色彩的非凡人生，从而深受中国民众喜爱。作者力图摆脱纂史传统的羁绊，较为自觉地运用虚构和想象法则，展现了一系列精彩纷呈的江湖场面及故事，塑造了一系列性格鲜明的人物形象，给读者以极大的审美享受。这标志着中国长篇小说在艺术上趋向成熟。

《水浒传》是中国古代第一部广泛而深刻地揭露封建社会黑暗，客观展示惊心动魄的农民起义的长篇小说。作为一部有着广泛社会影响的作品，其思想倾向一直存在着十分尖锐的不同看法。明清两代既有“忠义”说（李贽《〈忠义水浒传〉叙》认为《水浒传》应列为忠义之列）、“诲盗”说（左懋弟《焚毁〈水浒传〉题本》、金圣叹《第五才子书施耐庵水浒传序二》）。新中国成立以来，“农民起义”说长期居于主导地位，“文革”时评水浒则认为《水浒传》是一部宣扬投降主义的书。后来又有“市井细民写心”说和“忠奸斗争”说。我们认为，不管作者如何以“忠义”为基调来描写梁山队伍的发展、壮大和失败的过程，也不管作品羼入了多少市井细民的意识，小说最终还是客观上反映了我国封建社会的农民起义，并且揭示了农民起义的客观规律。领导这支起义军的领袖多数并不出身于农民，但不可否认的是，这支队伍中有些出身“庄稼田户”和其他下层人民，他们有着“杀去东京，夺了鸟位”的气概，更重要的是，这支义军的基本队伍是农民渔夫、庄客佃户。梁山好汉在官逼下造反，组织武装队伍，提出政治口号，开展军事斗争，与封建国家相对抗，清楚地表明这支义军的基本性质是农民起义，可以说《水浒传》是一部悲壮的农民起义的史诗。

作品开头写高俅靠踢球而发迹，从一个市井无赖摇身为殿帅府太尉，依仗权势，无恶不作。小说以此为开端，描述了“乱自上作”的社会现实：从手握朝纲的高俅、蔡京、童贯和杨戬，到称霸一方的梁世杰、蔡九知府、慕容知府、高廉、贺太守之流，直到横行乡里的西门庆、蒋门神、毛太公、祝朝奉，乃至陆谦、富安、董超、薛霸之流的爪牙走狗，相互勾结、狼狈为奸，残害忠良，欺压良善，把社会弄得暗无天日、民不聊生，不反抗就没有出路。作者把梁山起义的发生、发展、壮大和失败的全过程放在这种“官逼民反”的社会政治背景之下，揭示了起义的正当性和必然性。林冲等人被逼上梁山的血泪历程，揭示了封建时代官逼民反的真理，表达了造反有理的欲求。鲁智深、武松、林冲、宋江等，尽管各自身份、经历不同，但都是社会无道的受害者，都被迫走上了反抗的道路。作者肯定和赞美了被压迫者的反抗和复仇行为。

作者以“忠义”为指导思想塑造梁山义军的领袖宋江，梁山队伍“全仗忠义”，“替天行道”，最后却被不忠不义的社会所吞噬。《水浒传》里的“忠”首先是“忠君”思想，表现为对皇帝和朝廷的忠诚，甚至连攻城掠地、武装反抗朝廷征讨也被解释为“忠”的表现——“酷吏贪官都杀尽，忠心报答赵官家”。但“忠”也含有“保境爱民”、“杀尽贪官”、“除暴安良”等民本思想。“义”在某种程度上反映了下层群众团结御侮的愿望，这种愿望，在城市居民、江湖游民身上反映得尤为强烈。路见不平，拔刀相助，进而至于“济困扶危”、“仗义疏财”，都是“义”的表现。总之“忠义”的内涵本身就十分复杂，虽然融合着包括城市居民、江湖游民在内的广大百姓的愿望和意志，但是儒家的伦理道德却是其基本内容。正是在这种“忠义”的指导下，梁山义军最终受招安，投降了朝廷。

宋江这一形象最能体现《水浒传》忠义思想，宋江作为小说中的第一主角，就是忠义的化身，他的性格在既矛盾又统一的忠和义的主导下发展。他作为一个县衙小吏，能“仗义疏财，济困扶危”，结交天下豪杰，但又有忠君孝亲、安于现状的习性。从“义”字出发，他“担着血海也似干系”救晁盖，也同情他们被逼上梁山，但又认为“于法度上却饶不得”。“杀惜”后，他辗转避难，就是不想去水泊投奔晁盖，“上逆天理，下违父教，做了不忠不孝的人”。他劝人家落草时，也希望人家牢记“如得朝廷招安，……日后但去边上一刀一枪，博得个封妻荫子，久后青史上留一个好名，也不枉了为人一世”。但与此同时，贪官污吏对他的残酷迫害，逼着他向梁山一步一步靠近。浔阳楼吟反诗，自然地流露出被冤仇所郁积的叛逆情绪。“江州劫法场”之后，他一方面感激众位豪杰不避凶险，极力相救的“义”，另一方面也深感到“如此犯下大罪，闹了两座州城，必然申奏去了”，再难在常规情况下尽“忠”，于是他表示“今日不由宋江不上梁山泊投托哥哥去”。上梁山后，他牢记着九天玄女“替天行道为主，全仗忠义为臣，辅国安民，去邪归正”的“法旨”，一再宣称：“小可宋江怎敢背负朝廷？盖为贪官污吏，威逼得紧，误犯大罪；因此权借水泊里避难，只待朝廷设罪招安。”他坐上第一把交椅后，改“聚义厅”为“忠义堂”，明确了“替天行道”的基本路线。直到平定方腊之后，饮了朝廷的药酒，危在旦夕，还表白“我为人一世，只主张‘忠义’二字，不肯半点欺心。今日朝廷赐死无辜，宁可朝廷负我，我忠心不负朝廷！”

《水浒传》继承与发展了中国古代小说和讲史话本的传统特色，故事极富传奇性，一波未平，一波又起，起伏跌宕，变化莫测，每个故事的高潮，都紧扣读者心弦。如“拳打镇关西”、“智取生辰纲”、“宋江杀惜”、“武松打虎”、“江州劫法场”、“三打祝家庄”等等，数百年来脍炙人口。《水浒传》并不单纯追求故事情节的离奇，而是紧紧围绕“官逼民反”这一思想主线，把故事情节和人物性格融合在一起。它所描写的梁山英雄如鲁智深、武松、林冲、李逵等都非常成功。林冲、卢俊义、武松都是梁山第一等好汉，都受过官府的迫害，都被充军。但充军路上三人的表现却不一样：林冲、卢俊义在路上受差人任意摆布，忍气吞声，有时还向差人乞怜哀告，都受骗被绑在树上受死。武松则相反，第一次充军孟州，一路上是差人服侍他；第二次充军恩州，陷入被谋害的境地时，奋起抵抗，轻而易举地收拾了企图杀他的两个差人和蒋门神的两个徒弟。他还一口气奔回孟州，“血溅鸳鸯楼”，彻底走上反抗官府的道路。卢俊义、林冲不是武艺不精，却逆来顺受，原因在于，他们一个是北京首富，一个是八十万禁军教头，都是有身份，有地位，有家室的人。不幸被污受冤，只希望服刑期满，重振家声。幻想之下，在公人面前怀怒未发，忍一口气。而武松无所顾忌，也就无所畏惧，加上他不断被人暗算，所以报复心强，手段也狠。再如鲁智深、武松、李逵三人，都性格刚直，好打不平，不畏强暴，不避危难。但他们又各有特点：鲁智深军官出身，阅历丰富，富有正义感，痛恨人间不平。虽然性格急躁，行动鲁莽，但又很细心机智、粗中有细。这在“拳打镇关西”、“倒拔垂杨柳”、“野猪林”等故事中有细致的描写。武松在行动上有时表现得粗鲁蛮横，像是有意寻衅滋事，如“醉打蒋门神”；有时又装出假象迷惑敌人，如“十字坡”；有时则考虑得十分缜密，如为兄报仇，他从调查情况入手，到杀嫂逼取口供，再到杀西门庆，最后到县衙自首，一步步都是按照他的计划做的，这说明他很有心计。李逵则憨直、粗心、大胆，不计后果，一味蛮干。他又有几分天真，爱管闲事，常常惹出事端，但他极其忠于梁山事业，反抗性最强。作者对这个人物的性格把握得极为细致、准确。作者对林冲的描写显示了极高的功力。作家按照生活的本来面目和人物性格的内在逻辑，出色地揭示了林冲由逆来顺受到奋起抗争的性格发展的曲折历程。他初出场时，因为顾恋家庭，处事十分谨慎，对高俅父子的迫害，采取忍让妥协的态度。但他的英雄本色那时已有所显露，只是强加抑制而已。一旦到了忍无可忍之时，他的愤怒便像火山爆发，冲腾而起，再也见不到一丝的软弱。

《水浒传》七十一回梁山大聚义以后，情节就变得松垮散漫，多有雷同、失真之处。人物也大多失去了原有的色彩。因为梁山的好汉们在这以后所做的事情，同他们原来的性格及人生取向全然背反，作者没能生动而深刻地揭示英雄被招降而走向失败的悲剧精神。金圣叹把《水浒传》截到原书第七十一回为止，确有他的艺术眼光。

《水浒传》作为中国小说史上第一部悲剧的长篇小说，它的悲剧结局增添了作品悲壮气氛。《水浒传》以流利纯熟的白话，描摹人物对话和活现人物性格，对后世的小说创作产生了深远影响，从这个意义上来说，《水浒传》又可以看作是中国古代白话文学创作的里程碑。

然而，今天我们用现代人的眼光来看，《水浒传》虽然有不朽的艺术价值，但也有一些思想和艺术上的败笔之处。其中的108个将领并非全是英雄好汉，梁山好汉打家劫舍，劫富常常并未济贫，他们追求的快活哲学常是为了自己及江湖朋友的快活，而不是为了广大人民的利益。另外，女性形象在书中的描写极为概念化，有些回目作者以欣赏或冷漠的态度描写滥杀无辜的血腥场面，表现了作者对生命价值的轻视。这些地方虽不能影响《水浒传》的价值，但仍应引起我们的关注，尽管我们不能用今天的价值观要求古人，但重新品评思考这一名著反映出的一些问题，是十分必要的。

三、《西游记》

明代中叶出现的《西游记》和《三国演义》、《水浒传》一样，也是取材于历史上的真实事件，所写的唐僧取经故事在吴承恩成书以前已在民间流传。宋元之际刊印的《大唐三藏取经诗话》中的取经故事已经远离历史的真实，有不少神话传说成分。吴承恩集西游故事之大成，创作了优美的神魔小说《西游记》，以天才的想象力，描绘了一个充满奇异色彩、超凡脱俗的神话世界，为中国小说的发展开创了一个新天地。

《西游记》全书内容由三部分组成：第一部分，第一至第七回，写孙悟空的出世和大闹天宫的故事。第二部分，第八至第十二回，写唐僧出身，交待取经缘由。第三部分，第十三回至第一百回，写孙悟空皈依佛门，和猪八戒、沙和尚一起保护唐僧到西天取经，历经九九八十一难，终于取得真经，自己也修成“正果”。《西游记》通过神话的形式，表现了丰富的社会内容，曲折地反映了社会的现实。孙悟空积极乐观、勇敢无畏、不怕困难、敢于斗争的精神深深地植根于中国人民的历史生活的土壤，它是理想和现实相结合的产物。铲妖除怪成为小说的主要内容，取经的目的反倒退居次要地位。

《西游记》在艺术表现上的最大特色，就是以诡异的想象，极度的夸张，突破时空，突破生死，突破人神物的界限，创造了一个光怪陆离神异奇诡的境界。在这里，环境是天上地下、龙宫冥府、仙界佛地、险山恶水；人物是相貌奇异、似人似怪、神通广大、变化莫测；故事是上天入地、祭宝斗法、兴妖除怪。奇境奇人奇事熔为一炉，统一于和谐的艺术整体，展现出奇幻美。而看来“极幻”的背后却令人感到“极真”：富丽堂皇、至高无上的天宫就像人间的朝廷；等级森严、昏庸无能的仙卿使人想起当朝的百官。各色帝王或信道佞佛，或好色昏庸，西天贿赂公行，地曹徇私枉法，妖怪多半与神佛有关，其罪恶行径竟得到神佛的纵容庇护，从中不难看出作者锋芒所指。

在人物塑造上，“使神魔皆有人情，精魅亦通世故”（鲁迅：《中国小说史略》），神性（幻想性）、人性（社会性）、物性（自然性）三者的有机结合，是《西游记》人物塑造的一大特点。在人物描写上，《西游记》不像《三国演义》和《水浒传》那样以塑造群像为特色，而主要集中于唐僧师徒四人。除孙悟空外，比较突出的是猪八戒和唐僧。猪八戒是一个有缺点但又令人喜爱的人物形象。尽管他的前身是天界的天蓬元帅，贬到人间后还具有不少的才能，最后也修成正果，但他始终是个彻头彻尾的普通人。他憨厚纯朴、吃苦耐劳。但不管是在高老庄，还是在西行的路上，他的食色两欲一时难以泯灭，世俗习气不断地表现出来：偷懒、吝啬、嫉妒、争功、贪吃、好色、撒谎、挑拨等等，虽屡屡因此而吃亏或被训诫，但始终顽劣不改。虽然对于上西天取经修成正果的信念常常发生动摇，但他最后还是走到了终点。在很多的场合中，他也起了很大的作用，是孙悟空铲妖除怪不可缺少的助手。尽管最后他重返天界，但从全书来看，他不是高不可攀的英雄，仍是一个实实在在的“人”。他的毛病，往往是出于人的本能欲求，反映了人性的特点，因而往往能获得人们的理解和同情。在《西游记》中，猪八戒的形象无疑是最贴近生活、贴近现实的。与《三国演义》中的帝王将相、《水浒传》中的英雄豪杰相比，猪八戒的形象更具有现实性。《西游记》因此而标志着中国古代小说在人物塑造方面的进步。唐僧恪守宗教信念，对取经事业始终抱有坚定信念，有自我牺牲和百折不回的品格，但胆小懦弱，平庸忍让，怯于斗争，缺乏主见又迂腐顽固，乃至颠倒是非。作者对猪八戒和唐僧采取了善意讽刺的嘲笑态度。沙和尚老实厚道，不辞劳苦，顾全大局。但在全书中只是起陪衬作用的角色，其性格展开得不够充分，是个概念化的人物。

孙悟空是作者着力刻画的人物形象。从开头美猴王出世到大闹天宫失败，共七回的篇幅集中描绘了孙悟空的基本形象。他破石而生，学会了高强的本领。他闯龙宫取得如意金箍棒，又闹冥司一笔勾掉生死簿上的姓名。于是他在花果山上自在称王，无忧无虑，无拘无束，无法无天，欢欢喜喜。这是人性摆脱一切束缚、彻底自由的状态，是在神话中才能形象地表现出来的人对于自身处境的幻想。此后天宫里的统治者对他不放心，玉皇大帝招他上天做个弼马温。他本来也做得有滋有味，但听说这官职原来是那么低下，便怒火顿生，打出天宫，回花果山自己封自己做了“齐天大圣”。玉皇大帝发兵征剿失败，只好认可他自封的尊衔，于是他又“喜地欢天”，在天宫里快活。等到他得知王母的蟠桃会居然没有他这个“齐天大圣”的位置，又觉得受了骗，遂搅散蟠桃会，偷吃兜率宫金丹，回到花果山。这些情节，反映出人们要求个人的权利、地位、尊严得到尊重的强烈愿望。之后，孙悟空与由玉皇大帝再次派来围剿的天兵天将展开了大决战，在西天如来、东海观音、太上老君加上天宫力量的联手镇压下，终于遭到失败。他一而再地大闹天宫，并不是有意要对以玉皇大帝为代表的天宫的统治秩序发起挑战，而只是因为自身的自由遭到了威胁。当他为维护自由而进行反抗时，表现出强烈的叛逆性，说出“皇帝轮流做，明年到我家”这样“大逆不道”的话。自第十三回起，写孙悟空被迫皈依佛门，在八戒和沙僧的协助下，保护唐僧去西天取经。在取经的过程中，孙悟空并未改变其基本的性格特征：他仍然以“齐天大圣”自居，动辄向人们夸耀自己闹天宫的光荣历史；他照旧桀骜不驯，对玉皇大帝、太上老君等尊神放肆无礼，对较受他尊重的如来佛和观音菩萨也常显出一副“惫懒”相，咒观音“该她一世无夫”，讥笑如来是“妖精的外甥”；当唐僧冤屈他，将他赶出取经队伍时，他首先想到的是取下“紧箍咒”，恢复自由自在的生活，但“佛法无边”，“紧箍咒”牢不可破，他又只能接受这样的事实；在与妖魔斗争发生困难时，他还常常求助于如来、观音、老君乃至天宫的神将。孙悟空在历经九九八十一难，最终保护唐僧取得真经的过程中，充分表现出他的机智英勇和广大神通，以及百折不挠的斗争精神。他因此也使自己获得“正果”，在灾难的磨炼中使人生得到净化和完成，从一个天地精气所生的野神成为“斗战胜佛”。

《西游记》的语言生动流利，尤其是人物对话，个性鲜明，富有浓烈的生活气息，表现了一种诙谐幽默的情趣。

从《西游记》所描写的故事情节和艺术形象来看，作家极其出色地发挥了喜剧天才，勾画了一个充满人间烟火气息的神魔奇境。鲁迅说：《西游记》“实出于游戏”（《中国小说史略》），《西游记》这种游戏笔墨突出地表现于孙悟空这个独特艺术形象的怪诞性格之中，同时又表现于通过喜剧性情节对猪八戒缺点的揭露和调侃。这就构成《西游记》不同凡响的艺术风格，影响及于后来的讽刺小说。

四、《金瓶梅》

继《西游记》之后，明中叶兰陵笑笑生独力创作了一部前所未有的长篇世情小说《金瓶梅》。虽从《水浒传》中的武松故事衍生而来，但作家把笔触深入到家庭日常生活领域，通过西门庆的发迹和衰败过程，生动展现了十六世纪后期中国的社会风俗，是一部杰出的现实主义艺术巨著。

《金瓶梅》是我国第一部以家庭日常生活为素材的长篇小说。它的开头据《水浒传》中西门庆与潘金莲的故事改编，写潘金莲未被武松杀死，嫁给西门庆为妾，由此转入小说的主体部分，描写西门庆家庭内发生的一系列事件，以及西门庆与社会中各色人物的交往，直到他纵欲身亡，其家庭破败，众妾风云流散。书名由小说中三个主要女性（潘金莲、李瓶儿、春梅）的名字合成。

《金瓶梅》是以北宋末年为背景的，但它所描绘的社会面貌、所表现的思想倾向，却有鲜明的明朝中叶的时代特征。小说主人公西门庆是一个暴发户式的富商，是新兴的市民阶层中的显赫人物，他依赖金钱的巨大力量，勾结官府并获得地方官职，恣意妄为，纵情享乐。他以一种邪恶而又生气勃勃的姿态，侵蚀着末期封建政治的肌体，使之愈益堕落破败；而他那种肆滥宣泄的生命力和他最终的纵欲身亡，也喻示着他所代表的社会力量在当时难以得到健康的成长。小说写世情意在暴露，不但有广度，而且把矛头集中到封建统治集团和新兴的商人势力，描写官商关系和金钱对封建政治的侵蚀，反映了时代特征，因而有相当的深度。随着经济的发展、城市工商业的兴盛，商人所拥有的金钱力量对以政治权力为核心的封建等级秩序产生了愈来愈严重的破坏，封建国家机器在商人的金钱的锈蚀下，已失去其原有的运转能力。西门庆正是凭藉其金钱买通政治权力，在相当的范围内为所欲为。

在揭示政治腐败、社会黑暗方面，《金瓶梅》所涉及的不仅仅是官商勾结、钱权交易，而是十分广泛的。在《金瓶梅》中，我们看到许多无告的沉冤，难雪的不平：西门庆毒死武大，娶了潘金莲，逍遥法外，即使英雄武松也对他无可奈何；苗员外惨遭杀害，主犯苗青却因此成了富豪；宋蕙莲被害死后，她父亲想给女儿报仇，结果也被迫害而死……这种无辜者受尽煎熬、悲惨而死、毫无抵偿的故事在小说中比比皆是。而那个作恶多端的西门庆，却一辈子富贵荣华。他最后的纵欲而死，即使有教人自我检束的意味，也算不上“恶有恶报”，甚至他转世投胎，也仍旧是做富户。现实的沉重和阴暗，使读者感到十分压抑，从而更有可能认识到封建社会的本质。这种描写，一方面是因为封建末世的政治确实格外地混乱无序，另一方面也是因为作者对传统道德已彻底失去信心，不再相信它能够有效地约制社会的统治阶层，提供正义的理想。

《金瓶梅》不仅反映了社会政治的黑暗，还大量描写了那个时代中人性的普遍弱点和丑恶，尤其是金钱对人性的扭曲。在这部一百回的长篇小说中，几乎没有一个通常意义上的“正面人物”，人人在那里勾心斗角，相互压迫。西门庆家中妻妾成群，花团锦簇，但众妻妾乃至奴婢之间的争宠夺利，无所不用其极，显示出在多妻制婚姻关系中女性心理的阴寒。小说有很多地方写到西门庆在占有各色女子时，一面寻欢作乐，一面商谈着财物的施予，两性关系在这里成为赤裸裸的金钱交易。

《金瓶梅》作为第一部由文人作家独力创作的长篇白话小说，在许多方面做出了历史性贡献，具有里程碑意义。

《金瓶梅》在创作上的最显著的特点就是“寄寓于时俗”。所谓时俗，就是当代世俗社会。之前，长篇小说的题材都是来源于历史或神话，人物无非是帝王将相、英雄豪杰、神仙鬼怪。《金瓶梅》取材于当代现实社会，将视角转向普通的社会、琐碎的家事、平凡的人物，这标志着我国小说艺术进入了一个更加贴近现实，面向人生的新阶段。

与题材转变相关，作品的立意也相应发生了变化。《三国演义》、《水浒传》和《西游记》虽然都写到了反面角色，而且有的反面人物（如曹操）写得还相当深刻，但总的立意是歌颂，直接宣扬了某种理想和精神。而《金瓶梅》则意在暴露，没有一个正面角色。作者用冷静、客观的笔触，描绘了人间的假、恶、丑。

在结构上，《金瓶梅》截取《水浒传》中西门庆与潘金莲的故事，向纵横两个方面发展，触及社会生活的方方面面，不是单线发展，每一个故事在直线向前推进时，通过人物活动，形成许多线索，做横向穿插以拓展空间，形成一种网状结构。总的来看，全书以西门庆为主线，潘金莲、李瓶儿、春梅的故事又都可单独连成一线，他们在一个家庭里连成一体。这个家庭又与官府、商场、市井横向相连，使全书纵横交错，浑然一体。

《金瓶梅》的主要人物植根于现实生活的土壤，具有真实的性格。西门庆是小说中最具有现实品格的艺术形象，他既是商人，又是官僚，还是恶霸，三位一体，别具一格。西门庆作为商人，比普通商人有地位、有权势，还浑身充满霸气；他作为土豪恶霸，又有别于传统上的土豪恶霸，它不仅经营着大笔买卖，深通各种生意经，而且朝廷里还有他的强大靠山；他作为官僚，却又胸无点墨，一味贪财好色，没有一丝一毫的斯文气息，表现出特别的卑鄙龌龊。贯穿于这个人物性格的核心就是流氓市侩的性格。潘金莲是西门庆之外为作家用力刻画的女性形象，她的淫荡、凶狠、伶俐、自私、嫉妒、奉迎等个性特征描摹得维妙维肖，如在目前。她的毁灭反映了封建社会中被污辱、被损害的妇女必然遭遇的悲剧命运。李瓶儿由先前对丈夫的冷酷无情到嫁与西门庆后的一味忍让温顺，这种性格上的反差，揭示了环境与处境的变化对人物性格和心理带来的影响。应伯爵是市井无赖的典型，他趋炎附势，却又反目无情，是下层市井人物中塑造得十分成功的角色。《金瓶梅》塑造的人物性格不再是干瘪的、单一的，作家刻意于生活细节的描写，人物塑造呈现出丰满、复杂多方面倾向。写西门庆的贪淫无赖，却又不否定他的慷慨好客。写潘金莲的凶狠淫荡，却又仔细地刻画她的聪明伶俐和风韵多姿。写李瓶儿的冷酷好强，又描绘出她多情、温厚的本性。这是《金瓶梅》之前的小说所未达到的境界。

《金瓶梅》的主要问题是由于作家对腐败社会和丑恶人生的愤懑十分强烈，因此对道德堕落种种表现的描写缺少选择，尤其是作家对性的放纵缺乏批判态度，小说中大量赤裸裸的性行为渲染，使作品的艺术完美性受到损害，因而长期作为禁书被禁止。

五、“三言”、“二拍”

明中叶以后，随着宋元话本的整理刊行，文人摹拟话本而创作白话短篇小说之风日盛。收集作品较多而对后世影响较大的是天启年间冯梦龙编辑的《喻世明言》（初题《古今小说》）、《警世通言》和《醒世恒言》，合称“三言”。每集收话本 40 篇，包括宋元话本、明代拟话本两部分。明末凌濛初仿“三言”创作的《初刻拍案惊奇》、《二刻拍案惊奇》，合称“二拍”，则基本上是凌氏创作的拟话本。“三言”、“二拍”的选本《今古奇观》的长期流传，是“三言”、“二拍”对后代影响之巨的体现。

“三言”、“二拍”堪称我国中世纪封建社会风俗史。近二百篇小说的题材极其广阔，几乎涉及了当时社会上的各个阶层，反映了社会的各个侧面，特别是对于城市市民生活有着更多的描绘。其中有写男女爱情婚姻的，有写下层人民友谊的，有写骚人雅士风流韵事的，有揭露官僚机构罪恶的，有写灵怪神异故事的，有写少数民族苦难生活的。在人物描写上，“三言”、“二拍”群像罗列，相互辉映，即使是一些次要人物有的也写得栩栩如生。在故事情节上，既有气象万千、惊心动魄的巨大矛盾冲突，又有柔情似水、令人断气回肠的诗意描绘。至于艺术手法，则既有工笔精雕细刻，又有写意，尽情挥洒。

“三言”、“二拍”中引人注目的是爱情和公案作品，这两类作品数量最多，成就也最高。

公案故事涉及的社会生活面极为广阔，反映的社会内容也十分复杂，而且揭露和批判的锋芒一般指向草菅人命的“糊涂问官”。《十五贯戏言成巧祸》以低沉的笔触，暗淡的色调描绘了一个动人心弦的悲剧。小说写崔宁和陈二姐被卷入因十五贯钱而引起的谋杀案，结果在昏官的严刑拷打之下，招供诬服，最后被“押赴市曹，行刑示众”了。这篇话本的原名是《错斩崔宁》。作者愤慨地指出：“这段冤枉，仔细可以推详出来，谁想问官糊涂，只图了事，不想捶楚之下，何求不得!”并告诫说：“做官的切不可率意断狱，任情用刑，也要求公平明允。”这种重视生命的呼声，虽然十分软弱，但这毕竟是和视人命如草芥的封建专制思想根本对立的新的思想。《简帖僧巧骗皇甫妻》也是一篇对封建官僚机构有所揭露的小说。它通过一个还俗的和尚写假信，骗取皇甫殿直妻子的故事，反映了封建社会善良妇女任人摆布的悲剧，小说中对僧侣的诡谲淫恶的揭发和嬉笑怒骂，使读者强烈地感到了这个和尚的狡猾、阴毒和老谋深算。读者也不难发现，杨氏之所以在两个男人中间反复易手并遭一系列不幸，其根源还是那个残害人民的官僚机构。在公案小说中，出现了一些“清官”的形象，如《三现身包龙图断狱》、《况太守断死孩儿》等皆是。应当看到，对“清官”的歌颂和盼望，既是与官场黑暗斗争的需要，也是软弱的表现。“清官”形象的意义在于，体现出了人民对事件的健全的判断力，体现了人民对社会黑暗包括官场黑暗的裁判。因此，对“三言”、“二拍”中的“清官”作品要做审慎的分析。

“三言”中特别引人注目的题材是爱情与婚姻。就内容而言，有反对封建婚姻观念和婚姻制度，歌颂纯真爱情的；有赞美爱情专一，鞭笞喜新厌旧、嫌贫爱富的；也有揭露和批判破坏他人正常爱情婚姻关系的。作为小说，大胆直率地描写青年男女狂热追求性爱以致置名声礼教于不顾的行为，从而肯定一种新的人生价值，这无疑是“三言”在思想上的一个全新的开拓。《卖油郎独占花魁》是描写市民阶层爱情生活颇具特色的作品，表现了青年男女为追求纯真爱情最终战胜门阀观念的市民阶层的新兴意识。小说以“市井小民”与“衣冠子弟”相并比，把美与丑、善与恶、崇高与粗俗、光明与黑暗相对照，从而对市民和市民的爱情生活作了充分的肯定，赞扬在爱情婚姻问题上，可贵的不是门第、地位、金钱，而是彼此知心知意，相互尊重。《杜十娘怒沉百宝箱》中的杜十娘是一个被侮辱被损害者的形象，但她在精神上并没有沉沦。她厌弃卖淫生活，追求真挚的爱情，希冀这样的爱情能使她跳出火坑，过上真正人的生活。她对李甲的爱情表现得无比强烈执着，做到了一个女性所能做到的一切。但李甲却在利诱与威逼下将她残忍地抛弃、转卖。杜十娘面对作践她的负义之人和衣冠禽兽，傲然挺立，报以冷笑、投以轻蔑，最后以一死表示了最后的决裂与抗争。小说写的是美的毁灭，但悲剧主人公的死并非弱者的表现，她已经从弱者走向了强者的道路，因为她的心是向着真善美的。这篇悲剧小说始终响彻的是美的最强音，表现出的是悲剧的壮烈美和壮烈的悲剧美。“三言”、“二拍”在描述爱情故事时，还具有尊重女性的意识，流露出男女平等的思想。《蒋兴哥重会珍珠衫》是这类作品中最值得注意的。王三巧“失节”后，其丈夫蒋兴哥对其“失节”行为非常恼怒，万分痛苦地休了她，但还是对她深情不减，十分尊重，只是责怪自己。最后蒋兴哥不嫌她“二度失身”，破镜重圆。在这些市民身上，讲究的是人生的真情实感和尊重自己的爱的权利，传统的三从四德、贞操节守之类已经失去了支配作用。“二拍”对女性“失节”问题表现得更加宽容，《姚滴珠避羞惹羞》、《两认错莫大姐私奔》等等许多篇，都在不同程度上用谅解、同情的笔触，写到了这个问题。这种新的妇女观的思想基础就是对女性的尊重。

《拍案惊奇》中的作品描写商人经营的如《转运汉巧遇洞庭红》、《迭居奇程客得助》等很有特色，反映了市井生活和商人追求发财致富的精神世界。但《拍案惊奇》不少作品由于比“三言”更多地宣扬因果报应和宿命论思想，其故事情节和人物形象充斥虚妄和荒诞，有些作品甚至诰戒连篇，喧宾夺主，令人不能卒读。

“三言”、“二拍”中的一些人物和不少情节不免缺乏血肉和流于浮浅，而且许多故事充满道德训诫意味。但是也有不少作品通过对世俗生活富于现实性的描写，透露出市井小民已经萌发起由繁荣的商业经济带来的新的生命意识，有力地冲击着古老封建王国的传统保守观念，有如欧洲文艺复兴时期在意大利文坛上出现的《十日谈》，在中国小说史上具有惊世骇俗的社会意义和别开生面的审美价值。

第二节　清代小说

清代是中国古典小说盛极而衰并向近代小说、现代小说转变的时期。

从清初到乾隆朝是清代小说创作的全盛时期，这时期小说创作无论是数量和质量，内容和形式，风格和流派，与前代相比，都有较大发展。清代长篇小说拥有广泛的读者，始终很兴旺。历史演义、英雄传奇和才子佳人小说在清初格外突出，但没有什么杰出之作，只是些套路化的娱乐性读物，较重要的作品有《水浒后传》、《隋唐演义》、《说岳全传》等。文言短篇小说集《聊斋志异》继承了六朝志怪和唐代传奇的优良传统，用纯熟简炼的笔法，深刻而多方面地反映了当时的社会，在对黑暗社会的揭露和控诉中，包含着对自由、幸福和光明的向往和追求，它是中国文言小说的最高峰。到了清代中期，沿着《金瓶梅词话》的写实传统，终于出现了中国小说史上两部伟大的作品——《儒林外史》和《红楼梦》，这是清代文学了不起的收获。《儒林外史》汲取了古代文学中讽刺艺术的营养，生动地描写一系列受到科举毒害和市侩熏染的读书人的灵魂，并通过对这些丑类的描写，展开了一幅广阔的社会历史图景，它是中国古代讽刺文学的经典作品。长篇小说《红楼梦》描写一个贵族大家庭的衰败，描写这个家庭中贾宝玉、林黛玉和薛宝钗的爱情婚姻悲剧，以及环绕这个爱情婚姻悲剧的一群青年女子的悲剧。《红楼梦》悲剧反映着当时青年男女对个性自由的要求与封建制度的不可调和的冲突。这部作品抓住了封建末期最重大的社会问题，表现出初步的民主主义思想倾向。它是中国古代最伟大的一部现实主义长篇小说。

乾隆时期以后到鸦片战争以前这段时期，历史演义和英雄传奇日见衰竭，较为可观的有《说唐演义全传》等等，但思想性和艺术性都不及前期同类作品。这个时期续《红楼梦》成风。这类续作都是想要改变《红楼梦》的悲剧精神，让贾宝玉和林黛玉来一个大团圆。这种续貂之作大量涌现，是对《红楼梦》的反拨，是一种倒退。此外，还有打着《水浒传》的续作招牌的《荡寇志》，它的立意与《水浒传》正相反，使梁山泊的英雄非死即诛，露骨地表现出作者维护封建统治的政治立场。这个时期较好或有新意的作品是《镜花缘》。《镜花缘》通过对幻想的海外世界的描写，来讽谕现实，寄托理想。

清后期小说的成就不高。在比较著名的作品中，像属于旧小说范畴的《儿女英雄传》、《三侠五义》，故事性很强，语言也比较生动，但由于思想陈腐，人物形象也就难以刻画得真实。效仿《儒林外史》，呈现契机，产生了《官场现形记》、《二十年目睹之怪现状》、《老残游记》、《孽海花》等聊备一格、影响较大的长篇。这些小说有的因袭《儒林外史》，没有中心线索，没有贯穿全书的主角，由若干个故事片断联缀而成，但在艺术上却远不及《儒林外史》，主要是《儒林外史》立足于讽刺，旨微而语婉；而如《官场现形记》等却过甚其辞，近于谩骂，所以被称为谴责小说，以示与《儒林外史》这样具有艺术品位的讽刺小说的区别。

李宝嘉的《官场现形记》是清末最盛行也最具代表性的一部谴责小说。作者鉴于清朝外交失败，国势日弱，试图以艺术形式揭示其中原因，便创作抨击官场腐败的《官场现形记》。作品对贪官特别是佐杂小官颇多揭露，相当生动。但因作者对上层官场缺乏了解，信手写来，有欠自然。又因对官场情事缺少剪裁，以致汇集一起，有如摭拾官场话柄的类书。对人物又多只是表面言行的揭露，不着意艺术描写，以致书中人物几乎没有一点个性。

吴趼人的《二十年目睹之怪现状》也由无数奇闻轶事联缀成篇，但以“九死一生”的活动为情节的中心线索，与《官场现形记》略有不同。小说除了抨击官场腐败，也对洋场、商场和文场的丑恶多有揭露，对若干人物如苟才的刻画较为鲜明。但由于描写社会黑暗常常过甚其辞，因而有失真实。作者的另一部小说《九命奇冤》倒特别值得注意，小说利用倒叙方法，开篇即写凌家强盗攻打梁家，放火杀人，然后从头描写案子的前因后果。这种叙述方法显然是受了西洋小说的影响。这说明中国的小说家已经开始借鉴外国作品的艺术技巧，在结构艺术上有了新的开拓。

刘鹗的《老残游记》突破历来小说皆揭赃官之恶的传统题材，专揭清官之恶。作者对号称“清廉得格登登”的某些清官如玉贤和刚弼的揭露和鞭斥是这部小说思想意义较为深刻之处。但是它以心造的“好官”寄托自己的政治理想，又不免失之迂腐。小说在艺术上的显著特色是以游记形式写作，叙景状物，时有佳处，有些风景描写颇见功力，是对《儒林外史》某些精彩景物描写的承袭和发展。

曾朴的《孽海花》是晚清小说中直接描写孙中山革命活动、并给以同情的作品，这是小说思想上的突出收获。全书对清末社会上官僚集团的揭发和谴责，以对孙汶（影射孙中山）等革命党人的描写作为光明面加以映衬。作者的这种胆识值得称道，但是作者由于思想和艺术上的不足，最终不能自如地驾驭重大题材，以致对革命党人的描写缺乏深度和力度。在人物刻画上（如对达官名士）虽有淋漓尽致的描写，却往往张大其辞，反失真实，“惟结构工巧，文采斐然，则其所长也。”（鲁迅《中国小说史略》）

清末谴责小说的作者大多是官场失意的文人，他们身处困顿之境，心怀愤懑之情，作小说“虽命意在于匡世，似与讽刺小说同伦，而辞气浮露，笔无藏锋，甚且过甚其辞，以合时人嗜好，则其度量技术之相去亦远矣”（鲁迅《中国小说史略》），不足以与讽刺小说《儒林外史》相提并论。

一、《聊斋志异》

《聊斋志异》是清初蒲松龄穷毕生精力创作的短篇文言小说集，形成文言短篇小说发展过程中自唐传奇以后的又一个高峰。

《聊斋志异》的基本样式，就是历史传记和传奇的结合。书中有190余篇作品，篇末缀有“异史氏”评语，类似《史记》中的“太史公曰”。从体裁看，《聊斋志异》大部分作品有完整的故事、曲折的情节和鲜明的人物形象，具备短篇小说的体制。有一部分作品则篇幅短小、记述简略，仍保留着魏晋“残丛小语”的形式。小部分记述作者自身见闻的作品，又像随笔杂录，具有素描的性质。

《聊斋志异》绝大部分篇章是叙写神仙狐鬼精魅故事，具有超现实的奇幻性。即使是写现实生活的篇章也往往添上虚幻之笔，涂抹上奇异的色彩。《聊斋志异》的结构大体有两种类型，一是人入幻境，上天、入地、入仙界、入梦境、入奇邦异国。二是狐鬼精魅幻化进入人间。把花妖狐魅神鬼与现实社会组织到一起，极力把花妖狐魅神鬼人格化，通过人鬼相杂、幽明相间的生活画面深刻地反映现实社会的矛盾，表现作者的理想。

《聊斋志异》写得特别精彩的是以爱情为题材和涉及爱情的作品。这类爱情小说中的男主人公多是清贫书生，潦倒落拓，忠于爱情，体现了作家推崇的男性婚姻观念。《聊斋志异》长期以来受到人们的喜爱，最主要的原因，是其中有许许多多狐鬼与人恋爱的美丽故事，像《娇娜》、《青凤》、《婴宁》、《莲香》、《阿宝》、《巧娘》、《翩翩》、《鸦头》、《葛巾》、《香玉》等，都写得十分动人。这些小说中的主要形象都是女性，她们在爱情生活中大多采取主动的姿态，或憨直任性，或狡黠多智，或娇弱温柔，但大抵都富有生气，敢于追求幸福的生活和感情的满足，少受人间礼教的拘束。从人物描写来说，塑造得最成功的还是女性形象，如婴宁、聂小倩、辛十四娘、连琐等，她们年轻貌美，泼辣多情，个性极为鲜明。像《婴宁》中的狐女婴宁，永远天真地笑个不停，嬉闹玩耍，绝无顾忌，丝毫未曾受到人间文明法则的污染；又像《翩翩》中仙女翩翩，能以树叶制作锦衣，每当情郎意有旁骛，便不动声色地让他的衣衫变回片片黄叶，当场出丑。作者艺术创造力的高超，就在于他能够把真实的人情和幻想的场景、奇异的情节巧妙地结合起来，从中折射出人间的理想光彩。

《聊斋志异》的另一重要内容，是揭露科举考试的种种弊端。蒲松龄一生牢落名场，对科场的黑暗、试官的昏聩、士子的心理等都非常熟悉，所以写起来便能切中要害，力透纸背。书中有《三生》篇，写名士兴于唐被某考官黜落，愤懑而死，在三世轮回中与该考官的后身为仇。篇末作者议论道："一被黜而三世不解，怨毒之甚至此哉！"这位名士三生不解的"怨毒"，也正是蒲松龄自身心态的反映。所以，书中涉及科举的地方特别多。只是，蒲松龄对科举制度本身并未提出否定，他所特别加以攻击的，是考官的"心盲或目瞽"（蒲松龄《试后示篪、笏、筠》）以致良莠不辨。如《王子安》篇，写王子安屡试不第，在一次临近放榜时喝得大醉，片刻间梦见自己中举人、中进士、点翰林，于是一再大呼给报子"赏钱"，又想到应"出耀乡里"，因"长班"迟迟而至，便"捶床顿足，大骂'钝奴焉往？'"酒醒之后，始知虚妄。这一种描写，确是入木三分，包含了作者深刻的反省。

蒲松龄一方面社会地位不高，深知民间疾苦，另一方面，又与官场人物多有接触，深知其中弊害，因此，写出了一些优秀的揭露政治黑暗的作品。如《席方平》写冥界贪贿公行，含冤者负屈难伸，受尽恐怖的摧残，实是现实社会的一种浓黑的缩影。又如《促织》，写的是明宣德时期的故事，仅仅为了满足皇帝斗蟋蟀的小小欢乐，贪婪酷虐的官吏层层催逼，下层百姓便沦于家破人亡的悲惨境地。作品通过讲述成名一家的悲剧命运，无情地揭示了旧时政治的窳败和社会的黑暗，流露出作者深深的刺世疾邪的孤愤之心。作品构思巧妙，精于剪裁。它以蟋蟀为线索贯穿全文，精心组织情节：成名一家的时悲时喜，忽生忽死，大衰骤荣，自始至终都紧紧围绕着蟋蟀这一线索展开，千折百回，波澜迭起，随着曲折变幻的故事情节的推进，人物的悲剧性命运被充分地展现出来。作品对人物动作、心理的刻画，生动逼真，细腻传神，增强了作品的艺术感染力。这一类具有现实意义的作品，在全书中占有相当比例。

由于结合了多方面的因素，《聊斋志异》把文言小说的艺术性又推进了一步。《聊斋志异》问世后，人竞传写，甚受欢迎。它对清代后出的文言短篇小说有很大影响。乾隆年间，沈起凤的《谐铎》、和邦额的《夜谭随录》、尹庆兰的《萤窗异草》，嘉庆光绪年间管世灏的《影谈》、冯起凤的《昔柳摭谈》、邹的《浇愁集》等，都深受《聊斋》影响，但是这类作品的思想性与艺术性都已无法与《聊斋志异》媲美。这里特别值得一提的是清乾隆、嘉庆年间出现的纪昀的《阅微草堂笔记》，它和《聊斋志异》都喜谈狐说鬼，但风格、旨趣均截然不同。《聊斋志异》多以富于诗意的幻想性笔调，描绘男女情爱，斑斓美丽，发人幽微；而《阅微草堂笔记》则冷眼窥世，多借狐鬼志怪抨击官场之黑暗、人心之险恶及假道学之虚伪无耻。《聊斋志异》寄情于狐鬼之域，婉娈可喜，每多温馨之境；而《阅微草堂笔记》则讲人鬼虽异域而同俗，无地自由，时见冷峻之笔。《阅微草堂笔记》在行文上一反《聊斋志异》创造性的艺术传统，而是仿效六朝志怪，尚质黜华，回到唐以前“非有意作小说”因而极力排斥虚构和想象的老路上去了。

二、《儒林外史》

吴敬梓的《儒林外史》是中国文学史上第一部伟大的讽刺小说。《儒林外史》凡五十五回，虽然一般归类为长篇小说，但它的结构却不是现代意义上严格的长篇小说的结构。全书中没有贯穿始终的主要人物和故事框架，而是一个个相对独立的故事的连环套：前面一个故事说完了，引出一些新的人物，这些新的人物便成为后一个故事中的主要角色。有的人物上场表现一番以后，就不再出现；有的人物虽再次出现，但基本上只是陪衬性的了。这种特点，鲁迅谓之“如集诸碎锦，合为帖子，虽非巨幅，而时见珍异”（《中国小说史略》）。但全书也不只是若干短篇的集合，它以明代为背景，揭露封建专制下读书人的精神堕落和与此相关的种种社会弊端，有一个非常明确的中心主题，也有大致清楚的时间线索和情节上的内在的统一，总体说来，这是一部短篇艺术与长篇艺术相结合的作品。这种独特的结构体例，为后来的《官场现形记》等谴责小说所效法。

《儒林外史》表面上写明代生活，实际上展示了一幅十八世纪中国社会的风俗画。它以封建士大夫的生活和精神状态为题材，对封建制度下知识分子的命运进行了深刻的思考和探索。“士”是封建社会的中坚阶层，按照儒学本来的理想，“士”的职业虽然是“仕”，但人生的根本目标应当是求道。然而事实上，随着专制政治的强化，“士”愈来愈依附于国家政权，失去了独立思考的权利乃至能力，导致人格的奴化与猥琐。如何摆脱这种状态，是晚明以来的文学十分关注的问题。吴敬梓借王冕之口，批评因科举之路，读书人虽有了“荣身之路”，而轻视了“文行出处”。因此如何看待功名富贵与文行出处就成了衡量知识分子品格、修养、学问的标准。《儒林外史》对腐败的科举和无耻的士风进行了无情的揭露和嘲讽。《儒林外史》所描写的理想人物，为数不多的儒林贤者和市井奇人，都是不为功名趋势、信守自己人生原则的人。

《儒林外史》对周进和范进的生动刻画，构成这部讽刺小说既轻松又辛辣的喜剧格调，形成一种既对科举制度尖锐嘲讽又对那些深受其害的人物寄予深切同情的思想基调。小说一开始就给读者展现了把科举作为荣身之路的可怜又可笑的人物——周进和范进。周进应考到 60 岁，胡子已经花白了，还是一个老童生，只得到薛家集去教村塾，受尽了新进秀才梅玖的奚落和举人王惠的卑视，最后连个教书的饭碗也保不住了，替一伙商人去记账。因此，当他由于偶然的机会，去参观省城的贡院时，半生蕴蓄的辛酸逼使他不由得“一头撞在号板上，直僵僵不省人事”，苏醒后满地打滚，放声大哭。可是当他一旦中了举，联捷成进士，做了国子监司业以后，曾经奚落过他的梅秀才便冒认自己是他的学生，他早年写在村塾中的对联也成了“周大老爷的亲笔”，必须揭下来裱好；这个当年受人鄙视的穷老头子就被用金字写成的长生牌位供起来了。周进的故事侧重于写这个人物发科前后的命运，范进的故事除了描叙他本人的前后遭遇外，更着力于描写他命运的转变中围绕在他周围的人物的色相。作者在更大的范围里揭示了科举制度对社会各色人等的毒害。20 岁起应考不举的范进，垂老才因周进的赏识，考取秀才并中了举，他的妻子、母亲、丈人胡屠户、乡绅张静斋，以及邻里乡党，立刻由憎厌一变而为谄谀。世态炎凉在这里被作家刻画得淋漓尽致，并且揭露了那些把八股文视为学问的精华、把科举制度当作道德规范的代表人物的本相。而这些道德家的操守，也只是打秋风、通关节、鱼肉人民、武断乡曲，而且愈贪酷，也就飞黄腾达得愈快。吴敬梓把那些科举出身的上层人物刻画得入木三分，通过对科举制度的抨击，揭出了这个乌烟瘴气的社会的痼疾之所在。作家对包括匡超人在内的众多举子变态心理的调侃，对罪恶的社会根源的揭露，反映了作者对一种理想人生的热烈追求。小说中所描写的士林人物形形色色，除了周进、范进这一类型外，有张静斋、严贡生那样卑劣的乡绅，有王太守、汤知县那样贪暴的官员，有王玉辉那样被封建道德扭曲了人性的穷秀才，有马二先生那样对八股文津津乐道而完全失去对于美的感受力的迂儒，有一大群像景兰江、赵雪斋之类面目各异而大抵是奔走于官绅富豪之门的斗方名士，也有像娄三公子、娄四公子及杜慎卿那样的贵公子，喜欢弄些“礼贤下士”或自命风雅的名堂，其实只是因为活得无聊。在这些形形色色的人物中，马二先生堪称经典。马二先生真心相信科举“是极好的法则”，苦口婆心地宣传举业至上，把毕生精力奉献给科举，乃至于失去了对自然美景的感受力。他好心好意地向匡超人他们推销：“本朝用文章举业，这是极好的法则。就是夫子在而今，也要念文章，做举业，断不讲那‘言寡尤，行寡悔’的话，何也？就日日讲究‘言寡尤，行寡悔’，哪个给你官做？孔子的道也就不行了。”马二先生一番振振有词的话，道出了一个根本事实：举业的实质是为了做官。《儒林外史》描摹出这种普遍性的社会景观，从根本上揭示了封建制度对人才的摧毁和它自身因此而丧失生机。

《儒林外史》淡化故事情节，也不靠激烈的矛盾冲突来刻画人物，主要是通过精细的白描塑造人物。人物更切近人的真实面貌，人物性格也摆脱了类型化，富有个性。《儒林外史》的讽刺是建立在真实的基础之上的，讽刺的生命是真实。许多在日常生活中人们司空见惯、素来不以为有何不妥、有何深意可究的事情，经过作者的提炼和描摹，有时加上稍稍的夸张，便清晰地透出了社会的荒谬与人心的伪妄；而当人们读这些故事的时候，却又觉得它仍然是真实的生活写照。许多人物看起来很可笑的行为，说到底只是表现着平凡的人性的弱点。而作者在表现其尖锐的社会批判意识时，也很少把具体的个人行为仅仅归诸其自身道德品格的原因，而能真实地写出这些个人行为缘何而产生。像周进在贡院中头撞号板、嚎哭吐血的情节，单独地看似乎非常愚蠢可笑，但是因为在这之前书中描写了周进作为一个老“童生”所遭受的种种凌辱，读者会觉得他的举止是很自然的，甚至是令人悲悯和同情的。还有像匡超人从一个纯朴的农家青年逐渐蜕变为一个圆滑而无耻的文人的过程，更强烈地揭示了人是其命运和环境的产物的事实。因而，作者通过这些人物形象所提出的社会批判就具有格外深刻的意义。

三、《红楼梦》

明清小说中最为后人称道的莫过于《红楼梦》。小说问世不久，即以手抄本形式广为流布，可谓不胫而走。这一部以个人和家族历史为背景的小说，以其艺术上的精致完美达到了中国古典小说的巅峰。

曹雪芹的《红楼梦》作于清乾隆初，书稿多有散失，仅存前八十回，幸有脂砚斋传抄评点得以保存。后四十回一般认为是高鹗所续。从总体上说，后四十回的思想与艺术远不如曹著的前八十回。主要的问题是关于贾府“终于家道复初，兰桂齐芳”的结局处理违背了曹雪芹关于贾府“落了片白茫茫大地真干净”的艺术构思。但是续书的“大故迭起，破败死亡相继”的布局大体与前八十回的基本情节发展趋势相符合。

《红楼梦》是一部充分体现中国文学悲剧观念的辉煌巨著。它以贾宝玉与林黛玉的爱情故事为主线，与贾府由盛而衰直至彻底败亡这根副线互相交织在一起，以其前所未有的艺术深度反映一个封建贵族家庭走向末路的必然命运。其悲剧艺术力量震撼人心，在世界文学史上堪与最伟大的作品媲美。

《红楼梦》是一部内涵丰厚的作品，展示了一个多重的悲剧世界。《红楼梦》的大部分故事是以大观园为背景的。这是一个以贾宝玉为中心的“女儿国”。“女儿是水做的骨肉，男人是泥做的骨肉。我见了女儿，便觉清爽；见了男子，便觉浊臭逼人。”贾宝玉独特的观察是作者对人生和生命的独特的理解。因此，他把贾宝玉和一群身份、地位不同的青春少女放在大观园这个既诗化，又真实的世界里，展示她们的青春生命和美被毁灭的悲剧。贾宝玉和林黛玉、薛宝钗的爱情婚姻悲剧是全书的主线。贾宝玉是贾府的继承人，是贾家兴旺的希望所在。可是他在婚姻问题上，既不考虑家族的利益，也不考虑传统道德的要求，追求的是心灵契合的感情。林黛玉是美丽而才华横溢的少女，虽在贾府过着寄人篱下的生活，却孤高自许，我行我素，用尖刻的话语揭露着丑恶的现实，以高傲的性格与环境对抗，以诗人的才华抒发对自己悲剧命运的感受。曲高和寡，只有贾宝玉成为他惟一的知音。薛宝钗则是一个美丽、温柔的姑娘，她顺从环境，信奉传统道德，喜怒不形于色，既能对上奉迎，又会对下安抚，博得一片赞扬，成为封建家长认可的符合标准的家族继承人的妻子。在家族不断衰败的情况下，封建家长扼杀了象征着知己知意的“木石前盟”，选择了象征着富与贵的“金玉良缘”，造成了贾宝玉和薛宝钗的没有爱情的婚姻悲剧。围绕着“悲金悼玉”的悲剧，《红楼梦》还写出了“千红一哭”、“万艳同悲”的“女儿国”的悲剧。《红楼梦》的宁荣二府是封建社会贵族世家的典型，小说是在上至皇宫，下及乡村的广大历史画面中描绘贾府以及史、王、薛等大家族的衰落过程，从而客观上显示了封建社会走向没落的历史趋势。

《红楼梦》是一部天才的，又是精心构撰的巨作。“字字看来皆是血，十年辛苦不寻常”，在艺术上，它达到了中国小说前所未有的成就。最值得称道的，是人物形象的塑造。中国小说向来看重情节曲折性的描写，以情节曲折性取悦于读者，固守以事件为中心的创作传统。《红楼梦》突破了中国小说描写人物的传统格局，对人物的刻画完全避免了浮浅的夸张和概念化的涂饰，而以深入的体察和天赋的灵感为凭藉，表现出人性的丰富含蕴及其在不同生活状态中的复杂情形。小说中有名有姓的人物多达四百八十多人，有上百个来自社会不同阶层、具有不同文化背景的人物在活动，而无不自具一种个性、自有一种特别的精神光彩。《红楼梦》刻画人物的笔法讲究精雕细刻，哪怕是出场很少的人物，如书僮茗烟，乳母李嬷嬷，丫环金钏儿、彩霞等等，也是写得惟妙惟肖、栩栩如生，不肯随便敷衍过去。

《红楼梦》以贾宝玉和林黛玉为中心，描写了一系列性格内涵丰富的女性形象。薛宝钗是“金陵十二钗正册”中除林黛玉外为作家刻意雕塑的女性。不过她是作为与林黛玉相互映衬而不是相互对立的形象来描写的。林黛玉是贾宝玉心中占有最高地位的情人，但薛宝钗在林黛玉眼里却并不是一个不可容忍的情敌，而恰恰是一对推心置腹的知己。她们有言行的抵牾，却无感情上的壁垒。曹雪芹写钗、黛二人正是避开了中国文学（包括戏曲和小说）中那种忠奸截然对立的脸谱化的描写程式，塑造了真实可信、性格丰富的典型，使林黛玉和薛宝钗在读者心目中几乎难以用一种明确的语言品评其高下，因而显示出她们那永久的艺术魅力。《红楼梦》对王熙凤、史湘云和贾探春的描写也给人以光彩夺目的印象。丫环之中要数晴雯和袭人的性格描写得最为精彩，尤其是晴雯，这是作家创造的各色婢女形象中最成功的一个形象，抄检大观园一节富有戏剧性的铺叙，把晴雯柔者之刚的个性表现得淋漓尽致。

《红楼梦》的语言，有很高的造诣。它的叙事文字，既是成熟的白话，又简洁而略显文雅，或明朗或暗示，描写人情物象准确有力；它的对话部分，尤能切合人物的身份、教养、性格以及特定场合中的心情，活灵活现，使读者如闻其声、如见其人。

《红楼梦》行文中还杂有不少诗、词、曲、骈文，这是中国古代小说的一种传统。在《红楼梦》中，这一形式的运用，与小说的情节以及贵族生活的气氛，结合得比较密切；诗词之类的质量也比较高，显示了作者的古典文化修养，如林黛玉的《葬花词》、贾宝玉的《芙蓉女儿诔》，单独地看，也都堪称佳构。

【思考题】

1. 略论《三国演义》的创作特点及其对后世小说的影响。
2. 简述《水浒传》人物创作的特色。
3. 简述《西游记》中“猪八戒”形象的创作特色。
4. 为什么说《金瓶梅》在创作上最显著的特点就是“寄寓于时俗”?
5. 结合具体篇目，试析“三言”“二拍”中爱情婚姻题材小说的特点。
6. 简述蒲松龄的身份、经历与《聊斋志异》对社会黑暗的揭露的联系。
7. 略论吴敬梓对知识分子形象的塑造。
8. 简评《儒林外史》的讽刺艺术。
9. 试论宝、黛、钗的爱情婚姻悲剧。
10. 简述《红楼梦》在人物心理描写方面的成就。

【参考书目】

1. 鲁迅：《中国小说史略》，《鲁迅全集》第 9 卷，人民文学出版社 1982

年版。

2. 郭箴一：《中国小说史》上、下册，上海书店1984年版。

3. 贾文昭、徐召勋：《中国古典小说艺术欣赏》，安徽人民出版社1982年版。

4. 罗贯中：《三国演义》，上海古籍出版社1980年版。

5. 施耐庵、罗贯中：《水浒全传》，上海人民出版社1975年版。

6. 吴承恩：《西游记》，人民文学出版社1955年版。

7. 冯梦龙：《古今小说》，人民文学出版社1958年版。

8. 冯梦龙：《警世通言》，人民文学出版社1956年版。

9. 冯梦龙：《醒世恒言》，人民文学出版社1956年版。

10. 蒲松龄：《聊斋志异》，上海古籍出版社1979年版。

11. 吴敬梓：《儒林外史》，人民文学出版社1977年版。

12. 曹雪芹、高鹗：《红楼梦》，人民文学出版社1957年版。

明清小说作品选

一、《聊斋志异》阿宝

粤西孙子楚[1]，名士也。生有枝指[2]。性迂讷，人诳之，辄信为真。或值座有歌妓，则必遥望却走。或知其然，诱之来，使妓狎逼之，则赪颜彻颈[3]，汗珠珠下滴，因共为笑。遂貌其呆状，相邮传作丑语[4]，而名之"孙痴"。

邑大贾某翁，与王侯埒富[5]。姻戚皆贵胄。有女阿宝，绝色也。日择良匹，大家儿争委禽妆[6]，皆不当翁意。生时失俪，有戏之者，劝其通媒。生殊不自揣，果从其教。翁素耳其名，而贫之。媒媪将出，适遇宝，问之，以告。女戏曰："渠去其枝指，余当归之[7]。"媪告生。生曰："不难。"媒去，生以斧自断其指，大痛彻心，血益倾注，滨死。过数日，始能起，往见媒而示之。媪惊，奔告女。女亦奇之，戏请再去其痴。生闻而哗辨，自谓不痴；然无由见而自剖。转念阿宝未必美如天人，何遂高自位置如此[8]？由是曩念顿冷。

会值清明，俗于是日，妇女出游，轻薄少年，亦结队随行，恣其月旦[9]。有同社数人，强邀生去。或嘲之曰："莫欲一观可人否？"生亦知其戏己；然以受女揶揄故，亦思一见其人，忻然随众物色之[10]。遥见有女子憩树下，恶少年环如墙堵。众曰："此必阿宝也。"趋之，果宝也。审谛之，娟丽无双。少顷，人益稠。女起，遽去。众情颠倒，品头题足，纷纷若狂。生独默然。及众他适，回视，生犹痴立故所，呼之不应。群曳之曰："魂随阿宝去耶？"亦不答。众以其素讷，故不为怪，或推之、或挽之以归。至家，直上床卧，终日不起，冥如醉，唤之不醒。家人疑其失魂，招于旷野，莫能效。强拍问之，则朦胧应云："我在阿宝家。"及细诘之，又默不语。家人惶惑莫解。

初，生见女去，意不忍舍，觉身已从之行，渐傍其衿带间，人无呵者。遂从女归，坐卧依之，夜辄与狎，甚相得；然觉腹中奇馁，思欲一返家门，而迷不知路。女每梦与人交，问其名，曰："我孙子楚也。"心异之，而不可以告人。生卧三日，气休休若将澌灭[11]。家人大恐，托人婉告翁，欲一招魂其家。翁笑曰："平昔不相往还，何由遗魂吾家？"家人固哀之，翁始允。巫执故服、草荐以往[12]。女诘得其故，骇极，不听他往，直导入室，任招呼而去。巫归至门，生榻上已呻。既醒，女室之香奁什具，何色何名，历言不爽。女闻之，益骇，阴感其情之深。

生既离床寝，坐立凝思，忽忽若忘。每伺察阿宝，希幸一再遘之。浴佛节[13]，闻将降香水月寺，遂早旦往候道左，目眩睛劳。日涉午，女始至，自车中窥见生，以掺手搴帘[14]，凝睇不转。生益动，尾从之。女忽命青衣来诘姓字。生殷勤自展，魂益摇。车去，始归。归复病，冥然绝食，梦中辄呼宝名。每自恨魂不复灵。家旧养一鹦鹉，忽毙，小儿持弄于床。生自念：倘得身为鹦鹉，振翼可达女室。心方注想，身已翩然鹦鹉，遽飞而去，直达宝所。女喜而扑之，锁其肘，饲以麻子。大呼曰："姐姐勿锁！我孙子楚也。"女大骇，解其缚，亦不去。女祝曰："深情已篆中心。今已人禽异类，姻好何可复圆？"鸟云："得近芳泽，于愿已足。"他人饲之，不食；女自饲之，则食。女坐，则集其膝；卧，则依其床。如是三日。女甚怜之，阴使人瞷生[15]，生则僵卧，气绝已三日，但心头未冰耳。女又祝曰："君能复为人，当誓死相从。"鸟云："诳我！"女乃自矢。鸟侧目若有所思。少间，女束双弯[16]，解履床下，鹦鹉骤下，衔履飞去。女急呼之，飞已远矣。女使妪往探，则生已寤。家人见鹦鹉衔绣履来，堕地死，方共异之。生既苏，即索履。众莫知故。适妪至，入视生，问履所在。生曰："是阿宝信誓物。借口相覆：小生不忘金诺也。"妪反命。女益奇之，故使婢泄其情于母。母审之确，乃曰："此子才名亦不恶，但有相如之贫[17]。择数年得婿若此，恐将为显者笑。"女以履故，矢不他。翁媪从之。驰报生。生喜，疾顿瘳[18]。翁议赘诸家。女曰："婿不可久处岳家。况郎又贫，久益为人贱。儿既诺之，处蓬茅而甘藜藿[19]，不怨也。"生乃亦迎成礼，相逢如隔世欢。

自是家得奁妆，小阜[20]，颇增物产。而生痴于书，不知理家人生业；女善居积，亦不以他事累生。居三年，家益富。生忽病消渴[21]，卒。女哭之痛，泪眼不晴，至绝眠食。劝之不纳，乘夜自经[22]。婢觉之，急救以醒，终亦不食。三日，集亲党，将以殓生。闻棺中呻以息，启之，已复活。自言："见冥王，以生平朴诚，命作部曹[23]。忽有人白：'孙部曹之妻将至。'王稽鬼录，言：'此未应便死。'又白：'不食三日矣。'王顾谓：'感汝妻节义，姑赐再生。'因使驭卒控马送余还。"由是体渐平。值岁大比[24]，入闱之前，诸少年玩弄之，共拟隐僻之题七，引生僻处与语，言："此某家关节[25]，敬秘相授。"生信之，昼夜揣摩，制成七艺。众隐笑之。时典试者虑熟题有蹈袭弊，力反常经，题纸下，七艺皆符。生以是抡魁[26]。明年，举进士，授词林。上闻异，召问之。生具启奏。上大嘉悦。后召见阿宝，赏赉有加焉[27]。

异史氏曰："性痴则其志凝，故书痴者文必工，艺痴者技必良；世之落拓而无成者，皆自谓不痴者也。且如粉花荡产[28]，卢雉倾家[29]，顾痴人事哉[30]！以是知慧黠而过，乃是真痴，彼孙子何痴乎！"

【注释】

[1] 粤西：今广西一带。[2] 枝（qí）指：歧指，俗称"六指儿"。[3] 赪（chēng）颜彻颈：脸红到脖子。赪：红色。[4] 貌：形容，描述。邮传：传播。[5] 埒（liè）富：同样富有。埒：同等。[6] 委禽妆：送聘礼。委，送。禽，雁。古时订婚，男方送禽雁作为聘礼。[7] 归之：嫁给他。古时女子出嫁叫归。[8] 何遂：何至于。高自位置：抬高自己的身份地位。[9] 恣其月旦：任意评论。恣，放肆，尽情。月旦，品评人物。[10] 忻（xīn）然：欢欢喜喜的样子。[11] 澌（sī）灭：消失，消亡，此指死亡。[12] 故服、草荐：平时常穿的衣服与席垫，都是招魂的巫术用具。[13] 浴佛节：即释迦牟尼诞辰纪念日，在农历四月初八。届时，寺庙以香汤浴洗佛像，信徒则到寺礼拜。[14] 掺（shān）手：指女子纤美的手。[15] 阴：暗地。瞷（jiàn）：窥视，侦视。[16] 束双弯：指缠足。[17] 相如之贫：意为像司马相如一样贫穷。[18] 瘳（chōu）：病愈。[19] 处蓬茅：住茅屋。甘藜藿：甘心吃粗茶淡饭。藜藿，野菜，此泛指粗糙食物。[20] 阜：丰盛。[21] 病消渴：患糖尿病。[22] 自经：上吊自杀。[23] 部曹：指地域中某部门的官员。[24] 大比：指明清时每三年一次的举人考试。[25] 关节：行贿考官，此指行贿所得试题。[26] 抡魁：选为第一名。抡，选拔。[27] 赏赉（lài）：奖赏。[28] 粉花：指狎邪、嫖妓。[29] 卢雉：

指赌博。卢与雉都是古代赌博投骰时的胜彩名，故古以“呼卢喝雉”代指赌博。
［30］顾：难道是。

【提示】

《阿宝》写的是一对青年男女痴心相爱的故事。中心题旨是痴人天佑，因痴得福。故事先写孙子楚的“痴”。他的“痴”表现为心诚，诚到谁的话、什么话都信以为真。所以，他把别人的玩笑当真，竟敢以一介寒士的身份追求富家的千金小姐阿宝。为此，他付出了惨重的代价，如断指之痛、受骗之恨、相思之苦，这一切把他折磨得死去活来，但他痴心不改，一追到底，最终与阿宝结成连理。故事的后一部分写阿宝的“痴”。丈夫家贫，又是书呆子，“不知理家人生业”，在父母与世人眼中不是一个好配偶。可阿宝爱的就是他的“痴”而誓死相从，虽“处蓬茅而甘藜藿，不怨也”。对丈夫的这种忠贞之情便是阿宝的“痴”。丈夫突然病死，她连哭三天三夜，不吃不喝，还想自缢而死。在常人看来简直“痴”到了极点。可这却感动了阎王，于是阎王特准两人魂灵重返人间，再享夫妻恩爱。《阿宝》可以说是一曲痴者的颂歌。在孙子楚身上，我们不难发现作者的影子。蒲松龄一生坎坷，借此形象表达了其白日梦的意味。

除了想象大胆，故事情节生动离奇外，这篇小说的哲理性极强，作品不无夸张地描写孙子楚的痴，以及因痴而带来的命运遭际，说明了这样一个道理：个体的痴，可给人以坚定的信心和神奇的力量，从而力克外阻，战胜自我，实现理想。结尾处“异史氏曰”明确地提出了“性痴则其志凝”，并把“痴”、“拙”与“慧”、“巧”两种不同的人生态度作了反思，发人深省。

【思考题】

1. 孙子楚的“痴”对其爱情及命运产生了哪些影响？作者以此表现了怎样的人生观？

2. 怎样理解阿宝的感情变化？

3. 你怎样理解作者最后的感慨？

二、《红楼梦》第五回　游幻境指迷十二钗饮仙醪曲演红楼梦[1]

第四回中既将薛家母子在荣府内寄居等事略已表明，此回则暂不能写矣。

如今且说林黛玉自在荣府以来，贾母万般怜爱，寝食起居，一如宝玉，迎春、探春、惜春三个亲孙女倒且靠后，便是宝玉和黛玉二人之亲密友爱处，亦自较别个不同，日则同行同坐，夜则同息同止，真是言和意顺，略无参商[2]。不想如今忽然来了一个薛宝钗，年岁虽大不多，然品格端方，容貌丰美，人多谓黛玉所不及。而且宝钗行为豁达，随分从时，不比黛玉孤高自许，目无下尘，故比黛玉大得下人之心。便是那些小丫头子们，亦多喜与宝钗去顽。因此黛玉心中便有些悒郁不忿之意，宝钗却浑然不觉。那宝玉亦在孩提之间，况自天性所禀来的一片愚拙偏僻，视姊妹弟兄皆出一意，并无亲疏远近之别。其中因与黛玉同随贾母一处坐卧，故略比别个姊妹熟惯些。既熟惯，则更觉亲密，既亲密，则不免一时有求全之毁，不虞之隙[3]。这日不知为何，他二人言语有些不合起来，黛玉又气得独在房中垂泪，宝玉又自悔言语冒撞，前去俯就，那黛玉方渐渐地回转来。

因东边宁府中花园内梅花盛开，贾珍之妻尤氏乃治酒，请贾母，邢夫人，王夫人等赏花。是日先携了贾蓉之妻，二人来面请。贾母等于早饭后过来，就在会芳园游顽，先茶后酒，不过皆是宁荣二府女眷家宴小集，并无别样新文趣事可记。

一时宝玉倦怠，欲睡中觉，贾母命人好生哄着，歇一回再来。贾蓉之妻秦氏便忙笑回道：“我们这里有给宝叔收拾下的屋子，老祖宗放心，只管交与我就是了。”又向宝玉的奶娘丫鬟等道：“嬷嬷，姐姐们，请宝叔随我这里来。”贾母素知秦氏是个极妥当的人，生的袅娜纤巧，行事又温柔和平，乃重孙媳中第一个得意之人，见他去安置宝玉，自是安稳的。

当下秦氏引了一簇人来至上房内间。宝玉抬头看见一幅画贴在上面，画的人物固好，其故事乃是《燃藜图》[4]，也不看系何人所画，心中便有些不快。又有一幅对联，写的是：

世事洞明皆学问，人情练达即文章。

及看了这两句，纵然室宇精美，铺陈华丽，亦断断不肯在这里了，忙说：“快出去！快出去！”秦氏听了笑道：“这里还不好，可往那里去呢？不然往我屋里去吧。”宝玉点头微笑。有一个嬷嬷说道：“那里有个叔叔往侄儿房里睡觉的理？”秦氏笑道：“嗳哟哟，不怕他恼。他能多大呢，就忌讳这些个！上月你没看见我那个兄弟来了，虽然与宝叔同年，两个人若站在一处，只怕那个还高些呢。”宝玉道：“我怎么没见过？你带他来我瞧瞧。”众人笑道：“隔着二三十里，往那里带去，见的日子有呢。”说着大家来至秦氏房中。刚至房门，便有一股细细的甜香袭人而来。宝玉觉得眼饧骨软[5]，连说“好香！”入房向壁上看时，有唐伯虎画的《海棠春睡图》[6]，两边有宋学士秦太虚写的一副对联[7]，其联云：

嫩寒锁梦因春冷，芳气袭人是酒香[8]。

案上设着武则天当日镜室中设的宝镜，一边摆着飞燕立着舞过的金盘，盘内盛着安禄山掷过伤了太真乳的木瓜。上面设着寿昌公主于含章殿下卧的榻，悬的是同昌公主制的联珠帐。宝玉含笑连说："这里好！"秦氏笑道："我这屋子大约神仙也可以住得了。"说着亲自展开了西子浣过的纱衾，移了红娘抱过的鸳枕。于是众奶母伏侍宝玉卧好，款款散了，只留袭人、媚人、晴雯、麝月四个丫鬟为伴。秦氏便分咐小丫鬟们，好生在廊檐下看着猫儿狗儿打架。

那宝玉刚合上眼，便惚惚的睡去，犹似秦氏在前，遂悠悠荡荡，随了秦氏，至一所在。但见朱栏白石，绿树清溪，真是人迹希逢，飞尘不到。宝玉在梦中欢喜，想道："这个去处有趣，我就在这里过一生，纵然失了家也愿意，强如天天被父母师傅打呢。"正胡思之间，忽听山后有人作歌曰：

春梦随云散，飞花逐水流；

寄言众儿女，何必觅闲愁。

宝玉听了是女子的声音。歌声未息，早见那边走出一个人来，蹁跹袅娜，端的与人不同。有赋为证：

方离柳坞，乍出花房。但行处，鸟惊庭树；将到时，影度回廊。仙袂乍飘兮，闻麝兰之馥郁；荷衣欲动兮，听环之铿锵。靥笑春桃兮，云堆翠髻；唇绽樱颗兮，榴齿含香。纤腰之楚楚兮，回风舞雪；珠翠之辉辉兮，满额鹅黄。出没花间兮，宜嗔宜喜；徘徊池上兮，若飞若扬。蛾眉颦笑兮，将言而未语；莲步乍移兮，待止而欲行。羡彼之良质兮，冰清玉润；羡彼之华服兮，闪灼文章。爱彼之貌容兮，香培玉琢；美彼之态度兮，凤翥龙翔。其素若何，春梅绽雪。其洁若何，秋菊被霜。其静若何，松生空谷。其艳若何，霞映澄塘。其文若何，龙游曲沼。其神若何，月射寒江。应惭西子，实愧王嫱。奇矣哉，生于孰地，来自何方；信矣乎，瑶池不二，紫府无双。果何人哉？如斯之美也！

宝玉见是一个仙姑，喜的忙来作揖问道："神仙姐姐不知从那里来，如今要往那里去？也不知这是何处，望乞携带携带。"那仙姑笑道："吾居离恨天之上，灌愁海之中，乃放春山遣香洞太虚幻境警幻仙姑是也：司人间之风情月债，掌尘世之女怨男痴。因近来风流冤孽，缠绵于此处，是以前来访察机会，布散相思。今忽与尔相逢，亦非偶然。此离吾境不远，别无他物，仅有自采仙茗一盏，亲酿美酒一瓮，素练魔舞歌姬数人[9]，新填《红楼梦》仙曲十二支，试随吾一游否？"宝玉听说，便忘了秦氏在何处，竟随了仙姑，至一所在，有石牌横建，上书"太虚幻境"四个大字，两边一副对联，乃是：

假作真时真亦假，无为有处有还无。

转过牌坊，便是一座宫门，上面横书四个大字，道是："孽海情天"。又有一副对联，大书云：

厚地高天，堪叹古今情不尽；

痴男怨女，可怜风月债难偿。

宝玉看了，心下自思道："原来如此。但不知何为'古今之情'，何为'风月之债'？从今倒要领略领略。"宝玉只顾如此一想，不料早把些邪魔招入膏肓了。当下随了仙姑进入二层门内，至两边配殿，皆有匾额对联，一时看不尽许多，惟见有几处写的是："痴情司"，"结怨司"，"朝啼司"，"夜怨司"，"春感司"，"秋悲司"。看了，因向仙姑道："敢烦仙姑引我到那各司中游玩游玩，不知可使得？"仙姑道："此各司中皆贮的是普天之下所有的女子过去未来的簿册，尔凡眼尘躯，未便先知的。"宝玉听了，那里肯依，复央之再四。仙姑无奈，说："也罢，就在此司内略随喜随喜罢了[10]。"宝玉喜不自胜，抬头看这司的匾上，乃是"薄命司"三字，两边对联写的是：

春恨秋悲皆自惹，花容月貌为谁妍。

宝玉看了，便知感叹。进入门来，只见有十数个大厨，皆用封条封着。看那封条上，皆是各省的地名。宝玉一心只拣自己的家乡封条看，遂无心看别省的了。只见那边厨上封条上大书七字云："金陵十二钗正册"。宝玉问道："何为'金陵十二钗正册'？"警幻道："即贵省中十二冠首女子之册，故为'正册'。"宝玉道："常听人说，金陵极大，怎么只十二个女子？如今单我家里，上上下下，就有几百女孩子呢。"警幻冷笑道："贵省女子固多，不过择其紧要者录之。下边二厨则又次之。余者庸常之辈，则无册可录矣。"宝玉听说，再看下首二厨上，果然写着"金陵十二钗副册"，又一个写着"金陵十二钗又副册"。宝玉便伸手先将"又副册"厨开了，拿出一本册来，揭开一看，只见这首页上画着一幅画，又非人物，也无山水，不过是水墨滃染的满纸乌云浊雾而已。后有几行字迹，写的是：

霁月难逢，彩云易散。心比天高，身为下贱。风流灵巧招人怨。寿夭多因毁谤生，多情公子空牵念[11]。

宝玉看了，又见后面画着一簇鲜花，一床破席，也有几句言词，写道是：

枉自温柔和顺，空云似桂如兰；

堪羡优伶有福，谁知公子无缘[12]。

宝玉看了不解。遂掷下这个，又去开了副册厨门，拿起一本册来，揭开看时，只见画着一株桂花，下面有一池沼，其中水涸泥干，莲枯藕败，后面书云：

根并荷花一茎香，平生遭际实堪伤。

自从两地生孤木，致使香魂返故乡[13]。

宝玉看了仍不解。便又掷了，再去取“正册”看，只见头一页上便画着两株枯木，木上悬着一围玉带，又有一堆雪，雪下一股金簪。也有四句言词，道是：

可叹停机德，堪怜咏絮才。

玉带林中挂，金簪雪里埋[14]。

宝玉看了仍不解。待要问时，情知他必不肯泄漏，待要丢下，又不舍。遂又往后看时，只见画着一张弓，弓上挂着香橼。也有一首歌词云：

二十年来辨是非，榴花开处照宫闱。

三春争及初春景，虎兕相逢大梦归[15]。

后面又画着两人放风筝，一片大海，一只大船，船中有一女子掩面泣涕之状。也有四句写云：

才自精明志自高，生于末世运偏消。

清明涕送江边望，千里东风一梦遥[16]。

后面又画几缕飞云，一湾逝水。其词曰：

富贵又何为，襁褓之间父母违。

展眼吊斜晖，湘江水逝楚云飞[17]。

后面又画着一块美玉，落在泥垢之中。其断语云：

欲洁何曾洁，云空未必空。

可怜金玉质，终陷淖泥中[18]。

后面忽见画着个恶狼，追扑一美女，欲啖之意。其书云：

子系中山狼，得志便猖狂。

金闺花柳质，一载赴黄粱[19]。

后面便是一所古庙，里面有一美人在内看经独坐。其判云：

勘破三春景不长，缁衣顿改昔年妆。

可怜绣户侯门女，独卧青灯古佛旁[20]。

后面便是一片冰山，上面有一只雌凤。其判曰：

凡鸟偏从末世来，都知爱慕此生才。

一从二令三人木，哭向金陵事更哀[21]。

后面又是一座荒村野店，有一美人在那里纺绩。其判云：

势败休云贵，家亡莫论亲。

偶因济刘氏，巧得遇恩人[22]。

后面又画着一盆茂兰，旁有一位凤冠霞帔的美人。也有判云：

桃李春风结子完，到头谁似一盆兰。

如冰水好空相妒，枉与他人作笑谈[23]。

后面又画着高楼大厦，有一美人悬梁自缢。其判云：

情天情海幻情身，情既相逢必主淫。

漫言不肖皆荣出，造衅开端实在宁[24]。

宝玉还欲看时，那仙姑知他天分高明，性情颖慧，恐把仙机泄漏，遂掩了卷册，笑向宝玉道："且随我去游玩奇景，何必在此打这闷葫芦！"

宝玉恍恍惚惚，不觉弃了卷册，又随了警幻来至后面。但见珠帘绣幕，画栋雕檐，说不尽那光摇朱户金铺地，雪照琼窗玉作宫。更见仙花馥郁，异草芬芳，真好个所在。又听警幻笑道："你们快出来迎接贵客！"一语未了，只见房中又走出几个仙子来，皆是荷袂蹁跹，羽衣飘舞，姣若春花，媚如秋月。一见了宝玉，都怨谤警幻道："我们不知系何'贵客'，忙的接了出来！姐姐曾说今日今时必有绛珠妹子的生魂前来游玩，故我等久待。何故反引这浊物来污染这清净女儿之境？"

宝玉听如此说，便吓得欲退不能退，果觉自形污秽不堪。警幻忙携住宝玉的手，向众姊妹道："你等不知原委：今日原欲往荣府去接绛珠，适从宁府所过，偶遇宁荣二公之灵，嘱吾云：'吾家自国朝定鼎以来[25]，功名奕世[26]，富贵传流，虽历百年，奈运终数尽，不可挽回者。故遗之子孙虽多，竟无可以继业。其中惟嫡孙宝玉一人，禀性乖张，生性怪谲，虽聪明灵慧，略可望成，无奈吾家运数合终，恐无人规引入正。幸仙姑偶来，万望先以情欲声色等事警其痴顽，或能使彼跳出迷人圈子，然后入于正路，亦吾兄弟之幸矣。'如此嘱吾，故发慈心，引彼至此。先以彼家上中下三等女子之终身册籍，令彼熟玩，尚未觉悟，故引彼再至此处，令其再历饮馔声色之幻，或冀将来一悟，亦未可知也。"

说毕，携了宝玉入室。但闻一缕幽香，竟不知其所焚何物。宝玉遂不禁相问。警幻冷笑道："此香尘世中既无，尔何能知！此香乃系诸名山胜境内初生异卉之精，合各种宝林珠树之油所制，名'群芳髓'。"宝玉听了，自是羡慕而已。大家入座，小丫鬟捧上茶来。宝玉自觉清香异味，纯美非常，因又问何名。警幻道："此茶出在放春山遣香洞，又以仙花灵叶上所带之宿露而烹，此茶名曰'千红一窟'。"宝玉听了，点头称赏。因看房内，瑶琴、宝鼎、古画、新诗，无所不有，更喜窗下亦有唾绒[27]，奁间时渍粉污。壁上也见悬着一副对联，书云：

幽微灵秀地，无可奈何天。

宝玉看毕，无不羡慕。因又请问众仙姑姓名：一名痴梦仙姑，一名钟情大士[28]，一名引愁金女，一名度恨菩提[29]，各各道号不一。少刻，有小丫鬟来调桌安椅，设摆酒馔。真是：琼浆满泛玻璃盏，玉液浓斟琥珀杯。更不用再说那肴馔之盛。宝玉因闻得此酒清香甘冽，异乎寻常，又不禁相问。警幻道："此酒乃以百花之蕊，万木之汁，加以麟髓之醅，凤乳之麯酿成，因名为'万艳同杯'。"宝玉称赏不迭。

饮酒间，又有十二个舞女上来，请问演何词曲。警幻道："就将新制《红楼梦》十二支演上来。"舞女们答应了，便轻敲檀板[30]，款按银筝，听他歌道是：

开辟鸿蒙……

方歌了一句，警幻便说道："此曲不比尘世中所填传奇之曲，必有生旦净末之则，又有南北九宫之限。此或咏叹一人，或感怀一事，偶成一曲，即可谱入管弦。若非个中人，不知其中之妙。料尔亦未必深明此调。若不先阅其稿，后听其歌，反成嚼蜡矣。"说毕，回头命小丫鬟取了《红楼梦》原稿来，递与宝玉。宝玉接来，一面目视其文，一面耳聆其歌曰：

[红楼梦引子] 开辟鸿蒙，谁为情种？都只为风月情浓。趁着这奈何天，伤怀日，寂寥时，试遣愚衷。因此上，演出这怀金悼玉的《红楼梦》[31]。

[终身误] 都道是金玉良姻，俺只念木石前盟。空对着，山中高士晶莹雪，终不忘，世外仙姝寂寞林。叹人间，美中不足今方信：纵然是齐眉举案，到底意难平[32]。

[枉凝眉] 一个是阆苑仙葩，一个是美玉无瑕。若说没奇缘，今生偏又遇着他，若说有奇缘，如何心事终虚化？一个枉自嗟呀，一个空劳牵挂。一个是水中月，一个是镜中花。想眼中能有多少泪珠儿，怎经得秋流到冬，春流到夏[33]！

宝玉听了此曲，散漫无稽，不见得好处，但其声韵凄惋，竟能销魂醉魄。因此也不察其原委，问其来历，就暂以此释闷而已。因又看下道：

[恨无常] 喜荣华正好，恨无常又到。眼睁睁，把万事全抛。荡悠悠，把芳魂消耗。望家乡，路远山高。故向爹娘梦里相寻告：儿命已入黄泉，天伦呵，须要退步抽身早[34]！

[分骨肉] 一帆风雨路三千，把骨肉家园齐来抛闪。恐哭损残年，告爹娘，休把儿悬念。自古穷通皆有定，离合岂无缘？从今分两地，各自保平安。奴去也，莫牵连[35]。

[乐中悲] 襁褓中，父母叹双亡。纵居那绮罗丛，谁知娇养？幸生来，英豪

阔大宽宏量，从未将儿女私情略萦心上。好一似，霁月光风耀玉堂。厮配得才貌仙郎，博得个地久天长，准折得幼年时坎坷形状。终久是云散高唐，水涸湘江。这是尘寰中消长数应当，何必枉悲伤[36]！

［世难容］气质美如兰，才华阜比仙。天生成孤癖人皆罕。你道是啖肉食腥膻，视绮罗俗厌，却不知太高人愈妒，过洁世同嫌。可叹这，青灯古殿人将老，辜负了，红粉朱楼春色阑。到头来，依旧是风尘肮脏违心愿。好一似，无瑕白玉遭泥陷，又何须，王孙公子叹无缘[37]。

［喜冤家］中山狼，无情兽，全不念当日根由。一味的骄奢淫荡贪欢媾。觑着那，侯门艳质同蒲柳，作践的，公府千金似下流。叹芳魂艳魄，一载荡悠悠[38]。

［虚花悟］将那三春看破，桃红柳绿待如何？把这韶华打灭，觅那清淡天和。说什么，天上夭桃盛，云中杏蕊多。到头来，谁把秋捱过？则看那，白杨村里人呜咽，青枫林下鬼吟哦。更兼着，连天衰草遮坟墓。这的是，昨贫今富人劳碌，春荣秋谢花折磨。似这般，生关死劫谁能躲？闻说道，西方宝树唤婆娑，上结着长生果[39]。

［聪明累］机关算尽太聪明，反算了卿卿性命。生前心已碎，死后性空灵。家富人宁，终有个家亡人散各奔腾。枉费了，意悬悬半世心，好一似，荡悠悠三更梦。忽喇喇似大厦倾，昏惨惨似灯将尽。呀！一场欢喜忽悲辛。叹人世，终难定[40]！

［留余庆］留余庆，留余庆，忽遇恩人；幸娘亲，幸娘亲，积得阴功。劝人生，济困扶穷，休似俺那爱银钱忘骨肉的狠舅奸兄！正是乘除加减，上有苍穹[41]。

［晚韶华］镜里恩情，更那堪梦里功名！那美韶华去之何迅！再休提绣帐鸳衾。只这戴珠冠，披凤袄，也抵不了无常性命。虽说是，人生莫受老来贫，也须要阴骘积儿孙。气昂昂头戴簪缨，气昂昂头戴簪缨，光灿灿胸悬金印，威赫赫爵禄高登，昏惨惨黄泉路近。问古来将相可还存？也只是虚名儿与后人钦敬[42]。

［好事终］画梁春尽落香尘。擅风情，秉月貌，便是败家的根本。箕裘颓堕皆从敬，家事消亡首罪宁。宿孽总因情[43]。

［收尾·飞鸟各投林］为官的，家业凋零；富贵的，金银散尽；有恩的，死里逃生；无情的，分明报应。欠命的，命已还；欠泪的，泪已尽。冤冤相报实非轻，分离聚合皆前定。欲知命短问前生，老来富贵也真侥幸。看破的，遁入空门；痴迷的，枉送了性命。好一似食尽鸟投林，落了片白茫茫大地真干净[44]！

歌毕，还要歌副曲。警幻见宝玉甚无趣味，因叹："痴儿竟尚未悟！"那宝玉忙止歌姬不必再唱，自觉朦胧恍惚，告醉求卧。警幻便命撤去残席，送宝玉至一香闺绣阁之中，其间铺陈之盛，乃素所未见之物。更可骇者，早有一位女子在内，其鲜艳妩媚，有似乎宝钗，风流袅娜，则又如黛玉。正不知何意，忽警幻道："尘世中多少富贵之家，那些绿窗风月，绣阁烟霞，皆被淫污纨绔与那些流荡女子悉皆玷辱。更可恨者，自古来多少轻薄浪子，皆以'好色不淫'为饰，又以'情而不淫'作案[45]，此皆饰非掩丑之语也。好色即淫，知情更淫。是以巫山之会，云雨之欢，皆由既悦其色，复恋其情所致也。吾所爱汝者，乃天下古今第一淫人也。"

宝玉听了，唬的忙答道："仙姑差了。我因懒于读书，家父母尚每垂训饬，岂敢再冒'淫'字。况且年纪尚小，不知'淫'字为何物。"警幻道："非也。淫虽一理，意则有别。如世之好淫者，不过悦容貌，喜歌舞，调笑无厌，云雨无时，恨不能尽天下之美女供我片时之趣兴，此皆皮肤淫滥之蠢物耳。如尔则天分中生成一段痴情，吾辈推之为'意淫'。'意淫'二字，惟心会而不可口传，可神通而不可语达。汝今独得此二字，在闺阁中，固可为良友，然于世道中未免迂阔怪诡，百口嘲谤，万目睚眦[46]。今既遇令祖宁荣二公剖腹深嘱，吾不忍君独为我闺阁增光，见弃于世道，是以特引前来，醉以灵酒，沁以仙茗，警以妙曲，再将吾妹一人，乳名兼美字可卿者，许配于汝。今夕良时，即可成姻。不过令汝领略此仙闺幻境之风光尚如此，何况尘境之情景哉？而今后万万解释[47]，改悟前情，留意于孔孟之间，委身于经济之道[48]。"说毕便秘授以云雨之事，推宝玉入房，将门掩上自去。

那宝玉恍恍惚惚，依警幻所嘱之言，未免有儿女之事，难以尽述。至次日，便柔情缱绻[49]，软语温存，与可卿难解难分。因二人携手出去游顽之时，忽至一个所在，但见荆榛遍地，狼虎同群，迎面一道黑溪阻路，并无桥梁可通。正在犹豫之间，忽见警幻后面追来，告道："快休前进，作速回头要紧！"宝玉忙止步问道："此系何处？"警幻道："此即迷津也。深有万丈，遥亘千里，中无舟楫可通，只有一个木筏，乃木居士掌舵，灰侍者撑篙，不受金银之谢，但遇有缘者渡之。尔今偶游至此，设如堕落其中，则深负我从前谆谆警戒之语矣。"话犹未了，只听迷津内水响如雷，竟有许多夜叉海鬼将宝玉拖将下去。吓得宝玉汗下如雨，一面失声喊叫："可卿救我！"吓得袭人辈众丫鬟忙上来搂住，叫："宝玉别怕，我们在这里！"

却说秦氏正在房外嘱咐小丫头们好生看着猫儿狗儿打架，忽听宝玉在梦中唤他的小名，因纳闷道："我的小名这里从没人知道的，他如何知道，在梦里叫出来？"正是：

一场幽梦同谁近，千古情人独我痴。

【注释】

［1］仙醪：仙酒。醪，醇酒。［2］略无参商：指彼此感情融洽，没有一点隔阂。"参"和"商"均为星宿名，两星此出彼没，故常用来比喻两人分离不得见面，也用以比喻人与人之间感情不和。［3］求全之毁，不虞之隙：因要求完美而常有责难，因相处亲密而常有意想不到的矛盾。毁，诋毁，责难；隙：嫌隙。［4］《燃藜图》：劝人勤学苦读的画。藜，一年生草本植物，燃烧时光亮耐久，可以当烛。［5］饧（xíng）：精神不振，眼睛半睁半闭。［6］唐伯虎画的《海棠春睡图》：是以杨贵妃为题材的画。海棠春睡，喻杨贵妃的醉态，事见《明皇杂录》。唐伯虎是否真的画过《海棠春睡图》，未能确知。下面写到的武则天镜室中的宝镜到红娘抱过的鸳枕等陈设器物，都与古代的香艳故事、风流韵事有关，皆未必是人间实有，作者写这些来渲染秦氏房中陈设的香艳华丽，一方面略有调侃之意，一方面也是暗示其生活的淫靡奢侈。［7］秦太虚：宋代词人秦观，一字太虚。词风婉约，多写男女情爱。［8］"嫩寒锁梦"一联：嫩寒，指春天的微寒。锁梦，是说春睡沉沉，锁于梦乡的意思。这一联不见于秦观的《淮海集》。［9］魔舞：即天魔舞，本是唐代一种宫廷舞乐，元顺帝时制成大型宫廷队舞，以宫女十六，盛妆扮菩萨相，并以多种乐器伴奏，应节而舞。［10］随喜：佛教术语，本指人做善事而随之生欢喜心，后游览寺院，亦称随喜。［11］"霁月难逢"一首：晴雯判词。画面"满纸乌云浊雾"喻指晴雯处境的险恶。"霁月"：雨过天晴时的明月，点"晴"字，"霁月难逢"喻指晴雯人品高尚，然而人生遭际艰难。"彩云易散"隐指晴雯横遭摧残而死。［12］"枉自温柔和顺"一首：袭人判词。画面中席与"袭"谐音，隐花袭人的姓名。优伶，是旧时对戏曲艺人的称谓，这里指蒋玉菡。公子，指贾宝玉。根据和《红楼梦》的创作密切相关的脂砚斋的批语，袭人最终的出嫁应先于宝玉的出家，故有末二句判词。高鹗续后四十回写她在宝玉出家后才嫁给蒋玉菡，似与曹雪芹原意不符。［13］"根并荷花一茎香"一首：香菱判词。画面中"一枝桂花"暗指夏金桂，"莲枯藕败"隐指英莲及其结局。根并荷花，是说菱根挨着莲根，隐喻香菱就是原来的英莲。两地生孤木：两个"土"（地）字加一个"木"字，即"桂"，隐指夏金桂。照画面与后二句判词，香菱的结局当为被夏金桂虐待致死。

续书写香菱最后“扶正”，似与曹雪芹原意相反。[14]“可叹停机德”一首：薛宝钗和林黛玉的判词。停机德：指符合封建道德规范的一种妇德。据《后汉书·列女传》，东汉乐羊子远出求学，中道而返，其妻停下织机，割断经线，以此告喻中断学业将事无所成，劝其继续求学以求取功名。这里指薛宝钗具有这种劝贾宝玉“上进”的“美德”；咏絮才：指女子敏捷的才思。据《世说新语·言语》：东晋时女子谢道韫，聪明有才辩，某天大雪，韫叔谢安问：“白雪纷纷何所似？”韫堂兄谢朗答道：“撒盐空中差可拟。”道韫曰：“未若柳絮因风起。”谢安大为赞赏。这里用以指林黛玉诗才过人。玉带林中挂，金簪雪里埋：前句头三字倒读谐音“林黛玉”，后句中金簪喻“宝钗”，雪谐音“薛”，这两句喻指林、薛二人生非其地，命运结局都不好。[15]“二十年来辩是非”一首：元春判词。画面上的“一张弓”谐音“宫闱”的“宫”字；“弓”上悬的“香橼（yuán）”，谐元春的“元”字。三春：这里隐指迎春、探春、惜春。初春，指元春。争及：怎及。兕：犀牛类猛兽。[16]“才自精明志自高”一首：探春判词。画面隐指探春远嫁，犹如断线风筝，一去不返。运偏消：命运偏偏愈来愈不济。[17]“富贵又何为”一首：史湘云判词。前两句是说史湘云自幼父母双亡，家庭的富贵并不能给她带来温暖。襁褓：指婴儿时期。后二句是说史湘云婚后好景不长，转眼之间夫妻离散。[18]“欲洁何曾洁”一首：妙玉判词。画面“一块美玉”即指“妙玉”，落在泥垢中喻其结局。淖（nào）：泥沼。[19]“子系中山狼”一首：迎春判词。画面与判词均暗示迎春嫁了凶暴的丈夫，最终被折磨致死。子：旧时对男子的尊称；系：是。“子”、“系”合起来又是个“孙（孫）”字，指迎春的丈夫孙绍祖。中山狼：即东郭先生与狼的古代寓言中那只忘恩负义的狼；赴黄粱：这里指死亡。[20]“勘破三春景不长”一首：惜春判词。画面与判词暗示惜春最终出家为尼的结局。勘破：看破；缁（zī）衣：黑色的衣服，这里指僧尼衣服；青灯：佛前海灯。[21]“凡鸟偏从末世来”一首：王熙凤判词。画面的“雌凤”象征王熙凤，“一片冰山”比喻王熙凤倚为靠山的财势如冰山难以持久。“凡鸟”合而为“凤（鳳）”字。一从二令三人木：难确知其意，有人认为是指贾琏对王熙凤态度变化的三个阶段，即始则听从，继则使令，最终休弃（“人木”合成“休”字）。据脂砚斋批点，贾府事败后，王熙凤曾落入“狱神庙”，后短命而死。续书情节与此不同。[22]“势败休云贵”一首：巧姐判词。画面暗指巧姐的结局是在乡村以纺绩为生。判词前二句是指巧姐在贾府事败后为狠舅奸兄所卖，后二句写巧姐为刘姥姥所救。[23]“桃李春风结子完”一首：李纨判词。画面暗指李纨晚年因子贾兰而荣贵、诰命加身。首句“桃李春风结子完”隐李纨（完）名字，次句“兰”字指贾兰，全句喻指将来贾府诸子孙中惟贾兰显贵。[24]“情天情海幻情身”一首：秦可卿判词。根据脂砚斋批语，曹雪芹原将第十三回写作“秦可卿淫丧天香楼”，画面所画悬梁自缢当指此。幻情身：幻化的情的化身。后两句是说别以为不肖子弟都出在荣国府，祸乱开端其实是在宁国府，指贾珍等人的秽行。[25]定鼎：指封建时代新的王朝定都建国。[26]奕世：一代接一代，世代绵延。[27]唾绒：古代妇女刺绣，每当换针停线用齿咬断绣线时，口中常沾留绒线，随口吐出，俗称唾绒。[28]大士：佛教称佛和菩萨为大士。[29]菩提：佛教名词。梵文音译，意为觉悟、成佛。[30]檀板：古乐器名，即拍板，因用檀木制成，故称檀板。[31]《红楼梦引子》一首：《红楼梦》十二支曲与金陵十二钗册子判词互相补充，预示书中主要人物的命运和结局。开辟鸿蒙：开天辟地以来。鸿蒙，旧指宇宙形成以前的原始混沌状态；愚衷：我的衷曲；怀金悼玉：怀念、伤悼以薛宝钗（金）、林黛玉（玉）为代表的金陵十二钗。[32]《终身误》一首：曲名意为误了终身。曲子写贾宝玉婚后念念不忘死去的林黛玉，和薛宝钗婚后被冷落的境遇。金玉良姻：指贾宝玉与薛宝钗的姻缘，薛宝钗戴有金锁，贾宝玉佩有通灵宝玉，故有金锁配玉的说法；木石前盟：指贾宝玉与林黛玉的爱情，书中有神瑛侍者以甘露灌溉绛珠仙草的神话描写。齐眉举案，据《后汉书·梁鸿传》，梁鸿给人舂米，每次归家，他的妻子为他准备饭，“不敢于鸿前仰视，举案齐眉”。后人遂以“举案齐眉”喻妻子对丈夫的恭顺，成为妇德的楷模。[33]《枉凝眉》一首：曲名意为枉自悲伤。曲子写宝黛爱情遭遇变故而破灭，及林黛玉泪尽而死的悲惨命运。阆苑：神仙的园林；仙葩（pā）：仙花。“阆苑仙葩”这里指林黛玉；美玉无瑕：指贾宝玉；嗟呀：伤感叹息。[34]《恨无常》一首：曲名有不得寿终和人世富贵荣辱无常之意。曲子写元妃的暴死。[35]《分骨肉》一首：曲名即骨肉分离之意。曲子写探春远嫁海隅时对父母的劝慰，及其与亲人骨肉分离时的悲苦心情。抛闪：抛开；穷通：人生命运的困窘和显达。牵连：牵挂流连。[36]《乐中悲》一首：曲名指史湘云最终虽嫁得“才貌仙郎”，却又中途离散。绮罗丛：代指富贵家庭；霁月光风：雨过天晴时的明净景象，亦用以比喻人胸怀磊落，光明坦荡；厮配：相配；准折：抵消、弥补；消长：指盛衰变化；数：气数，命运。[37]《世难容》一首：曲名意指难为世所容。写妙玉的为人及其一生的不幸遭际。春色阑：春色将尽，喻女子的青春将逝去；风尘：旧指娼妓的生活。[38]《喜冤家》一首：曲名意指本当喜庆的婚姻却招来冤家对头。写迎春的婚后不幸。觑（qū）：看；侯门艳质：侯门千金小姐；蒲柳：即水杨，易生易凋，这里用以比喻本性低贱的东西。［39］《虚花悟》一首：曲名意指参悟到人世良辰美景繁华富贵的虚幻。写惜春看破贾府的好景不长而皈依佛门。韶华：美好时光，青春年华；觅那清淡天和：指修道养性。［40］《聪明累》一首：曲名即聪明反被聪明误之意。写王熙凤的悲惨结局和贾府势败时的情景。机关：心机、权术；卿卿：夫妻间的爱称，这里用“卿卿”有嘲弄之意；意悬悬：提心吊胆。［41］《留余庆》一首：曲名意指前辈留下的恩德、福泽。写贾府败亡时巧姐由刘姥姥救出火坑事。余庆，意近于“阴德”；乘除加减：指人生的荣枯消长，皆有定数。［42］《晚韶华》一首：曲名有晚景虽好不得久长之意。写李纨不幸的一生。青春丧偶，心如槁木，晚年虽因子得贵，但已死期临近，无补于一生的悲苦。镜里恩情：指李纨早寡；梦里功名：似指李在贾兰“爵禄高登”后即死去；阴骘（zhì）：阴德。［43］《好事终》一首：曲名意指风月情事终了。曲子从秦可卿的悬梁自尽写贾府道德败坏。箕裘颓堕：指贾府的儿孙不能继承祖业；敬，指贾敬；宁，指宁国府。宿孽：祸根。［44］《收尾·飞鸟各投林》一首：曲名及曲词比喻、总写了贾府最终家败人散的结局。［45］情而不淫：感情相投，却不流于淫乱。［46］睚眦（yá zì）：瞪眼怒视。［47］解释：这里是有所领悟、解脱、不受困惑的意思。［48］经济之道：指封建社会的经纶天下、济世安邦的治国之道。［49］缱绻（qiǎn quǎn）：情投意合、难舍难分的样子。

【提示】

梦游太虚是提示全书情节脉络和主要人物悲剧命运的重要一回，在全书的悲剧构思中占有重要地位。它通过贾宝玉梦游太虚幻境翻阅到的金陵十二钗“正册”、“副册”、“又副册”的全部或部分判词画页，以及随后听到的《红楼梦十二支曲》，暗寓和预示了书中主要人物的思想性格、身世遭遇和命运结局，在后面元妃省亲等“烈火烹油、鲜花着锦”的场面描写和宝黛悱恻情缘的红楼故事展开之前，先通过贾宝玉的梦游太虚，定下了全书哀凉幻灭的悲剧调子，对全书总体悲剧构思起了提纲挈领的作用。

《红楼梦》中有多处出现预言占卜性的曲辞、判词、谜语、谶语、酒令、戏文，预示人物的命运和故事的结局，这样写，一般来说会因取消了悬念而影响到人们的阅读兴趣，但《红楼梦》却没有出现这种情形，因为书中这些曲辞、谜语、酒令等预示性的描写，并不是显豁直接地交代，而是写得隐约幽微，反而以强烈的暗示来引起读者追踪探寻的热情，取得良好的艺术效果，第五回就是一个很好的例子。由于宝、黛、钗的爱情婚姻悲剧是《红楼梦》悲剧的中心内容，也是全书的灵魂所在，金陵十二钗是作者表现“万艳同悲”、“千红一哭”的主要代表人物，所以在这一回中便对她们各自的悲剧命运和故事的发展加以重点暗示。后世红学爱好者对《红楼梦》人物结局的种种设想都是根据这一回中的暗示展开的，对高鹗所续的后四十回某些改变的褒贬，也是按照这个构思评价的。

另外，这一回中的曲词辞藻典雅优美，哀怨隽永，凄惋动人，除了暗示人物命运以外，本身就是一首首极具感染力的抒情诗。

【思考题】

1. 这一回在《红楼梦》全书中占有怎样的地位？有什么作用？

2. 试以《终身误》、《枉凝眉》为例，说明《红楼梦十二支曲》在全书中的作用。

3. 本回以判词、曲词来预示人物命运的表现手法好在哪里？